처음 프로그래밍을 시작하는
입문자의 눈높이에 맞춘

생활코딩!
HTML+CSS+
자바스크립트

개정판

처음 프로그래밍을 시작하는 입문자의 눈높이에 맞춘

# 생활코딩!
# HTML+CSS+자바스크립트 개정판

지은이 **이고잉**

펴낸이 **박찬규**   정리 **홍성훈**   엮은이 **윤가희, 이대엽**   디자인 **북누리**   표지디자인 **Arowa & Arowana**

펴낸곳 **위키북스**   전화 **031-955-3658, 3659**   팩스 **031-955-3660**

주소 **경기도 파주시 문발로 115, 311호(파주출판도시, 세종출판벤처타운)**

가격 **28,000**   페이지 **516**   책규격 **188 x 240mm**

개정판 1쇄 발행 **2022년 04월 13일**

개정판 2쇄 발행 **2023년 08월 31일**

ISBN **979-11-5839-327-4 (93000)**

등록번호 **제406-2006-000036호**   등록일자 **2006년 05월 19일**

홈페이지 **wikibook.co.kr**   전자우편 **wikibook@wikibook.co.kr**

나의 첫
프로그래밍 교과서
**LEARNING
SCHOOL**

처음 프로그래밍을 시작하는 입문자의 눈높이에 맞춘

# 생활코딩!
# HTML+CSS+
# 자바스크립트

개정판

이고잉 지음 / 위키북스 기획·편집

위키북스

## 목차 및 각 장별 학습 목표

# HTML 편

## 목차 및 각 장별 학습 목표

## 목차 및 각 장별 학습 목표

# CSS 편

# 목차 및 각 장별 학습 목표

## 자바스크립트 편

난생 처음으로 프로그래밍을 시작하는 분들이라면 생활코딩 강의로 시작하세요. 그중에서도 이고잉 님의 HTML/CSS/자바스크립트 강의는 이미 많은 분들에 의해 검증받은 독창적인 강의로 손꼽히고 있습니다. 단순히 HTML/CSS/자바스크립트 기술을 알려주는 데서 그치는 것이 아니라 무엇을 모르는지 모르는 상태에서조차 무언가를 배울 수 있는 학습 방법까지도 습득할 수 있습니다. 초심자를 배려하는 상세한 설명과 통계를 기반으로 하는 실용적인 학습 내용 구성까지, 이 책을 통해 HTML/CSS/자바스크립트를 배운다면 기본은 물론 응용력까지도 금세 키울 수 있을 것입니다.

| | 1일차 | 2일차 | 3일차 | 4일차 | 5일차 |
|---|---|---|---|---|---|
| **1주차 HTML** | 수업 소개<br>기획<br>HTML 기초 | 중요 HTML 태그<br>속성 | 목록 태그<br>앵커 태그<br>웹 사이트 완성 | 인터넷과 웹<br>웹 호스팅<br>웹 서버 운영 | 수업 마무리 |
| | 01~07장 | 08~11장 | 12~16장 | 17~19장 | 20~22장 |
| | **6일차** | **7일차** | **8일차** | **9일차** | **10일차** |
| **2주차 CSS** | 수업 소개<br>CSS 기초 문법 | 속성<br>선택자 | 박스 모델<br>그리드 | 미디어 쿼리 | CSS 코드 재사용 |
| | 01~05장 | 06~07장 | 08~11장 | 12~13장 | 14~15장 |
| | **11일차** | **12일차** | **13일차** | **14일차** | **15일차** |
| **3주차 JS** | 수업 소개<br>HTML과 JS<br>〈script〉 태그<br>이벤트<br>콘솔 | 데이터 타입<br>변수<br>대입 연산자<br>웹 브라우저 제어 | CSS<br>• style 속성<br>• style 태그<br>• 선택자 | 조건문<br>비교 연산자<br>불리언<br>리팩터링 | 반복문<br>배열 |
| | 01~05장 | 06~08장 | 09~12장 | 13~18장 | 19~23장 |
| | **16일차** | **17일차** | **18일차** | **19일차** | **20일차** |
| **4주차 JS** | 함수<br>매개변수, 인자<br>return 문 | 객체<br>객체와 반복문<br>프로퍼티, 메서드 | 객체의 활용<br>모듈화 | 라이브러리<br>프레임워크<br>UI vs. API | 수업 마무리 |
| | 24~28장 | 29~32장 | 33~34장 | 35~36장 | 37장 |

유튜브 동영상과 예제 실습 안내

동영상 사이트 주소

동영상 강좌로 이동하는 QR 코드

WEB2

04

코딩과 HTML

https://youtu.be/MLXIXCwA0T4 (05분 38초)

이 책에서는 스마트폰만 있다면 어디서든 동영상 강좌를 볼 수 있도록 QR 코드를 제공합니다.
PC를 사용 중이라면 아래 URL에서 유튜브 동영상 강좌와 예제 코드가 담긴 페이지를 제공하고
있으니 참고하세요.

- https://wikibook.github.io/html-css-js-rev/

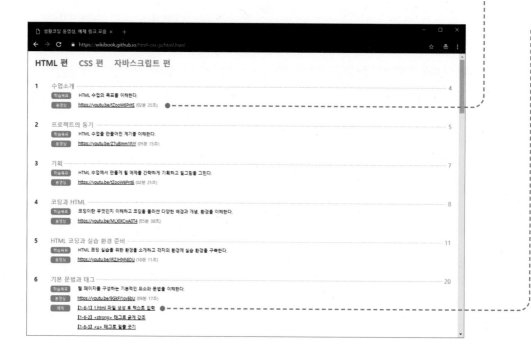

유튜브 동영상 강좌를 클릭하면 강좌를 시청할 수 있는 유튜브 페이지로 이동합니다.

예제 코드 링크를 클릭하면 코드 플레이그라운드로 이동하며, [RUN] 버튼을 클릭하면
오른쪽에 있는 Output 화면에서 소스코드의 실행 결과를 확인할 수 있습니다.

예제 코드를 확인하고
수정할 수 있어서
다양한 응용이 가능합니다.

"RUN" 버튼을 누르면
소스코드의 결과가
오른쪽 화면에 표시됩니다.

처음 프로그래밍을 시작하는 입문자의 눈높이에 맞춘

# 생활코딩!
# HTML+CSS+
# 자바스크립트

지금부터 코딩, 웹, 인터넷, 컴퓨터라는 거대한 주제에 대한 탐험을 시작하겠습니다.

여행을 시작하기에 앞서 한 가지 준비가 필요한데, 바로 상상력입니다. 지금부터 여러분은 자신을 다른 사람의 문제를 통해 코딩을 배우려는 학생이 아니라 나의 문제를 코딩으로 해결하려는 엔지니어라고 상상해 주세요.

그렇다면 어떤 문제를 해결하면 좋을까요? 글쎄요, 각자가 해결하고 싶은 문제가 다를 것입니다. 또는 해결하고 싶은 문제가 아직 없을지도 모릅니다. 그래서 저는 제가 해결하고 싶었던 문제를 여러분께 빌려드리겠습니다. 여러분들은 7년 전에 제가 돼서 제가 해결하고 싶었던 문제를 함께 해결해 봅시다.

여기서 중요한 것은 '이해력'보다 '공감력'입니다. 7년 전 제가 증명했던 문제가 저에게 얼마나 중요한 문제였을지 최대한 과장해서 크게 느껴주셔야 합니다. 어떤 문제가 우리 삶에서 중요하고 심각할수록 그 문제를 해결해주는 공부는 문제로부터 우리를 해방해 줄 겁니다. 반대로 그 문제가 우리 삶과 동떨어져 있고, 사소할수록 공부 자체가 삶의 문제가 돼서 우리를 해방시키기보다 억압할 것입니다.

저는 자신의 뇌를 이기는 장사는 없다고 생각합니다. 공부의 효용을 뇌에게 자주 증명해 보인다면 우리의 뇌는 공부를 좋아하게 될 것입니다. 공부를 좋아하게 된다면 노력하지 않아도 우리는 공부거리를 찾게 될 것입니다. 자연스럽게 시간이 흐를수록 실력도 좋아질 것입니다.

저는 이 수업이 지식을 알려주는 것도 좋겠지만 그것보다는 공부와 친해지는 계기가 됐으면 정말 좋겠습니다. 출발합시다.

# 02 | 프로젝트의 동기

2010년으로 돌아가서 제가 생활코딩이란 활동을 처음 시작했을 때 처해 있었던 상황을 소개해 드리겠습니다. 지금부터 살펴볼 프로젝트 또는 실습의 동기라고 생각하면 될 것입니다.

저는 직장에서 컴퓨터 프로그래머로 일하고 있었고, 프로그래머가 아닌 동료들과 함께 일할 기회가 많이 있었습니다. 동료들이 요청하는 내용 중에는 약간의 프로그래밍 지식만 있으면 개발자를 통하지 않고 스스로 해결할 수 있는 일이 꽤 있었고, 난해한 개념 때문에 개발자들과의 소통에 어려움을 겪는 동료들이 꽤 있었습니다.

어느 날 문득 직장 동료들에게 SQL이라는 컴퓨터 언어를 알려주고 싶다는 생각이 들었습니다. 강의를 열었고 반응이 나쁘지 않았습니다. 생각보다 재미 있었고, 제 안에서 잠자고 있었던 선생님 기질에 눈을 뜨게 된 계기가 그때부터가 아니었을까 싶어요.

천천히 판이 커지기 시작했습니다. 나중에 꽤 큰 규모로 일반인을 대상으로도 강의하기 시작했죠. 제가 생활코딩을 시작하고 얻은 선물이 무엇일까 가만히 생각해 보니 저의 오래된 콤플렉스였던 무대 공포증을 극복하게 됐다는 겁니다.

제가 알게 된 중요한 사실은 누구나 사람들 앞에서 1시간 이상 말할 기회가 있다면 1시간 뒤에는 떨지 않습니다. 그런 기회가 주어지지 않기 때문에 자신은 무대 공포증이 있는 사람이라는 믿음을 가지고 살게 되는 겁니다. 생활코딩은 저에게 중요한 좋은 기회를 주었고, 혹시나 무대 공포증을 가지고 계시다면 여러분에게도 그런 기회가 있길 바랍니다.

한편으로는 이런 생각이 들었습니다. 강의는 귀한 일이었지만 하는 쪽이나 받는 쪽이나 너무 많은 돈과 시간을 써야 했습니다. 똑같은 이야기를 반복해야 하고, 멀리 있거나 시간이 되지 않는 사람들은 참석할 수 없었습니다. 한계를 느끼기 시작했습니다.

그즈음에 시대적으로 중요한 사건이 벌어졌습니다. 유튜브(YouTube)나 비메오(Vimeo) 같은 온라인 동영상 서비스가 생겨나기 시작했습니다. 이 서비스들은 무료로 영상을 공유할 수 있게 해줬고, 저는 이것이 엔터테인먼트 분야에 혁명적인 사건이라고 생각합니다. 그리고 언젠가부터 HD화질을 지원하기 시작했는데, 이것이 교육의 역사에서 중요한 사건이라고 생각합니다. HD 화질을 지원하기 시작하면서 얇은 글씨를 영상으로 표현할 수 있게 됐거든요. 그때부터 저는 컴퓨터 화면을 촬영해서 동영상으로 수업을 공유하기 시작했습니다.

한번 생각해 보세요. 인류의 역사를 통틀어 저처럼 누군가에게 지식을 알려주고 싶은 사람이 얼마나 많았을까요? 그런데 마침 제가 이런 일을 하고 싶었을 때 인류 역사상 처음으로 무료 동영상 서비스들이 HD 화질을 지원하기 시작했던 것입니다.

과거에는 상상도 할 수 없는 일이었고, 미래에는 누구에게나 당연하게 생각할 일인데 그 한가운데 서 있었다는 것은 정말 큰 행운이 아니었을까요?

저는 지금을 중심으로 전후 20년은 아날로그가 디지털로, 오프라인이 온라인으로 전환되는 대변화의 순간이라고 생각합니다. 그 한가운데에 서 있는 것입니다. 앞으로 100년 후, 1000년 후의 누군가는 이 시대를 부러워할지도 모릅니다.

아무튼 저는 동영상으로 수업을 만들기 시작했고, 동영상으로 수업을 만들기 시작한 다음에는 이런 문제가 생겼습니다. 코딩 수업은 분량이 꽤 크기 때문에 하나의 동영상으로 콘텐츠를 만들 수 없었습니다. 20시간짜리 동영상을 누가 보려고 할까요? 그래서 5 ~ 10분 분량의 영상으로 쪼개서 수업을 만들기로 했습니다. 그렇게 수업을 만들었더니 문제가 또 있었습니다. 먼저 봐야 할 것과 나중에 봐야 할 것의 앞뒤 관계가 정리되지 않았습니다. 또 영상마다 예제 코드나 첨부 링크와 같은 보충 설명이 필요한데 그것을 잘 정리하는 것이 동영상 서비스로만 하기는 어려웠습니다. 장애물을 만난 거죠.

그런데 저는 이상하게 장애물을 만나면 가슴이 두근거리고 동시에 불길한 예감이 들기 시작하거든요. 직접 뭔가를 또 만들기 시작할 것 같은 예감 말입니다. 정신을 차려보니 종이를 꺼내 놓고 무엇을 어떻게 만들 것인지 끄적거리고 있는 제 자신을 발견했습니다. '직접 만들자 병'이 또 시작된 것입니다.

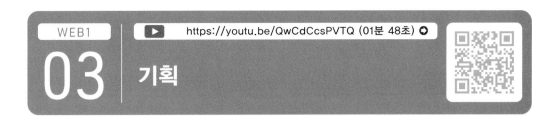

자, 그럼 지금부터 제가 끄적거리기 시작한 노트를 같이 한번 들여다보시죠.

우리가 뭔가를 만들기 전에 내가 무엇을 만들 것인가를 미리 상상하고 계획하고 구체화하는 과정이 필요한데, 이 과정이 없다면 나중에 만들고 난 후 처음에 원했던 결과가 아니거나 문제가 생길 수 있습니다. 또 여러 사람이 함께 하는 경우에 서로 생각하는 바가 다르면 굉장히 곤란한 일이 생깁니다. 바로 이렇게 뭔가를 만들기 전에 무엇을 만들 것인가를 설계하거나 그려보는 과정을 '기획'이라 하고, 이런 일을 하는 분들을 현업에서 '기획자'라고 합니다.

자, 지금부터 우리는 기획자입니다. 코딩 수업과 내용을 잘 정리 정돈할 수 있는 웹 사이트를 그림으로 한번 그려보죠.

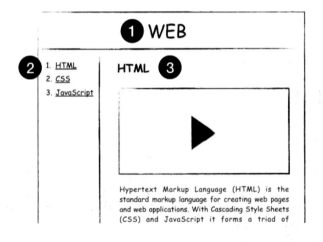

위쪽에는 이 수업의 전체 제목인 'WEB'이란 제목을 적어보겠습니다. ❶ 아래쪽에 있는 본문과 구분하기 위해 선을 긋고, ❷ 왼쪽 상단에는 목차를 적었습니다. 예를 들어, 그중에서 'HTML'이라는 1번 항목을 클릭했다면 ❸ 오른쪽에 본문을 보여주기 위해 구분하고, 본문에 제목인 'HTML'을 표시합니다. 그리고 그 밑에는 동영상이 올 수도 있고 그렇지 않을 수도 있습니다. 그리고 그 아래쪽에는 텍스트로 된 정보가 나타나는 형태의 웹 사이트를 만들고 싶은 겁니다. 기획은 여기까지입니다. 다음 시간부터 코딩을 시작해 봅시다.

자, 기획을 끝냈으니 이제 **구현**할 차례입니다. 구현하기에 앞서 타임머신을 타고 미래로 날아가 우리가 앞으로 어떤 일을 하게 될지 보고 옵시다.

■ 영상 URL: https://youtu.be/rRneN−WXm8g

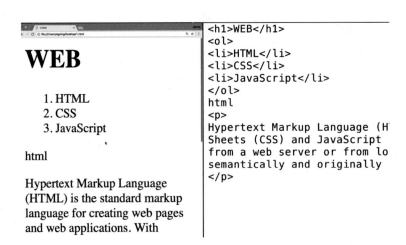

영상을 보면 위 그림과 같이 화면이 두 개로 쪼개져 있습니다. 여기서 염두에 둬야 할 부분은 어떤 쪽이 **사람이 하는** 일이고 어떤 쪽이 **기계가 하는** 일인가를 분리해서 생각하는 겁니다. 또 어떤 것이 **원인이**

고, 어떤 것이 **결과**인지 추론해 보는 겁니다. 이것을 이해하는 것은 우리 수업 전체를 통틀어 가장 중요한 부분입니다. 감상해 보시죠.

어떤가요? 구분이 가시나요? 오른쪽이 사람이 하는 일이면서 원인이고, 그것의 결과가 왼쪽이면서 기계가 하는 일입니다.

그런데 여기서 **사람이 하는 일**, 다시 말해 원인을 가리키는 여러 가지 표현이 있습니다. 부호 또는 신호라는 의미에서 **코드**(code), 원천이라는 뜻의 **소스**(source), 그리고 기계도 이해할 수 있고 사람도 이해할 수 있는 공통의 약속이라는 의미에서 **언어**(language), 그중에서 **프로그래밍 언어**라는 표현을 씁니다.

**기계가 하는 일**, 다시 말해 결과를 가리키는 여러 표현이 있는데, **애플리케이션**(application), **응용 프로그램**, 줄여서 **앱**(app) 또는 **프로그램**(program), 조금 더 구체적으로 **웹 페이지**(web page), 웹 페이지가 모여 있다면 **웹 사이트**(website)라는 여러 가지 표현이 있습니다. 이러한 다양한 표현은 같은 대상을 바라보는 관점에 따라 표현이 조금씩 달라지는 것에 불과합니다. 즉, 원인인 코드를 통해 결과를 만든다는 것이 코딩을 이해하는 핵심입니다. 이야기를 조금 더 구체적으로 전개해 볼까요?

우리가 하고자 하는 일은 웹 페이지를 만드는 겁니다. 세상에는 다양한 종류의 프로그래밍 언어가 있습니다. C, C++, 자바(Java), 자바스크립트(JavaScript), 파이썬(Python), PHP, SQL 등등… 그중에서 웹 페이지를 만드는 컴퓨터 언어는 바로 HTML(HyperText Markup Language)이라는 이름의 언어입니다. 지금부터 HTML이란 언어의 사용법을 살펴볼 텐데, 그전에 HTML이란 언어가 얼마나 좋은 언어인지 설명해 드리겠습니다.

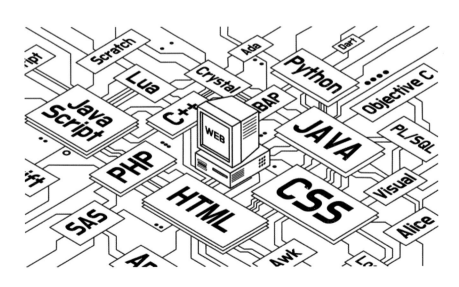

HTML은 두 가지 측면에서 참 좋습니다. 그중 하나는 **쉽다**는 것입니다. 앞으로 여러분이 배울 어떤 프로그래밍 언어도 HTML보다 어려울 것이라 확신할 수 있습니다. 이 언어의 문법을 완전히 다 배우는 데는 10분도 채 걸리지 않습니다. 다른 한 가지 측면은 **중요합니다**. 여러분이 하루에 100번 이상 하는 일이 있다면 그 일은 우리 삶에서 중요한 일일까요, 아닐까요? 중요한 일입니다. 여러분은 하루에 웹 페이지를 100번 이상 보지 않나요? 인류가 생산하는 거의 모든 디지털 정보가 담기는 가장 거대한 그릇은 바로 웹 페이지입니다. 그 웹 페이지를 만드는 프로그래밍 언어가 HTML입니다. HTML은 쉬우면서 중요합니다.

그렇다면 첫 번째 코딩 공부의 대상으로 이보다 더 좋은 언어가 있을까요? 제가 웹을 좋아하는 또 다른 이유가 있습니다. 바로 **퍼블릭 도메인**(public domain)이란 점입니다. 여러분이 한글을 사용할 때 세종대왕에게 라이선스 비용을 지불하나요? 영어를 사용할 때 누군가에게 로열티를 지불하나요? 지불하지 않습니다. 그것은 바로 인간의 이러한 언어들이 저작권이 없는 퍼블릭 도메인이기 때문입니다. 웹도 마찬가지입니다. 웹을 만든 **팀 버너스 리**(Tim Berners-Lee)는 웹을 어떠한 저작권도 존재하지 않는 완전한 자유를 의미하는 퍼블릭 도메인으로 선언했습니다. 그렇기 때문에 구글, 마이크로소프트, 애플, 모질라, 네이버 같은 회사들이 각자 브라우저를 만들 수 있는 것이고, 우리가 만든 웹 페이지를 여러 브라우저에서 똑같이 볼 수 있는 것도 바로 이러한 이유 때문입니다. 생각해 보면 이 세상은 저작권 콘텐츠로 가득 차 있는 것 같지만 사실은 퍼블릭 도메인이라는 거대한 바다 위에 저작권이나 특허는 섬처럼 드물게 존재합니다. 이런 말이 있죠. 빨리 가려면 혼자 가고, 오래 가려면 같이 가라.

웹은 특정 기업이 독점하는 기술만큼 빨리 발전하지는 못했지만 특정 기업이 독점하지 않기 때문에 1990년 이후로 28년이 지난 지금까지 살아남았고, 앞으로 28년 뒤에도 살아남아 있을 가능성이 매우 높은 기술입니다.

지금까지 많은 이야기를 했는데, 다음 시간에는 진짜로 코드를 짜 봅시다. 다른 말로 코딩을 해봅시다.

▶ https://youtu.be/iRZJHhjh8DU (10분 11초) ◐

# 05 | HTML 코딩과 실습 환경 준비

웹 페이지를 만들기 위해서는 HTML이라는 언어를 사용해야 한다는 것은 앞서 설명해 드렸습니다. 이제부터 HTML이라는 언어를 이용해 진짜로 코딩을 해봅시다. 코딩을 하기 위해 필요한 **준비물**은 크게 두 가지입니다. 하나는 **웹 브라우저**입니다. 이건 웹 페이지니까 당연한 이야기입니다. 또 하나는 HTML이라는 컴퓨터도 이해할 수 있고 사람도 이해할 수 있는 프로그래밍 언어의 문법에 맞게 코드를 작성해야 하는데 그 **코드를 작성할 프로그램**이 필요합니다. 이러한 프로그램을 편집하는 프로그램이란 뜻에서 **에디터(editor)**라 합니다.

여러분의 컴퓨터에는 훌륭한 에디터가 이미 내장돼 있습니다. 윈도우에는 메모장, macOS에는 텍스트 편집기라는 프로그램이 있고, 리눅스에는 gedit 등 여러 가지 에디터가 이미 내장돼 있습니다. 이러한 에디터의 사용법은 다르기 때문에 여기서 설명하기에는 벅찹니다. 그리고 각 에디터가 가진 기능이 원래 코드를 작성하는 용도는 아니기 때문에 코드를 작성하는 데 최적화돼 있는 전문적인 도구를 사용할 것입니다. 제가 선택한 도구는 Atom(https://atom.io/)인데, 미래에 이 강의를 보는 시점에서는 제가 사용할 Atom보다 더 좋은 에디터가 나와있을 가능성이 있고, 또 여러분이 Atom 말고 다른 에디터를 쓰고 싶을 수 있습니다. 그렇기 때문에 제가 Atom이라는 것을 쓰는 것은 그냥 개인적인 선호일 뿐이니 여러분이 참고해서 따로 실습하시면 됩니다. 더 중요한 것은 여러분이 필요한 편집기를 찾아낼 수 있는 능력입니다.

추천 검색어를 알려드리겠습니다. 나중에 에디터를 원하실 때 이런 식으로 찾아내면 됩니다. 검색 엔진에서 'html editor'로 검색하거나 현 시점에서 최신 에디터가 무엇인지 궁금하다면 2018년을 기준으로 'best HTML editor 2018'이라 검색하면 아마 최신 에디터를 찾을 수 있을 겁니다. 어쨌든 우리 수업에서는 Atom이라는 에디터를 채택했으니 그 에디터를 사용하는 방법을 설명해 드리겠습니다. 자, 웹 브라우저에서 다음과 같은 주소로 들어가면

- https://atom.io/

다음과 같은 페이지가 나오고 이곳에서 'Download'라고 적힌 있는 버튼을 클릭하면 됩니다.

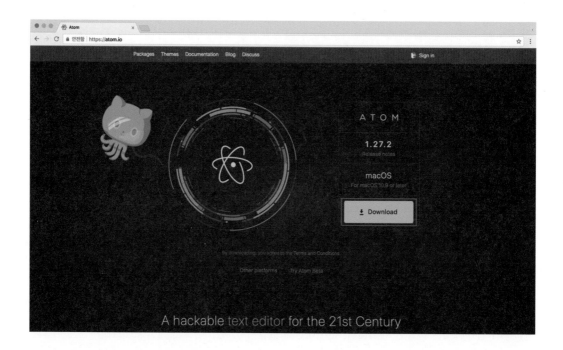

내려받은 프로그램의 압축을 해제해 프로그램을 설치하고, 이 프로그램을 실행해 봅시다. Atom을 설치하고 실행하면 Atom이 실행될 것입니다.

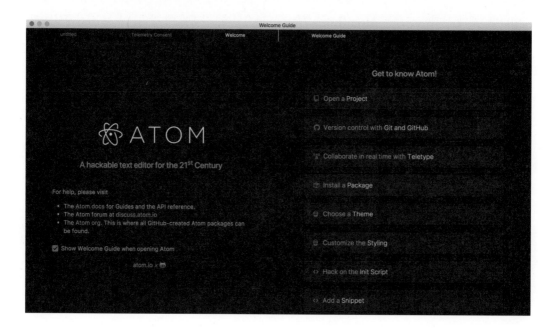

여기서 열려 있는 페이지는 다 닫으시길 바랍니다. 이제부터 이 에디터에서 HTML 파일을 만들 것이며 그 결과를 웹 브라우저로 출력할 것입니다. 시작해 보겠습니다.

우선 바탕화면에 'web'이라는 디렉터리를 각자 만드세요. 윈도우, macOS, 리눅스 모두 마찬가지입니다.

macOS를 기준으로 설명해 드리지만 모두 잘 하실 수 있을 겁니다. 바탕화면을 마우스 오른쪽 버튼으로 클릭한 후 [새로운 폴더]를 선택합니다.

이것을 누르면 바탕화면에 디렉터리를 만들 수 있는데, 저는 'web'이라는 이름의 디렉터리를 만들고 이 디렉터리를 우리 프로젝트의 폴더로 만들 것입니다. 다시 말해 우리가 지금 진행 중인 웹 사이트 제작 프로젝트에 사용되는 파일들을 'web'이라는 디렉터리 안에 저장할 것이란 뜻입니다.

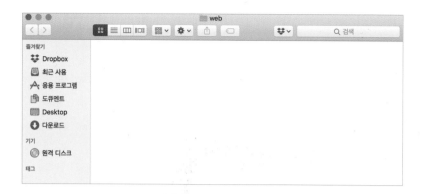

에디터에서 [File]을 선택하고 [Open…], 한글판이면 [열기]를 선택해 봅시다.

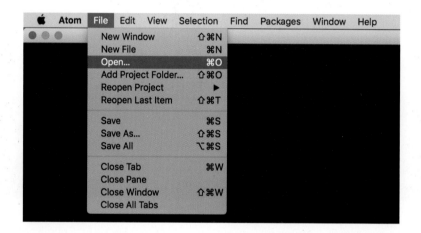

그러면 파일을 선택하는 대화상자가 나타나는데, 그중에서 아까 바탕화면에 'web'이라는 디렉터리를 만들었으니 'web' 디렉터리를 선택한 다음 [열기] 버튼을 누르면 됩니다. 즉, 파일을 선택하는 것이 아니라 폴더를 선택하는 것입니다.

그러면 왼쪽 오른쪽으로 화면이 쪼개질 것입니다.

**왼쪽**은 바탕화면에 생성한 'web'이라는 **디렉터리를 관리하는 화면**입니다. 파일을 하나 만들어 보겠습니다. 폴더에서 마우스 오른쪽 버튼을 클릭하고 [New File]을 선택한 후 '1.html'이라고 입력하면 파일이 생성될 것입니다.

마이크로소프트 워드(Microsoft Word)를 써보셨으면 아시겠지만 워드 문서 파일의 확장자가 무엇인가요? 네, 'doc'입니다. 한국에서는 아래아한글이라는 프로그램을 쓰는데 그것의 확장자는 'hwp'입니다. 마찬가지로 웹 페이지는 **확장자**가 **'html'**이라고 생각하면 되겠습니다. 그래서 '1'이라는 이름의 웹 페이지를 만들고 있는 것입니다.

파일명 뒤의 확장자는 여러분이 마음대로 바꾸면 안 되지만 앞에 있는 이름은 마음대로 지정해도 됩니다. 저는 단지 1.html이라는 이름을 쓰고 있는 것입니다. 1.html이라고 입력한 후 엔터 키를 누르면 'web'이라는 디렉터리 안에 1.html이라는 파일이 생깁니다. 정말 파일이 생겼는지 바탕화면으로 가서 'web'을 보면 파일이 생성됐음을 확인할 수 있습니다.

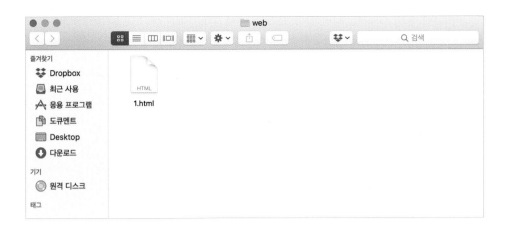

그럼 이렇게 만든 웹 페이지를 웹 브라우저로 열어보겠습니다. 아마 여러분이 보통 웹 페이지를 연다고 하면 아마도 브라우저의 주소창에 **주소를 입력**했을 겁니다. 그 이유는 내 컴퓨터가 아닌 입력한 주소에 해당하는, 다른 컴퓨터에 저장돼 있는 웹 페이지를 여러분이 읽고 싶을 때 주소를 입력하기 때문입니다. 지금 하려는 일은 웹 브라우저와 같은 컴퓨터에 있는 파일인 1.html을 읽으려는 것입니다. 이런 경우에는 '**파일 열기**'를 사용하면 됩니다. 윈도우를 사용 중이라면 Ctrl + O 키를 누르면 됩니다. macOS를 사용 중이라면 command + O를 누르면 됩니다. 이처럼 단축키를 눌러보면 파일을 선택하는 창이나올 것입니다(만약 사용 중인 브라우저가 Microsoft Edge라면 해당 기능이 작동하지 않을 겁니다. 그런 경우에는 구글 크롬(Chrome)이나 인터넷 익스플로러(Internet Explorer)에서 하면 됩니다). 이 책에서는 구글 크롬을 기준으로 설명하겠습니다.

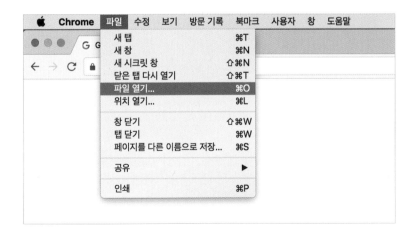

그런 다음 바탕화면으로 가서 'web'이라는 디렉터리 안에 있는 1.html 파일을 선택한 후 [Open]을 누르면 하얀색 화면이 나타날 것입니다.

그럼 Atom의 오른쪽 화면에서 'hello web'이라 입력하고 저장해 봅시다(윈도우에서는 Ctrl + S, macOS에서는 command + S를 누릅니다. 단축키가 기억나지 않는다면 Atom 메뉴에서 [File] → [Save]를 차례로 선택합니다).

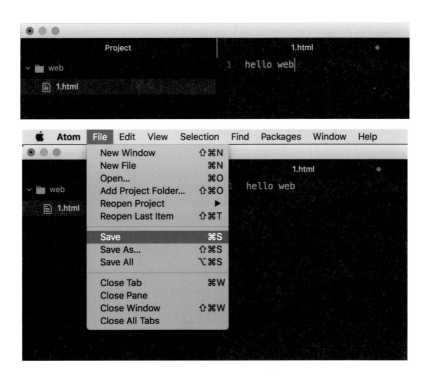

그러면 1.html 파일이 저장됩니다. 웹 브라우저로 와서 페이지를 새로고침했을 때 'hello web'이라는 글자가 나타나면 여러분은 **웹 페이지를 만드는 일**을 했고, 만들어진 웹 페이지를 **웹 브라우저로 실행** 또는 열어본 것에 성공한 것입니다.

축하드립니다. 여기까지 하고 이번 시간을 마무리하겠습니다.

이제부터 진짜 코딩을 시작해 봅시다. 아래 화면은 앞서 만들었던 기획서입니다.

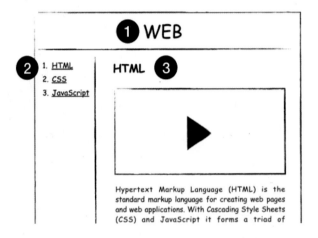

여기서는 한 번에 만들기 어렵기에 여러 조각으로 나눠서 하나씩 완성해 가려고 합니다. 먼저 화면에 표시할 부분은 다음 그림에서 빨간 테두리로 감싼 부분입니다. 화면에 있는 텍스트를 웹 브라우저에 표시할 것입니다.

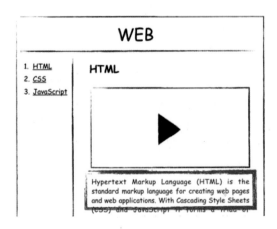

좀 더 진행하기에 앞서 말씀드리지만 우리 수업에서 강조하는 부분은 자기자신을 주인공으로 만들라는 것입니다. 이 웹 페이지를 똑같이 만드는 것은 여러분이 저를 따라오는 것에 불과합니다. 여러분의 삶에는 정말 중요한 여러 가지 정보가 있을 겁니다. 그 정보 가운데 누군가와 나누고 싶은 것이 있을 겁니다. 이를테면 가족에 대한 정보 또는 내가 좋아하는 스타의 정보, 게임에 대한 정보 같은 것들로 이 내용을 채워가면서 수업을 따라온다면 공부가 훨씬 더 생동감 있을 겁니다. 하지만 뭘 할지 떠오르지 않는다면 제가 진행하는 것과 똑같이 하면 됩니다. 그리고 영어로 쓰여 있지만 한글로 쓰셔도 아무 문제 없습니다.

그럼 위와 같은 텍스트를 먼저 옮겨보겠습니다. '1.html'이라는 파일에 해당 텍스트를 붙여넣습니다.

【예제 1-6-1】 1.html 파일 생성 후 텍스트 입력                                          1.html

```
Hypertext Markup Language (HTML) is the standard markup language for creating web pages and web
applications.
```

그런 다음 윈도우에서는 Ctrl + S, macOS에서는 command + S를 누르면 변경사항이 **저장**되고, 브라우저를 새로고침하면 **에디터에 작성한 내용**이 **원인**으로 작용해서 브라우저의 웹 페이지가 만들어지는 것입니다. 에디터에 작성된 내용은 코드나 소스, 좀 더 구체적으로 설명하면 HTML이라는 프로그래밍 언어의 문법에 맞게 작성된 코드나 소스인 것입니다. 그 **결과인 웹 페이지가 브라우저에 표시**되는 것입니다.

그런데 처음에는 '내가 웹 브라우저에 정보를 표현했네'라며 즐겁고 행복하실 겁니다. 그러나 사람의 욕심은 끝이 없죠. 이 웹 페이지를 계속 보다 보면 여러분 마음속에는 여러 가지 불만족이 생길 것입니다. 어떤 불만족이 생기는지 맞춰보겠습니다. 왠지 여러분은 'creating web pages'라는 문자가 정말 중요한 정보처럼 보일 것입니다(맞죠? 그렇다고 칩시다).

그럼 어떻게 하고 싶은가요? 다시 한번 맞춰보겠습니다. 저 문자를 진하게 표시하고 싶을 겁니다. 웹 페이지에서 다른 문자와 구분되게 진하게 표시하는 방법을 소개해 드리겠습니다. 이 과정에서 자연스럽게 웹을 지배하는 가장 중요한 문법이 나옵니다. 웹을 지배한다는 것은 인터넷을 지배하는 것이라고 볼 수 있을 만큼 이 문법은 정말 중요합니다. 다행스럽게도 세상에서 가장 쉬운 문법이기도 합니다. 그게 무엇이냐면 바로 **태그(tag)** 입니다.

일단 경험적으로 한번 해보겠습니다. 우리가 하고 싶은 것은 'creating web pages'라는 세 단어를 진하게 표현하는 것입니다. 에디터에서 `<strong>creating web pages</strong>`으로 수정한 뒤 파일을 저장하고 웹 페이지를 새로고침하면 'creating web pages'라는 부분이 진하게 표시됩니다.

【예제 1-6-2】 〈strong〉 태그로 굵게 강조            1.html

```
Hypertext Markup Language (HTML) is the standard markup language for <strong>creating web
pages</strong> and web applications.
```

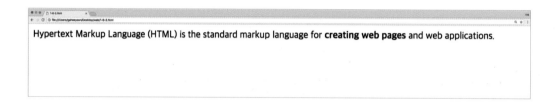

이로써 우리가 매일같이 몇 십 년 동안 봤던, 나는 만들 수 없다고 생각했던 웹 페이지를 드디어 만들었고, 그것을 섬세하게 제어할 수 있는 첫걸음을 내딛은 것입니다. 역사적인 순간입니다.

그런데 'creating web pages'에서 'web'이라는 글자가 더 중요해 보입니다. 이것을 더 강조하고 싶겠죠? 이미 우리가 진하게 강조하는 작업은 했기 때문에 다른 방법으로 강조하고 싶을 겁니다. 여러분은 어떻게 하고 싶은가요? 제가 맞춰보겠습니다. 저 'web'이라는 텍스트 밑에다 밑줄을 치고 싶습니다. 밑줄이 영어로 무엇인가요? underline입니다. underline의 첫 번째 글자는 'U'입니다.

이번에도 `<strong>creating <u>web</u> pages</strong>`처럼 수정하고 파일을 저장한 후 웹 페이지를 새로고침하면 그 결과, 'web' 밑에 밑줄이 생긴 모습을 볼 수 있습니다.

【예제 1-6-3】 〈u〉 태그로 밑줄 긋기            1.html

```
Hypertext Markup Language (HTML) is the standard markup language for <strong>creating <u>web</u>
pages</strong> and web applications.
```

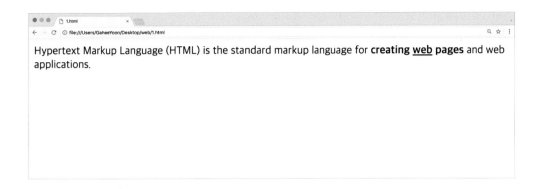

<u></u>라고만 썼을 뿐이지만 밑줄을 실제로 긋는 것은 실제로 쉬운 일이 아닙니다. 누군가는 우리 대신에 굉장히 큰 고생을 했기 때문에 밑줄이 쉽게 그어지는 것입니다.

지금까지 <strong>과 <u>라는 태그 두 가지를 배웠습니다. 이쯤에서 문법을 정리해 보겠습니다. 'creating web pages'를 <strong>creating web pages</strong>으로 수정했는데, **앞에 있는 <strong>과 뒤에 있는 </strong>을 태그**라 합니다.

<strong>creating web pages</strong>

# TAG

더 구체적으로 **앞에 있는 태그를 열리는 태그**, **뒤에 있는 태그를 닫히는 태그**라 하며, 닫히는 태그를 열리는 태그와 구분하기 위해 '/'를 붙이는 것을 알 수 있습니다. 이러한 문법을 태그라 말씀드렸는데, 일상에서 태그라는 말을 쓰나요? 네, 씁니다. 언제 쓰나요? 여러분이 옷을 사면 그 옷에 붙어 있는 딱지를 태그라고 합니다.

너무나도 잘 아실 테지만 태그가 무엇인지 굳이 설명해 보겠습니다. 옷에 붙은 태그는 그 옷을 설명합니다. 다시 <strong>이라는 태그를 봅시다. <strong>이라는 태그는 'creating web pages'라는 것이 '중요하다', '진하게 표시해야 한다'라는 것을 설명합니다.

HTML과 같은 언어를 만든 사람들은 저런 문법을 어떻게 설명할 것인가를 고민했을 겁니다. 그리고 각 태그의 이름을 정할 때 한 번도 들어보지 못했던 이름을 사용하는 것과 우리가 일상에서 자주 사용하는 이름 중에서 저 문법과 성격이 유사한 이름을 비유적으로 사용하는 것 중에서 무엇이 더 쉬울까요?

비유적으로 사용하는 것이 더 쉽겠죠? 처음 컴퓨터 공학이나 프로그래밍 같은 것을 공부하다가 이런 용어가 굉장히 어렵고 힘들게 느껴지면 사전을 찾아보세요. 그리고 사전에서 어떤 의미인지 찾아보면 우리 일상과 굉장히 밀접한 관계에 있는 용어일 가능성이 굉장히 많습니다. 그래서 컴퓨터 공학은 어떻게 보면 하나의 거대한 시라고 할 수 있습니다. 왜냐하면 물질을 기반으로 하지 않고 논리를 기반으로 하기 때문에 컴퓨터 공학에서 만든 것들을 사람들에게 설명해주고 사람들이 그것을 손에 잡히는 것처럼 받아들이게 하려면 필연적으로 여러 가지 비유와 은유를 쓸 수밖에 없는데, 그것이 시와 유사합니다. 그래서 여러분이 앞으로 만나게 될 개념들을 시라는 느낌으로 보시면 색다른 느낌이 들 겁니다. 여러 가지 개념이 나올 때마다 어떤 점에서 시인지도 틈틈이 설명해 드리겠습니다.

여러분 축하드립니다. 이제 HTML을 지배하는 가장 중요한 문법을 알게 됐습니다. 이어서 이것이 얼마나 중요한 사건이었는지를 한번 음미해보는 시간을 갖겠습니다.

제가 오랜 시간 공부에 대해 오해한 것이 있었습니다. 중요한 것은 어렵고, 쉬운 것은 사소하다는 생각이었습니다. 이렇게 생각한 이유를 가만히 생각해 보니 쉬운 것은 시험에 나오지 않았기 때문이었던 것 같습니다. 시험의 목적은 누가 얼마나 열심히 공부했는지를 구분하는 것이기 때문에 자연스럽게 틀릴 만한 것이 출제됩니다. 그리고 이런 상태에 오랫동안 노출되면 어려운 것은 중요하고 쉬운 것은 중요하지 않다는 생각을 하게 되는 것 같습니다.

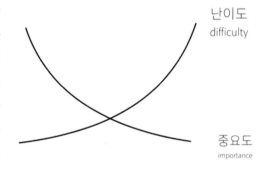

제가 생활코딩 활동을 하면서 느낀 것 중 가장 귀한 것은 꼭 그런 것은 아니라는 것입니다. 우리가 처음에 배우는 것은 너무나도 쉽지만 제일 중요한 것입니다. 처음 배우는 것들은 가장 자주 사용되는 부품이며 그 부품들을 결합해서 새로운 완제품을 만들어내는 방법이 가장 자주 사용되는 결합 방법이기 때문입니다. 우리는 단지 HTML의 기본

문법인 태그를 배웠을 뿐입니다. 저는 웹을 공부하고 계신 여러분들께 감히 이렇게 말씀드리고 싶습니다. 여러분의 인생은 태그를 배우기 전과 배우고 난 후로 나눌 수 있습니다. 좀 과한 느낌이 나죠?

그럼 지금부터 그렇게 생각한 이유를 설명해 드릴 테니 제가 한 말이 과한지 아닌지 직접 한번 평가해 주세요.

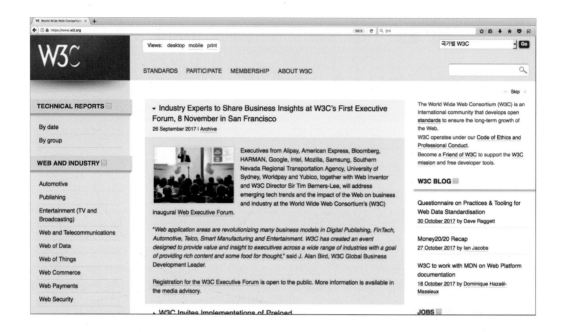

지금 보고 계신 웹 페이지는 W3C(https://www.w3.org/)라는 국제민간표준화기구의 홈페이지입니다. W3C는 **웹을 만드는 곳**이라고 생각하면 됩니다. W3C라는 사이트가 어떤 코드로 만들어졌는지 알고 싶다면 웹 브라우저에서 마우스 오른쪽 버튼을 클릭한 후 [페이지 소스 보기]라는 항목을 누르면 보고 계신 웹 페이지가 어떤 HTML 코드로 이뤄졌는지 볼 수 있습니다.

```
1  <!DOCTYPE html PUBLIC "-//W3C//DTD XHTML 1.0 Strict//EN" "http://www.w3.org/TR/xhtml1/DTD/xhtml1-
   strict.dtd">
2  <html xmlns="http://www.w3.org/1999/xhtml" xml:lang="en" lang="en">
3  <!-- Generated from data/head-home.php, ../../smarty/{head.tpl} -->
4  <head>
5  <title>World Wide Web Consortium (W3C)</title>
6  <meta http-equiv="Content-Type" content="text/html; charset=utf-8" />
7  <link rel="Help" href="/Help/" />
8  <link rel="stylesheet" href="/2008/site/css/minimum" type="text/css" media="all" />
9  <style type="text/css" media="print, screen and (min-width: 481px)">
10 /*<![CDATA[*/
11 @import url("/2008/site/css/advanced");
12 /*]]>*/
13 </style>
14 <link href="/2008/site/css/minimum" rel="stylesheet" type="text/css" media="only screen and (max-
   width: 480px)" />
15 <meta name="viewport" content="width=device-width" />
16 <link rel="stylesheet" href="/2008/site/css/print" type="text/css" media="print" />
17 <link rel="shortcut icon" href="/2008/site/images/favicon.ico" type="image/x-icon" />
18 <meta name="description" content="The World Wide Web Consortium (W3C) is an international community
   where Member organizations, a full-time staff, and the public work together to develop Web
   standards." />
19 <link rel="alternate" type="application/atom+xml" title="W3C News" href="/blog/news/feed/atom" />
20 </head>
21 <body id="www-w3-org" class="w3c_public w3c_home">
22 <div id="w3c_container">
23 <!-- Generated from data/mast-home.php, ../../smarty/{mast.tpl} -->
24 <div id="w3c_mast"><!-- #w3c_mast / Page top header -->
25 <h1 class="logo"><a tabindex="2" accesskey="1" href="/"><img src="/2008/site/images/logo-w3c-mobile-
   lg" width="90" height="53" alt="W3C" /></a> <span class="alt-logo">W3C</span></h1>
26 <div id="w3c_nav">
```

스크롤을 쭉 내려서 보시죠. 코드를 보면 어떤 기분이 드나요? 기분이 좋으신가요? 아마 불쾌하실 겁니다.

인간이란 이해할 수 없는 패턴이 나오면 불쾌해하는 존재입니다. 그 불쾌함을 없애기 위한 방향성 덕분에 문명이 발달했다고 생각하는데, 아무튼 기분이 유쾌하지 않으실 겁니다.

그런데 HTML 태그라는 문법을 알기 전에 이 코드를 본 여러분과 알고 난 이후에 본 여러분은 완전히 다른 상태에 있다고 생각합니다. 자, 그럼 많은 코드 중에서 검색을 통해 <h1>이라는 태그를 찾아 봅시다. 그럼 다음과 같은 내용이 나옵니다.

```
<h1 class="logo">
<a tabindex="2" accesskey="1" href="/">
<img src="/2008/site/images/logo-w3c-mobile-lg" width="90" height="53" alt="W3C" />
</a>
<span class="alt-logo">W3C</span>
</h1>
```

그리고 이 태그를 에디터로 가져오겠습니다. 교육상 필요 없는 부분을 다시 지워보겠습니다. 이 코드에서 다음과 같은 내용만 남기니 깔끔하죠?

```
<h1>W3C</h1>
```

'W3C'라는 단체명을 둘러싼 〈h1〉 태그를 보세요. 〈h1〉 태그가 무엇인지 아시겠습니까?

알려드리지 않았으니 모르실 겁니다. 그럼 질문을 바꿔보겠습니다. 여러분은 저 〈h1〉이라는 것이 무엇인지 순수하게 모르나요? 아닙니다. 태그라는 문법을 배우기 전과 배운 지금을 비교해 본다면 여러분은 더 이상 순수하게 〈h1〉이 무엇인지 모르지 않습니다. 〈h1〉이 어떤 태그인지는 모르지만 〈h1〉이 태그라는 사실은 알고 있습니다. 〈h1〉이 태그라는 것을 안다는 것은 이전까지 무엇을 모르는지도 몰랐던 상황에서 내가 무엇을 모르는지는 아는 상태라고 할 수 있습니다. 그리고 무엇을 모르는지 안다면 여러분은 검색할 수 있고, 질문할 수 있고, 태그에 대해 대화할 수 있고, 궁금해할 수 있습니다. 이것이 얼마나 혁명적인 사건인가요? 특히나 오늘날은 정보기술이 고도로 발전한 시대입니다. 언제든지 주머니에서 스마트폰을 꺼내서 검색 엔진이나 SNS를 통해 검색하거나 질문한다면 1분 안에 〈h1〉이 어떤 태그인지 알 수 있는 놀라운 시대에 살고 있습니다. 자, 그럼 〈h1〉이 어떤 태그인지 검색을 통해 알아보겠습니다.

각자 익숙한 검색 엔진을 켜서 'HTML h1 tag'를 검색한 다음 그 검색 결과를 보고 여러분이 직접 〈h1〉이 무엇인지 보면 좋을 것 같습니다. 그리고 제가 찾은 검색 결과의 한 페이지를 함께 살펴보면서 문서를 읽는 요령을 따져보겠습니다.

**HTML h1 tag**

다음과 같은 어떤 사이트가 나왔는데 어떤 사이트인지는 중요하지 않습니다.

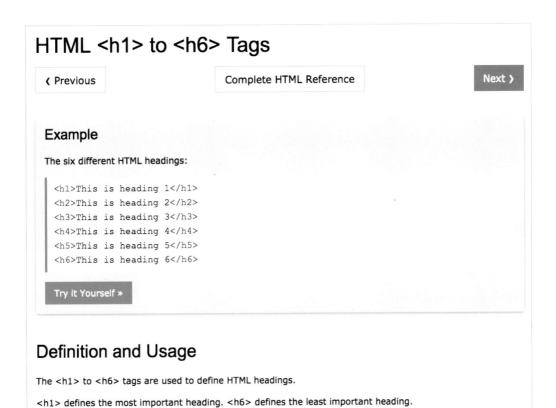

여기서 'Definition and Usage'란 것은 〈h1〉 태그의 정의를 나타냅니다. 여기에 있는 내용을 읽는 것은 좋은 생각이 아닐 수 있습니다. 왜냐하면 우리가 같은 한국어라도 내용이 어렵다면 이해가 안 되기 때문입니다. 그래서 우리가 알고자 하는 〈h1〉이 무엇인가로 문제를 좁힌 후 정의를 보고 〈h1〉이 무엇인지 확신하는 것이 좋은 방향이라고 생각합니다. 그렇게 하기 위해서는 맨 먼저 예제를 보면 됩니다. 위 페이지에 나온 예제를 에디터에 가져가 보겠습니다.

예제를 붙여넣은 후 웹 브라우저를 새로고침하니 결과가 나옵니다.

【예제 1-7-1】 〈h1〉 ~ 〈h6〉 태그      1.html

```
Hypertext Markup Language (HTML) is the standard markup language for <strong>creating <u>web</u>
pages</strong> and web applications.

<h1>W3C</h1>
```

```
<h1>This is heading 1</h1>
<h2>This is heading 2</h2>
<h3>This is heading 3</h3>
<h4>This is heading 4</h4>
<h5>This is heading 5</h5>
<h6>This is heading 6</h6>
```

Hypertext Markup Language (HTML) is the standard markup language for **creating web pages** and web applications.

# W3C

# This is heading 1

## This is heading 2

### This is heading 3

#### This is heading 4

##### This is heading 5

###### This is heading 6

추론을 통해 〈h1〉이 무엇인지 짐작하는 것은 굉장히 귀한 과정입니다. 제가 여러분께 〈h1〉이 무엇인지를 말씀드리는 것은 스스로 알게 된 것이 아닙니다. 하지만 여러분이 스스로 〈h1〉이 무엇인지 궁리하며 추론하는 과정은 여러분이 〈h1〉을 직접 알아낸 것이라고 보고, 이것이 더 가치 있습니다.

그래서 다시 코드를 보면 h 뒤에는 숫자가 붙고, 숫자가 올라갈수록 글씨가 작아지는구나, h와 숫자가 나오는 태그를 쓴다면 일반적인 텍스트보다는 글씨가 더 두껍구나, 줄바꿈이 되는구나, 라는 것을 경험적으로 알아낼 수 있습니다. 그다음에 여러분이 정의를 보러 가는 것입니다.

## Definition and Usage

The <h1> to <h6> tags are used to define HTML headings.

<h1> defines the most important heading. <h6> defines the least important heading.

〈h1〉 태그의 정의를 보면 'HTML headings'라고 적혀 있습니다. heading은 **제목**이라는 뜻입니다. 따라서 **〈h1〉부터 〈h6〉**은 **제목을 나타내는 태그**라는 사실을 알아낼 수 있는 겁니다. 참고로 〈h1〉부터 〈h6〉밖에 없습니다. 〈h7〉은 없습니다.

우리가 알게 된 이 사실을 토대로 예제에 활용해 보겠습니다. 브라우저를 보면 앞서 텍스트로 HTML이 무엇인가에 대해 적었는데, 이번에는 이것이 무엇에 대해 적은 것인지도 위에다 쓰고 싶습니다. 기획서에도 그렇게 돼 있습니다. 그래서 상단에 'HTML'이라 적고 줄바꿈한 뒤 페이지를 새로고침해도 줄바꿈되지 않고 글씨가 작습니다.

【예제 1-7-2】 제목 만들기                                                              1.html

```
HTML
Hypertext Markup Language (HTML) is the standard markup language for <strong>creating <u>web</u>
pages</strong> and web applications.
```

방금 우리가 배운 것이 무엇이었나요? **제목**이었습니다. 그래서 'HTML'에 **제목 태그**를 사용해 〈h1〉HTML〈/h1〉이라고 쓰고 페이지를 새로고침하면 제목다운 디자인이 완성되는 것을 볼 수 있습니다.

【예제 1-7-3】 〈h1〉 태그를 이용해 제목 만들기                                            1.html

```
<h1>HTML</h1>
Hypertext Markup Language (HTML) is the standard markup language for <strong>creating <u>web</u>
pages</strong> and web applications.
```

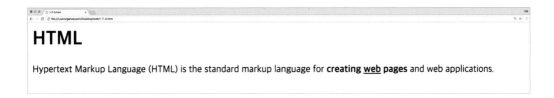

여기서 <h1>이 어떤 태그인가도 중요하겠지만 제 생각에는 그것보다 훨씬 더 중요한 것은 우리가 이렇게 놀라운 시대에 살고 있다는 것을 낯설게 바라보는 것입니다. 웹과 같은 기술이 등장하지 않았다면 이런 웹 페이지가 없었을 것이며, 또 웹 페이지가 없었다면 이 세상에는 검색 엔진이 존재하지 않는다는 것입니다. 검색 엔진이 존재하지 않던 시대였다면 <h1> 태그가 무엇인지 알고 싶을 경우 도서관까지 1시간 동안 차를 타고 가서 20분 동안 책을 찾고, 책 안에서 10분간 <h1> 태그가 어떤 것인지 찾고, 집으로 돌아오기까지 역시나 1시간이 들 것입니다. 바로 이런 시대에 사는 사람들은 어떤 태그가 필요할지 미리 알 수 없기 때문에 필요할 것 같은 것들을 머릿속에 욱여 넣고 살았어야 할 겁니다.

하지만 우리가 사는 지금 세상은 검색 엔진, SNS, 채팅과 같은 정보기술이 고도로 발전한 세상이기에 이런 것들을 알아내는 데 1분밖에 걸리지 않습니다. 이것은 이미 그러한 지식이 우리의 머릿속에 있지 않더라도 우리가 이미 그 지식을 알고 있는 것과 다를 바 없을 겁니다. 내 머릿속에 있는 지식도 그것을 꺼내는 데 1분 이상 걸릴 때가 있습니다.

이를 감안하면 과거에는 뭔가를 하기 위해 정말 많은 것을 공부해야 했습니다. 하지만 오늘날에는 태그가 무엇인지 기초적인 소양만 갖추고 있어도 아주 고도의 전문성은 아니어도 충분히 많은 것을 알 수 있습니다. 기계가 대신해주고 기계가 우리에게 필요한 것을 알려주기 때문입니다. 그런 점에서 저는 우리의 시작이 빠른 속도로 대단해지고 있다고 생각합니다. 시작하신 것을 축하드립니다.

이번 시간에는 통계를 기반으로 공부하는 이야기를 해보겠습니다.

현재 최신 버전의 HTML에는 **150개 이상의 태그**가 있습니다. 그럼 150개의 태그를 다 외워야 할까요? 그렇지 않습니다. 앞서 살펴본 혁명적 변화를 통해 여러분이 태그가 무엇인지 안다면 모든 태그를 알고 있는 것과 다름없습니다. 왜냐하면 1분이면 찾을 수 있기 때문입니다.

그럼에도 여러분이 태그를 하나도 모른다면 너무 불편할 것입니다. 어떤 태그들은 지식이 있어야 이해할 수 있는 것이 있습니다. 여러분에게 통계를 보여드리면서 여러분이 어떤 방향으로 공부해야 할지 스스로 결정할 수 있게 말씀드리겠습니다. 다시 말해 기본적으로 밑천으로 가지고 있어야 할 태그가 무엇인가를 스스로 판단할 수 있도록 만들어 드리기 위한 수업이라 보면 됩니다.

구글에서는 전 세계에서 만들어진 수많은 웹 페이지를 분석합니다. 그중에서 중요한 통계를 예전에 공개한 적이 있었는데 안타깝게도 지금은 사라졌습니다. 그 정보를 기반으로 내용을 보기 좋게 정리 정돈한 다음과 같은 사이트가 있습니다.

- https://advancedwebranking.com/

위 사이트의 내용을 봅시다.

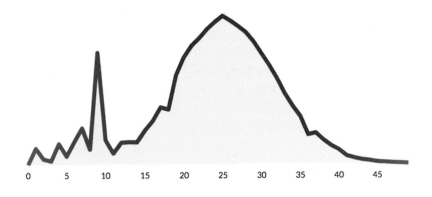

Apparently, an average web page uses **twenty-five** different element types:

그래프가 먼저 나오는데, 이 그래프는 전 세계에 있는 수많은 웹 페이지들이 몇 가지 종류의 태그로 이 뤄져 있는지 통계로 보여줍니다. 이 통계를 봤을 때 약 25 ～ 26개 정도의 태그로 구성된 웹 페이지가 가장 많습니다. 앞에서 배운 태그는 〈strong〉, 〈u〉 태그밖에 없습니다. 그리고 〈h1〉 태그의 경우 〈h1〉 부터 〈h6〉까지 이미 알고 있는 상태입니다. 그래서 여러분은 8가지 태그를 알고 있는 상태입니다. 그리고 웹이 이 세상에 처음 태어났을 때는 태그가 몇 개 있었을까요? 18가지가 있었습니다. 그중 상당히 많은 태그가 요즘에는 사용되지 않습니다. 여러분은 지금 충분히 많은 것들을 공부한 상태입니다. 그래 프에 따르면 26개의 태그를 알고 있다면 평균은 된다는 겁니다. 그 아래를 보면 다음과 같은 통계가 나 옵니다.

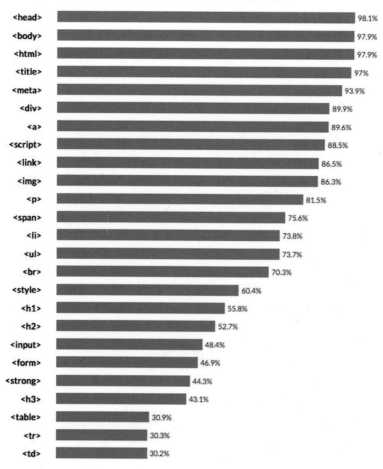

웹 페이지에서 사용되는 여러 태그의 랭킹을 보여줍니다. 그중 1등은 〈head〉 태그입니다. 대스타라는 겁니다. 하지만 우리 수업의 방향성 때문에 〈head〉 태그를 먼저 배우지는 않습니다. 뒤에서 〈head〉 태그를 배우겠습니다.

우리가 배운 태그는 어디에 있나요? 〈h1〉 태그가 55.8%의 빈도 수를 보여줍니다. 다른 태그에 비해 랭킹이 높지는 않지만 HTML에 150여 개의 태그가 있다는 점을 감안한다면 이 정도만 해도 상당히 유명한 스타라고 볼 수 있습니다. 그래도 더 빈도수가 높은 친구들이 많긴 하네요.

그리고 〈strong〉 태그가 그 밑에 있고, 〈u〉 태그는 랭킹 안에 없습니다. 잊으세요. 중요하지 않습니다. 이렇게 해서 이번 시간은 이 정도로 마무리하겠습니다.

이번 시간을 마무리하기 전에 재미 있는 이야기 하나 더 해드리겠습니다. 최근에 제가 중국어 공부를 시작했습니다. 맨 먼저 중국어 공부를 시작하며 검색 엔진에서 'frequency of chinese words'로 검색해 본 결과는 저에게 굉장히 의미 있는 것이었습니다. 어떤 분들이 감사하게도 벌써 분석해 놓으셨더군요.

- http://lingua.mtsu.edu/chinese-computing/statistics/char/list.php?Which=MO

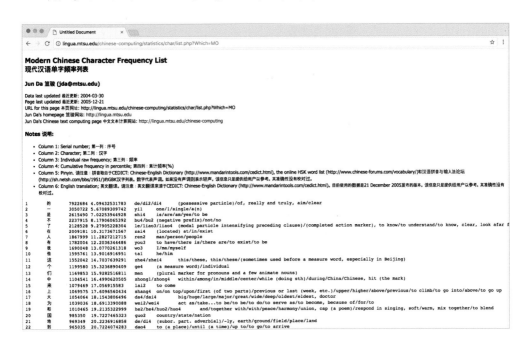

중국어에서 가장 빈도 수가 높은 단어는 무엇일까요? 적(的)자입니다. 한국어에서 화학적, 과학적, 프로그래밍적에서 쓰는 적자입니다. 영어로는 of라는 뜻이 있습니다.

```
1    的    7922684  4.09432531783    de/di2/di4    (possessive particle)/of, really and truly, aim/clear
2    一    3050722  5.67089309742    yi1    one/1/single/a(n)
3    是    2615490  7.02253944928    shi4    is/are/am/yes/to be
4    不    2237915  8.17906065392    bu4/bu2 (negative prefix)/not/no
5    了    2128528  9.27905228304    le/liao3/liao4    (modal particle intensifying preceding clause)/(completed actio
```

그런데 자료에 따르면 적(的)자 하나만 4%가 쓰입니다. 웹 페이지가 있다면 그중 4%는 적자입니다. 2등은 한일(一)자인데 그 둘을 합치면 5.6%가 됩니다. 그리고 10%의 빈도수를 불과 6개의 단어가 차지하고 있다는 충격적인 결과를 보여줍니다. 적(的)자가 가지고 있는 빈도수와 1000등을 차지한 글자의 빈도수를 길이로 비유해 보자면 1000번째에 해당하는 단어가 사람 키보다 조금 큰 2m 정도라면 적(的)자는 세계에서 10번째로 큰 빌딩의 높이만큼 높습니다. 그리고 8천 번째 단어가 사람 키 정도의 길이라면 적(的)자는 지구의 지름보다 더 깁니다.

제가 하고 싶은 이야기는 뒤에 있는 것이 더 어렵고 복잡하고 대단해 보이겠지만 그렇지 않다는 것입니다. 앞에서 배우는 것들을 합성해서 결국 뒤에 있는 것들이 만들어집니다. 뒤에 있는 것들은 어떤 특수한 경우에는 편리하지만 응용하기가 쉽지 않습니다. 앞에 있는 것들을 응용하면 수많은 것들을 만들어낼 수 있습니다. 뒤에 있는 것은 편리하지만 앞에 있는 것은 창조성의 원천이라고 생각합니다. 여러분이 어떤 공부를 하실 때 통계를 기반으로 무엇을 공부할지 판단했으면 좋겠고, 처음 시작할 때 가야 할 길이 멀다고 해서 의기소침하지 않으면 좋겠다는 이야기를 하고 싶었습니다. 이로써 오늘 수업을 마치겠습니다.

# 09 | 줄바꿈: ⟨br⟩ vs. ⟨p⟩

이번 시간에는 **인기 있는 태그 두 가지**를 살펴보겠습니다. 이 두 태그는 **서로 경쟁관계**에 있는데, 어떤 경쟁관계에 있는가를 통해 정보라는 관점에서 웹을 생각해 보는 계기가 됐으면 좋겠습니다. 또한 CSS 라는 기술도 깜짝 출연할 것입니다. 이번 수업이 CSS를 배우는 수업은 아니지만, 이 CSS를 지배하는 혁명적인 규칙을 여러분이 접해볼 수 있는 기회가 될 것입니다. 그럼 시작하겠습니다.

앞에서 만든 웹 페이지를 보면 내용이 많지 않습니다.

그래서 다음과 같이 보충 설명을 넣어 봅시다.

【예제 1-9-1】 보충 설명 추가                                                          1.html

```
<h1>HTML</h1>
Hypertext Markup Language (HTML) is the standard markup language for <strong>creating <u>web</u>
pages</strong> and web applications. Web browsers receive HTML documents from a web server or
from local storage and render them into multimedia web pages. HTML describes the structure of
a web page semantically and originally included cues for the appearance of the document. HTML
elements are the building blocks of HTML pages. With HTML constructs, images and other objects,
such as interactive forms, may be embedded into the rendered page. It provides a means to create
structured documents by denoting structural semantics for text such as headings, paragraphs,
lists, links, quotes and other items. HTML elements are delineated by tags, written using angle
brackets.
```

내용을 추가한 후 페이지를 새로고침해 봅시다.

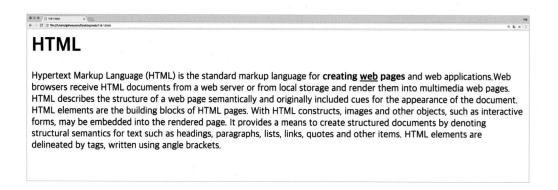

어때요? 조금 답답하죠? 단락이 없기 때문입니다. 우리가 소스코드로 추가한 내용을 보면 단락 사이에 간격이 떨어져 있습니다. 즉, 코드에서 분명히 줄바꿈했음에도 웹 페이지에는 반영되지 않습니다. 그러므로 **줄바꿈을 하는 태그**를 찾아봐야겠죠?

추천 검색어를 알려드리겠습니다. 'html new line tag', 즉 새로운 라인 태그라는 것이죠.

수업을 잠시 멈추고 여러분이 직접 검색을 통해 결과를 찾아보고 적용해 봅시다. 해 보셨나요? 저도 함께 해보겠습니다. 즉, HTML에서 새로운 줄을 표현할 때는 〈br〉이란 태그를 쓰면 됩니다.

〈h1〉HTML〈/h1〉
Hypertext Markup Language (HTML) is the standard markup language for 〈strong〉creating 〈u〉web〈/u〉
pages〈/strong〉 and web applications. Web browsers receive HTML documents from a web server or
from local storage and render them into multimedia web pages. HTML describes the structure of a
web page semantically and originally included cues for the appearance of the document.〈br〉HTML
elements are the building blocks of HTML pages. With HTML constructs, images and other objects,
such as interactive forms, may be embedded into the rendered page. It provides a means to create
structured documents by denoting structural semantics for text such as headings, paragraphs,
lists, links, quotes and other items. HTML elements are delineated by tags, written using angle
brackets.

# HTML

Hypertext Markup Language (HTML) is the standard markup language for **creating <u>web</u> pages** and web applications.Web
browsers receive HTML documents from a web server or from local storage and render them into multimedia web pages.
HTML describes the structure of a web page semantically and originally included cues for the appearance of the document.
HTML elements are the building blocks of HTML pages. With HTML constructs, images and other objects, such as interactive
forms, may be embedded into the rendered page. It provides a means to create structured documents by denoting
structural semantics for text such as headings, paragraphs, lists, links, quotes and other items. HTML elements are
delineated by tags, written using angle brackets.

결과를 새로고침하면 한 줄이 떨어집니다. 하지만 단락이기 때문에 두 개를 사용하면 단락처럼 느껴집
니다.

〈h1〉HTML〈/h1〉
Hypertext Markup Language (HTML) is the standard markup language for 〈strong〉creating
〈u〉web〈/u〉 pages〈/strong〉 and web applications. Web browsers receive HTML documents from a web
server or from local storage and render them into multimedia web pages. HTML describes the
structure of a web page semantically and originally included cues for the appearance of the
document.〈br〉〈br〉HTML elements are the building blocks of HTML pages. With HTML constructs,
images and other objects, such as interactive forms, may be embedded into the rendered page. It
provides a means to create structured documents by denoting structural semantics for text such
as headings, paragraphs, lists, links, quotes and other items. HTML elements are delineated by
tags, written using angle brackets.

# HTML

Hypertext Markup Language (HTML) is the standard markup language for **creating <u>web</u> pages** and web applications.Web browsers receive HTML documents from a web server or from local storage and render them into multimedia web pages. HTML describes the structure of a web page semantically and originally included cues for the appearance of the document.

HTML elements are the building blocks of HTML pages. With HTML constructs, images and other objects, such as interactive forms, may be embedded into the rendered page. It provides a means to create structured documents by denoting structural semantics for text such as headings, paragraphs, lists, links, quotes and other items. HTML elements are delineated by tags, written using angle brackets.

만약 세 번 쓴다면 좀 더 여백이 강조된 단락을 표현할 수 있을 겁니다. 〈br〉 태그는 상당히 자주 사용하는 태그입니다.

【예제 1-9-4】 〈br〉 태그 세 개 사용                                                    1.html

```
<h1>HTML</h1>
Hypertext Markup Language (HTML) is the standard markup language for <strong>creating
<u>web</u> pages</strong> and web applications. Web browsers receive HTML documents from a web
server or from local storage and render them into multimedia web pages. HTML describes the
structure of a web page semantically and originally included cues for the appearance of the
document.<br><br><br>HTML elements are the building blocks of HTML pages. With HTML constructs,
images and other objects, such as interactive forms, may be embedded into the rendered page. It
provides a means to create structured documents by denoting structural semantics for text such
as headings, paragraphs, lists, links, quotes and other items. HTML elements are delineated by
tags, written using angle brackets.
```

# HTML

Hypertext Markup Language (HTML) is the standard markup language for **creating <u>web</u> pages** and web applications.Web browsers receive HTML documents from a web server or from local storage and render them into multimedia web pages. HTML describes the structure of a web page semantically and originally included cues for the appearance of the document.

HTML elements are the building blocks of HTML pages. With HTML constructs, images and other objects, such as interactive forms, may be embedded into the rendered page. It provides a means to create structured documents by denoting structural semantics for text such as headings, paragraphs, lists, links, quotes and other items. HTML elements are delineated by tags, written using angle brackets.

〈br〉 태그에는 특징이 하나 있습니다. 지금까지 배운 **〈h1〉 태그**는 어디서부터 어디까지인지 〈h1〉 태그인지를 설명하기 위해 **열리는 태그, 닫히는 태그가 쌍으로 존재**했습니다. 〈br〉 태그는 줄바꿈이라는 **시각적인 의미**만 가지고 있기 때문에 뭔가를 감쌀 필요가 없습니다. 그렇기 때문에 **닫지 않습니다**.

그런데 이 〈br〉 태그 말고 HTML을 만든 사람들은 **단락을 표현할 때 쓰기 위한 태그**를 만들어 놨습니다. 그렇다면 그 태그를 사용해야 합니다.

검색 엔진에서 'html paragraph tag'로 검색해 봅시다. paragraph는 **단락**이라는 의미입니다. 이 정도 검색어로 검색해 보면 나오는 결과가 있을 텐데, 수업을 멈춰두고 여러분이 직접 해결해 봅시다. 이런 훈련을 자꾸 반복해야 합니다.

아마도 〈p〉라는 태그를 찾을 수 있을 겁니다. **paragraph의 첫 번째 글자**인 P를 딴 것입니다. 〈br〉 태그를 없애고 단락을 나타내는 〈p〉 태그를 적용해 봅시다. 〈p〉 태그는 〈br〉 태그와 다르게 어디서부터 어디까지가 한 단락인지를 표현할 수 있기 때문에 열리는 태그와 닫히는 태그가 존재합니다. 다음과 같이 두 개의 〈p〉 태그를 쓰면 두 개의 단락으로 나눈 겁니다.

【예제 1-9-5】 〈p〉 태그로 단락 만들기        1.html

```
<h1>HTML</h1>
<p>Hypertext Markup Language (HTML) is the standard markup language for <strong>creating
```

```
<u>web</u> pages</strong> and web applications. Web browsers receive HTML documents from a web
server or from local storage and render them into multimedia web pages. HTML describes the
structure of a web page semantically and originally included cues for the appearance of the
document.</p><p>HTML elements are the building blocks of HTML pages. With HTML constructs,
images and other objects, such as interactive forms, may be embedded into the rendered page. It
provides a means to create structured documents by denoting structural semantics for text such
as headings, paragraphs, lists, links, quotes and other items. HTML elements are delineated by
tags, written using angle brackets.</p>
```

페이지를 새로고침해 봅시다.

# HTML

Hypertext Markup Language (HTML) is the standard markup language for **creating <u>web</u> pages** and web applications.Web browsers receive HTML documents from a web server or from local storage and render them into multimedia web pages. HTML describes the structure of a web page semantically and originally included cues for the appearance of the document.

HTML elements are the building blocks of HTML pages. With HTML constructs, images and other objects, such as interactive forms, may be embedded into the rendered page. It provides a means to create structured documents by denoting structural semantics for text such as headings, paragraphs, lists, links, quotes and other items. HTML elements are delineated by tags, written using angle brackets.

결과를 보면 ⟨br⟩ 태그를 썼을 때와 같습니다. 하지만 사용하는 태그가 다르고 두 태그 가운데 이 맥락
에서는 **⟨p⟩ 태그가 더 적절한 태그**입니다. 왜냐하면 **⟨p⟩** 태그는 이 웹 페이지를 좀 더 **정보로써 가치
있게** 만들기 때문입니다. 즉, ⟨p⟩에서 ⟨/p⟩까지 단락이 존재한다는 것을 **의미론적으로 표현**할 수 있기
때문입니다. 그에 반해 **⟨br⟩ 태그는 단지 줄바꿈**일 뿐입니다.

정보로써 좀 더 가치 있는 HTML이 된다는 것이 왜 중요한지는 차차 알게 되므로 지금은 듣고 끄덕끄
덕하고 넘어가길 바랍니다.

⟨br⟩ 태그와 ⟨p⟩ 태그를 비교했을 때 ⟨p⟩ 태그에는 단점이 있습니다. ⟨br⟩ 태그는 여러분이 줄바꿈을
좀 더 많이 하고 싶다면 여러 번 사용하면 됩니다. 하지만 ⟨p⟩ 태그는 정해진 여백만큼 벌어지기 때문
에 시각적으로 자유도가 떨어집니다. 하지만 우리에게는 CSS라는 기술이 있습니다(이번 수업은 CSS
수업이 아니기 때문에 지금 잠깐 설명드리는 CSS 문법은 듣고 잊으시면 됩니다).

CSS에서 태그와 태그 사이의 여백을 나타내는 **margin** 이라는 **속성**이 있습니다. 여기서는 두 번째 ⟨p⟩
태그에 위쪽 여백을 주고 싶은 상태이므로 'margin-top:40px'이란 코드를 사용할 수 있습니다.

```
<h1>HTML</h1>
<p>Hypertext Markup Language (HTML) is the standard markup language for <strong>creating
<u>web</u> pages</strong> and web applications. Web browsers receive HTML documents from a web
server or from local storage and render them into multimedia web pages. HTML describes the
structure of a web page semantically and originally included cues for the appearance of the
document.</p><p style="margin-top:40px;">HTML elements are the building blocks of HTML pages.
With HTML constructs, images and other objects, such as interactive forms, may be embedded into
the rendered page. It provides a means to create structured documents by denoting structural
semantics for text such as headings, paragraphs, lists, links, quotes and other items. HTML
elements are delineated by tags, written using angle brackets.</p>
```

# HTML

Hypertext Markup Language (HTML) is the standard markup language for **creating web pages** and web applications. Web browsers receive HTML documents from a web server or from local storage and render them into multimedia web pages. HTML describes the structure of a web page semantically and originally included cues for the appearance of the document.

HTML elements are the building blocks of HTML pages. With HTML constructs, images and other objects, such as interactive forms, may be embedded into the rendered page. It provides a means to create structured documents by denoting structural semantics for text such as headings, paragraphs, lists, links, quotes and other items. HTML elements are delineated by tags, written using angle brackets.

보다시피 `<p>` 태그를 `<p style="margin-top:40px;">`로 변경하면 해당 `<p>` 태그의 상단에 여백이 40px만큼 생깁니다. 40px 대신 45px를 지정하면 45px만큼 여백이 생길 겁니다. 바로 여러분이 정교하게 원하는 만큼 여백을 만들 수 있다는 겁니다. 이것이 바로 CSS라는 것인데, CSS는 이번 수업의 주제가 아니기 때문에 여러분들은 이 이야기는 듣고 잊어버리셔도 됩니다.

어쨌든 중요한 것은 `<p>` 태그를 사용함으로써 어디서부터 어디까지가 같은 단락이다, 라는 것을 표현할 수 있고 시각적으로 부족한 부분은 CSS를 통해 훨씬 더 정교하게 제어할 수 있기 때문에 의미 있는 태그를 사용하는 것이 더 좋은 방법이라는 이야기를 하고 싶었습니다.

이렇게 해서 두 가지 중요한 태그를 배웠습니다.

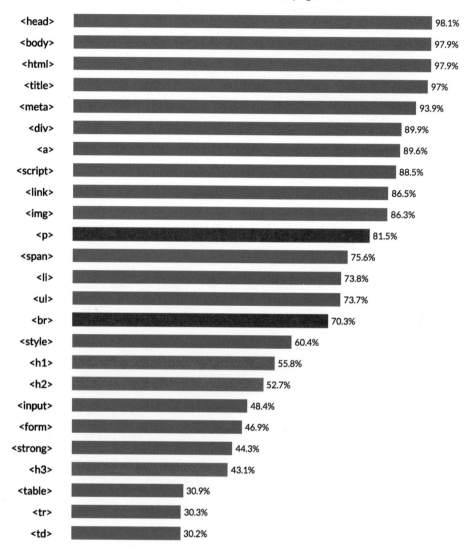

And the **twenty-five elements** used on the most pages are:

| Element | Percentage |
|---------|-----------|
| <head> | 98.1% |
| <body> | 97.9% |
| <html> | 97.9% |
| <title> | 97% |
| <meta> | 93.9% |
| <div> | 89.9% |
| <a> | 89.6% |
| <script> | 88.5% |
| <link> | 86.5% |
| <img> | 86.3% |
| <p> | 81.5% |
| <span> | 75.6% |
| <li> | 73.8% |
| <ul> | 73.7% |
| <br> | 70.3% |
| <style> | 60.4% |
| <h1> | 55.8% |
| <h2> | 52.7% |
| <input> | 48.4% |
| <form> | 46.9% |
| <strong> | 44.3% |
| <h3> | 43.1% |
| <table> | 30.9% |
| <tr> | 30.3% |
| <td> | 30.2% |

위와 같이 〈p〉 태그는 81.5%나 차지하는 상당히 인기 있는 태그라는 사실을 알 수 있습니다.

〈br〉 태그는 70.3%나 차지하는 〈p〉 태그보다 못하지만 이것 역시 많은 사람들이 애용하는 태그라는 사실을 알 수 있습니다. 이렇게 해서 아주 중요한 두 가지 태그를 배웠습니다. 축하드리며, 이번 수업은 여기까지 하겠습니다.

누구나 기초가 중요하다고 말합니다. 하지만 기초가 중요하다는 말을 잘 들어보면 응용으로 가는 과정으로서 기초가 중요하다는 뜻인 경우도 많습니다. 하지만 사실 기초는 기초만으로도 할 수 있는 일이 많습니다. 우리는 웹 사이트를 만든다는 거대한 목표를 향해서 나아가고 있습니다만 지금까지 우리가 배운 것은 그런 큰 목표가 아니어도 그것 자체로도 쓸모가 있습니다. 이번 시간에는 우리가 배운 것만으로도 할 수 있는 일을 하나 소개해 드리겠습니다. 그 과정에서 HTML이 왜 중요한지 이해할 수 있었으면 좋겠습니다.

다음 화면은 여러분이 실습하고 있는 예제의 미래 모습입니다.

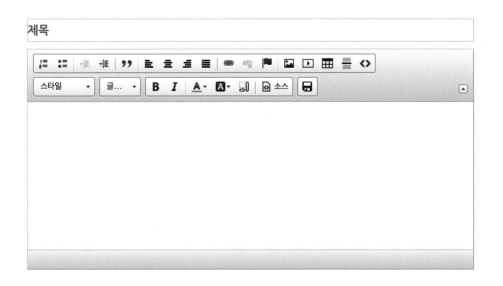

오픈튜토리얼스(https://opentutorials.org)라는 사이트인데, 이 서비스에는 글 쓰는 화면이 있습니다. 이번 시간은 우리가 글을 쓸 때 내부적으로 어떤 일이 일어나는지 알 수 있는 기회이기도 하고 일반인이 글을 쓸 때와 우리처럼 웹을 배운 사람들, 즉 지식인이 글을 쓸 때는 어떤 차이가 생기고 미래에 얼마나 큰 차이를 가져오는지 생각해보는 시간을 가져보겠습니다.

먼저 어떤 글의 제목으로 'coding'이라 쓸 때 일반인이 쓰는 'coding'과 지식인이 쓰는 'coding'에는 어떤 차이가 있을까요?

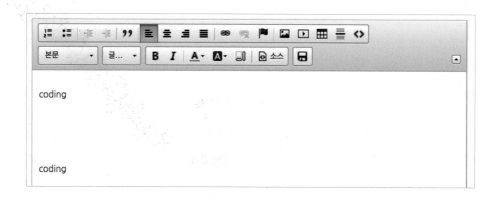

여러분이 일반인일 때는 글씨 크기를 선택하고 22px 정도 선택해 글씨 크기를 키우고, 진하게 표시할 겁니다.

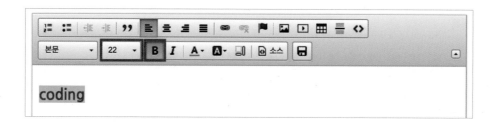

하지만 여러분은 이제 일반인이 아니라 지식인입니다. 지식인은 일반인과 구분돼야겠죠?

여러분은 'coding'이라는 글자에 커서를 대고 지금까지 눈앞에 있었지만 한번도 신경 써본 적이 없는 본문을 누르고 제목2 정도를 선택할 것입니다.

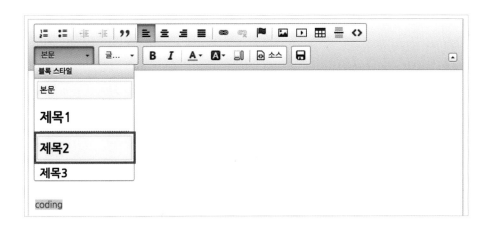

겉보기에는 두 'coding'이 거의 똑같습니다. 그러나 내부적으로 어떤 차이가 생기는지 확인하겠습니다.

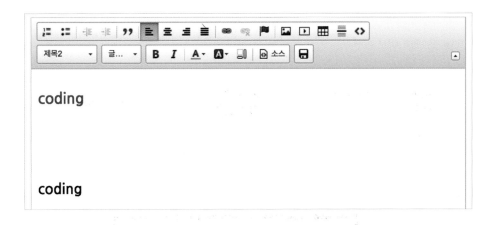

툴바에 '소스' 버튼이 있습니다. 이것도 공부했을 때의 효용을 보여줍니다. 아마 이런 편집기에 '소스'(또는 'html') 버튼이 눈앞에 있어도 그동안 안 보였을 겁니다. 이제부터는 이런 것들이 눈에 보이기 시작하는데, 실제로 클릭하면 어떤 일이 벌어지는지 확인해 봅시다.

편집기를 이용해서 글을 쓴다는 것이 내부적으로 **HTML 코드를 생산하는 행위**임을 알 수 있는 장면입니다. 우리가 HTML을 몰라도 HTML을 만들어 내고 있었던 것입니다. 다시 이야기로 돌아가서 일반인의 제목과 지식인의 제목에는 차이가 있습니다. 지식인의 제목은 깔끔합니다. 그리고 〈h3〉 태그로 감싸기 때문에 어디서부터 어디까지가 세 번째로 중요한 제목이다, 라는 정보가 코드 상에 나타납니다. 하지만 일반인이 작성한 코드를 보면 〈strong〉이라는 태그를 통해 단지 글자를 진하게 표시하고 font-size:22px이라는 CSS 코드를 이용해 디자인적으로 꾸며져 있을 뿐입니다.

그렇다면 일반인이 쓴 'coding'과 아무런 꾸밈이 없는 'coding'이라는 텍스트는 동급입니다. 하지만 CSS 코드로 꾸며져 있는 'coding'과 지식인이 쓴 〈h3〉 태그로 감싼 'coding'은 완전히 격이 다릅니다. 이 차이가 별거 아닌 것처럼 보일 수 있지만 이것이 얼마나 중요한지 제가 여러분들에게 설득하는 시간을 갖겠습니다.

여기 두 가지 방식이 있습니다.

일반인이 제목을 작성하는 방식과 지식인이 제목을 작성하는 방식이 있습니다. 여기서는 이 두 가지 방식을 비교해 볼 텐데 비교의 심판은 검색 엔진이 볼 겁니다.

```
<span style="font-size:24px">           VS          <h3>coding</h3>
    coding
</span>
```

```
                        coding
```

여러분이 이런 사안을 대할 때는 항상 극단적인 생각을 하실 필요가 있습니다. 다시 말해 어쩌다가 제목을 가끔씩 쓰는 것이 아니라 여러분이 10년 동안 부지런하게 글을 써서 여러분의 웹 사이트에 1억 개의 웹 페이지가 있는데, 일반인은 1번과 같은 방식으로 썼고, 지식인은 2번 방식으로 썼다면 10년 뒤에 두 사람의 인생이 어떻게 바뀔 것인지 관전해 보십시오.

**검색 엔진**은 전 세계의 모든 웹 페이지를 내려받아 그 **웹 페이지에 담긴 HTML 코드를 분석**합니다. 그리고 그 코드에 있는 내용에서 이 웹 페이지의 제목은 무엇이구나, 이 웹 페이지는 어떤 내용을 담고 있구나, 라는 것을 **태그에 근거해서 정리 정돈**합니다. 그리고 사용자가 "coding"이라고 검색했을 때 검색 엔진은 일반인이 만든 웹 페이지 1억 개에 대해서도 알고 있고 지식인이 만든 웹 페이지 1억 개에 대해서도 알고 있는데, **제목이 "coding"인 사이트**와 그냥 **시각적으로 제목처럼 보이는 "coding"이라는 정보를 가진 사이트** 중에서 **누구의 편**을 들어줄까요? 당연히 **제목이 "coding"인 사이트**의 편을 들어줄 겁니다. 다시 말해 제목이 "coding"인 지식인의 사이트가 좀 더 위쪽에 올라오고 일반인의 사이트는 100페이지 뒤에서나 나타나게 될 것입니다.

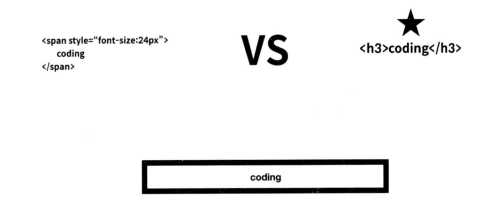

여러분은 검색 결과에서 100페이지 뒤까지 가본 적이 있나요? 없을 겁니다. 오늘날 현대사회에서 검색 엔진이 차지하는 위상은 너무나 크기 때문에 검색 엔진에 노출되지 않는다는 것은 실질적으로 존재하지 않는다는 의미를 갖습니다. 따라서 여러분은 웹 사이트를 만들면서 화려하게 만들고 싶고, 더 편리하게 만들고 싶은 욕심이 생기겠지만 그런 것보다 훨씬 더 중요한 것은 웹이 가지고 있는 본래의 의미나 정보를 탄탄히 하는 것입니다. 경우에 따라서는 문서를 예쁘게 보이기 위해 **이미지로 글을 쓰는 경우**가 많습니다. 그렇게 하면 **검색 엔진에게는 존재하지 않는 페이지**가 됩니다. 그러면 10년 뒤에는 큰 손해를 보게 됩니다. 바로 이렇게 **HTML의 의미에 맞게 정확하게 사용**한다는 것은 비즈니스 측면에서 정말 생명줄과 같은 중요한 문제라는 것을 인지하면 좋겠습니다.

HTML이 중요한 또 하나의 이유가 있습니다. 웹의 핵심적인 철학은 접근성입니다. 웹은 모든 운영체제에서 동작하고 웹 페이지의 소스코드는 누구나 볼 수 있고, 웹은 저작권이 없는 순수한 공공재입니다. 이는 웹을 다른 기술과 구별되는 특별한 기술로 만드는 것이라고 생각합니다. 이러한 개방성 또는 접근성을 **accessibility**라고 합니다.

웹이 중요하게 생각하는 접근성 중 하나는 **신체적인 장애가 있는 분들도 정보로부터 소외당하지 않도록 노력해야 한다는 것**입니다. 예를 들어, 시각장애가 있는 분들은 시각적인 정보를 청각화해서 얻게 되는데, 스크린리더 같은 프로그램이나 각종 보조장치를 이용해 정보를 접하게 됩니다. 그런데 웹 페이지를 만들 때 웹 페이지를 예쁘게 만들고 싶다는 생각에 문자까지 이미지로 만든다면 시각 장애가 있는 분들에게는 존재하지 않는 정보가 됩니다. 시각장애인을 배려하기 위한 여러 가지 기술과 테크닉이 있습니다만 **가장 중요한 첫걸음**은 HTML의 태그를 정확히 알고 의미에 맞게 사용하는 것입니다. 이렇게 한다면 우리도 모르게 누군가에게 큰 도움을 주고 있는 것입니다. 이처럼 HTML은 비즈니스 측면뿐만 아니라 휴머니즘 측면에서 매우 중요한 기술입니다.

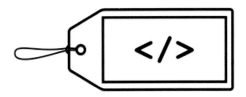

# 11 | 최후의 문법 속성과 〈img〉 태그

지금까지 HTML의 가장 중요한 문법인 **태그**를 배웠습니다. 이번 시간에는 **속성**이라 하는 태그의 심화된 문법을 배울 것입니다. 이것까지 배운다면 HTML 문법의 모든 것을 마스터했다고 할 수 있습니다. 이번 시간에도 아주 아주 인기 있는 태그를 함께 살펴보겠습니다.

현재까지 만든 웹 페이지를 보니 좋지만 좀 더 화려했으면 좋겠습니다. 그리고 글씨만 있으니 답답하기에 여러분들은 어떤 마음을 갖게 되나요? 사진을 넣고 싶지 않으세요? 사진을 넣는 방법을 살펴보겠습니다.

**이미지를 웹 페이지에 포함시킬 때 사용하는 태그**의 이름은 〈img〉입니다. image의 줄임말입니다. 다음과 같이 〈img〉 태그를 넣어봅시다.

【예제 1-11-1】 〈img〉 태그                                              1.html

```
<h1>HTML</h1>
<p>Hypertext Markup Language (HTML) is the standard markup language for <strong>creating
<u>web</u> pages</strong> and web applications. Web browsers receive HTML documents from a web
server or from local storage and render them into multimedia web pages. HTML describes the
structure of a web page semantically and originally included cues for the appearance of the
document.
<img>
</p><p style="margin-top:40px;">HTML elements are the building blocks of HTML pages. With
HTML constructs, images and other objects, such as interactive forms, may be embedded into
the rendered page. It provides a means to create structured documents by denoting structural
semantics for text such as headings, paragraphs, lists, links, quotes and other items. HTML
elements are delineated by tags, written using angle brackets.</p>
```

# HTML

Hypertext Markup Language (HTML) is the standard markup language for **creating <u>web</u> pages** and web applications. Web browsers receive HTML documents from a web server or from local storage and render them into multimedia web pages. HTML describes the structure of a web page semantically and originally included cues for the appearance of the document.

HTML elements are the building blocks of HTML pages. With HTML constructs, images and other objects, such as interactive forms, may be embedded into the rendered page. It provides a means to create structured documents by denoting structural semantics for text such as headings, paragraphs, lists, links, quotes and other items. HTML elements are delineated by tags, written using angle brackets.

그리고 페이지를 새로고침해 보면 어떤가요? 사진이 보이나요? **안 보입니다.** 당연합니다. 왜 안 보일까요? 그냥 img라고 한다면 **어떤 이미지를 보여줄 것이라는 이야기가 없기 때문**입니다. 상식적으로 아무것도 보여지지 않는 것이 맞습니다. 그것은 제가 태그의 이름을 썼는데, 태그의 이름만으로는 정보가 부족할 때가 있다는 것입니다. 그래서 이 태그라는 문법을 만든 컴퓨터 공학자들은 **태그의 이름만으로는 정보가 부족**하다는 것을 인식하고 고민 끝에 새로운 문법을 출현시킵니다. 여러분들이 거기까지 알게 된다면 태그 문법은 완전히 마스터하게 되는 셈입니다. ⟨img⟩ 태그를 다음과 같이 수정해 봅시다.

【예제 1-11-2】⟨img⟩ 태그에 src 속성 추가                                              1.html

```
<img src="">
```

어떤 이미지인지 알려주도록 약속된 속성이 source인데 너무 길기 때문에 **줄여서 src로** 쓰기로 했습니다. 여기에 여러분이 **원하는 이미지의 주소**를 적으면 웹 브라우저는 그곳에 위치한 이미지를 표시합니다.

그럼 이제 이미지가 필요하죠? 잠깐 굉장히 좋은 서비스를 소개해 드리겠습니다. **언스플래시**(https://unsplash.com/)라는 사이트인데, 이 사이트에 있는 고품질 이미지들은 여러분이 저작권에 구애받지 않고 사용할 수 있는 공공재와도 같습니다.

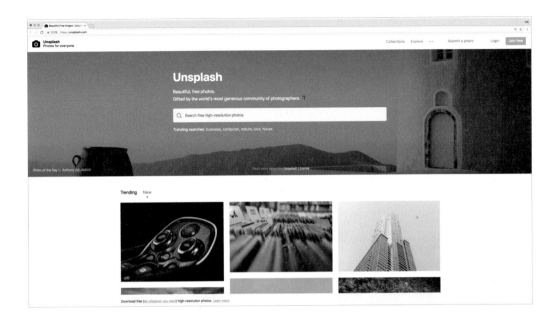

이 중 이미지를 임의로 선택해 볼까요? "coding"으로 검색해서 이미지를 선택한 후 [Download free] 버튼을 누르면 이미지 파일을 내려받을 수 있습니다.

그리고 파일을 저장할 때 현재 작업 중인 바탕화면의 web 디렉터리 안에 저장하겠습니다. 저는 내려받은 이미지를 현재 진행 중인 프로젝트 폴더에 저장했습니다. 그리고 이미지의 이름이 조금 길어 다른 걸로 바꾸겠습니다. 이미지의 이름을 대상으로 마우스 오른쪽 버튼을 클릭한 후 [이름 바꾸기] 버튼을 누르고 "coding.jpg"로 바꿉니다.

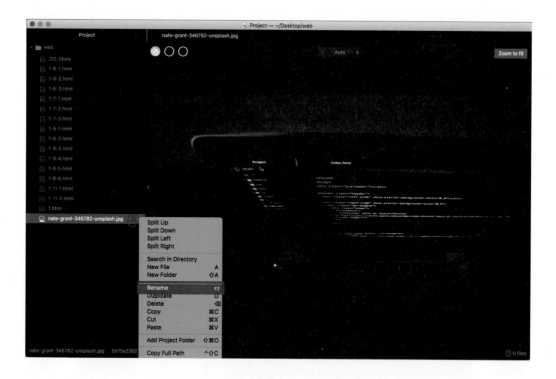

그리고 아까 〈img src="">에 다음과 같이 파일명을 지정하고 변경사항을 저장합니다.

【예제 1-11-3】 〈img〉 태그에 src 속성 설정          1.html

```
<img src="coding.jpg">
```

그런 다음 웹 페이지를 새로고침해 보면 다음과 같이 웹 페이지에 이미지가 나타나는 것을 볼 수 있습니다.

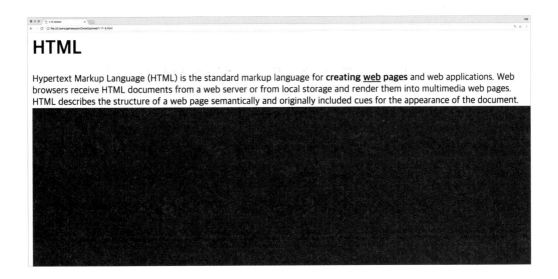

이미지가 너무 크다면 다음과 같이 이미지 크기를 조절해서 자동으로 웹 브라우저의 크기에 맞게 이미지의 크기를 바꿀 수 있습니다.

【예제 1-11-3】〈img〉 태그에 width 속성 설정          1.html

```
<img src="coding.jpg" width="100%">
```

이렇게 해서 이미지를 추가할 수 있는 겁니다.

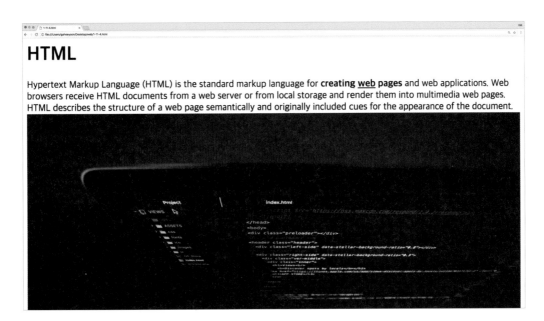

자, 그럼 〈img〉 태그를 통해 속성이란 문법을 간략하게 정리해 볼까요?

<img `src="coding.jpg"` `width="100%"` >

# Attribute

앞의 예제에서 src="coding.jpg"나 width="100%"와 같은 부분을 **속성**(attribute)이라고 합니다. 그리고 이 속성은 어디에 두든 상관없습니다. **아무 위치**에나 쓰면 되고, 태그가 **태그의 이름만으로는 정보가 부족할 때** 이 같은 속성을 통해 더 많은 의미를 부가할 수 있다고 이해하면 됩니다.

<img `width="100%"` `src="coding.jpg"` >

# Attribute

이렇게 해서 속성이라고 하는 HTML에서 아주 중요한 문법을 살펴봤고, 〈img〉라는 굉장히 인기가 높은 태그를 살펴봤습니다.

And the **twenty-five elements** used on the most pages are:

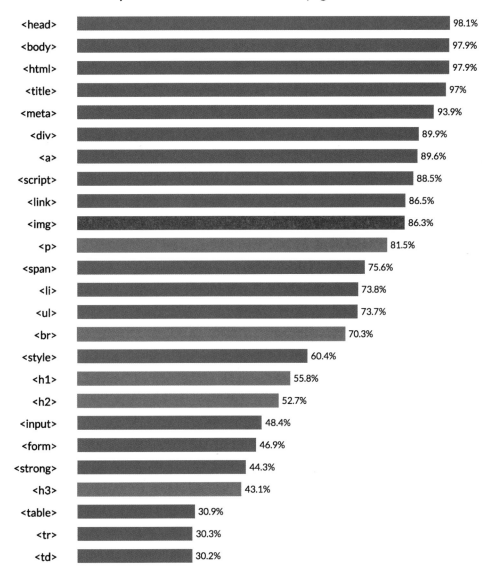

# 12 | 부모 자식과 목록

다음과 같이 〈parent〉와 〈child〉라는 두 개의 태그가 있다고 해봅시다.

```
<parent>
    <child></child>
</parent>
```

이처럼 태그가 **서로 포함 관계**에 있을 때 **포함하고 있는** 태그를 부모 태그, **포함된 태그를 자식** 태그라 합니다. HTML에 있는 여러 태그는 부모 자식 관계가 막 바뀌기도 합니다. 말이 좀 이상하죠?

그런데 자식이 있는 곳에 항상 부모가 있고, 부모가 있는 곳에 항상 어떤 특정한 자식 태그가 있는, 아주 사이가 좋은 태그가 몇 가지 있습니다. 이번 시간에는 그러한 태그를 살펴보겠습니다. 그에 앞서 기획서를 다시 한번 살펴보면 아직 진행하지 않은 부분이 목차입니다.

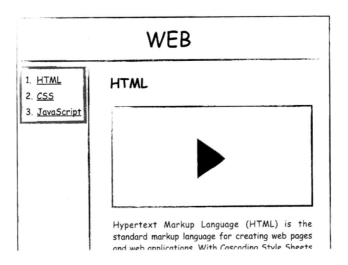

이번 수업에서는 목차를 완성하는 과정에서 부모, 자식 관계에 해당하는 태그를 살펴보겠습니다.

그럼 예제에서 HTML 제목 위에 목차를 써보겠습니다. 먼저 상단에 다음과 같이 적어보겠습니다.

【예제 1-12-1】 목차 만들기                                                                   1.html

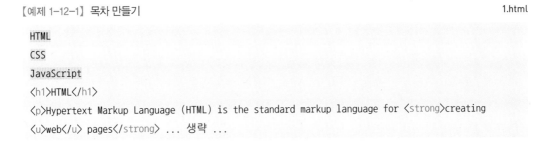

```
HTML
CSS
JavaScript
<h1>HTML</h1>
<p>Hypertext Markup Language (HTML) is the standard markup language for <strong>creating
<u>web</u> pages</strong> ... 생략 ...
```

페이지를 새로고침한 후 결과를 보면 우리가 원하는 결과가 아닙니다.

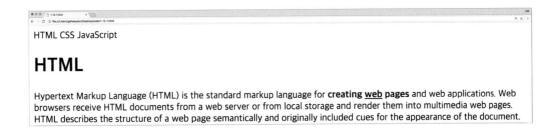

목차답게 **줄바꿈**이 됐으면 좋겠습니다. 줄바꿈을 하려면 어떻게 해야 할까요? 앞에서 배운 〈br〉 태그를 각 항목 뒤에 넣습니다. 그리고 각 항목마다 숫자를 붙여줍니다.

【예제 1-12-2】 목차에 숫자와 〈br〉 태그 추가            1.html

```
1. HTML<br>
2. CSS<br>
3. JavaScript<br>
<h1>HTML</h1>
<p>Hypertext Markup Language (HTML) is the standard markup language for <strong>creating
<u>web</u> pages</strong> ... 생략 ...
```

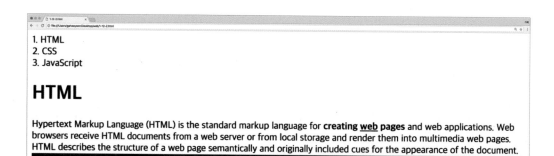

결과를 보면 그럴듯하게 보입니다. 그런데 HTML을 만든 사람들은 목차를 쓸 때 사용하라고 어떠한 태그를 고안해냈습니다. 따라서 그 태그를 쓰셔야 합니다. 그래야만 그 태그가 의미에 맞게 사용되는 것이라고 할 수 있습니다. 즉 웹 페이지가 더 가치 있게 되는 것입니다.

그때 사용하는 것이 바로 **목차 또는 목록**인데, 목록을 영어로 List라 합니다. List에서 **앞의 두 글자가** 무엇인가요? li입니다. 즉 **〈li〉 태그**를 사용하면 됩니다.

예제에서 〈br〉 태그를 모두 없애고 다음과 같이 수정합니다.

【예제 1-12-3】 〈li〉 태그를 이용해 목차 만들기            1.html

```
<li>1. HTML</li>
<li>2. CSS</li>
<li>3. JavaScript</li>
<h1>HTML</h1>
<p>Hypertext Markup Language (HTML) is the standard markup language for <strong>creating
<u>web</u> pages</strong> ... 생략 ...
```

위와 같이 코드를 작성하고 페이지를 새로고침하면 결과가 나옵니다.

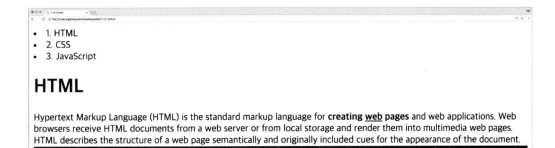

Ctrl 키(macOS라면 Command 키)를 누른 채로 클릭하면 클릭하는 위치마다 커서가 나타납니다. 그다음
〈li〉라고 입력하면 커서가 위치한 곳에 한꺼번에 〈li〉 태그를 입력할 수 있습니다.

여기서는 수업 내용과는 상관 없지만 무엇인가를 설명하기 위해 수업 참가자의 닉네임을 써보겠습니
다. 예를 들면, egoing, k8805, youbin이라 쓰고 똑같이 써볼까요?

【예제 1-12-4】수업 참가자 닉네임 목록 추가                                            1.html

```html
<li>1. HTML</li>
<li>2. CSS</li>
<li>3. JavaScript</li>
<li>egoing</li>
<li>k8805</li>
<li>youbin</li>
<h1>HTML</h1>
<p>Hypertext Markup Language (HTML) is the standard markup language for <strong>creating
<u>web</u> pages</strong> ... 생략 ...
```

그런 다음 페이지를 새로고침하면 밑에 추가한 것은 수업 참가자이고, 위의 목록은 우리 수업의 순서입니다.

이런 경우 서로 구분이 안 되기 때문에 띄어쓰기를 하고 싶습니다. 목록 부분에 <br>을 써도 구분되겠지만 이런 경우에 쓰라고 고안된 태그가 있습니다. 바로 **<li> 태그의 부모인 <ul>이란 태그**입니다. 코드를 다음과 같이 수정합니다.

【예제 1-12-5】 <li> 태그의 부모 태그인 <ul> 태그 추가                    1.html

```
<ul>
    <li>1. HTML</li>
    <li>2. CSS</li>
    <li>3. JavaScript</li>
</ul>
<ul>
    <li>egoing</li>
    <li>k8805</li>
    <li>youbin</li>
</ul>
<h1>HTML</h1>
<p>Hypertext Markup Language (HTML) is the standard markup language for <strong>creating
<u>web</u> pages</strong> ... 생략 ...
```

⚙ 참고

탭(Tab) 키를 누르면 들여쓰기됩니다.

페이지를 새로고침하면 항목들을 구분할 수 있습니다.

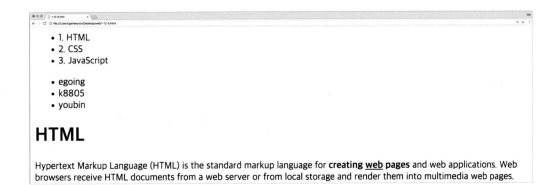

즉, ⟨li⟩ 같은 항목은 **어디서부터 어디까지가 연관된 항목인지를 구분**하기 위한 **부모 태그가 필요**합니다. 그러므로 ⟨li⟩ 태그는 반드시 부모 태그를 가지고 있고, 부모 태그인 ⟨ul⟩ 태그는 반드시 자식 태그를 가지고 있다는 점을 기억하면 됩니다. 참여자 목록을 다시 지우겠습니다.

제가 여러분들께 종종 말씀드리는 것인데 코딩 공부를 할 때는 극단적 사고가 필요합니다. 왜냐하면 우리는 행복한 상황 속에서 코딩하지 않고 충분히 불행할 때 코딩을 하기 때문입니다. 충분히 불행한 경우의 예를 들어보겠습니다. 목록이 3개가 아닌 1억 개라 생각해 보세요. 1, 2, 3이라는 숫자를 1억 번 쓰셔야 할 것입니다. 그런데 누가 와서 여러분들께 이제 첫 번째 목록을 지워 달라고 한다면 2의 목록은 1로, 3의 목록은 2로 바꿔서 1억 개를 수정해야 합니다. 여러분이 손이 정말 빨라서 하나를 바꾸는 데 0.1초가 걸린다 해도 제가 옛날에 계산한 기억으로 115일이 걸립니다. 이런 불행한 경우 코딩을 하는 것이 코딩을 하지 않는 것보다 쉽겠죠. 이처럼 극단적 사고를 하셔야 하고, 이런 상황을 공감할 수 있어야 합니다. 이런 경우 우리를 구원할 수 있는 방법이 있습니다. 예제에서 ⟨ul⟩을 ⟨ol⟩로 바꿉니다. 그리고 목록에 적힌 숫자를 지웁니다.

【예제 1-12-6】 ⟨ul⟩ 태그를 ⟨ol⟩ 태그로 변경　　　　　　　　　　　　　　　1.html

```
<ol>
    <li>HTML</li>
    <li>CSS</li>
    <li>JavaScript</li>
</ol>
<h1>HTML</h1>
<p>Hypertext Markup Language (HTML) is the standard markup language for <strong>creating
<u>web</u> pages</strong> ... 생략 ...
```

페이지를 새로고침 해보면 항목 앞에 자동으로 숫자가 매겨지는 것을 볼 수 있습니다.

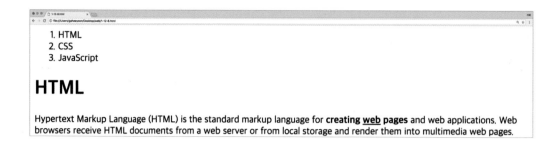

지금 보고 있는 〈ol〉이란 태그와 앞에서 본 〈ul〉이란 태그는 공통적으로 'l'을 가지고 있습니다. 이것은 list의 약자입니다. 그런데 앞의 ol은 'Ordered List'의 약자이고 ul은 'Unordered List'의 약자입니다.

# Ordered List          Unordered List

이렇게 해서 현재 진행 중인 프로젝트에서 목록을 완성했고, 빈도수가 매우 높은 〈li〉 태그와 〈ul〉 태그, 그리고 아쉽게 순위권에는 들지 않지만 〈ol〉 태그까지 살펴봤습니다.

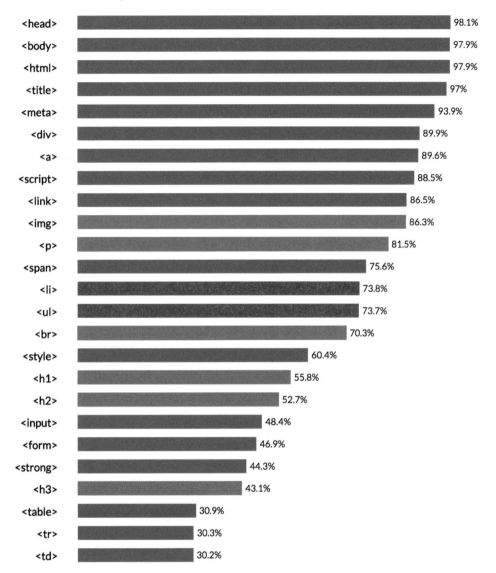

And the **twenty-five elements** used on the most pages are:

| Element | Percentage |
|---|---|
| <head> | 98.1% |
| <body> | 97.9% |
| <html> | 97.9% |
| <title> | 97% |
| <meta> | 93.9% |
| <div> | 89.9% |
| <a> | 89.6% |
| <script> | 88.5% |
| <link> | 86.5% |
| <img> | 86.3% |
| <p> | 81.5% |
| <span> | 75.6% |
| <li> | 73.8% |
| <ul> | 73.7% |
| <br> | 70.3% |
| <style> | 60.4% |
| <h1> | 55.8% |
| <h2> | 52.7% |
| <input> | 48.4% |
| <form> | 46.9% |
| <strong> | 44.3% |
| <h3> | 43.1% |
| <table> | 30.9% |
| <tr> | 30.3% |
| <td> | 30.2% |

이처럼 〈li〉와 〈ul〉, 〈li〉와 〈ol〉을 이해하고 나면 나중에 조금 더 복잡한, 이를테면 표(table)를 만들 때도 충분히 응용할 수 있을 겁니다.

| | |
|---|---|
| head | 98.1% |
| body | 97.9% |
| html | 97.9% |

```html
<table>
    <tr>
        <td>head</td>
        <td>98.1%</td>
    </tr>
    <tr>
        <td>body</td>
        <td>97.9%</td>
    </tr>
    <tr>
        <td>html</td>
        <td>97.9%</td>
    </tr>
</table>
```

이번 시간은 여기까지 하겠습니다.

# 문서의 구조와 슈퍼스타들

여러분들이 이미 HTML의 문법을 마스터했다고 말씀드렸던 것 기억하시죠? 말하자면 이제 여러분은 문장을 만드는 방법을 마스터했다고 할 수 있습니다. 더 복잡한 것은 단언컨대 존재하지 않습니다.

문장이 모이면 무엇이 되나요? 페이지가 됩니다. 페이지가 모이면 책이 됩니다. 책에는 표지가 있고 표지에는 제목과 저자가 표기됩니다.

이처럼 정보가 많아짐에 따라 정보를 잘 정리 정돈하기 위한 체계, 구조라는 것이 필요합니다. 이번 시간에는 그 구조를 만드는 방법을 살펴보겠습니다.

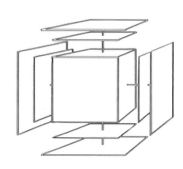

다음은 HTML 태그의 랭킹인데, 여러분은 이 중에서 상당히 많은 태그를 알게 된 상태입니다. 축하드립니다.

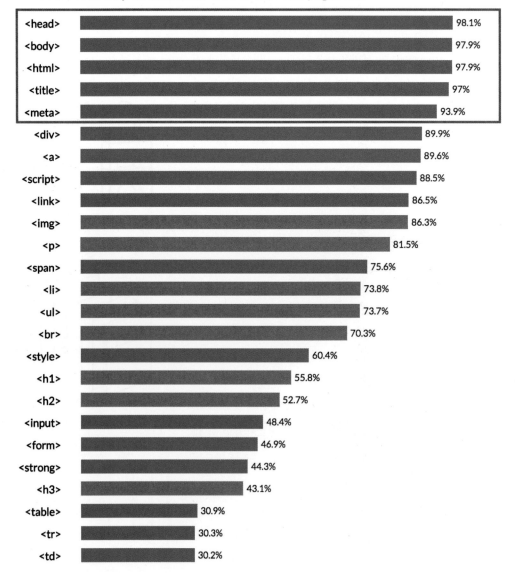

And the **twenty-five elements** used on the most pages are:

| 태그 | 비율 |
|---|---|
| \<head\> | 98.1% |
| \<body\> | 97.9% |
| \<html\> | 97.9% |
| \<title\> | 97% |
| \<meta\> | 93.9% |
| \<div\> | 89.9% |
| \<a\> | 89.6% |
| \<script\> | 88.5% |
| \<link\> | 86.5% |
| \<img\> | 86.3% |
| \<p\> | 81.5% |
| \<span\> | 75.6% |
| \<li\> | 73.8% |
| \<ul\> | 73.7% |
| \<br\> | 70.3% |
| \<style\> | 60.4% |
| \<h1\> | 55.8% |
| \<h2\> | 52.7% |
| \<input\> | 48.4% |
| \<form\> | 46.9% |
| \<strong\> | 44.3% |
| \<h3\> | 43.1% |
| \<table\> | 30.9% |
| \<tr\> | 30.3% |
| \<td\> | 30.2% |

그런데 이 중에서 정말 빈도수가 압도적으로 높은, 말하자면 슈퍼스타들에 대해서는 의도적으로 언급하지 않았습니다. 이번 시간은 그러한 슈퍼스타들이 누구인가를 살펴보는 정말로 중요한 수업이라고 할 수 있겠습니다. 먼저 우리가 만든 웹 페이지의 제목을 봅시다.

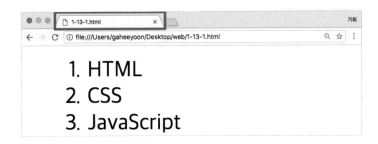

보다시피 제목이 이웃들의 제목과 비교했을 때 좀 부끄럽습니다. 어떤 점이 부끄러울까요? 이웃들은 내용을 잘 표현하는 제목을 표시하고 있는 반면 우리 예제는 파일명이 제목입니다. 그래서 이를 해결하는 방법을 여러분들께 소개해드리겠습니다.

페이지의 제목을 "WEB1 – html"과 같이 만들고 싶다면 다음과 같이 하면 됩니다.

【예제 1-13-1】 〈title〉 태그를 이용해 제목 설정      1.html

```
<title>WEB1 - HTML</title>

<ol>
    <li>HTML</li>
    <li>CSS</li>
    <li>JavaScript</li>
</ol>
<h1>HTML</h1> ... 생략 ...
```

그런 다음 페이지를 새로고침하면 제목이 잘 표시된 것을 볼 수 있습니다.

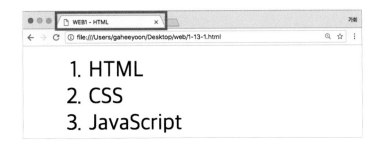

보다시피 〈title〉이라는 태그를 사용하면 웹 페이지의 제목을 사용자에게 명시적으로 알려줄 수 있을 뿐더러 검색 엔진과 같은 기계들이 바로 〈title〉이라는 것, 책으로 치면 책 표지의 제목과 같은 정보로서 사용합니다. 그렇기 때문에 웹 페이지를 만들 때 〈title〉이라는 태그를 쓰지 않는 것은 굉장한 손해입니다.

그리고 예를 들어 HTML 대신 "HTML이란 무엇인가"란 제목으로 바꿔보겠습니다.

【예제 1-13-2】 HTML이란 무엇인가로 제목 변경                                                    1.html

```
<title>WEB1 - HTML</title>

<ol>
    <li>HTML</li>
    <li>CSS</li>
    <li>JavaScript</li>
</ol>
<h1>HTML이란 무엇인가?</h1> ... 생략 ...
```

그런데 결과를 살펴보면 다음과 같이 한국어 문자와 실제 출력된 결과가 다릅니다.

왜냐하면 우리가 글씨로 작성하면 그 글씨 그대로 컴퓨터에 저장되는 게 아니기 때문입니다. 컴퓨터는 모든 정보를 0 아니면 1로 최종적으로 저장합니다. 그런데 0과 1을 어떻게 저장할 것인지에 관한 여러 가지 약속들이 있는데 이 약속 중 하나가 에디터 하단에 있는 UTF-8입니다.

지금 당장은 UTF-8이 무엇인지 몰라도 됩니다. 하지만 현재 우리가 작성한 이 파일은 무엇인지는 잘 모르지만 UTF-8이란 방식으로 저장된 상태입니다. 그렇다면 우리가 작성한 이 파일을 웹 브라우저가 열 때도 UTF-8로 열어야만 문제가 없지 않을까요? 그래서 우리가 웹 브라우저에게 이 웹 페이지를 열 때 UTF-8로 열라고 지시할 때는 다음과 같이 씁니다.

【예제 1-13-3】〈meta〉 태그 추가                                       1.html

```
<title>WEB1 - HTML</title>
<meta charset="utf-8">

<ol>
    <li>HTML</li>
    <li>CSS</li>
    <li>JavaScript</li>
</ol>
<h1>HTML이란 무엇인가?</h1> ... 생략 ...
```

**⚙ 참고**

〈meta까지 입력한 다음 스페이스바를 누르면 관련 속성을 추천합니다.

그런 다음 페이지를 새로고침해 보면 글씨가 깨지지 않음을 확인할 수 있습니다.

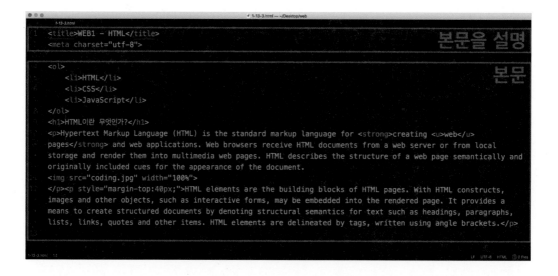

1. HTML
2. CSS
3. JavaScript

# HTML이란 무엇인가?

Hypertext Markup Language (HTML) is the standard markup language for **creating <u>web</u> pages** and web applications. Web browsers receive HTML documents from a web server or from local storage and render them into multimedia web pages.

여기에 나온 charset에서 char는 캐릭터(character), 즉 문자란 뜻이고 set은 집합이란 뜻입니다. 즉, UTF-8로 문서를 읽으라고 브라우저에게 이야기하고 있는 것입니다.

그런데 앞서 배운 두 줄의 코드와 그 아래에서 지금까지 작성했던 코드 사이에는 차이가 있습니다.

밑에 있는 코드들은 본문입니다. 반면 방금 배운 코드들은 본문을 설명합니다. 〈title〉은 본문의 제목이 무엇인지를 설명하고, 〈meta charset="utf-8"〉은 이 본문이 UTF-8이라는 방식으로 저장돼 있다는 것을 설명합니다. HTML을 만든 사람들은 본문은 〈body〉라는 태그로 묶기로 약속했습니다. 따라서 여러분들은 그렇게 해야 합니다. 사람 사이의 약속이기 때문입니다. 그리고 본문을 설명하는, 즉 〈body〉를 설명하는 태그는 〈head〉로 묶기로 했습니다.

```
<head>
    <title>WEB1 - HTML</title>
    <meta charset="utf-8">
</head>
<body>
    <ol>
        <li>HTML</li>
        <li>CSS</li>
        <li>JavaScript</li>
    </ol>
    <h1>HTML이란 무엇인가?</h1>
    ... 생략 ...
</body>
```

즉 HTML에 있는 모든 태그는 〈head〉 태그 또는 〈body〉 태그 중 하나 아래에 놓이게 된다는 것입니다.
그런 의미에서 〈head〉 태그와 〈body〉 태그는 상당히 고위직 태그라 할 수 있습니다. 이 고위직 태그를
감싸는 단 하나의 최고위층 태그가 있는데, 바로 〈html〉이라는 태그입니다.

```
<html>
    <head>
        <title>WEB1 - HTML</title>
        <meta charset="utf-8">
    </head>
    <body>
        <ol>
            <li>HTML</li>
            <li>CSS</li>
            <li>JavaScript</li>
        </ol>
        <h1>HTML이란 무엇인가?</h1>
        ... 생략 ...
    </body>
</html>
```

그리고 이 〈html〉 태그 위에 관용적으로 이 문서에는 HTML이 담겨 있다는 뜻에서 〈!DOCTYPE HTML〉
이라고 쓰시면 됩니다.

```
<!DOCTYPE HTML>
<html>
    <head>
        <title>WEB1 - HTML</title>
        <meta charset="utf-8">
    </head>
    <body>
        <ol>
            <li>HTML</li>
            <li>CSS</li>
            <li>JavaScript</li>
        </ol>
        <h1>HTML이란 무엇인가?</h1>
        ... 생략 ...
    </body>
</html>
```

그러면 우리가 매일 같이 방문하는 웹 사이트를 아무 곳이나 가보세요. 그리고 웹 페이지에서 마우스 오른쪽 버튼을 누르고 [페이지 소스 보기]를 누르면 페이지 소스 보기가 나올 것입니다.

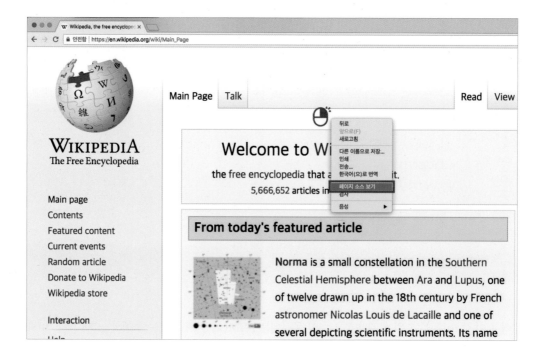

```
<!DOCTYPE html>
<html class="client-nojs" lang="en" dir="ltr">
<head>
    <meta charset="UTF-8"/>
    <title>Wikipedia, the free encyclopedia</title>
    <script>document.documentElement.className = document.documentElement.className.replace(
/(^|\s)client-nojs(\s|$)/, "$1client-js$2" );    </script>
    <link rel="stylesheet" href="/w/load.php?debug=false&amp;lang=en&amp;modules=site.styles&amp
;only=styles&amp;skin=vector"/>
    <meta name="generator" content="MediaWiki 1.32.0-wmf.7"/>
    <meta name="referrer" content="origin"/>
    <meta name="referrer" content="origin-when-crossorigin"/>
    ... 생략 ...
    </head>
    <body class="mediawiki ltr sitedir-ltr mw-hide-empty-elt ns-0 ns-subject page-Main_Page
rootpage-Main_Page skin-vector action-view">
        <div id="mw-page-base" class="noprint"></div>
        ... 생략 ...
    </body>
</html>
```

그리고 소스 내용을 살펴보면 맨 위에 `<!DOCTYPE HTML>`이 보일 것입니다. 그리고 그 밑에는 `<html>` 태그가 있을 테고, `<html>` 태그 밑에는 높은 확률로 `<head>` 태그가 있을 것이며, `<title>`도 있을 것입니다. `<meta>` 태그는 있을 수도 있고 없을 수도 있을 겁니다. 그리고 쭉 내려보면 `<body>` 태그가 보일 겁니다.

어떤가요? 여러분은 지금 이 슈퍼스타에 해당하는 태그들을 배움으로써 전 세계의 모든 웹 페이지가 가지고 있는 구조를 파악하게 된 겁니다. 저는 우리가 공부를 했을 때의 중요한 효용으로 눈이 밝아진다고 생각합니다. 시력이 좋아집니다. 예전에는 보이지 않던 것이 보이기 시작하는 것입니다. 들리지 않았던 것이 들리기 시작하는 것입니다. 여러분들은 그런 혁명적인 능력을 갖게 된 것입니다. 축하드립니다.

자, 이렇게 해서 HTML의 구조를 작성하는 방법을 살펴봤고 정말 빈도수가 높은 태그를 살펴봤습니다.

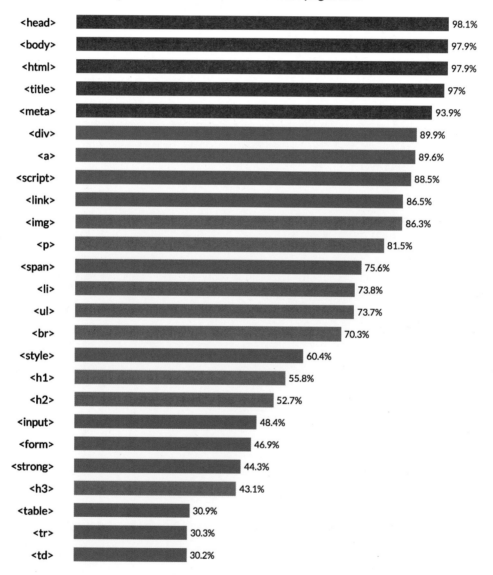

And the **twenty-five elements** used on the most pages are:

| 태그 | 비율 |
|---|---|
| &lt;head&gt; | 98.1% |
| &lt;body&gt; | 97.9% |
| &lt;html&gt; | 97.9% |
| &lt;title&gt; | 97% |
| &lt;meta&gt; | 93.9% |
| &lt;div&gt; | 89.9% |
| &lt;a&gt; | 89.6% |
| &lt;script&gt; | 88.5% |
| &lt;link&gt; | 86.5% |
| &lt;img&gt; | 86.3% |
| &lt;p&gt; | 81.5% |
| &lt;span&gt; | 75.6% |
| &lt;li&gt; | 73.8% |
| &lt;ul&gt; | 73.7% |
| &lt;br&gt; | 70.3% |
| &lt;style&gt; | 60.4% |
| &lt;h1&gt; | 55.8% |
| &lt;h2&gt; | 52.7% |
| &lt;input&gt; | 48.4% |
| &lt;form&gt; | 46.9% |
| &lt;strong&gt; | 44.3% |
| &lt;h3&gt; | 43.1% |
| &lt;table&gt; | 30.9% |
| &lt;tr&gt; | 30.3% |
| &lt;td&gt; | 30.2% |

# 14 | HTML 태그의 제왕

지금까지 문서를 만드는 방법을 충분히 자세하게 살펴봤습니다. 태그를 결합하는 방법을 완전히 마스터했고, 빈도수가 절대적으로 높은 태그들을 살펴봤습니다. 앞으로 배울 것보다 지금까지 배운 것에 큰 기쁨을 느끼셨으면 좋겠습니다.

우리 수업에는 두 번의 혁명적 순간이 있습니다. 하나는 태그라는 문법을 배운 순간이고, 또 하나는 지금부터 설명할 태그를 알게 된 순간입니다. 우리가 배울 태그가 무엇인지 여섯 고개 문제를 낼 테니까 한번 맞춰보세요.

01 _ 태그가 웹의 왕국이라면 지금부터 설명드릴 태그는 이 왕국의 제왕입니다. 현대 HTML은 150가지의 태그로 이뤄져 있지만 이들 모두 이 태그 아래에 있습니다. 이 태그는 무엇일까요?

02 _ 검색 엔진들은 이 태그 덕분에 전 세계의 웹을 항해하면서 웹 페이지들을 발견할 수 있고, 이 태그 덕분에 최고의 검색 결과를 만들 수 있었습니다. 이 태그가 없다면 검색 엔진은 존재하지 않습니다. 우리의 일상에서 검색 엔진이 없다면 어떤 일이 생길지 생각해 보세요. 이 태그는 무엇일까요?

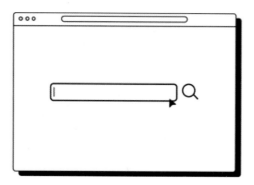

03 _ 이 태그는 도시의 길과 인체의 혈관과 같은 것입니다. 이 태그가 없다면 전 세계의 모든 웹 페이지는 고립될 것이고, 정보혁명은 시작되지 않았을 것입니다. 이 태그는 무엇일까요?

04 _ 이 태그는 우리가 매일 백 번도 넘게 사용하는 태그입니다. 우리 일상에서 하루에 백 번도 넘게 하는 일은 그렇게 많지 않습니다. 이 태그는 무엇일까요?

05 _ 또한 HTML의 약자인 HyperText Markup Language의 첫 단어인 HyperText가 바로 이 태그를 의미합니다. 이 태그는 무엇일까요?

# HyperText

06 _ 이 태그의 이름은 anchor의 첫 글자를 딴 a입니다. 앵커는 배가 정박할 때 사용하는 닻을 의미합니다. 정보의 바다에 정박한다는 의미의 시적인 표현인 a 태그는 어떤 기능을 표현하는 것일까요?

바로 링크입니다. 자, 지금까지 우리가 만든 웹 페이지를 보니 방금 말씀드린 링크가 없습니다. 지금부터 우리는 링크를 달 것입니다. 이번 수업에서는 본문의 HTML(Hypertext Markup Language)에 링크를 달 텐데, HTML의 기술 공식 사용 설명서를 링크 걸면 좋을 것 같습니다. 공식 사용 설명서를 링크 걸어 보겠습니다.

HTML의 사용 설명서가 궁금하다면 "html specification"으로 검색해 보세요. HTML의 specification, 즉 명세, 설명서를 의미합니다. HTML을 만든 W3C라는 국제 기구에서 만든 공식 설명서로 생각하면 됩니다. 그렇게 해서 찾은 문서는 W3C라는 국제 기구에서 운영하고 있는 문서이고, W3C Recommendation이라고 하는 W3C 권고안입니다.

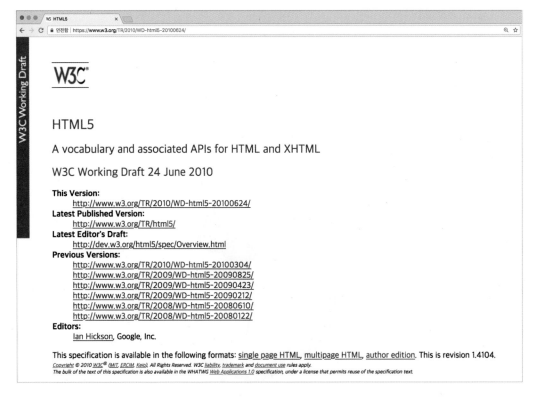

왜 권고안이냐면 W3C는 직접 브라우저를 만들지 않기 때문입니다. W3C에서는 멤버들이 모여 미래 웹이 어때야 하는가에 대해 의논해서 미래 웹의 기술을 결정하면 권고안 문서를 발표하고 이 문서를 웹 브라우저 제작업체에서 보고 그에 따라 웹 브라우저를 만들어 가게 되는 것입니다. 공식 사용 설명서를 보면 여러 가지 내용이 있습니다. 〈a〉 태그의 내용도 살펴볼 수 있습니다.

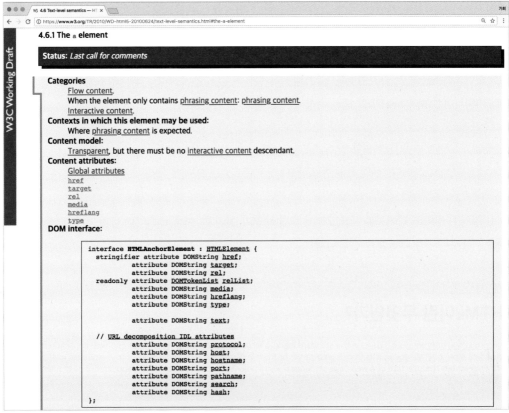

원래 이야기로 돌아와서 공식 사용 설명서의 주소를 HTML 텍스트에 링크로 걸고 싶습니다. 링크를 거는 태그는 무엇이라 했죠? 〈a〉입니다. 그럼 여러분이 링크를 걸고 싶은 곳을 〈a〉 태그로 감싸면 됩니다.

【예제 1-14-1】 〈a〉 태그를 이용해 링크 만들기                                            1.html

```
... 생략 ...
〈h1〉HTML이란 무엇인가?〈/h1〉
〈p〉〈a〉Hypertext Markup Language (HTML)〈/a〉 is the standard markup language for
```

```
<strong>creating <u>web</u> pages</strong> and web applications. Web browsers receive HTML
documents from a web server or from local storage and render them into multimedia web pages.
HTML describes the structure of a web page semantically and originally included cues for the
appearance of the document.
        <img src="coding.jpg" width="100%">
        ... 생략 ...
```

페이지를 새로고침해 보면 링크가 걸리나요? 안 걸립니다. 왜냐하면 정보가 부족하기 때문입니다.
이 링크가 어디에 앵커(닻)를 내려야 할지 정보가 부족합니다. 그래서 이동할 주소(https://www.
w3.org/TR/html5/)를 복사해서 〈a〉 태그의 속성에 적는데, 앞에서 하이퍼텍스트가 링크라 말씀드렸
죠? 하이퍼텍스트의 첫 글자인 h와 웹 브라우저에게 이 값을 참조하라는 의미의 reference에서 앞의
세 글자인 ref를 따서 href라고 하는 속성에 지정합니다.

【예제 1-14-2】 〈a〉 태그에 href 속성 추가                                                1.html

```
<a href="https://www.w3.org/TR/html5/">Hypertext Markup Language (HTML)</a>
```

위와 같이 수정하고 페이지를 새로고침해 보면 링크가 걸리고, 이를 클릭하면 W3C의 권고안 웹 페이
지로 이동하는 것을 확인할 수 있습니다.

만약 링크를 클릭했을 때 새 탭에서 열리게 만들고 싶다면 〈a〉 태그의 사용 설명서를 보고 알아내면 됩
니다. 즉, 다음과 같이 수정하면 링크를 클릭했을 때 새 탭으로 열리게 됩니다.

【예제 1-14-3】 〈a〉 태그에 target 속성 추가                                              1.html

```
<a href="https://www.w3.org/TR/html5/" target="_blank">Hypertext Markup Language (HTML)</a>
```

또는 이 링크를 클릭하기 전에 툴팁처럼 무엇인가를 알려주고 싶다면 다음과 같이 수정합니다.

【예제 1-14-4】 〈a〉 태그에 title 속성 추가      1.html

```
<a href="https://www.w3.org/TR/html5/" target="_blank" title="HTML5 specification">Hypertext
Markup Language (HTML)</a>
```

그런 다음 페이지를 새로고침하고 링크에 마우스 커서를 올려 보면 툴팁이 나타나는 것을 확인할 수 있습니다.

이렇게 해서 링크를 만드는 방법을 소개해드렸습니다. 링크를 소개하고 보니까 링크와 저의 관계에 대해 이야기해 보고 싶네요. 수업과는 관계가 없으니 넘어가셔도 됩니다.

저는 학창시절 공부를 잘 못했습니다. 딴생각이 많은 학생이었거든요. 선생님이 무슨 말을 하면 자꾸 수업과는 관련 없는 것들이 연상돼서 잠깐 한눈팔고 돌아보면 진도가 보이지 않는 거에요. 특히 수학처럼 논리적인 과목은 정말 못했습니다. 수학 포기자였던 거죠.

제가 수업시간에 가장 많이 한 딴생각이 뭐였는지 아세요? 딴생각하지 말아야지, 라는 딴생각이었습니다. 저는 그것이 그냥 제 결함이라고 생각했습니다. 누구도 저에게 그렇게 이야기하지 않았지만 저 스스로 나는 공부를 못하는 사람이고 공부를 싫어하는 사람이라고 믿게 됐죠. 왜냐하면 성적표가 움직일 수 없는 증거였으니까요. 그렇게 저는 고등학교를 졸업했습니다.

그리고 곧 웹이 뜬다는 소문이 돌기 시작했어요. 얼마 후에 집집마다 웹을 쓰기 위해 인터넷을 도입하기 시작했고, 저는 링크를 통해 제가 필요한 정보를 탐험하기 시작했습니다. 정신 없이 링크를 따라가다 보면 정말 많은 것을 알게 되더라고요. 생각해 보면 인류 역사를 통틀어 저처럼 수업시간에 딴생각하는 사람이 얼마나 많았을까요? 제가 고등학교를 졸업한 직후에 인터넷과 웹이 인류 역사상 처음으로 퍼지기 시작했던 거에요. 이것이 얼마나 큰 행운인지 모르겠습니다. 시대가 조금만 저를 비껴갔다면 저는 완전히 다른 인생을 살고 있었을 거에요.

처음엔 링크를 따라 여행하는 웹 서핑을 공부라고 생각하지 않았지만 이제는 그것이 진정한 공부라고 생각하게 됐습니다. 또한 나는 공부를 좋아하는 사람이 됐다는 것을 알게 됐고요. 이 수업을 듣고 계신 학우 여러분도 링크를 통해 정보를 탐험하고, 문제를 해결하고 있다면, 또 그 과정이 즐겁다면 여러분은 이미 공부를 좋아하고, 잘하고 있는 것입니다. 그 사실을 인정하셨으면 좋겠습니다.

지금까지 웹 페이지를 만드는 방법을 배웠습니다.

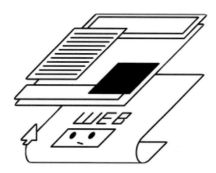

또 웹 페이지와 웹 페이지를 링크라는 길로 연결 하는 방법도 배웠습니다.

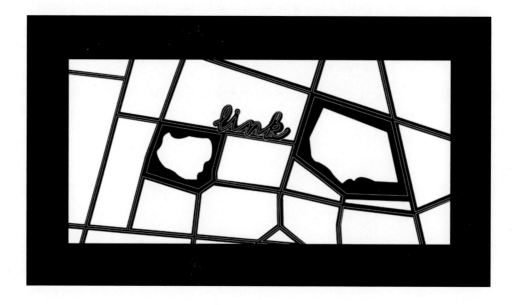

제가 링크를 길로 비유했습니다만 링크는 본드 또는 실로
비유할 수도 있을 겁니다.

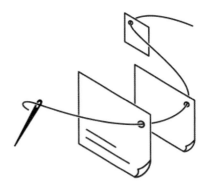

서로 연관된 웹 페이지들을 결합해서 하나의 책으로 엮어내
는, 말하자면 본드나 실 같은 역할을 하는 것을 링크라고 볼
수 있습니다.

물론 웹에서는 책이라는 표현보다 웹 사이트라는 표현을 씁니다. 지금부터 우리가 만든 웹 페이지들을
엮어서 하나의 웹 사이트를 만들어 봅시다.

지금부터 하려는 일을 먼저 설명해드리겠습니다. 우리가 만들려고 하는 웹 페이지는 다음과 같은 모습
입니다.

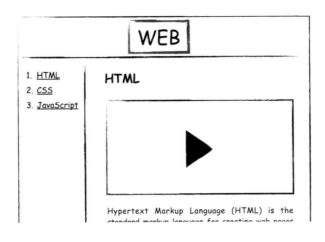

아직 하지 않은 부분은 상단의 'WEB' 부분입니다. 그리고 이곳에서, 말하자면 책처럼 엮으려면 각각의 링크를 생성해야 하는데, 다음과 같이 맨 위에 있는 'WEB'이라는 부분은 index.html이란 파일로 링크를 걸 겁니다.

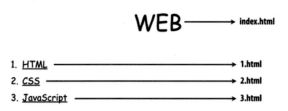

즉, 'WEB'을 클릭하면 index.html 파일로 갈 것이며, 그곳에서 우리 수업에서 말하는 홈페이지가 나올 겁니다.

마찬가지로 'HTML' 링크를 클릭하면 1.html로 가서 우리가 지금까지 만든 웹 페이지가 나올 것이며, 'CSS'를 누르면 2.html, 'JavaScript'를 클릭하면 3.html이 나오게 할 겁니다.

이렇게 하기 위해 맨 먼저 이 수업에서 가장 큰 제목인 'WEB'을 써보겠습니다. 가장 큰 제목이기에 'WEB'을 〈h1〉로 먼저 묶습니다.

【예제 1-15-1】 〈h1〉 태그를 이용해 상단 만들기                                                    1.html

```
<!DOCTYPE HTML>
<html>
    <head>
        <title>WEB1 - HTML</title>
        <meta charset="utf-8">
    </head>
    <body>
        <h1>WEB</h1>
        <ol>
            <li>HTML</li>
            <li>CSS</li>
            <li>JavaScript</li>
        </ol>
        <h1>HTML이란 무엇인가?</h1>
        ... 생략 ...
    </body>
</html>
```

그리고 페이지를 새로고침하면 결과를 볼 수 있습니다.

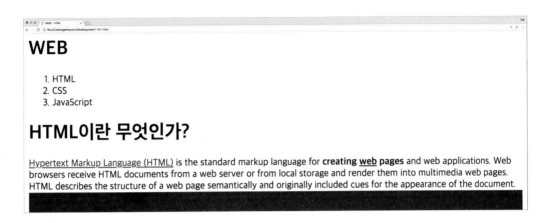

'WEB'과 'HTML'의 레벨이 같은 레벨이므로 HTML의 〈h1〉을 〈h2〉로 강등시킵니다.

【예제 1-15-2】HTML이란 무엇인가?를 〈h1〉 태그에서 〈h2〉로 강등       1.html

```
 <!DOCTYPE HTML>
<html>
    <head>
        <title>WEB1 - HTML</title>
        <meta charset="utf-8">
    </head>
    <body>
        <h1>WEB</h1>
        <ol>
            <li>HTML</li>
            <li>CSS</li>
            <li>JavaScript</li>
        </ol>
        <h2>HTML이란 무엇인가?</h2>
        ... 생략 ...
    </body>
</html>
```

그러면 서열에 맞는 제목을 갖게 됩니다. 그리고 각각의 목록을 링크로 만들 건데, 다음과 같이 작성합니다.

**WEB**

1. HTML
2. CSS
3. JavaScript

**HTML이란 무엇인가?**

Hypertext Markup Language (HTML) is the standard markup language for **creating web pages** and web applications. Web browsers receive HTML documents from a web server or from local storage and render them into multimedia web pages. HTML describes the structure of a web page semantically and originally included cues for the appearance of the document.

【예제 1-15-3】 목록에 링크 추가하기                                         1.html

```html
<!DOCTYPE HTML>
<html>
    <head>
        <title>WEB1 - HTML</title>
        <meta charset="utf-8">
    </head>
    <body>
        <h1><a href="index.html">WEB</a></h1>
        <ol>
            <li><a href="1.html">HTML</a></li>
            <li><a href="2.html">CSS</a></li>
            <li><a href="3.html">JavaScript</a></li>
        </ol>
        <h2>HTML이란 무엇인가?</h2>
        ... 생략 ...
    </body>
</html>
```

즉, 'WEB'을 클릭했을 때는 index.html이 나오게 하고, 'HTML'을 클릭했을 때 1.html 페이지가 나오게 합니다. 'CSS'를 클릭하면 2.html, 'JavaScript'를 클릭하면 3.html이 나오게 할 것입니다. 그러면 링크가 만들어지는데, 잠깐 수업을 멈춰 놓고 여러분이 직접 해보셨으면 좋겠습니다. 여러분들이 구상을 해보고 잘 안되더라도 시도해 보시길 바랍니다.

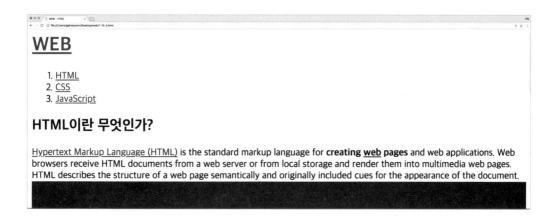

자, 그럼 1.html 파일을 마우스 오른쪽 버튼으로 클릭한 후 [Duplicate]를 눌러 2.html, 3.html을 만듭니다.

그리고 또 복사해서 index.html을 만듭니다.

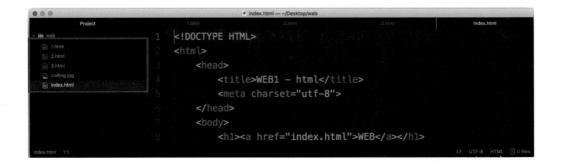

그러면 내용은 똑같지만 각 링크가 가리킬 파일을 만든 거죠. 그러면 이제 내용을 조금씩 수정하면 되겠죠?

'CSS'를 클릭하면 2.html로 갈 텐데 2.html은 CSS에 관한 내용이므로 〈h2〉HTML이란 무엇인가?〈/h2〉 부분을 〈h2〉CSS란 무엇인가?〈/h2〉로 수정하고, 아래 본문 내용을 지우고 위키피디아에 가서 CSS에 대한 페이지 내용을 가져오겠습니다. 똑같이 하실 필요 없이 본인이 쓰고 싶은 내용을 쓰면 됩니다.

【예제 1-15-4】 CSS에 관한 내용이 있는 2.html 파일 수정                    2.html

```
<!DOCTYPE HTML>
<html>
    <head>
        <title>WEB1 - HTML</title>
        <meta charset="utf-8">
    </head>
    <body>
        <h1><a href="index.html">WEB</a></h1>
        <ol>
            <li><a href="1.html">HTML</a></li>
            <li><a href="2.html">CSS</a></li>
            <li><a href="3.html">JavaScript</a></li>
        </ol>
        <h2>CSS란 무엇인가?</h2>
        <p>Cascading Style Sheets (CSS) is a style sheet language used for describing the
presentation of a document written in a markup language like HTML.[1] CSS is a cornerstone
technology of the World Wide Web, alongside HTML and JavaScript.[2] CSS is designed to enable
the separation of presentation and content, including layout, colors, and fonts.[3] This
separation can improve content accessibility, provide more flexibility and control in the
specification of presentation characteristics, enable multiple web pages to share formatting by
```

specifying the relevant CSS in a separate .css file, and reduce complexity and repetition in the structural content.</p>
```
    </body>
</html>
```

그리고 확인해 보면 CSS의 내용이 포함된 것을 확인할 수 있습니다.

또한 `<title>` 부분을 `<title>WEB1 - HTML</title>` 대신 `<title>WEB1 - CSS</title>`로 바꾸면 더 좋겠죠?

【예제 1-15-5】 2.html 파일의 title 수정                                    2.html
```
<!DOCTYPE HTML>
<html>
    <head>
        <title>WEB1 - CSS</title>
        <meta charset="utf-8">
    </head>
    ... 생략 ...
</html>
```

그다음에 3.html은 클릭했을 때 'JavaScript'의 내용이 되는 부분입니다. 마찬가지로 위키피디아에 가서 자바스크립트에 대한 내용을 가져오면 되겠죠. 마찬가지로 본문 내용을 바꾸고, `<title>WEB1 - JavaScript</title>`, `<h2>JavaScript란 무엇인가?</h2>`로 바꾸면 결과를 확인할 수 있습니다.

【예제 1-15-6】 Javascript에 관한 내용이 있는 3.html 파일 수정　　　　　3.html

```
<!DOCTYPE HTML>
<html>
    <head>
        <title>WEB1 - JavaScript</title>
        <meta charset="utf-8">
    </head>
    <body>
        <h1><a href="index.html">WEB</a></h1>
        <ol>
            <li><a href="1.html">HTML</a></li>
            <li><a href="2.html">CSS</a></li>
            <li><a href="3.html">JavaScript</a></li>
        </ol>
        <h2>JavaScript란 무엇인가?</h2>
        <p>JavaScript (/ˈdʒɑːvəˌskrɪpt/),[6] often abbreviated as JS, is a high-level,
interpreted programming language. It is a language which is also characterized as dynamic,
weakly typed, prototype-based and multi-paradigm. Alongside HTML and CSS, JavaScript is one of
the three core technologies of the World Wide Web.[7] JavaScript enables interactive web pages
and thus is an essential part of web applications. The vast majority of websites use it,[8] and
all major web browsers have a dedicated JavaScript engine to execute it.</p>
    </body>
</html>
```

그다음에 홈페이지라고 할 수 있는 index.html 파일에서 〈title〉 WEB1 - Welcome〈/title〉,
〈h2〉WEB이란 무엇인가?〈/h2〉로 수정하고 웹이 무엇인지 위키피디아에서 검색해서 내용을 복사한 후
본문에 붙여넣겠습니다. 그리고 페이지를 새로고침하면 결과를 볼 수 있습니다.

【예제 1-15-7】 WEB에 관한 내용이 있는 index.html 파일 수정                          index.html

```
<!DOCTYPE HTML>
<html>
    <head>
        <title>WEB1 - Welcome</title>
        <meta charset="utf-8">
    </head>
    <body>
        <h1><a href="index.html">WEB</a></h1>
        <ol>
            <li><a href="1.html">HTML</a></li>
            <li><a href="2.html">CSS</a></li>
            <li><a href="3.html">JavaScript</a></li>
        </ol>
        <h2>WEB이란 무엇인가?</h2>
        <p>The World Wide Web (abbreviated WWW or the Web) is an information space where
documents and other web resources are identified by Uniform Resource Locators (URLs),
interlinked by hypertext links, and accessible via the Internet.[1] English scientist Tim
Berners-Lee invented the World Wide Web in 1989. He wrote the first web browser in 1990 while
employed at CERN in Switzerland.[2][3] The browser was released outside CERN in 1991, first to
other research institutions starting in January 1991 and to the general public on the Internet
in August 1991.</p>
    </body>
</html>
```

그럼 우리가 만든 것을 감상해 봅시다. 'WEB'을 클릭하면 홈이 나오고, 'HTML'을 클릭하면 HTML에
관한 페이지가, 마찬가지로 'CSS', 'JavaScript'를 각각 클릭했을 때도 해당 내용이 나오는 완벽한 웹 사
이트를 완성했습니다.

# WEB

1. HTML
2. CSS
3. JavaScript

## HTML이란 무엇인가?

Hypertext Markup Language (HTML) is the standard markup language for **creating <u>web</u> pages** and web applications. Web browsers receive HTML documents from a web server or from local storage and render them into multimedia web pages. HTML describes the structure of a web page semantically and originally included cues for the appearance of the document.

# WEB

1. HTML
2. CSS
3. JavaScript

## CSS란 무엇인가?

Cascading Style Sheets (CSS) is a style sheet language used for describing the presentation of a document written in a markup language like HTML.[1] CSS is a cornerstone technology of the World Wide Web, alongside HTML and JavaScript.[2] CSS is designed to enable the separation of presentation and content, including layout, colors, and fonts.[3] This separation can improve content accessibility, provide more flexibility and control in the specification of presentation characteristics, enable multiple web pages to share formatting by specifying the relevant CSS in a separate .css file, and reduce complexity and repetition in the structural content.

# WEB

1. HTML
2. CSS
3. JavaScript

## JavaScript란 무엇인가?

JavaScript (/ˈdʒɑːvəˌskrɪpt/),[6] often abbreviated as JS, is a high-level, interpreted programming language. It is a language which is also characterized as dynamic, weakly typed, prototype-based and multi-paradigm. Alongside HTML and CSS, JavaScript is one of the three core technologies of the World Wide Web.[7] JavaScript enables interactive web pages and thus is an essential part of web applications. The vast majority of websites use it,[8] and all major web browsers have a dedicated JavaScript engine to execute it.

# WEB

1. HTML
2. CSS
3. JavaScript

## WEB이란 무엇인가?

The World Wide Web (abbreviated WWW or the Web) is an information space where documents and other web resources are identified by Uniform Resource Locators (URLs), interlinked by hypertext links, and accessible via the Internet.[1] English scientist Tim Berners-Lee invented the World Wide Web in 1989. He wrote the first web browser in 1990 while employed at CERN in Switzerland.[2][3] The browser was released outside CERN in 1991, first to other research institutions starting in January 1991 and to the general public on the Internet in August 1991.

축하드립니다. 앞으로 갈 길이 조금 남아있지만 여러분들은 산의 정상에 올라왔습니다. 이제부터 하산할 시간입니다. 그런데 산 정상에 왔는데, 내려갈 길이 멀다고 경치도 안 보고 내려간다면 얼마나 손해입니까? 잠깐 멈춰 서서 지금까지 우리가 만든 것을 보면서 '와, 내가 이런 것을 했다니!'라는 즐거운 마음을 가져보시고 하산 준비를 천천히 시작하면 좋겠습니다.

우리 수업은 두 개의 산으로 이뤄져 있습니다. 하나의 산은 웹 페이지를 만드는 것입니다. 그 과정에서 코딩이 무엇인가를 파악하는 것이 목표였고, 그 목표에 도달했습니다.

또 하나는 내가 만든 웹 페이지를 인터넷을 통해 누구나 가져갈 수 있게 하는 겁니다.

그 과정에서 인터넷이 무엇인가를 이해하게 될 것입니다. 이번 수업에서는 지금까지의 여정에 대한 휴식이면서 앞으로 가야 할 여정에 대한 준비를 할 수 있는 시간을 마련했는데요, 바로 웹의 역사입니다.

저는 현재 2018년에 살고 있는데, 웹이 처음 등장한 지 28년이 지났습니다. 웹은 28년 동안 가장 중요한 정보기술로 군림하면서 복잡해졌습니다.

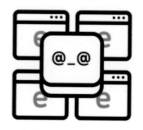

그래서 웹을 처음 공부하는 분들은 전체가 보이지 않습니다. 마치 지도 없이 여행하고 있는 기분이 들 겁니다.

어떻게 해야 이 막막함을 줄일 수 있을까를 오랫동안 고민했습니다. 그래서 제가 세운 하나의 가설이 있습니다. 우리가 웹의 역사를 거슬러 올라가서 웹이 세상에 처음 등장했던 시점에 도착한다면 거기에 웹의 본질이 있을 것 같았습니다.

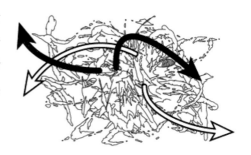

그 본질은 웹이 웹이기 위해서 필요한, 있어야 할 것이 빠짐없이 있어야 하면서, 없어도 될 군더더기는 없는 순수한 상태였습니다.

지금부터 인터넷과 웹이 어떻게 세상에 등장했는가를 살펴보면서 정보기술을 바라보는 관전 포인트를 넓혀볼 거예요. 우리가 단순히 정보에 대한 소비자로 살 것이라면 이런 이야기는 필요없을 겁니다. 하지만 우리도 인터넷이나 웹과 같이 혁명적인 무엇인가를 만들기 위해서는 이 혁명이 어떻게 시작되고, 지속되고, 소멸되는가를 자세히 들여다 볼 필요가 있다고 생각합니다.

자, 질문입니다. 인터넷과 웹은 같을까요? 다를까요?

# Internet  VS  WEB

이렇게 물어보면 우리는 시험을 많이 봤기 때문에 다르겠지, 라고 하시겠지만 실제로 현실에서 이 두 가지를 구분해서 맥락에 따라 구분해서 사용하는 분이 계실까요? 많지 않을 거에요.

이 두 가지는 짐작하신 것처럼 다릅니다. 어떻게 다른지 비유적으로 이야기해 보면 인터넷이 도시라면 웹은 도시 위에 있는 건물 하나입니다. 인터넷이 도로라면 웹은 도로 위를 달리는 자동차 한 대라고 할 수 있습니다. 인터넷이 운영체제라면 웹은 운영체제 위에 있는 프로그램 하나라고 볼 수 있습니다.

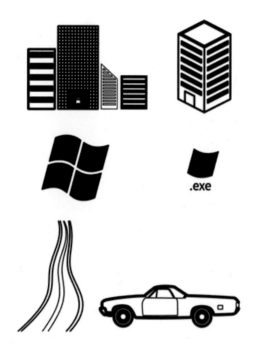

이런 관계를 벤다이어그램으로 살펴보면 인터넷이라는 전체 안에 웹이라는 부분이 존재하고 또 웹과 동급인 여러 가지 서비스들이 있습니다. 또 수많은 서비스들이 별처럼 많이 존재합니다. 여러분들도 원한다면 웹과 동급인 것을 만들 수 있습니다. 그것이 흥행할 수 있는가 없는가는 별개의 문제이지만요.

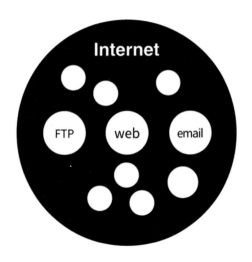

그리고 이 관계를 역사적으로 살펴보면 1960년과 1990년, 정보기술 역사상 가장 중요한 사건 2개가 있었습니다. 바로 1960년에 인터넷이 등장하고 무려 30년이 지난 후에 웹이 등장합니다. 자, 그러면 1960년으로 돌아가보죠.

1960년에는 핵이 화두였습니다. 당시 인류는 핵전쟁을 치른 직후였습니다. 그래서 핵에 대한 공포감이 오늘날과는 비교할 수 없을 만큼 컸습니다. 미국에서는 미국이 핵 공격을 당한 상황을 시뮬레이션해봤고 그 결과 통신 쪽에서 아주 심각한 약점들이 드러납니다. 당시 통신 시스템은 중앙집중적이었기 때문에 핵 공격을 당하면 통신이 마비되는 심각한 상황이었습니다. 그래서 핵 공격에도 견딜 수 있는 강인한 통신 시스템이 필요하게 되는데 바로 이것이
인터넷입니다.

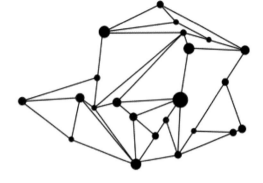

인터넷은 보시다시피 중앙이 없습니다. 그래서 우리집에 있는 여러 가지 통신장치들이 일종의 전화국과 같은 역할을 수행하고 있습니다. 다시 말해 수많은 통신 장치들이 분산돼서 전화국과 같은 역할을 하기 때문에 위 그림의 점 중 하나가 사라지더라도 나머지 점들이 그 역할을 수행할 수 있는 통신 시스템이 바로 인터넷입니다. 생각해 보면 구글이나 페이스북, 여러 가지 어마어마하게 큰 정보기업들이 있지만 바로 그러한 정보기업들을 소리도 없이 지탱하는 거대한 인프라가 바로 인터넷입니다. 이렇게 인터넷이 1960년에 출발합니다. 그렇게 30년이란 시간 동안 인터넷은 천천히 확산됩니다. 그리고 이 시간 동안 사람들은 인터넷이 세상에 있다는 것조차 잘 몰랐습니다. 왜냐하면 기업이나 연구소나 군대와 같은 거대한 기관에서 사용하는 통신 시스템이었기 때문입니다. 그러다 1990년에 웹을 만나면서, 웹이 출현하면서 완전히 새로운 길을 걷게 됩니다. 그럼 이쯤에서 질문을 하나 드리겠습니다. 웹의 고향은 어딜까요?

이렇게 질문하면 미국은 아니라는 것은 알 수 있죠? 어딜까요? 한번 맞혀 보세요. 웹은 아주 의외의 공간에서 태어납니다. 바로 스위스입니다. 스위스 하면 여러 가지 이미지가 떠오르는데, 정밀 기술도 발전했고, 금융도 발전한 아주 부유한 나라입니다. 근데 한편으로 스위스를 떠올리면 산 좋고 물 좋은 경치 좋은 시골의 느낌도 있습니다. 그러면 왜 정보기술 역사상 가장 중요한 사건 중의 하나로 기억되고 있는 웹이 하필 스위스에서 태어났을까요?

여기서는 스위스라는 국가가 중요한 것이 아니라 스위스에 무엇이 있는가가 중요합니다. 스위스 제네바에는 유럽입자물리 연구소(CERN)라는 아주 저명한 연구소가 있습니다. 이 연구소에는 강입자가속기라는 기계가 있습니다. 이 기계는 인류가 만든 기계 중에서 가장 거대하고, 비싸고 복잡한 장치 중 하나입니다. 이 장치는 아주 작은 입자를 보는 장치입니다. 말하자면 나사와 같은 곳이 인류의 망원경이라면 유럽입자물리 연구소는 인류의 현미경과 같은 존재라고 할 수 있죠. 이 강입자가속기가 얼마나 크냐면 둘레가 27km에 달합니다.

위와 같은 튜브 안으로 아주 작은 입자를 고속으로 회전시켜서 입자와 입자를 충돌시키면 어마어마한 에너지가 방출되며 어떠한 작은 입자를 발견할 수 있으리라는 가설을 세웠습니다. 바로 그 입자가 힉스 입자입니다. 1960년대에 피터 힉스라는 박사가 내가 생각하기에 세상은 이렇게 생겼고 그 모델이 맞다면 이런 물질이 존재할 것이라는 것을 예견합니다. 하지만 당시에는 실험적으로 증명할 방법이 없었기 때문에 가설로만 존재했습니다. 이후에 이를 확인하기 위해 전 세계의 수많은 엔지니어와 과학자들이 몇 조에 해당하는 돈을 몇 십 년 동안 쏟아부으면서 이 장치를 만들고 정말로 그 물질이 존재하는지 확인하기 위해 엄청난 노력을 합니다. 그리고 최근 몇 년 전에 유럽입자물리연구소에서 인류를 향해 중대 발표를 합니다. 실험 결과, 힉스 입자가 존재한다, 라는 것입니다. 그 발표장에 힉스 박사가 앉아 있었는데 눈물을 흘리는 장면이 기억납니다. 그리고 피터 힉스는 그해 노벨 물리학상을 받죠.

인류에게 호기심이라는 것은 그런 것입니다. 단지 호기심 때문에 이렇게 엄청난 일을 해내는 게 인류입니다. 아무튼 유럽입자물리연구소는 이런 곳입니다. 27개국에서 모인 12,000여 명의 천재적인 과학자와 엔지니어가 모인 곳입니다. 이렇게 보면 매우 멋진 곳처럼 보이겠지만 저는 정반대의 느낌도 듭니다. 1980년과 1990년에 사람들에게 정보란 표현조차 익숙하지 않았던 시점입니다. 하지만 유럽입자물리연구소는 우리가 지금 살고 있는 현재와 매우 유사한 정보의 바다에서 허우적대고 있는 작은 지구와 같던 곳이었다고 생각합니다. 바로 이런 곳에서 웹이 등장한 것은 있을 수 있는 일이 아닐까요?

1980년부터 유럽입자물리연구소에서 중요한 사건이 조용히 벌어집니다. 연구소에 팀 버너스 리가 비정규직으로 취직합니다.

팀 버너스 리는 입자물리연구소에 들어와서 이런 프로그램을 처음 만듭니다. Enquire라는 프로그램입니다. 이 프로그램의 이름은 팀 버너스 리가 어렸을 때 봤던 《Enquire Within Upon Everything》이라는 책에서 따온 것입니다. 이 책은 '무엇이든 물어보세요'와 같은 지식이 담긴 책입니다. 아쉽게도 Enquire라는 프로그램을 누군가에게 맡기고 떠났는데 지금은 존재하지 않는답니다. 이 프로그램이 웹의 전신입니다.

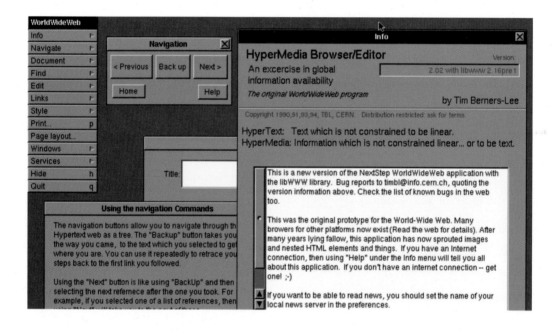

팀 버너스 리는 연구소를 들어왔다 나갔다를 반복하며 10년 동안 웹의 전신이 되는 프로그램을 만들고 또 만들고를 반복합니다. 그러다 1990년 유럽입자물리연구소에 중요한 사건이 생깁니다. 드디어 연구소에 인터넷이 들어온 것입니다. 그리고 팀 버너스 리는 지난 10년 동안 도전했던 과제에 인터넷을 합성해서 그때부터 사건을 일으키기 시작합니다. 1990년 10월에 세계 최초로 웹 페이지를 만드는 편집기를 만듭니다. 그리고 1990년 11월에 세계 최초의 웹 브라우저인 World Wide Web이라는 프로그램을 만듭니다.

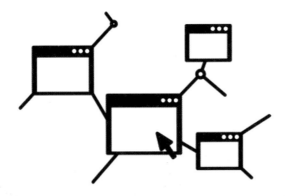

1990년 12월 24일, 팀 버너스 리의 첫째 아이의 출산 예정일에 팀 버너스 리와 동료는 웹 서버라는 프로그램을 만들고 그 프로그램이 설치돼 있는 컴퓨터에 info.cern.ch라는 주소를 부여합니다. 잠깐 수업을 멈추고 웹 브라우저를 열어서 주소창에 info.cern.ch를 입력해 보세요. 이곳이 웹의 메소포타미아입니다.

웹은 여기서 시작합니다. "home of the first website"라는 말을 보십시오.

제가 여러분이라면 이 사진을 찍어서 웹의 메소포타미아에 왔다고 SNS에 공유할 것 같습니다. 이렇게 인터넷이 등장한 1960년 이후로 엘리트만의 시스템이었던 인터넷이 1990년 웹을 만나면서 드디어 대중화의 길을 걷게 됩니다. 많은 이유가 있겠지만 그동안 인터넷이 갖고 있는 잠재력을 제대로 사용하는 시스템이 많지 않았는데 웹이 등장하면서 인터넷의 잠재된 가능성을 제대로 끌어올리며, 이때부터 인터넷은 대중들에도 쓸만한 시스템이 되기 시작했습니다. 그렇게 인터넷과 웹은 빠른 속도로 폭발적으로 동반성장해서 지금에 이르게 됩니다. 저는 1990년 12월 24일에 팀 버너스 리가 완성한 웹을 이렇게 부르고 싶습니다. '원시웹'.

웹이 웹이 되기 위한 본질만 담고 있으면서 그렇지 않은 혁신적인 것들은 철저히 배제한 수업이 WEB1입니다. 이제 여러분은 웹 브라우저에서 보여주는 전자문서를 만들게 됐습니다. 이제 무엇을 해야 할까요? 전자문서를 전 세계 누구나 컴퓨터, 인터넷, 웹이 있다면 마치 자신의 컴퓨터에 있는 문서처럼 볼 수 있게 하는 방법을 알아야 합니다. 그러기 위해서는 우선 인터넷이 무엇인지 알아야 합니다. 인류 역사를 획기적으로 바꾼 인터넷이 궁금하시죠? 다음 시간에 뵙겠습니다.

# 인터넷을 여는 열쇠: 서버와 클라이언트

이번 수업에서는 인터넷이 동작하는 가장 기본적인 원리를 알아보겠습니다.

인터넷이 동작하려면 컴퓨터가 최소 몇 대 있어야 할까요? 답은 2대입니다. 1대는 인터넷이 아니고, 3대는 본질적이지 않죠. 2대의 컴퓨터가 서로 정보를 주고받는 순간 인류는 완전히 새로운 존재가 됐습니다.

팀 버너스 리는 2대의 컴퓨터를 장만합니다. 또 2개의 프로그램을 개발하는데, 하나는 웹 브라우저라는 프로그램이고, 하나는 웹 서버라는 프로그램입니다. 이 2대의 컴퓨터는 인터넷으로 연결돼 있습니다. 웹 서버가 설치된 컴퓨터는 info.cern.ch라는 주소를 가지고 있습니다. 또 이 컴퓨터가 어떤 주소를 가지게 됐는지는 지금 모르셔도 괜찮습니다. 그리고 웹 서버가 설치된 컴퓨터에는 하드디스크가 있겠죠? 그리고 그곳의 어느 디렉터리에 index.html이라는 파일이 저장돼 있습니다. 그리고 웹 브라우저에서 주소창에 http://info.cern.ch/index.html이라는 주소를 입력하면 어떤 일이 벌어지는지 알아보겠습니다.

웹 브라우저가 설치된 컴퓨터는 인터넷을 통해 전기적인 신호를 info.cern.ch에 해당하는 컴퓨터에 '찌릿' 하고 보냅니다. 그리고 그 신호 안에는 '나는 index.html이라는 파일을 원합니다.'라는 정보가 담겨 있습니다. 그러면 info.cern.ch에 설치된 웹 서버라는 프로그램이 하드디스크에서 index.html이라는 파일을 찾아서 그것을 웹 브라우저가 설치된 컴퓨터에게 다시 전기적 신호로 바꿔 보냅니다. 그 전기적 신호 안에는 index.html 파일에 저장된 코드가 담겨 있겠죠? 그럼 웹 브라우저가 설치된 컴퓨터에 index.html이라는 파일의 내용(코드)이 도착합니다. 그러면 그 코드를 웹 브라우저가 읽어서 해석한 다음 화면에 표시하면 우리가 알고 있는 웹 사이트가 동작하게 되는 겁니다.

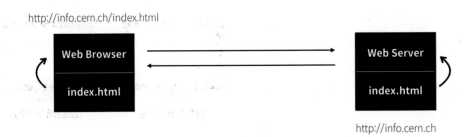

이 관계를 살펴보면 웹 브라우저가 설치된 컴퓨터와 웹 서버가 설치된 컴퓨터가 서로 정보를 주고받습니다. 그럼 이 중에서 웹 브라우저가 설치된 컴퓨터는 정보를 요청하나요? 응답하나요? 요청(request)합니다. 반대로 웹 서버가 설치된 컴퓨터는 정보를 응답하나요? 요청하나요? 응답(response)합니다.

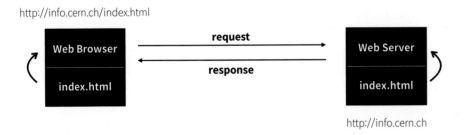

인터넷을 만든 사람들은 두 대의 컴퓨터가 서로 정보를 주고받을 때 각 컴퓨터를 역할에 따라 어떻게 부를까를 고민했을 겁니다. 그리고 그것을 최대한 쉬운 말로 표현하고 싶었겠죠? 그래서 깊은 고민에 빠졌는데 우리 자본주의 사회에서 자주 사용되는 관계가 무엇인가요? 부모와 자식? 그것은 자본주의와 상관없습니다. 주종관계는 봉건주의 시대의 이야기입니다. 답은 바로 고객과 사업자입니다. 고객을 영어로 클라이언트(client)라고 하고, 서비스를 제공하는 사람을 서버(server)라고 합니다. 그래서 인터넷을 만든 사람들은 인터넷을 사용하는 컴퓨터들 사이에 왔다 갔다 할 때 요청하는 컴퓨터를 클라이언트 컴퓨터, 응답하는 컴퓨터를 서버 컴퓨터라고 부르기로 합니다.

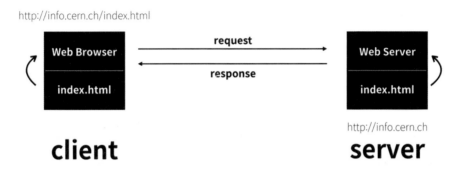

지금 우리가 배우고 있는 것은 웹입니다. 웹 브라우저라고 이름 붙인 것은 웹 클라이언트라고 부를 수도 있습니다. 그리고 우리가 만드는 시스템이 게임이고 그 게임이 인터넷에 연결돼 있다면 우리는 클라이언트 쪽, 즉 게임을 하는 사용자의 컴퓨터 또는 스마트폰에 설치된 프로그램을 게임 클라이언트, 게임 회사에 설치된 서버 컴퓨터는 게임 서버라고 할 수 있습니다.

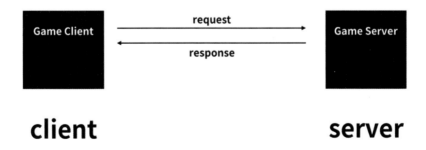

그리고 채팅 시스템을 만든다면 사용자가 사용하는 채팅 프로그램은 인터넷 관점에서 채팅 클라이언트, 채팅 회사가 가지고 있는 서버에 설치된 컴퓨터는 채팅 서버라고 부를 수 있습니다.

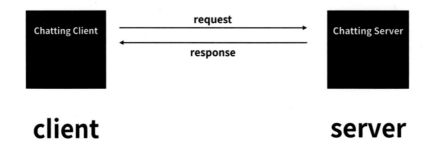

그럼 아까 우리가 봤던 화면을 다시 봅시다.

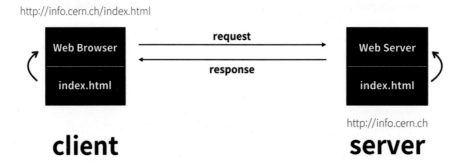

아마 여러분은 웹 브라우저의 사용법은 알고 계실 겁니다. 그러나 웹 브라우저는 익숙하지만 웹 서버는 낯설고 무섭게 느껴지지 않으신가요? 그런데 잘 생각해 보면 웹 브라우저는 물질인가요? 아닙니다. 논리적인 시스템입니다. 즉 추상적인 대상입니다. 그럼에도 우리는 웹 브라우저를 매일 사용하고 사람들과 웹 브라우저에 대해 이야기하고 생각하기 때문에 마치 물질인 것처럼 느끼게 되는 겁니다. 반대로 웹 서버라는 것은 웹 브라우저처럼 내려받아 설치하고 사용하면 되는 프로그램입니다. 단지 우리가 써 본 적이 없기 때문에 낯설고 추상적으로 느껴질 뿐입니다.

제가 좋아하는 일화가 하나 있습니다. 컴퓨터를 만든 사람 중에서 수학 천재인 폰 노이만에게 누군가가 수학을 잘하는 법을 물었습니다. 그러자 폰 노이만이 대답했습니다. '수학은 이해하는 것이 아니라 익숙해지는 거라네.' 제 생각에는 우리가 공부하는 최종적인 목적은 이해가 아니라 익숙해지는 것이라고 생각합니다. 익숙해지기 위한 하나의 방법이 이해일 뿐입니다. 웹 서버라는 추상적인 것을 자꾸 이야기하고 생각하고 사용한다면 물질처럼 느껴질 것입니다. 지금 막막하게 느끼는 것은 자연스럽습니다. 마음을 열어주세요.

우리는 웹 브라우저에 대해서는 충분히 잘 알고 있습니다. 그렇다면 우리의 관심사는 이제 웹 서버로 향하게 됩니다. 웹 서버를 사용할 수 있다는 것은 내 컴퓨터에 있는 문서를 전 세계의 누구나 인터넷이 연결돼 있는 컴퓨터에 웹 브라우저만 깔면 가져다 볼 수 있다는 아주 혁명적인 의미입니다.

이제 이 혁명적인 일을 해보려고 합니다. 여기엔 두 가지 방법이 있습니다. 그중 한 가지 방법은 여러분의 컴퓨터에 직접 웹 서버를 설치하는 방법입니다. 또 하나는 웹 서버를 직접 설치하는 것이 아니라 이런 일을 대행하는 업체에 맡기는 것입니다. 전자는 어렵습니다. 하지만 그 과정에서 많은 것을 알게 됩니다. 두 번째 방법은 웹 호스팅이라는 것을 이용하는데, 이를 전문적으로 하는 회사에 일을 맡기는 것은 쉽습니다. 하지만 인터넷이 동작하는 원리가 많이 감춰져 있기 때문에 배울 것이 많지 않습니다. 그렇다면 어떻게 하는 것이 좋을까요? 웹 호스팅으로 일단 쉽게 시작하고, 웹 서버를 직접 설치해 원리를 파악하는 방법을 추천해 드리고, 조금 어렵게 느껴지거나 시간이 부족하다면 웹 호스팅만 보고 수업을 끝내셔도 됩니다. 제가 생각의 재료를 알려 드렸으니 그 재료에 따라 현명하게 여러분의 진로를 선택하길 바랍니다.

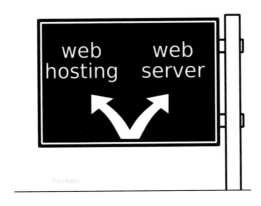

직접 웹 서버를 운영하는 것은 쉽지 않은 일입니다. 우선 컴퓨터가 있어야 하고, 컴퓨터가 냉장고처럼 항상 켜져 있어야 합니다. 인터넷이 끊겨서도 안 되고, 전기요금이 비싸도 곤란하고, 웹 서버라는 프로그램을 배워서 설치하고 잘 운영할 수 있어야 합니다.

또한 인터넷을 통해 여러분의 정보를 외부로 전송할 수 있게 설정도 해야 합니다. 이런 것들은 하나하나가 쉬운 일이 아닙니다.

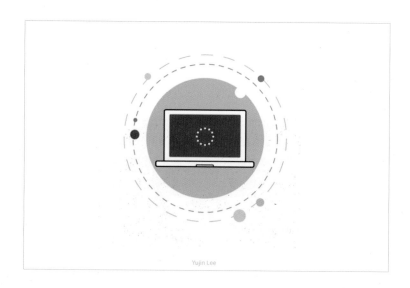

Yujin Lee

그래서 이런 일을 대신 해주는 회사들이 있습니다. 인터넷이 연결된 컴퓨터 하나하나를 **호스트**(Host)라고 합니다. 그리고 웹 서버를 운영하기 위한 컴퓨터, 다시 말해 호스트를 빌려주는 사업을 **호스팅**(Hosting)이라고 합니다. 요즘에는 **클라우드**(Cloud)라고도 부릅니다. 호스팅이든 클라우드든 인터넷에 연결된 컴퓨터를 빌려주는 비즈니스라는 점에서는 사실 같은 개념입니다. 호스팅 중에서 컴퓨터의 웹 서버와 같이 웹을 동작시키는 데 필요한 소프트웨어까지 설치해서 빌려주는 비즈니스를 **웹 호스팅**(Web Hosting)이라고 부릅니다.

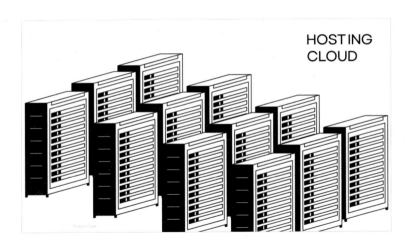

시중에는 수많은 웹 호스팅 업체가 있습니다. 이 책에서는 그중에서 무료이고, 유명한 서비스를 이용할 것입니다. 혹시 미래에는 이 서비스가 동작하지 않거나 사용법이 조금 달라져 있을 수도 있습니다. 그럴 때는 '하고 있다', '되고 있다'고 믿으시면 됩니다. 수업이 끝난 후에 비슷한 서비스를 이용하면 되거든요. 자, 깃허브를 만나러 출발해 봅시다.

깃허브 페이지(GitHub Pages)로 실습하는 데 문제가 있다면 Netlify를 이용하는 아래 수업을 참고해주세요.

- 'WEB1 – 18. 웹호스팅' 수업: netlify.com: https://youtu.be/3FRv6Vga698

웹 브라우저의 주소창에 다음 주소를 입력해 이동합니다.

- https://github.com/

지금 보고 있는 이 화면이 바로 깃허브 홈페이지입니다. 깃허브 홈페이지에서 오른쪽 상단에 있는 [Sign up] 버튼을 클릭해 회원 가입한 다음, [Sign in] 버튼을 클릭해 로그인합니다.

깃허브는 원래 웹 호스팅을 위해 고안된 사이트는 아닙니다. 깃허브는 개발자들이 자신의 소스코드를 안전하게 백업하고, 백업된 소스코드를 매개로 해서 서로 협업하기 위해 고안된 굉장히 유명하고 아주 아주 중요한 사이트입니다. 이러한 깃허브의 기능 가운데 웹 호스팅 기능이 있기 때문에 이 책에서는 이 기능을 활용할 겁니다. 깃허브 계정을 만드는 것도 의미 있는 일이고요.

맨 먼저 우리의 소스코드를 저장할 공간인 저장소, 영어로는 리포지터리(repository)를 만들어야 합니다. 깃허브에 로그인(Sign In)한 다음, 왼쪽에 있는 [New] 버튼을 클릭하거나 오른쪽 상단에 있는 더하기 버튼(+)을 누른 다음 [New repository]를 클릭합니다.

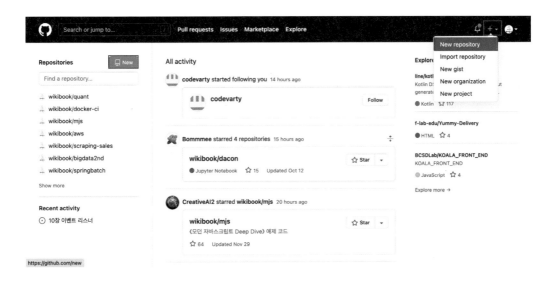

저장소를 만드는 화면이 나오면 저장소를 생성하기 위한 정보를 입력합니다.

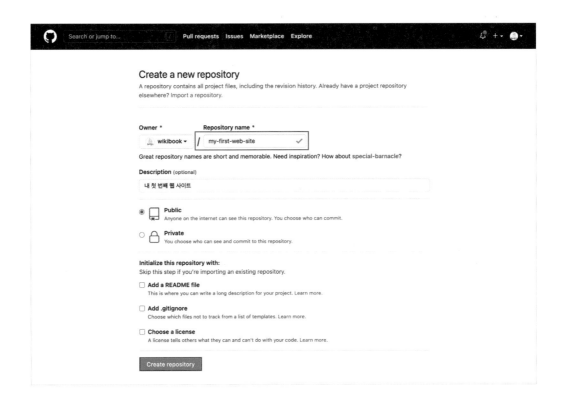

1. Repository name에는 저장소의 이름을 입력합니다. 이 책에서는 'my-first-web-site'라는 이름으로 입력했습니다.

2. Description에는 저장소에 대한 간략한 설명을 입력합니다. 선택 사항이므로 입력하지 않아도 저장소를 생성할 수 있습니다.

3. Public과 Private은 소스코드의 공개 여부입니다. Public은 소스코드를 모든 사람에게 공개하겠다는 뜻이고, Private은 비공개하겠다는 뜻입니다. 이 책에서는 Public으로 선택하고 진행하면 됩니다.

정보를 모두 입력한 다음, [Create repository] 버튼을 클릭하면 저장소가 생성됩니다. 저장소가 만들어진 다음에 여러분이 해야 할 일은 박수를 치는 것입니다. 이 깃허브라는 사이트는 굉장히 중요한 사이트가 될 것이거든요. 제가 왜 박수를 치라고 했는지 곧 알게 될 겁니다.

[Create repository] 버튼을 클릭해 저장소를 생성합니다. 축하합니다. 여러분의 첫 번째 저장소가 만들어졌습니다. 앞으로 여기에서 아주 의미 있는 일들을 많이 하기 바랍니다.

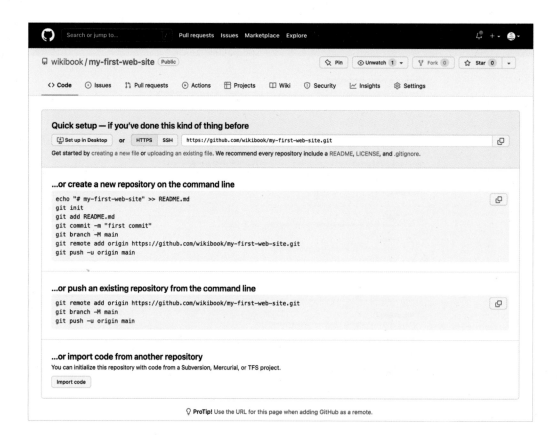

이어서 소스코드를 깃허브의 저장소에 업로드해야 합니다. 'Quick setup' 아래를 잘 보면 [uploading an existing file]이라는 링크가 있습니다. 이 링크를 클릭합니다.

링크를 클릭하면 다음과 같은 화면이 나옵니다. 여기로 여러분의 파일(소스코드)을 업로드하면 됩니다. 먼저 [choose your files] 링크를 클릭합니다.

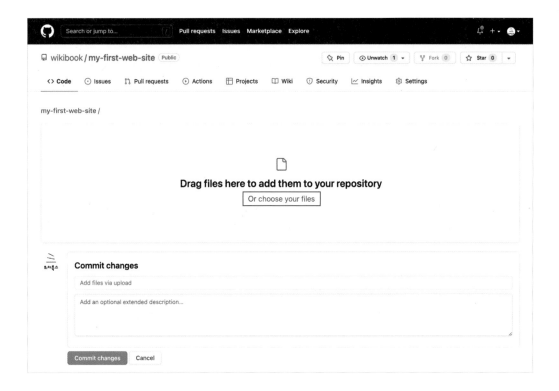

파일 업로드 대화상자가 나타나면 업로드할 소스코드를 선택하고 [열기] 버튼을 클릭합니다.

또는 파일 관리 프로그램(윈도우에서는 탐색기, macOS에서는 파인더)에서 선택한 파일을 [Drag files here to add them to your repository] 영역으로 드래그 앤드 드롭하면 업로드가 시작됩니다.

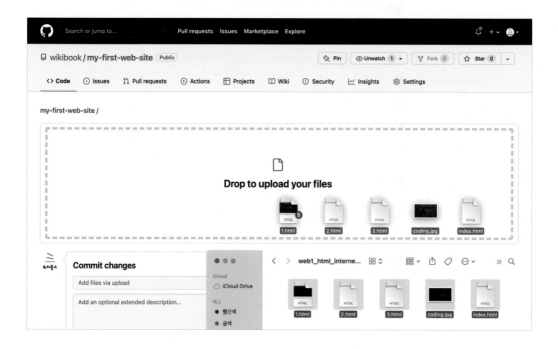

업로드가 끝나면 'Commit changes' 아래에 어떤 작업을 했는지 입력합니다. 이 책에서는 '웹 사이트 완성!!!'이라고 입력했습니다. 마지막으로 [Commit changes] 버튼을 클릭하면 여러분이 작업한 소스 코드의 첫 번째 버전이 안전하게 인터넷에 저장됩니다.

그럼 다음과 같이 업로드한 파일 목록을 볼 수 있습니다. 이 중에서 index.html을 클릭해 보겠습니다.

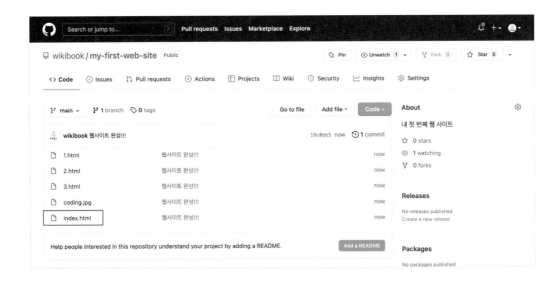

다음과 같이 클릭한 파일의 내용을 볼 수 있습니다.

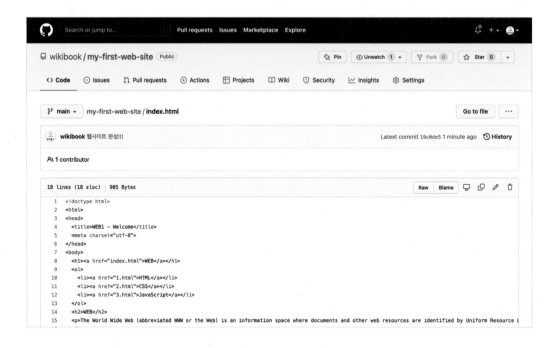

그리고 다음과 같이 웹 브라우저에 표시된 주소를 다른 사람에게 공유하면 소스코드를 공유하고, 토론도 할 수 있는 환상적인 기능을 이용할 수 있습니다.

- https://github.com/wikibook/my–first–web–site/blob/main/index.html

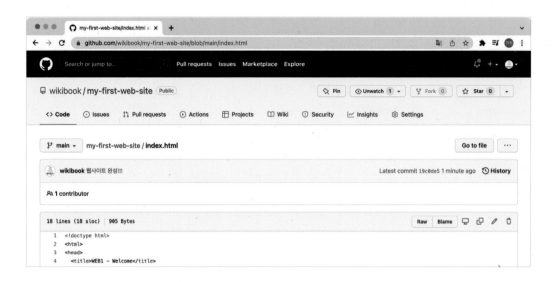

고맙게도 깃허브에서는 이처럼 소스코드를 보관하는 것뿐만 아니라 깃허브 안에 보관된 소스코드를 이용해 웹 사이트를 운영할 수 있는 기능을 제공합니다. 바로 깃허브 페이지(GitHub Pages)라는 기능입니다.

깃허브 저장소에서 [Settings] 탭을 클릭하면 저장소를 설정할 수 있는 화면이 나옵니다.

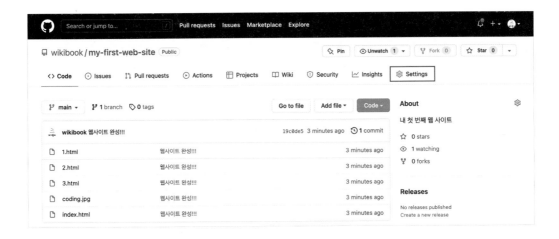

설정 화면에서 왼쪽 사이드바에 있는 [Pages] 메뉴를 클릭합니다.

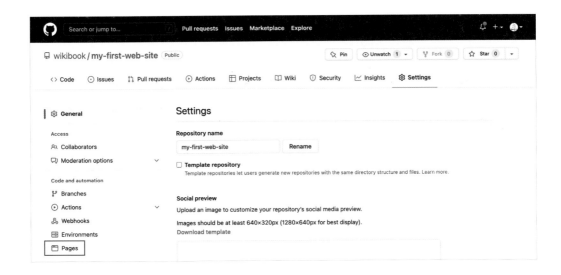

그럼 다음과 같이 웹 호스팅 기능을 활성화할 수 있는 'GitHub Pages' 페이지가 나옵니다.

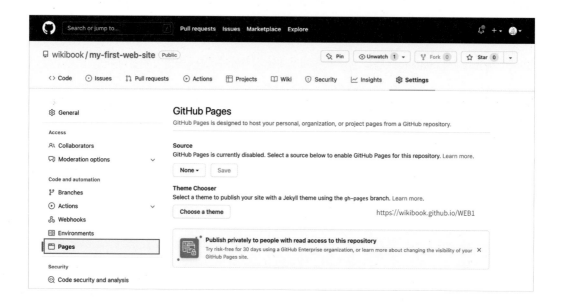

여기서 [Source] 아래의 [None]이라고 적힌 부분을 클릭하면 [main] 또는 [master] 같은 버튼이 나옵니다. 이 버튼을 클릭합니다. 지금은 이게 무슨 의미인지는 몰라도 괜찮습니다. 우선 따라서 해주세요.

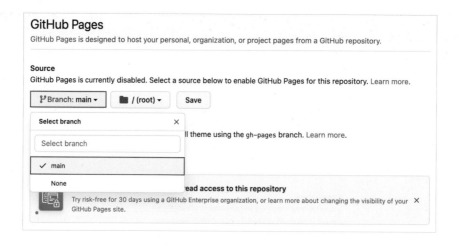

이제 버튼 하나만 더 누르면 되는데, 깃허브에서 웹 호스팅을 활성화하면 금방 적용되지는 않습니다. 설정이 적용되기까지 시간이 조금 걸리는데, 어떻게 처리되고 있는지 확인하지 못하면 답답하고 불안

함을 느낄 수 있습니다. 그래서 버튼을 누르기에 앞서 화면 하나를 더 열겠습니다. 이 화면에서는 일이 어떻게 진행되고 있는지 실시간으로 볼 수 있습니다.

설정 페이지 상단의 [Actions] 탭을 마우스 오른쪽 버튼으로 클릭한 다음 [새 창에서 링크 열기]를 클릭합니다. 또는 브라우저에서 새 창을 열고 깃허브 저장소로 들어간 다음 [Actions] 메뉴를 클릭해도 됩니다.

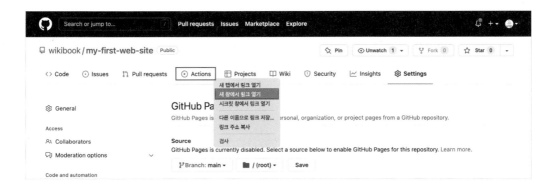

Actions 페이지에서는 저장소에서 일어나는 여러 가지 작업이 어떻게 진행되고 있는지 확인할 수 있습니다.

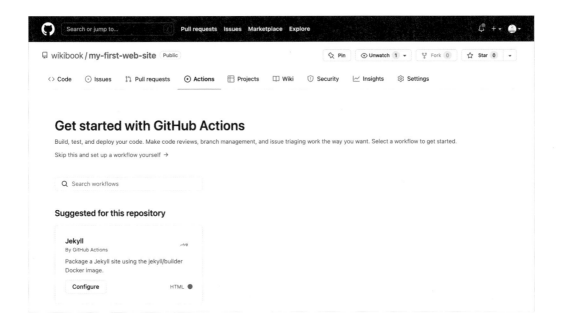

다시 GitHub Pages 설정 화면으로 돌아와 [Save] 버튼을 누릅니다. 이 버튼을 누르면 드디어 우리 저장소에 웹 서버 기능이 활성화됩니다.

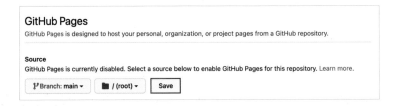

[Save] 버튼을 클릭하고 나서 잠시 후에 Actions 페이지를 새로고침 해보면 UI가 다른 모습으로 바뀝니다. Actions 페이지에서 [pages build and deployment] 링크를 클릭합니다.

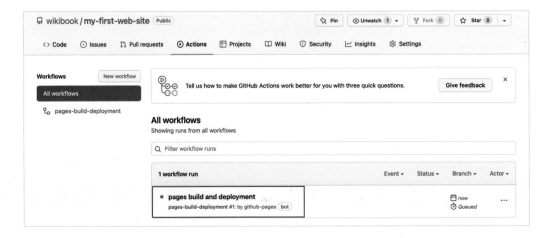

그럼 빌드(build)가 진행되고 배치(deploy)가 진행된다고 나옵니다. [build] 링크를 클릭합니다.

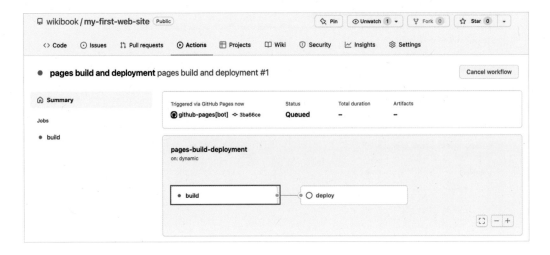

[build] 링크를 클릭하면 빌드라는 절차가 진행되는 과정을 볼 수 있습니다. 이 과정이 모두 끝날 때까지 조금 지켜봅니다.

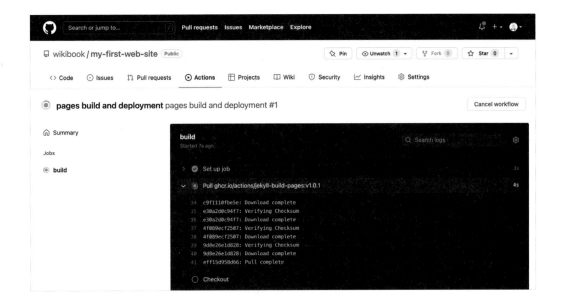

빌드가 끝난 다음에는 배치(deploy)라는 절차가 시작이 됩니다. 왼쪽 사이드바에서 Jobs 아래에 있는 [deploy] 링크를 클릭합니다.

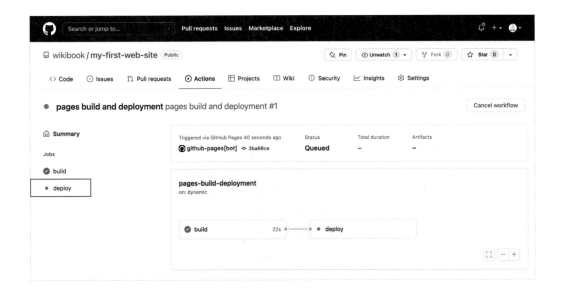

배치 작업도 어떻게 진행되는지 실시간으로 볼 수 있습니다. 다음과 같이 어떤 작업을 해야 하고, 어떤 작업까지 진행했는지 실시간으로 확인할 수 있습니다. 작업이 끝날 때까지 조금 지켜봅니다.

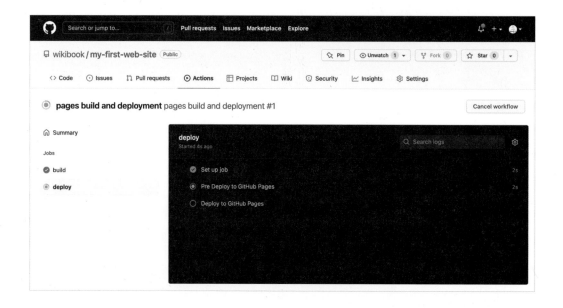

경우에 따라서는 절차가 모두 끝나지 않았는데, 왼쪽 사이드바의 'deploy'에는 초록색이 나올 때가 있습니다. 이는 작업이 다 끝났다는 뜻입니다.

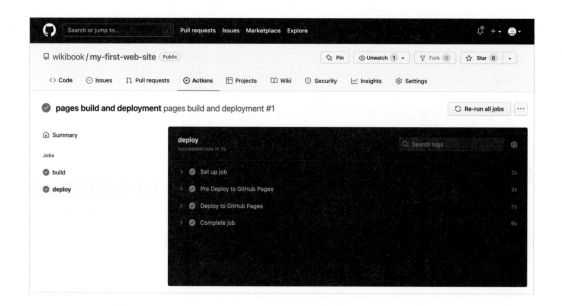

이제 GitHub Pages 설정 페이지로 돌아와 주소를 클릭해봅니다.

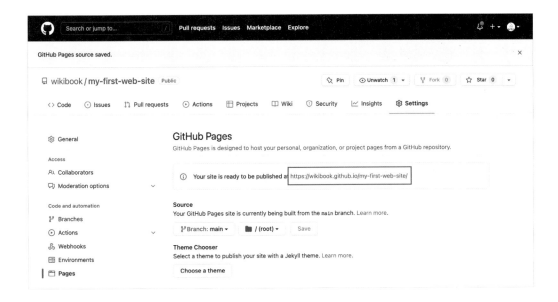

짜잔! 여러분이 만든 웹 사이트가 화면에 표시됩니다. 이 주소를 통해 전 세계 누구나 여러분이 만든 웹 사이트에 방문할 수 있는 엄청난 일을 해냈습니다. 축하합니다.

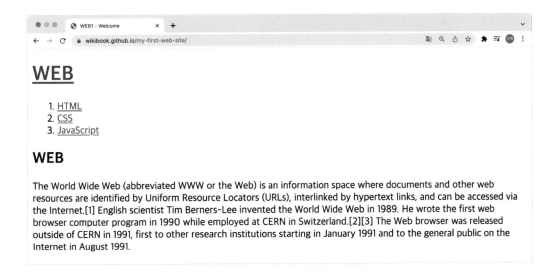

만약 파일의 내용을 바꾸고 변경된 내용을 반영하려면 어떻게 해야 할까요? 깃허브 홈페이지로 이동한 다음, 왼쪽에 있는 저장소 목록에서 저장소 이름을 클릭해 저장소 페이지로 이동합니다.

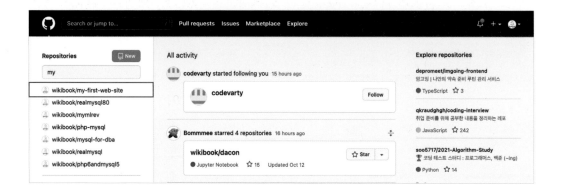

[Add file] 버튼을 클릭하고 [Upload files]를 클릭합니다.

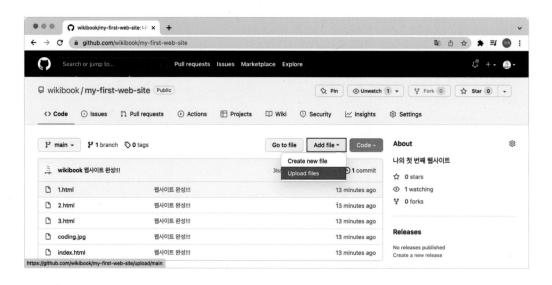

작업한 파일들을 다시 드래그 앤드 드롭해 업로드합니다.

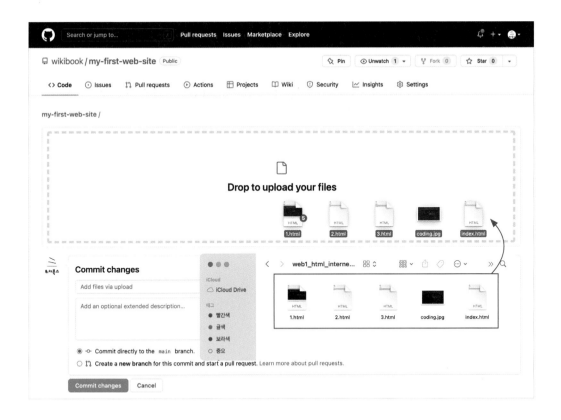

[Commit changes]에 어떤 작업을 했는지 입력하고, [Commit changes] 버튼을 클릭하면 두 번째 버전이 반영됩니다.

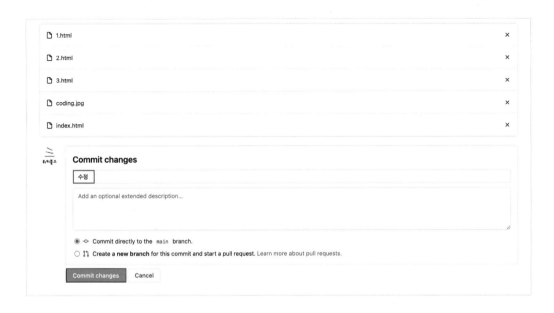

또한, 자동으로 깃허브에서 여러분의 웹 사이트를 갱신합니다. 진행 사항을 보고 싶다면 [Actions] 메뉴를 클릭해 Actions 페이지로 이동합니다.

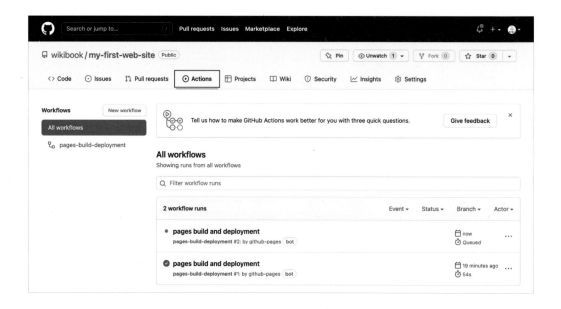

[pages build and deployment]를 클릭하면 빌드 및 배포 과정을 볼 수 있습니다. 빌드와 배치가 끝나면 링크를 클릭해 다시 한번 웹 사이트에 방문해봅니다.

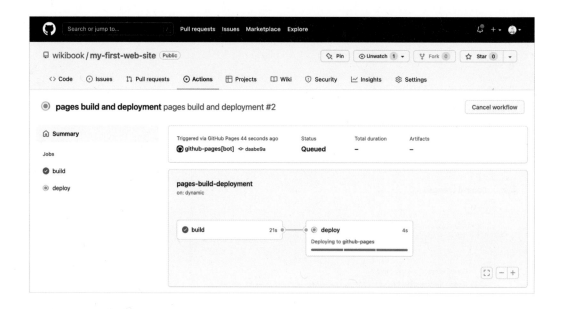

짜잔! 보다시피 웹 사이트가 갱신됐습니다.

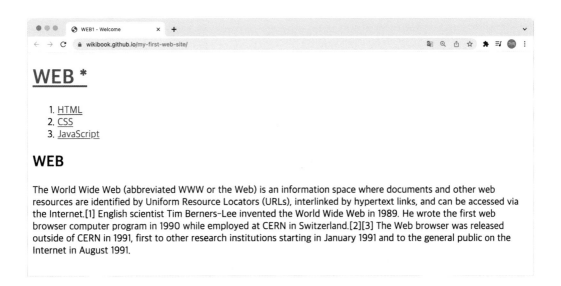

지금까지 한 일을 이론적으로 정리해 보겠습니다. 세 개의 요소가 있습니다. 첫째, 여러분의 컴퓨터가 있고, 이 컴퓨터에는 여러분이 만든 웹 페이지가 있습니다. 둘째, 여러분의 웹 페이지를 보고 싶어 하는 방문자들이 있습니다. 셋째, 서비스를 대신해서 제공할 호스팅 업체가 있습니다. 이 책에서는 깃허브를 이용했습니다.

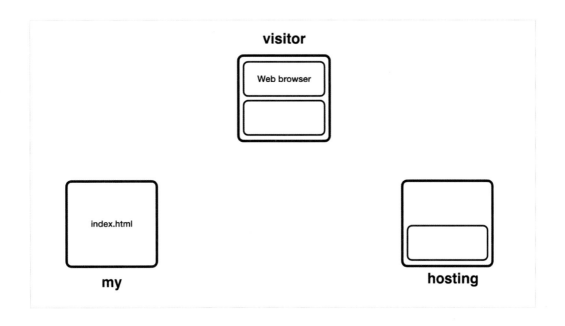

여러분이 깃허브에 파일을 업로드하면 소스코드가 웹 호스팅으로 업로드됩니다. 웹 호스팅 업체에서는 웹 호스팅 환경에 설치된 웹 서버를 활성화합니다. 그리고 컴퓨터에 도메인의 이름을 부여합니다. 방문 자가 도메인 주소로 접속하면 웹 서버가 index.html을 읽습니다. 웹 서버는 방문자에게 index.html의 소스코드를 전송합니다. 방문자의 웹 브라우저에 웹 페이지가 표시되면 웅장한 여정이 끝나게 됩니다.

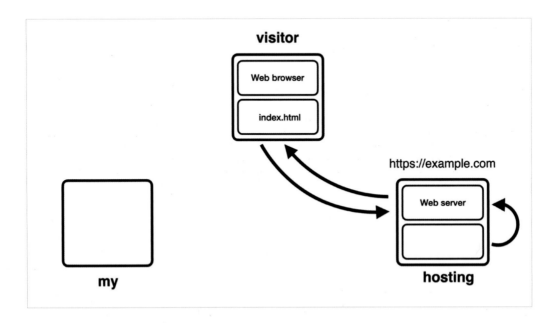

잠시 멈춰서 이 과정을 스스로에게 설명해 보세요. 웹 호스팅을 이용하는 것의 장점은 무엇일까요? 쉽 다는 점입니다. 여러분은 코딩만 하면 되거든요. 나머지는 업체가 알아서 해줍니다.

jackie joohyeon lee

현업에서는 전문적인 업체에 운영을 맡기는 경우가 많습니다. 자, 그런데 웹 호스팅에는 단점도 있어요. 교육적인 관점에서는 원리가 감춰져 있는 게 단점일 수 있거든요. 웹 서버가 동작하는 원리가 궁금하거나 웹 서버를 통해 직접 서비스하는 희열을 느껴보고 싶은 분은 웹 서버를 직접 운영하는 방법에 대한 수업도 준비돼 있으니 도전해 보세요. 축하합니다.

---

**깃허브 페이지를 이용할 수 없거나 다른 서비스를 사용하고 싶다면?**

이 책에서는 깃허브를 사용했지만 미래에는 이 서비스를 이용하지 못할 수도 있습니다. 또 깃허브 페이지는 제약이 많은 서비스이기도 합니다. 중요한 것은 깃허브의 사용법이 아니고, 여러분이 필요한 웹 호스팅을 찾아내는 능력입니다.

우리는 HTML만으로 웹 페이지를 만들었습니다. HTML은 웹 브라우저가 해석하기 때문에 서버 쪽에서 특별히 해 줄 일이 없습니다. 이런 특성을 정적(static)이라고 합니다. 자연스럽게 HTML만으로 만들어진 웹 사이트를 호스팅하는 서비스 중에는 무료가 많습니다.

그럼 동적(dynamic)인 것이 있냐고요? 있습니다. 나중에 배울 PHP나 파이썬(Python), 루비(Ruby), 자바(Java)와 같은 기술을 이용하려면 대체로 비용을 내야 합니다. 이런 기술을 활용하기 전까지는 유료 서비스를 이용할 필요가 전혀 없습니다.

구글에서 다음과 같이 검색하면 여러분의 목적에 맞는 웹 호스팅 서비스를 찾을 수 있습니다.

현시점에서 추천하는 서비스는 다음과 같습니다.

- https://bitballoon.com
- http://neocities.org
- Azure Blob
- Google Cloud Storage
- Amazon S3

하지만 미래에는 이러한 서비스가 없어질 수도 있고, 더 좋은 서비스도 나올 수 있기 때문에 더욱 중요한 것은 검색을 통해서 찾아낼 수 있는 능력이라는 점을 기억해 주세요.

## upload file이 보이지 않는다면?

아래와 같이 저장소를 생성할 때 'Initialize this repository with' 아래에 있는 'Add a README file' 옵션을 체크해 README 파일을 생성해 주세요.

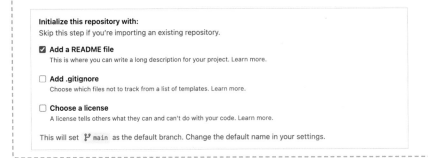

## 오류 메시지가 나온다면?

진행 과정에서 다음과 같은 오류 메시지가 나온다면 회원가입 후에 이메일 인증을 해야 한다는 의미입니다.

'Please verify your email address Before you can contribute on GitHub, we need you to verify your email address. An email containing verification instructions was sent to 〈이메일 주소〉'

이런 메시지가 나온다면 이메일 계정으로 가서 'Verify email address' 링크를 누르면 됩니다.

## 완성한 웹 사이트를 알려주세요.

공부가 흥이 나기 위해서는 좋은 관객을 만나야 합니다. 관객을 만날 수 있도록 여러분이 완성한 웹 사이트의 주소를 아래 양식을 통해 공유해주세요.

* https://bit.ly/생활코딩_깃허브페이지_공유

다른 사람들의 웹 사이트는 아래 주소를 통해 구경할 수 있습니다.

- https://bit.ly/생활코딩_깃허브페이지_구경

# 19 웹 서버 운영하기

이번 시간에는 내 컴퓨터에 웹 서버를 설치해서 누구나 내 컴퓨터에 있는 웹 페이지를 볼 수 있게 해보겠습니다. 이 과정을 이해하려면 꽤나 다양한 지식이 필요하므로 좀 어렵습니다. 대신에 인터넷이 동작하는 원리를 알 수 있다는 것은 큰 장점인 수업입니다.

그리고 미리 한 가지 말씀드리고 싶은 것은 실습이 잘 작동하지 않을 가능성이 꽤 큽니다. 인터넷은 실제로는 매우 복잡한 시스템이거든요. 제대로 작동하는 이유는 하나지만 작동하지 않는 이유는 100가지가 넘습니다.

혹시 작동하지 않는다고 걱정하거나 실망할 필요는 없습니다. 왜냐면 실제로는 웹 호스팅을 많이 사용하거든요. 그냥 제대로 동작하고 있다고 믿으시면 됩니다. 우리에게는 상상력이 있잖아요.

물론 포기하지 않고 끝까지 문제를 해결해 보는 것도 아주 좋은 자세입니다.

자, 대신 이것만 기억해 주세요. 우리가 하나의 문제를 해결하는 데 며칠이 걸릴 수도 있어요. 하지만 하나의 문제만 해결되는 것이 아니라 그 과정에서 수많은 지식과 경험을 얻게 됩니다. 잘 풀리는 문제는 실력을 확장시켜서 좋지만 막히는 문제는 우리 실력을 확정시키기 때문에 좋습니다. 두 가지 모두 필요한 거에요.

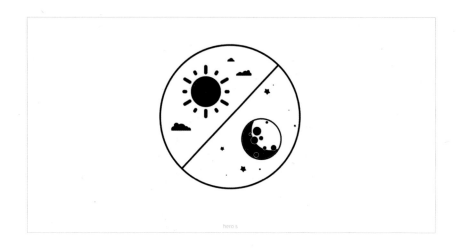

우선 우리가 해야 할 일은 자신의 컴퓨터에 웹 서버라는 프로그램을 설치하는 겁니다.

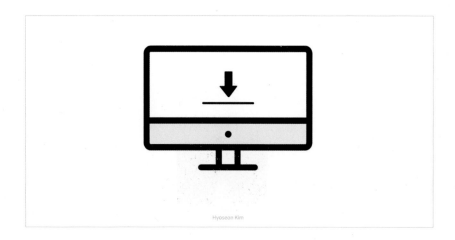

자, 여기서 질문입니다. 웹 브라우저는 제품명인가요, 제품군인가요? 제품군이죠. 웹 서버도 마찬가지예요. 웹 서버라는 제품군이 있는 거예요. 웹 서버에는 아파치(Apache), IIS, 엔진엑스(Nginx) 등 여러 제품이 있습니다.

Apache
IIS
Nginx

이 중에서 우리가 사용할 웹 서버는 세상
에서 제일 간단한 웹 서버입니다. 이름하여
Web Server for Chrome입니다. 이 프로
그램은 구글 크롬 브라우저의 확장기능으
로 만들어졌기 때문에 이름에 크롬이 붙는
답니다.

크롬 브라우저를 열고 검색 엔진에서 'web server for chrome'으로 검색한 다음, 맨 위에 있는 링크를
클릭해 들어갑니다.

그럼 다음과 같은 페이지가 나옵니다. 여기서 [Chrome에 추가] 버튼을 클릭합니다.

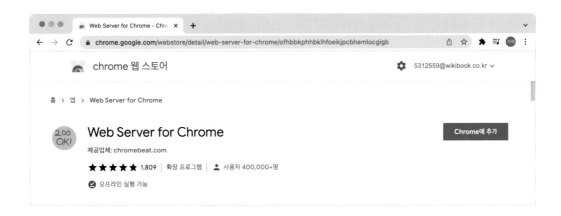

[Chrome에 추가] 버튼을 클릭하면 이 앱을 설치하는 화면이 나타납니다. [앱 추가] 버튼을 클릭해 앱을 설치합니다.

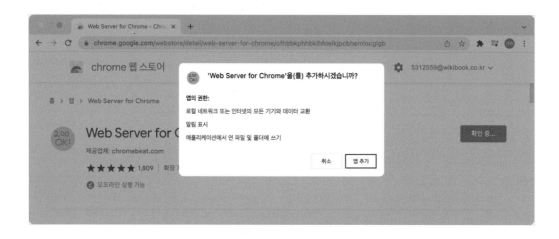

앱 추가를 하면 앱이 설치됐다는 뜻으로 다음과 같은 화면이 나옵니다.

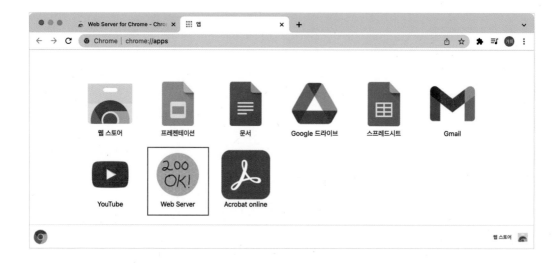

여기서 'Web Server' 아이콘을 클릭하거나 운영체제의 검색 기능을 이용해 'web server for chrome'을 검색해 실행합니다. 또는 브라우저의 주소창에 chrome://apps라고 입력해도 됩니다.

앱을 실행하면 이렇게 생긴 프로그램이 나옵니다. 이것이 바로 Web Server for Chrome이에요.

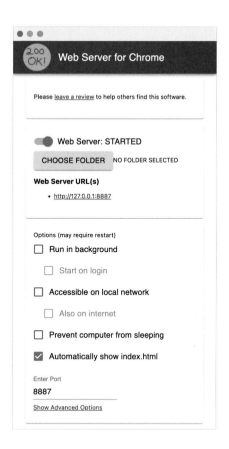

이 도구를 한번 사용해봅시다. 가장 먼저 해야 할 일은 요청이 들어왔을 때 그 요청을 어느 디렉터리에서 처리할 것인지 웹 서버에 알려주는 것입니다. 이를 설정하기 위해 [CHOOSE FOLDER] 버튼을 클릭합니다.

여러분이 만들었던 웹 프로젝트가 있는 경로로 이동해 폴더를 선택하고, [선택] 버튼을 클릭합니다.

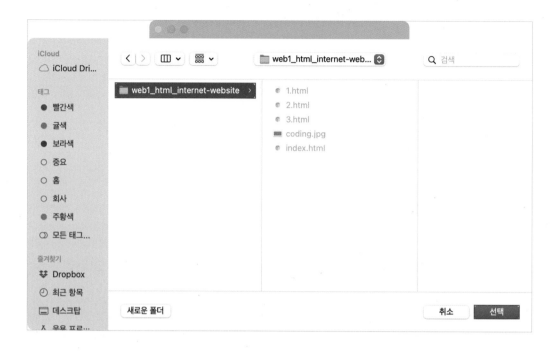

그다음 'Web Server' 왼쪽에 있는 스위치를 켭니다. 이미 켜져 있다면 껐다가 다시 켜면 됩니다.

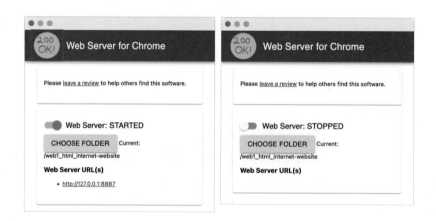

웹 서버를 켜면 친절하게도 이 서버로 접속할 수 있는 주소(여기서는 http://127.0.0.1:8887)를 알려줍니다. 이 주소를 복사해서 브라우저에서 한 번 접속해 볼까요? 이 주소 뒤에 '/index.html'이라고 덧붙이고 엔터를 치면 어떻게 되나요? 짜잔. 다음과 같은 웹 페이지가 나옵니다.

이제 뭘 해야 할까요? 박수를 치셔야죠. 지금 우리는 웹 서버를 통해 웹 페이지를 가져오고 있습니다. 정말 그런지 확인하는 좋은 방법은 웹 서버를 꺼보는 겁니다. 다음과 같이 웹 서버를 끄고,

페이지를 새로고침하면 페이지를 가져올 수 없습니다.

이번에는 다시 웹 서버를 켜고,

페이지를 새로고침하면 페이지가 다시 나타납니다.

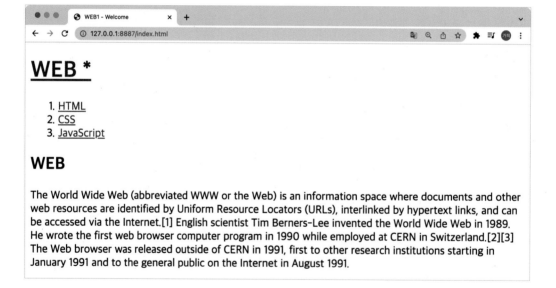

그렇다면 [파일] → [파일 열기](단축키: Ctrl + O/command + O)를 이용해서 index.html 파일을
직접 열었을 때와 웹 서버를 통해 열었을 때는 어떤 차이가 있을까요?

다음 그림을 한 번 보겠습니다. 이 박스는 여러분의 컴퓨터입니다. 컴퓨터의 바탕화면에 web이라는 폴
더를 만들었고 그 폴더 안에 index.html이 있습니다. 그리고 웹 서버를 설치했고 웹 브라우저는 원래
부터 있었습니다.

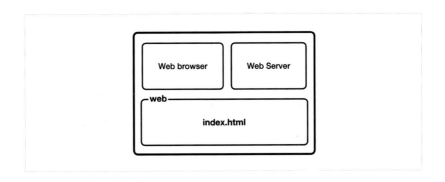

이때 웹 브라우저에서 파일 열기를 하면 주소가 file://로 시작하는데, 이처럼 file://로 시작하는 주소는 웹 브라우저가 웹 페이지를 직접 연 것입니다. 즉, 웹 서버를 통하지 않았습니다.

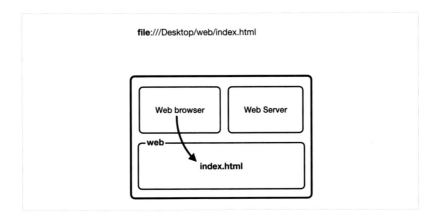

그런데 http://로 시작하는 주소를 입력하고 접속한다는 것은 같은 컴퓨터에 설치된 웹 서버에 접속해서 웹 서버가 index.html을 읽고, 웹 브라우저에게 돌려줬다는 뜻입니다.

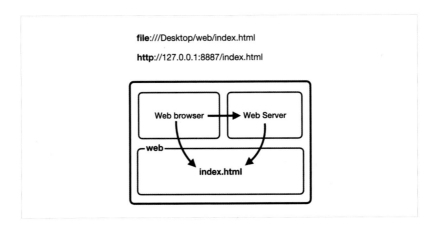

http://로 시작하는 주소를 좀 더 자세하게 살펴볼까요?

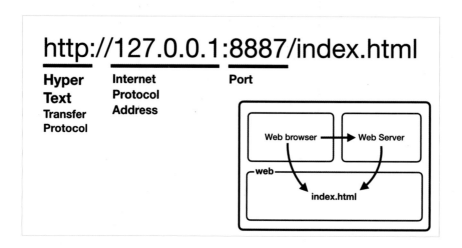

맨 앞에 있는 http는 Hyper Text Transfer Protocol의 약자입니다. Hyper Text는 '웹 페이지'라는 뜻이고, Transfer는 '전송한다', Protocol은 '통신 규칙'이라는 뜻이에요. 즉, 웹 페이지를 전송하기 위해서 고안된 통신 규칙이라는 뜻입니다.

http 뒤에 있는 127.0.0.1은 Internet Protocol Address, 이른바 IP 주소라고 하는 겁니다. 컴퓨터와 컴퓨터가 서로 통신할 때 사용하는 주소 체계가 바로 IP 주소입니다. IP 주소는 43억 개 정도가 존재하는데, 그중에서 127.0.0.1이라는 IP 주소는 아주 특별한 IP 주소입니다. 왜냐하면 자기 자신을 의미하기 때문입니다. 여러분이 127.0.0.1이라고 IP 주소를 입력하면 그것은 그 컴퓨터 자신을 가리키는 것이기 때문에 웹 브라우저는 같은 컴퓨터에 설치된 웹 서버에 접속하고 있는 것입니다.

IP 주소 뒤에 있는 8887은 포트(port)라는 개념인데 포트의 개념은 이 수업의 범위를 벗어나기 때문에 지금은 특별히 언급하지 않겠습니다.

그런데 같은 컴퓨터 안에서 웹 브라우저와 웹 서버가 서로 웹 페이지를 주고받는 것은 현실 세계의 웹과는 다릅니다. 현실은 어떤가요? 웹 브라우저와 웹 서버가 서로 다른 컴퓨터에 설치돼 있어서 지구 반대편에 있는 컴퓨터의 문서도 마치 내 컴퓨터에 있었던 문서인 것처럼 보여주는 놀라운 일을 합니다. 우리도 이런 거 해 봐야죠. 해봅시다.

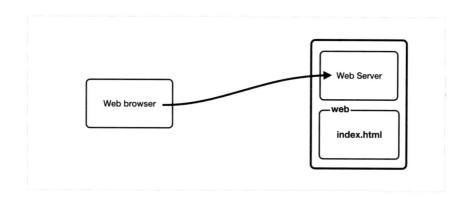

이 작업을 하려면 컴퓨터가 두 대 필요해요. 그런데 컴퓨터가 한 대밖에 없다고요? 음, 아닐 것 같은데요. 휴대전화가 있지 않나요? 휴대전화는 전화기의 탈을 쓴 컴퓨터입니다. 사실 전화기는 멸종됐어요. 휴대전화에 설치된 웹 브라우저와 실습용 컴퓨터에 설치된 웹 서버가 통신할 수 있다면 어떨까요? 정말 신기하겠죠. 그런데 시작하기 전에 다시 한번 강조해 드립니다. 이 작업은 여러 이유로 제대로 동작하지 않을 수 있습니다. 안 되면 된다고 치고 넘어가면 됩니다.

우선 해야 할 일이 있습니다. 휴대전화와 컴퓨터를 같은 네트워크에 연결해야 합니다. 쉽게 말해 같은 와이파이에 접속해야 합니다. 예를 들어, 집에 있는 공유기의 이름이 egoing5G라면 윈도우든 macOS든 아이폰이든 안드로이드든 와이파이(네트워크)를 egoing5G로 지정합니다.

그다음 해야 할 일은 웹 서버의 설정을 바꾸는 겁니다. 설정을 바꾸려면 일단 웹 서버를 꺼야 합니다. 그리고 옵션 중에서 'Accessible on local network' 옵션을 켭니다. 이 옵션은 같은 네트워크에 있는 컴퓨터들끼리 서로 통신할 수 있게 도와주는 옵션입니다.

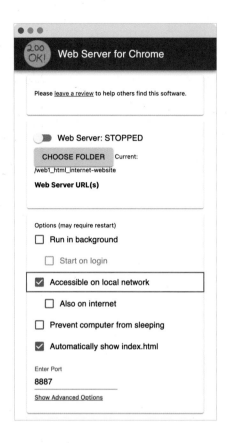

그러고 나서 웹 서버를 다시 켜면 설정한 옵션이 반영됩니다. 웹 서버를 켜면 아까는 없었던 http://192.168.0.12라고 적힌 새로운 IP 주소가 나타나는데, 물론 이 주소는 제 IP 주소이고 여러분은 저와 다른 주소가 보일 것입니다. 바로 이 IP 주소가 다른 컴퓨터가 이 컴퓨터로 접속할 수 있는 주소입니다.

이제 휴대전화를 켜고, 휴대전화에 IP 주소와 포트 번호를 입력하겠습니다. 그럼 다음과 같이 웹 페이지가 출력되는 모습을 볼 수 있습니다.

이번에는 웹 서버를 잠깐 끄고, 페이지를 새로고침하겠습니다. 접속이 안 되죠.

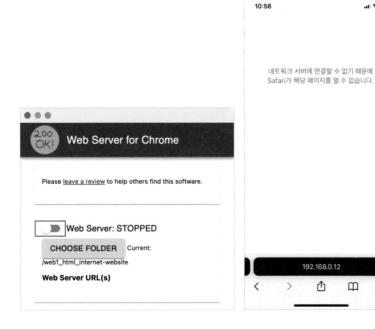

웹 서버를 다시 켜고 다시 접속하면 이제 접속이 됩니다.

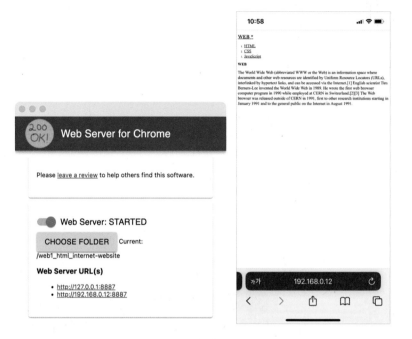

축하합니다. 이제 여러분은 한 대의 컴퓨터라는 한계를 초월해서 전 세계의 수많은 컴퓨터를 마치 내 컴퓨터인 것처럼 사용할 수 있게 된 역사적 진보를 직접 목격한 것입니다. 진심으로 축하합니다.

# 20 | 수업을 마치며 1/3

여기까지 오시느라 정말 고생 많으셨습니다.

지금까지 우리는 웹의 본질을 샅샅이 들춰 봤습니다. 이제 멈춰 서서 앞으로 어떻게 할지 함께 의논해 보시죠.

저는 기술을 본질과 혁신으로 구분합니다. 또 학습을 교양과 직업으로 분리합니다. 왠지 본질은 교양과 좋은 짝이고, 혁신은 직업과 좋은 짝이라는 생각이 듭니다.

| 본질<br>essence | 혁신<br>innovation |
|---|---|
| 교양<br>hobby | 직업<br>professional |

코딩 교육을 하면서 알게 된 것을 그래프로 그려 봤습니다.

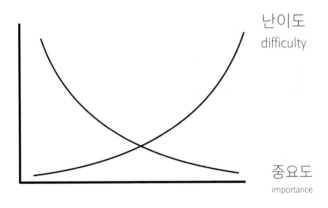

이 그래프의 x축은 진도입니다. 또한 두 개의 선이 등장합니다. 하나는 중요도를 나타내는 선입니다. 진도가 나아갈수록 중요도는 급격히 떨어집니다. 처음에 배우는 것은 모든 것의 공통분모이고 뒤에서 배우는 것은 특수한 상황에 유용한 것들입니다. 반대로 진도가 나아갈수록 난이도는 급격히 높아집니다. 이렇게 선을 그래프에 그려보니까 자연스럽게 이 두선의 교점에 관심이 생겼습니다.

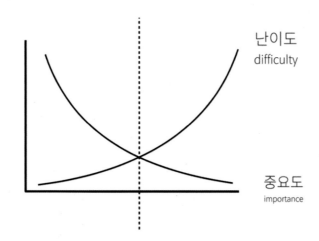

물론 이 교점은 상상력의 눈으로만 볼 수 있는 점이겠죠. 이렇게 교점을 발견하고 가만히 살펴보니까 교점을 중심으로 앞쪽은 본질을 배우고 뒤쪽은 혁신을 배우는 거 같습니다.

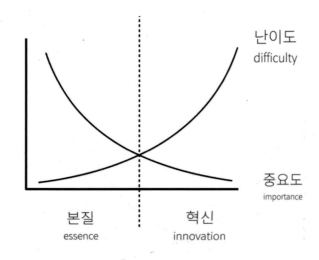

또 앞쪽은 교양이고, 뒤쪽은 직업이라는 생각이 들었습니다. 교양은 쉽지만 매우 중요한 것을 배우고,

직업은 어렵지만 덜 중요한 것들을 배웁니다.

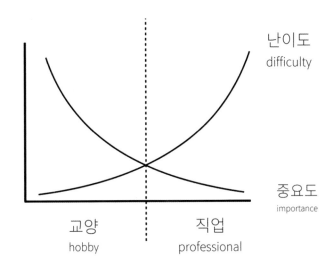

그리고 이 선을 오랫동안 째려본 결과, '아하 이 선을 하나로 퉁칠 수 있겠구나'라는 것을 알았습니다. 아마도 이런 선이 아닐까요?

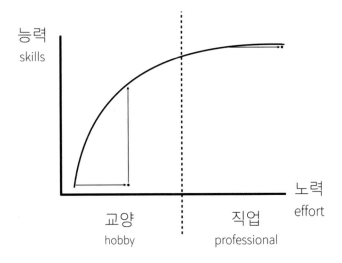

즉 교양은 조금만 공부해도 할 수 있는 것이 기하급수적으로 많아집니다. 반면 직업은 아무리 노력해도 실력이 잘 늘지 않습니다. 생각해 보면 우리 마음이 힘든 것은 교양에 있을 때 빠르게 높아지는 능력의 속도를 보지 않고 낮은 상태의 능력을 보기 때문이 아닐까요? 또 직업의 상태에 있을 때는 높아진 능력을 보지 않고 느려진 실력의 향상 속도를 보기 때문이 아닐까요?

자괴감, 소외감, 불안함 같은 감정들도 실력 향상에 도움이 됩니다. 하지만 만족감, 자신감, 기대감 같은 긍정적인 감정도 실력 향상에 도움이 됩니다. 부정적인 것과 긍정적인 것 모두가 공부에 도움이 된다면 굳이 부정적인 마음에 기대서 공부할 필요가 있을까요?

저는 뇌를 이기는 장사는 없다고 생각합니다. 뇌를 괴롭히면 빨리 성장할 수는 있어도 오래 성장할 수는 없습니다. 아시다시피 공부를 평생 해야 하는 시대잖아요.

그럼 이제 어떻게 하면 좋을까요? 글쎄요. 저도 정답은 모르겠습니다. 조심스럽게 저의 사견을 말씀 드려 볼게요.

저는 이 수업이 코딩을 교양으로 시작하는 사람에게는 출구이고, 직업으로 시작하는 사람에게는 입구였으면 좋겠습니다. 만약 여러분이 교양을 위해서 코딩 공부를 시작했다면 이제 공부를 내려놓고 일상으로 돌아가시면 어떨까 싶습니다. 오해하지 마세요. 공부를 그만두는 것이 아니라 미래로 유보하는 것입니다.

여러분은 느끼지 못하셨을 수 있겠지만 우리에게는 조용한 혁명이 시작됐습니다. 여러분은 이 수업을 통해 코딩이 무엇인지 알게 됐고, 정보기술이 어떻게 동작하는지도 충분히 체험했습니다. 일상으로 돌아가서 주변을 둘러보세요. 분명히 보이는 게 달라져 있을 겁니다.

이제 우리는 사람이 잘하는 일과 기계가 잘하는 일을 분별하는 것에 관심을 갖게 됐습니다. 그중에서 기계가 잘할 수 있는 일을 사람이 하고 있다면 아마 여러분은 불편함을 느낄 거에요. 그 불편함이 충분히 누적돼서 우리의 절망감이 충분히 성숙했을 때 다시 코딩 공부를 시작하면 됩니다. 아마도 그때 우리가 직면할 문제의 심각성에 비하면 공부의 어려움 따위는 아무것도 아닐 거에요. 또 그때 하는 공부는 더 이상 우리 삶을 억압하는 문제가 아니라 문제로부터 우리를 해방시켜 주는 구원자가 돼 있을 겁니다. 코딩을 통해 문제로부터 자유로워진다면 여러분은 분명 더욱 인간적인 일에 집중할 수 있을 거에요.

교양으로 이 수업을 찾아주신 분들 그동안 정말 고생하셨습니다. 여러분의 미래에는 지금보다 훨씬 코딩의 힘이 강력해져 있을 거에요. 또한 이 수업보다 훨씬 더 친절한 수업들이 여러분을 기다리고 있을 거고요. 코딩하기에 더욱 좋아진 시대에 유보했던 코딩을 다시 시작할 여러분을 생각하니 기분이 좋습니다. 그때까지 안녕히 가세요.

한편 직업으로 또는 좀 더 많은 것을 공부하고 싶은 분들은 아직 끝나지 않았습니다. 떠나실 생각 하지 마시고 다음 수업에서 뵙겠습니다.

이전 수업에서는 교양을 위해서 코딩을 배우고 있는 학우들과 작별의 시간을 가졌습니다.

그럼 이제 이번 수업을 보고 계신 분들은 더 많은 것을 알고 싶은 분들일 거예요. 가야 할 길이 멀기 때문에 마음이 급하시죠? 그런데 지금은 공부를 더 하기도 좋은 때입니다만 공부를 멈추고 공부한 내용을 써먹기에도 좋은 때입니다.

공부만 하고 공부한 것을 써먹지 않으면 나중에는 머릿속이 너무 복잡해져서 막상 코딩을 하려고 할 때 무엇을 해야 할지 모르게 됩니다. 좋은 코드가 무엇인지는 아는데 좋은 코드를 짤 줄 모르면 내가 짠 코드가 실망스러워집니다. 그래서는 좋은 생산자가 될 수 없습니다. 이번 수업에서는 여러분이 현명한 판단을 내릴 수 있도록 생각의 재료를 제공해 드리겠습니다.

지금부터 하려는 이야기는 복잡함에 대한 이야기입니다. 우리 주변에는 눈에 보이는 복잡함이 있고, 눈에 보이지 않는 복잡함이 있습니다. 눈에 보이지 않는 복잡함은 공부한 것을 막상 사용하려 할 때 무엇을 해야 할지 막막하게 하는 주범입니다. 이것의 실체를 추적해 봅시다.

저는 checkbox.html라는 파일을 만들고

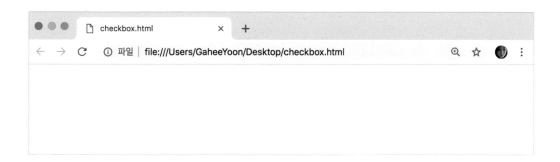

다음과 같은 내용을 작성했습니다(실습을 해보려는 분들만 따라 하시길 바랍니다).

```
<input type="checkbox">
```

그런 다음 페이지를 열어보면 다음과 같이 네모난 상자가 생깁니다. 이를 체크박스라 하며, 누를 때마다 체크가 생기고 없어지는 식으로 동작합니다.

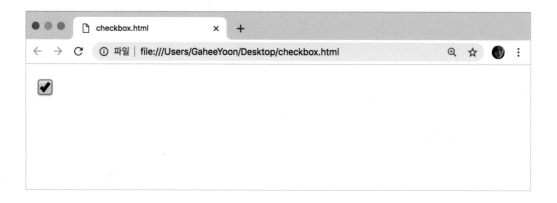

그런데 이 체크박스를 이용해서 어떤 앱을 만들었다고 가정해 봅시다. 그럼 체크박스가 하나일 경우 우리가 만든 앱이 잘 동작하는지 확인하려면 몇 번의 테스트가 필요할까요? 두 번입니다. 체크를 안 한 상태에서 테스트해 보고, 체크를 한 상태에서 테스트해 봐야 합니다. 그런데 체크박스가 2개라면 몇 번의 테스트가 필요할까요? 4번입니다. 체크가 안 돼 있는 상태에서 한 번, 둘 다 체크돼 있는 상태에서 한 번, 하나만 체크돼 있는 상태에서 두 번으로 총 네 번이 필요합니다. 체크박스가 3개라면 몇 번의 테스트가 필요할까요? 8번입니다.

여기서 질문입니다. 만약 체크박스가 50개라면 몇 번의 테스트가 필요할까요? 여러분 직관적으로 생각해 보세요. 수학적으로 계산하려고 하지 말고요. 그럼 좋습니다. 수학적으로는 2를 50번 곱하면 나오는 수, 즉 2의 50승입니다. 그럼 2의 50승은 실제로 얼마일까요? 계산기로 계산해 보세요.

답은 1,000조입니다. 체크박스가 50개면 1000조 가지의 경우의 수가 생깁니다. 우리 주변에는 체크박스 50개보다 복잡한 앱들이 얼마나 많나요? 놀랍지 않나요?

세상은 우리 생각과는 다르게 이렇게 쉽게 복잡해집니다. 눈에는 체크박스가 50개가 보이기 때문에 쉽다고 생각되지만 실제로는 눈에 보이지 않는 천 조 개의 경우의 수가 숨어 있을 때 테스트하지 못한 경우에는 예상치 못한 버그가 생겨나게 됩니다.

또한 작은 기능을 추가하는 것도 어려워지면서 깊은 슬럼프에 빠지게 됩니다. 이 복잡함은 눈에 보이지 않기 때문에 자연스럽게 좌절감의 원인을 숨어 있는 복잡함 때문이 아니라 자기 탓으로 돌리게 됩니다. 겨우 50개밖에 안 되는 단순한 프로그램도 제대로 못 만드는 사람이라고 스스로 자책하게 되는 겁니다. 여러분, 자기 탓이 아닙니다. 원래 그렇습니다.

공부도 마찬가지입니다. 개념을 알게 된다는 것은 말하자면 체크박스가 늘어난다는 것입니다. 자연스럽게 자신도 모르게 머릿속이 기하급수적으로 복잡해집니다. 이 복잡함은 나쁜 것일까요? 그렇지 않습니다. 오히려 인류는 눈에 보이는 단순함을 조작해서 눈에 보이지 않는 엄청나게 복잡한 것을 만들어내는 위대한 존재입니다. 그 위대함의 사례를 준비해 봤어요.

저는 오랫동안 영어공부를 해왔는데도 저 스스로를 영어의 능숙한 사용자라는 느낌을 가져본 적이 없습니다. 참 슬프네요.

아시다시피 영어는 주어, 동사, 목적어의 순서대로 단어들을 배치해서 의미를 만들어 냅니다.

주어      동사      목적어
subject      verb      object

아이들은 어떻게 언어를 익히는가 생각해봤습니다. 아이들은 명사만으로 대화를 합니다. 이를테면 엄마, 아빠, 밥, 이렇게요. 아이가 명사를 10개 안다면 아이는 10개의 의미를 만들 수 있습니다. 1000개의 의미를 말하려면 1000개의 단어를 알아야 합니다.

그랬던 아이가 좀 더 자라면 동사를 사용할 수 있게 됩니다. 명사를 앞, 동사를 뒤에 둬서 말을 하기 시작합니다. 그럼 명사 10개와 동사 10개로 만들 수 있는 의미의 경우의 수를 따져보면 20개의 단어로 100개의 의미를 만들 수 있습니다. 80개가 이득입니다.

명사      동사      의미
noun      verb      meaning

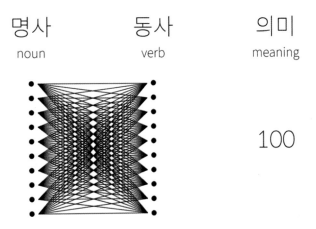

100

좀 더 크면 동사 뒤에 명사를 배치해서 좀 더 복잡한 말을 만들기 시작합니다. 동사 앞의 명사와 동사 뒤의 명사를 구분하기 위해 문법적으로 앞에 있는 것은 주어, 뒤에 있는 것을 목적어라 부르죠. 그럼 주어 자리에 명사 10개, 동사 10개, 목적어 자리에 이미 알고 있는 명사 10개를 사용하면 20개의 단어로 1000개의 의미를 만들 수 있습니다. 980개가 이득입니다.

| 주어 | 동사 | 목적어 | 의미 |
| --- | --- | --- | --- |
| subject | verb | object | meaning |

$$10 \times 10 \times 10$$

전치사가 추가되면 30개의 단어로 100,000개의 의미를 만들 수 있습니다. 이처럼 문법이 조금만 복잡해져도 이득은 천문학적으로 커집니다. 즉, 주어+동사+목적어라는 어순만으로도 우리는 엄청나게 많은 의미를 쏟아낼 수 있습니다.

이렇게 간단한 문법이 이렇게 대단한 도구라는 것을 알았다면 저는 이것만을 가지고 의미를 만들어 보는 연습을 충분히 했을 것 같습니다. 그런데 이렇게 중요한 도구의 사용에 충분히 익숙해지기도 전에 더 복잡한 문법들을 배우다 보니 머릿속이 너무 복잡해져서 한 마디도 할 수 없게 되더라고요.

지금까지 우리가 배운 내용은 영어로 치면 주어+동사+목적어와 같이 혁명적인 것이었습니다. 이것만으로도 우리는 웹이 웹이기 위해 필요한 모든 것을 알게 됐습니다. 덜 아름답고, 덜 편리하고, 덜 생산적일 뿐입니다. 그럼 어떻게 해야 할까요? 진도를 멈추고 지금까지 배운 것을 이용해 여러분의 삶에서 정말 중요한 정보를 잘 정리 정돈해 보세요.

그것이 여러분의 인생에서 중요한 것일수록 여러 가지 불만족이 쏟아져 나올 거에요. 더 예쁘게 만들고 싶을 수도 있고, 더 편리하게 만들고 싶을 수도 있습니다. 또한 더 생산적이게 웹 페이지를 만들고 싶을 수도 있습니다. 중요한 것은 이런 불만족을 자기 눈으로 직접 확인해 보는 것입니다. 그래야 부분 학습을 할 수 있습니다. 또 그 불만족이 누적돼서 절망감이 충분히 성숙해야 합니다. 그래야 공부가 우리의 문제를 해결해 주는 구원자가 됩니다. 바로 이때가 진도를 나갈 절호의 타이밍입니다. 더 빨라져도, 더 늦어져도 안 됩니다.

자, 그럼 여기서 조사 한 번 해보겠습니다. 앞서 말씀드린 것처럼 진도는 여기서 잠깐 멈추고 지금부터 배운 것을 사용하실 분 손드세요. 잘 생각하셨습니다. 지금 손 드신 분들은 공부를 잠시 그만두고, 즐겁게 무언가 만들어가면서 한계에 스스로 직면하세요. 그리고 그 한계에 대해 충분히 절망하시길 바랍니다. 그 절망감이 충분히 성숙해질 때 이곳에 다시 찾아오신다면 여러분이 절망감을 극복할 수 있는 공부가 준비돼 있을 것입니다. 절망감이 클수록 그것을 극복했을 때의 행복감도 커질 겁니다.

그럼 그때까지 안녕히 가세요. 나머지 분들은 진도를 나갈 준비가 된 분들이죠? 그럼 어디 가지 마시고 다음 수업에서 뵙겠습니다.

이전 수업에서는 본질에 집중하려는 학우들과 작별의 시간을 가졌습니다. 곧 따라오시겠죠?

이 영상을 보고 계신 분들은 본질에서 벗어나 혁신을 향해 나아가려는 분들일 거에요.

이 수업은 여러분이 학습의 주인공이 돼서 공부의 방향을 스스로 선택하는 데 도움을 드리기 위한 것입니다. 공부의 효용은 최소한으로 배워서 최대한으로 써먹을 때 드러난다고 생각해요. 최대한 배워서 최소한으로 써먹지 않으시길 기원합니다. 공부와 멀어지는 지름길입니다.

자, 그럼 진로에 대해 곰곰이 따져봅시다. 만약 여러분이 웹 사이트를 아름답게 만들고 싶다면 CSS를 공부하셔야 합니다. CSS는 HTML이 태어난 지 약 4년 후에 만들어지기 시작했습니다. 이 언어가 나타난 후에 웹 퍼블리셔나 웹 디자이너 같은 직업이 발전하기 시작했습니다. CSS를 공부하고 싶은 분은 이 책의 CSS 편을 공부하시면 됩니다.

만약 여러분이 사용자와 상호작용하는 웹 페이지를 만들고 싶다면 자바스크립트를 공부하셔야 합니다. 자바스크립트는 HTML이 태어난 지 약 5년 후에 만들어지기 시작합니다. 이 기술이 나타난 후에 웹 프런트엔드 엔지니어, 웹 인터랙티브 디자이너 같은 직업이 발전하기 시작합니다. 자바스크립트를 공부하고 싶다면 이 책의 자바스크립트 편을 공부하시면 됩니다.

만약 1억 개의 웹 페이지로 만들어진 웹 사이트를 운영하고 있다고 해봅시다. 그런데 어떤 이유로 웹 사이트의 웹 페이지에 있는 〈h1〉 태그를 〈h2〉 태그로 바꿔야 한다면 1억 개의 웹 페이지를 변경해야 합니다. 하나의 페이지를 변경하는 데 0.1초가 걸린다 해도 1억 개면 115일이 걸립니다. 즉, 생산성의 한계에 봉착합니다. 이 한계를 극복하기 위해서는 백엔드 기술을 배워야 합니다. 백엔드 기술을 이용하면 파일 하나를 변경했을 때 1억 개의 웹 페이지가 동시에 변경되는 폭발적인 효과를 경험할 수 있습니다.

PHP, JSP, Node.js의 익스프레스(Express), 파이썬(Python)의 장고(Django), 루비온레일스(Ruby On Rails), ASP.NET과 같은 기술들은 이런 목적으로 고안된 기술들입니다. 이 기술들은 서로 경쟁

관계에 있기 때문에 이 중에서 하나를 공부하시면 됩니다. 또한 이 기술에 종사하는 엔지니어들을 백엔드 엔지니어라고 부릅니다. 따라서 백엔드 기술을 배우고 싶다면 PHP 수업을 보시면 됩니다.

저에게는 알고 있는 것을 공고히 하는 두 가지 방법이 있습니다. 하나는 알고 있는 지식을 이용해 프로젝트를 진행하는 것입니다. 다른 하나는 알고 있는 지식을 콘텐츠로 만들어서 누군가에게 알려주는 것입니다. 둘 다 자신이 무엇을 알고 있는지를 자신과 타인에게 확인시켜 줄 수 있는 너무나도 훌륭하고 중요한 방법입니다.

여러분이 더 늦기 전에 여러분의 프로젝트를 시작했으면 좋겠습니다. 또한 여러분의 콘텐츠를 만들었으면 좋겠습니다. 수업이 끝날 때가 되면 마음이 좀 찡하고 섭섭해요. 할말은 너무 많지만 여기까지 하겠습니다. 여러분 고생 많으셨고, 축하드립니다.

이번 수업은 전달하고자 하는 내용이 있지는 않습니다. 부록으로 추가한 코드의 힘 시리즈에 관해 소개하는 수업입니다.

세상에는 C, C++, 자바(Java), 파이썬(Python), PHP, 자바스크립트(JavaScript) 등 수많은 컴퓨터 언어가 있습니다. 이 모든 언어는 시시각각 강력해지고 있습니다. 왜냐하면 이 언어들을 이용해서 할 수 있는 일들이 기하급수적으로 늘어나고 있거든요. 코드의 힘 시리즈는 지금까지 우리가 배운 코드인 HTML을 이용해서 바로 이 코드의 힘을 느껴보는 시간입니다. 우리에게는 상상력이 있기 때문에 C, C++, 자바를 배우지 않았지만 이미 배운 HTML을 이용해 아직 배우지 않은 언어들의 힘 또한 느낄 수 있습니다. 이를 위해 만든 부록이 바로 코드의 힘입니다.

코드의 힘 시리즈는 봐도 되고, 안 봐도 됩니다. 또 미래에는 기술이 없어졌을 수도 있고, 달라졌을 수도 있습니다. 구체적인 실습 코드가 잘 동작하지 않더라도 코드의 힘을 음미하기 위한 목적으로 진열된 수업인 만큼 순서와는 상관없이 관심 있는 내용만 골라서 수업에 참여하면 되겠습니다.

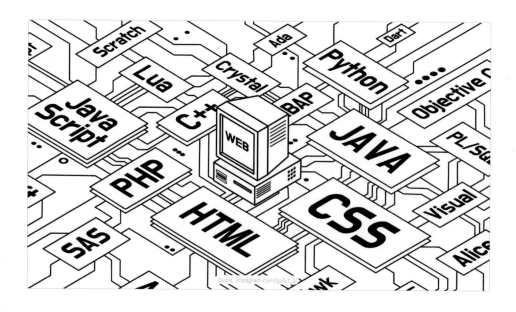

https://youtu.be/7T7r_oSp0SE (04분 43초)

# 23① 부록: 코드의 힘 _ 동영상 삽입

제가 처음 생활코딩 홈페이지로 시작한 오픈튜토리얼스(https://www.opentutorials.org/)를 만들기로 한 것은 동영상 수업을 잘 정리정돈하기 위해서였습니다. 지금부터 동영상 서비스의 동영상을 우리 웹 사이트에 포함하는 방법을 살펴보겠습니다. 이 책에서는 유튜브를 이용하겠지만 모든 동영상 서비스는 사용법이 거의 비슷하기 때문에 이 수업이 끝나면 다른 동영상을 삽입하는 것도 가능할 것입니다.

우선 공유하고자 하는 유튜브 동영상 주소로 들어갑니다.

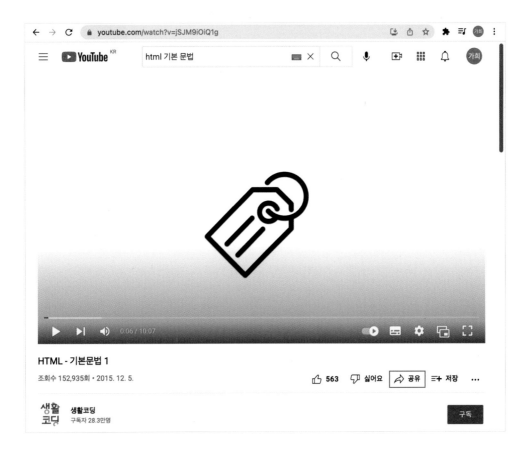

동영상 아래를 보면 [공유] 버튼이 있습니다. 이 버튼을 한번 클릭해 보겠습니다. 여러 가지 공유 버튼들이 있고, 아마 여러분도 한 번쯤 써보셨을 겁니다.

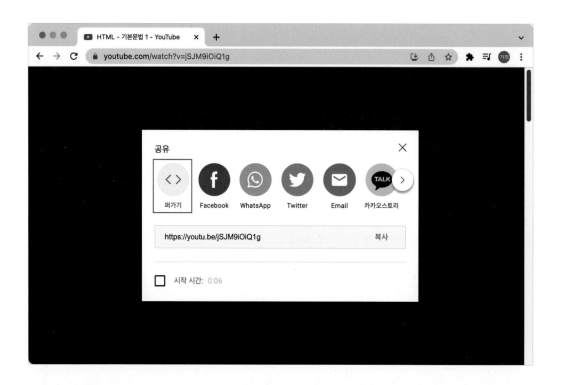

여러 공유 버튼 중에 [퍼가기] 버튼이 있습니다. 예전에는 퍼가기가 아니라 소스라고 적혀 있었어요. 소스가 뭔가요? 코드죠. 소스가 무엇인지 알기 전에는 아마 눈앞에 소스라는 단어가 있어도 이 단어를 그냥 지나쳤을 겁니다. 눈앞에 있어도 없는 것과 다름없죠. 그런데 소스가 무엇인지 알게 된 순간 소스라고 적혀 있으면 소스에 관심을 두게 됩니다. 혁명적 변화죠.

[퍼가기] 버튼을 한번 눌러보겠습니다. 버튼을 누르면 다음과 같은 화면이 나옵니다.

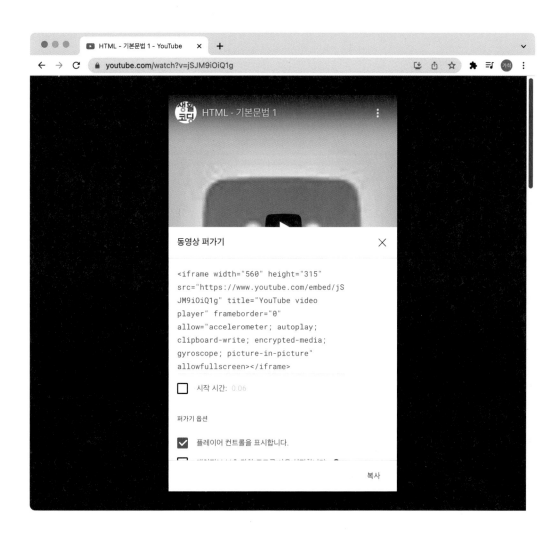

그리고 잘 보니까 이게 뭐라는 걸 알 수 있어요? 태그란 것을 알 수 있죠. 태그 중에서 `iframe` 태그란 것을 알 수 있습니다. `iframe`이 뭔지 배우지는 않았지만 이게 HTML 코드이고, 이 코드가 위에 있는 동영상을 의미한다는 것을 안다면 코드를 복사해서 자신의 동영상 페이지에 추가할 수 있을 것입니다. 한번 추가해 볼까요?

먼저 단락을 의미하는 <p> 태그를 추가하겠습니다.

【예제 1-23-1】 동영상을 추가할 자리에 단락을 의미하는 ⟨p⟩ 태그를 추가                    index.html

```
  … 생략 …
    <body>
        <h1><a href="index.html">WEB</a></h1>
        <ol>
            <li><a href="1.html">HTML</a></li>
            <li><a href="2.html">CSS</a></li>
            <li><a href="3.html">JavaScript</a></li>
        </ol>
        <h2>HTML</h2>
        <p>
            // 동영상을 추가할 위치
        </p>
        <p><a href="https://www.w3.org/TR/html5/" target="_blank" title="html5
speicification">Hypertext Markup Language (HTML)</a> is the standard markup language for
    … 생략 …
```

그리고 ⟨p⟩ 태그 안에 복사해둔 코드를 추가합니다.

【예제 1-23-2】 동영상을 추가할 자리에 복사해온 코드를 붙여넣기                    index.html

```
  … 생략 …
        <h2>HTML</h2>
        <p>
            <iframe width="560" height="315" src="https://www.youtube.com/embed/jSJM9iOiQ1g"
title="YouTube video player" frameborder="0" allow="accelerometer; autoplay; clipboard-write;
encrypted-media; gyroscope; picture-in-picture" allowfullscreen></iframe>
        </p>
        <p><a href="https://www.w3.org/TR/html5/" target="_blank" title="html5
speicification">Hypertext Markup Language (HTML)</a> is the standard markup language for
    … 생략 …
```

화면을 새로고침해 볼까요? 웹 페이지를 새로고침하면 다음과 같이 동영상이 웹 페이지에 추가된 모습을 볼 수 있습니다.

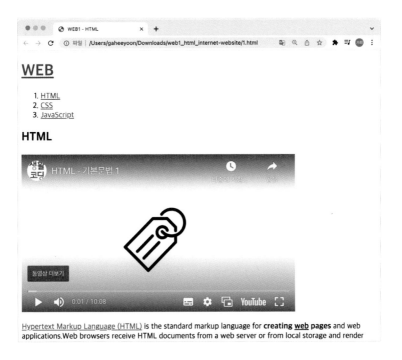

와우! 이게 무슨 뜻인지, 어떤 의미인지 곰곰이 한번 곱씹어 볼까요? 저 개인적으로는 현시점에서 약 3천 개 정도의 동영상 수업을 만들어서 학습자들에게 제공하고 있고 약 1800만 정도의 조회 수를 보여주고 있습니다. 만약 제가 직접 동영상을 서비스했다면 저는 얼마나 많은 돈을 써야 했을까요? 아마도 수억 원을 썼다고 해도 이상하지 않을 겁니다. 그런데 이런 서비스를 이용해서 제 돈은 한 푼도 쓰지 않고 동영상 수업을 많은 사람에게 제공할 수 있게 됐습니다. 누군가는 이런 동영상 서비스가 잘 동작하게끔 엄청난 자본을 쏟아붓고 있고, 또 누군가는 자신의 젊음과 인생을 여기에다가 갈아넣고 있습니다. 이런 엄청나게 거대한 부품을 우리는 iframe이라고 하는 단 한 줄의 코드로 우리의 웹 페이지에 합성할 수 있게 되는 겁니다.

이건 엄청난 일입니다. 단지 익숙할 뿐이에요. 단지 소비자로 살 것이라면 이런 사실을 그냥 당연하게 여겨도 될 거라고 생각해요. 하지만 생산자가 되어서 이런 서비스를 또는 이런 가치를 만들어 내려고 한다면 이러한 사실을 낯설게 바라볼 필요가 있다고 생각합니다. 이 맥락에서 HTML이라는 컴퓨터 언어가 하는 역할은 일종의 본드라고 할 수 있습니다. 우리는 이 본드를 이용해 작게는 h1 태그 같은 작은 부품을, 크게는 동영상과 같이 비싸고 거대한 부품을 합성해서 새로운 제품, 새로운 웹 페이지를 만들 수 있게 되는 것이지요. 바로 이것이 코드의 힘입니다. 그 힘에 공감하셨으면 좋겠습니다. 그러면 코드의 힘을 곰곰이 곱씹어 보시길 바라면서 이 수업은 여기까지 하겠습니다.

지금까지 만든 웹 사이트는 굉장히 중요한 기능, 즉 방문자들에게 정보를 제공할 수 있게 됐지만 방문자들이 우리에게 정보를 제공할 수는 없습니다. 즉 상호작용하지는 못한다는 겁니다. 일반적으로 웹 사이트에서 가장 중요한 방문자와의 교류 수단으로 사용하는 것이 댓글입니다. 댓글 기능을 여러분이 직접 구현하려면 HTML로는 불가능하고 소위 백엔드라는 기술을 알아야 합니다. 예를 들면, PHP, JSP, 파이썬, 장고(Django)와 같은 기술을 이용하고, 데이터베이스까지 활용해서 구현해야 합니다. 높은 산을 넘어야 합니다.

그런데 그 기술들만 있어서 되는 것이 아니라 댓글 서비스는 상당한 기술력을 요구합니다. 특히나 댓글은 스팸이 달립니다. 그럼 스팸이 달렸을 때 사용자가 하나하나 수정하고 삭제하는 것은 어느 시점에서는 불가능합니다. 왜냐하면 기계가 스팸을 달거든요. 그래서 작성된 댓글이 스팸인지 아닌지 기계가 판단할 수 있게 하는 스팸 차단 기능과 같은 기능이 필요해집니다.

그리고 또 사용자들이 이미지를 업로드하거나 페이스북 같은 서비스랑 연동하는 등 여러 가지 기능이 추가되면 댓글이라는 게 별것 아닌 듯해도 매우 많은 기능을 구현해야 합니다. 그래서 댓글을 직접 구현하는 것은 아주 아주 어려운 일입니다. 그럼 어떻게 해야 할까요? 개발을 해야 할까요? 하면 좋죠. 하세요. 그런데 우리가 직접 댓글을 개발하기 전에 먼저 해봐야 할 것은 남들이 만든 댓글을 우리 웹 사이트에 포함해 보는 것입니다. 여러분이 직접 구현하지 않고도 이런 것이 가능하다는 겁니다.

이 책에서는 DISQUS라는 서비스를 사용해 웹 페이지 하단에 댓글을 추가해 보겠습니다. 그리고 DISQUS 말고도 LiveRe이라는 아주 훌륭한 서비스도 있습니다. 이 서비스 또한 추천해 드리니까 LiveRe도 한번 살펴보면 좋겠습니다.

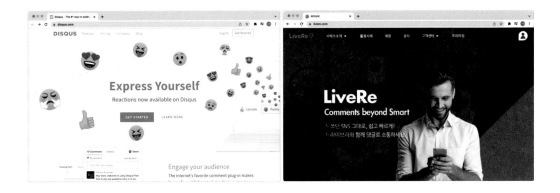

먼저 다음 주소로 들어간 다음, DISQUS에 회원가입하고, 로그인합니다.

- **DISQUS**: https://disqus.com/

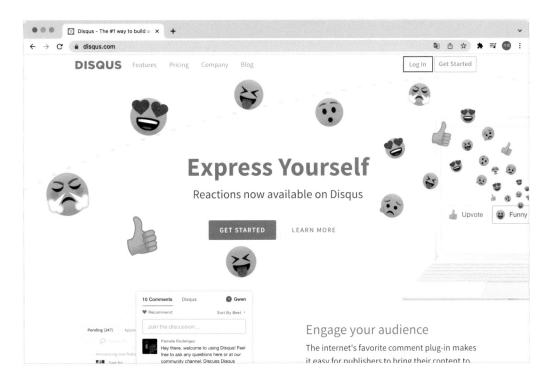

메인 페이지에 있는 [GET STARTED] 버튼을 클릭합니다.

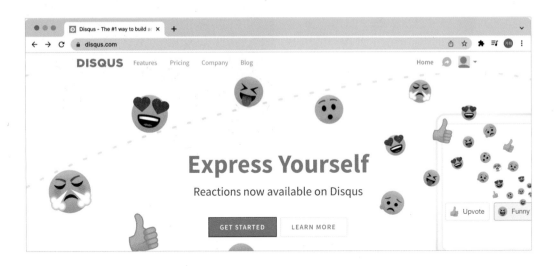

**메인 화면에 [GET STARTED] 버튼이 보이지 않는다면? – DISQUS 첫 사용자**

오른쪽 위에 있는 [Home] 메뉴를 선택합니다.

오른쪽 위에 있는 [Settings(설정)] 아이콘을 클릭하고, [Add Disqus To Site] 메뉴를 선택합니다.

맨 아래에 있는 [GET STARTED] 버튼을 클릭합니다.

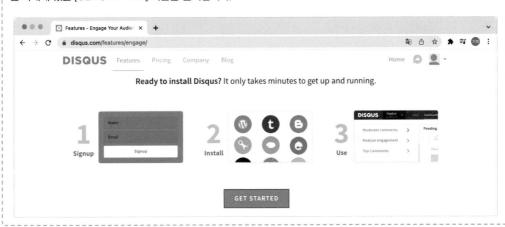

## 메인 화면에 [GET STARTED] 버튼이 보이지 않는다면? – DISQUS 기존 사용자

오른쪽 위에 있는 [Admin] 메뉴를 선택합니다.

왼쪽 위에 있는 'Your Sites'는 지금까지 만든 웹 사이트를 말합니다. 저는 '1 total'이라고 돼 있는데, 이는 지금까지 1개의 웹 사이트를 만들었다는 뜻입니다.

새로운 웹 사이트를 추가하고 싶다면 [Your Sites] 오른쪽에 있는 삼각형 아이콘을 클릭하고 [New] 버튼을 클릭합니다.

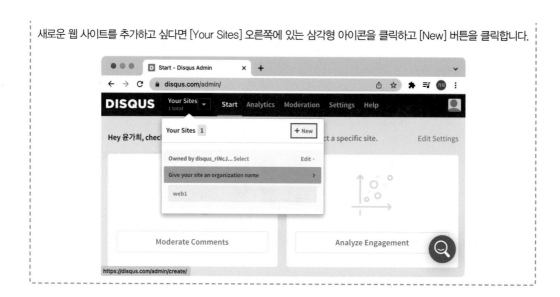

그다음 [I want to install Disqus on my site] 버튼을 선택합니다.

그럼 이렇게 생긴 화면이 나오는데, 여기서 웹 사이트의 정보를 입력합니다. [Website Name](웹 사이트 이름)에 'web1'이라고 쓰겠습니다. 그리고 [Category](카테고리)는 적당히 선택합니다. 저는 [Tech]를 선택했습니다. 그다음 [Create Site] 버튼을 클릭하면 여러분이 어떤 특정 사이트에 달 수 있는 댓글이 만들어진 것입니다.

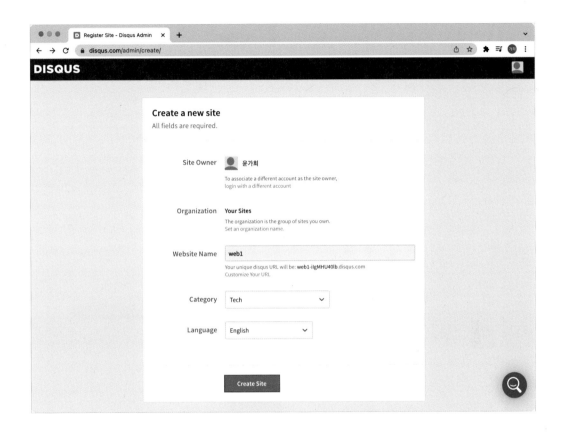

먼저 요금제를 선택하는 단계입니다. Basic, Plus, Pro, Business의 네 단계가 있고, 우선은 무료 기능으로도 충분하므로 Basic 요금 아래에 있는 [Subscribe Now] 버튼을 클릭합니다.

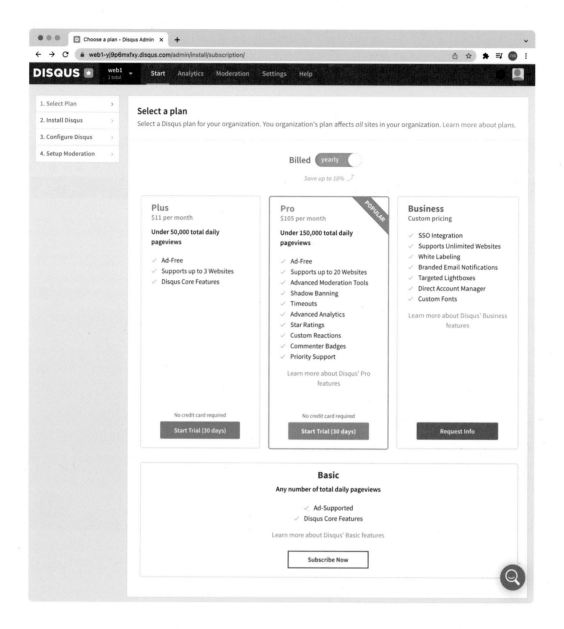

요금제를 선택하면 다음과 같이 생긴 화면이 나오는데, 이 화면은 여러분이 사용하고 있는 서비스가 있다면 해당 서비스를 사용해 좀 더 편하게 설치할 수 있는 기능입니다. 맨 밑에 있는 [I don't see my platform listed, install manually with Universal Code] 버튼을 클릭합니다.

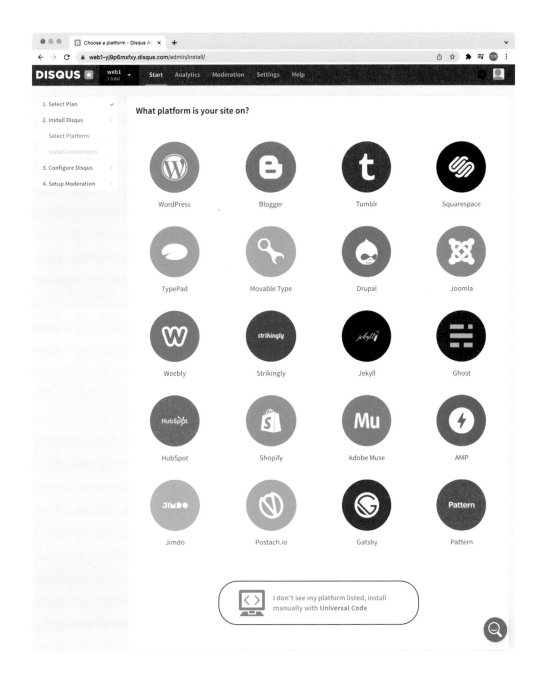

그럼 다음과 같은 코드가 나오는데, 이 코드의 내용은 몰라도 됩니다. 저도 몰라요. 저는 관심도 없어요. 그냥 코드이고, HTML이기 때문에 웹 페이지에다 이 코드만 추가하면 댓글이 추가되니 딱 그 정도의 추론을 통해서 할 수 있는 것이죠. 여기 있는 코드를 복사해 두겠습니다.

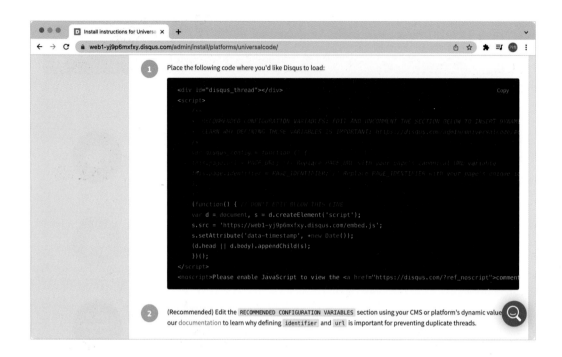

그리고 지금까지 만든 웹 사이트 하단에 복사해온 코드를 붙여넣겠습니다. 내용은 몰라도 됩니다. 중요한 건 HTML 코드이고, DISQUS에서 이렇게 하라고 하면 요렇게 하면 된다고 이해하면 됩니다.

【예제 1-23-3】 웹 사이트 하단에 DISQUS에서 복사해온 코드 붙여넣기　　　　　　　　　　　index.html

```
        <p>
            <a href="https://www.w3.org/TR/html5/" target="_blank" title="html5
speicification">Hypertext Markup Language (HTML)</a> is the standard markup language for
            … 생략 …
        </p>
        <div id="disqus_thread"></div>
        <script>
            /**
            *  RECOMMENDED CONFIGURATION VARIABLES: EDIT AND UNCOMMENT THE SECTION BELOW TO
INSERT DYNAMIC VALUES FROM YOUR PLATFORM OR CMS.
            *  LEARN WHY DEFINING THESE VARIABLES IS IMPORTANT: https://disqus.com/admin/
universalcode/#configuration-variables    */
            /*
            var disqus_config = function () {
            this.page.url = PAGE_URL;  // Replace PAGE_URL with your page's canonical URL variable
```

```
        this.page.identifier = PAGE_IDENTIFIER; // Replace PAGE_IDENTIFIER with your page's
unique identifier variable
        };
        */
        (function() { // DON'T EDIT BELOW THIS LINE
        var d = document, s = d.createElement('script');
        s.src = 'https://web1-yj9p6mxfxy.disqus.com/embed.js';
        s.setAttribute('data-timestamp', +new Date());
        (d.head || d.body).appendChild(s);
        })();
    </script>
    <noscript>Please enable JavaScript to view the <a href="https://disqus.com/?ref_noscript
">comments powered by Disqus.</a></noscript>
    </body>
```

웹 페이지를 열고 새로고침한 다음 살펴보면 'We were unable to load Disqus. If you are a moderator please see our troubleshooting guide.'와 같이 DISQUS를 로드할 수 없다고 나옵니다.

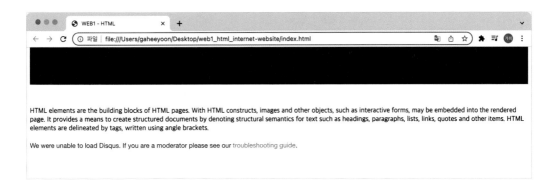

그 이유는 우리가 만든 웹 사이트 주소를 보면 다음과 같이 file로 시작하기 때문입니다..

- file:///Users/gaheeyoon/Desktop/web1_html_internet-website/index.html

즉, 웹 서버를 통하지 않고 DISQUS를 열려고 하면 보안상의 이유로 열리지 않습니다. 그래서 DISQUS를 이용하려면 웹 서버를 이용해 웹 페이지를 열어야 합니다. 예를 들어, 주소를 다음과 같이 바꾼다면 되겠죠?

- http://localhost/index.html

- http://127.0.0.1/index.html

웹 서버를 통해 웹 페이지를 여는 방법은 134쪽, '웹 서버 운영하기'를 참고해주세요.

자, 여기서 로컬호스트는 자기 자신의 컴퓨터인 127.0.0.1과 같은 뜻입니다. localhost 또는 127.0.0.1 뒤에 index.html을 입력하고 엔터를 치면 웹 서버를 통해 웹 페이지에 접속하게 됩니다. 이제 밑으로 쭉 내려가 보면 다음과 같이 생긴 화면이 나옵니다.

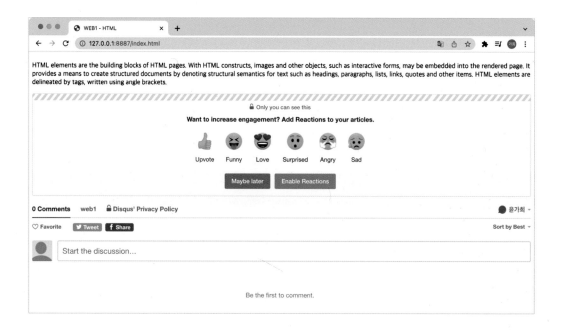

신기하죠. 자, 여기다가 첫 번째 댓글이라는 의미로 'first comment'라는 댓글을 달아 보겠습니다. 댓글을 입력하고 [Post as 이름] 버튼을 누르면 댓글이 달립니다.

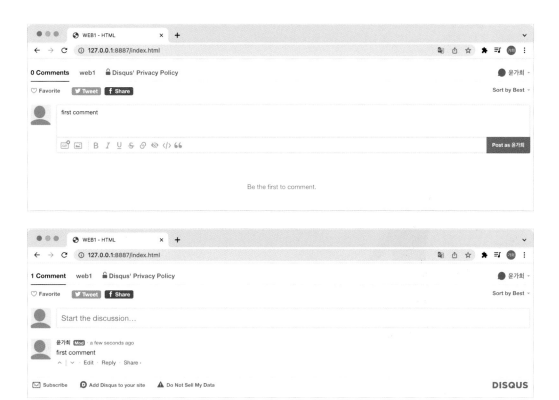

그리고 필요에 따라 이미지를 드래그하면 이미지를 업로드할 수 있습니다. 그러면 댓글에 다음과 같이 이미지가 삽입되는 거죠.

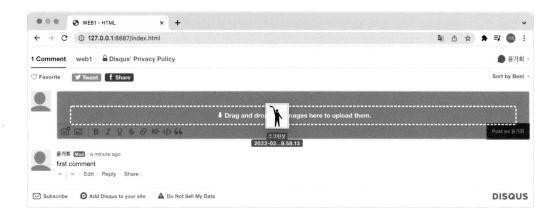

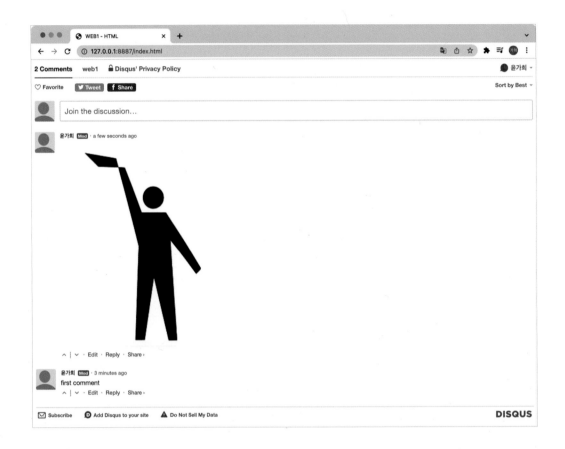

그리고 이렇게 하는 데는 돈이 들지 않습니다. 그럼 이제 어떻게 하면 되겠어요? 여기 있는 이 코드를 모든 웹 페이지에 전파하면 됩니다. 여러분이 웹 페이지가 많지 않다면 이걸로도 충분히 많은 일을 할 수 있습니다. 정말로요. 그럼 모든 웹 페이지에서 댓글 기능을 사용할 수 있게 됩니다.

이런 댓글 서비스를 직접 만드는 것은 굉장히 어려운 일입니다. 앞서 이야기한 것처럼 누군가는 이 서비스를 만들기 위해서 10년이 넘는 시간 동안 돈과 시간과 젊음을 갈아 넣었을 이 거대한 부품을 우리는 단지 몇 줄의 코드를 우리 웹 페이지에 추가하는 것만으로 어마어마한 기능을 갖는 웹 사이트를 만들 수 있게 된 겁니다. 그것이 바로 무엇이냐, 코드의 힘입니다. 자, 이렇게 해서 우리 사이트에 댓글을 다는 방법을 살펴봤습니다.

자, 이번 시간에는 코드의 힘을 느껴보는 시간으로, 우리 웹 사이트에 방문자와 채팅할 수 있는 기능을 추가하는 방법을 한번 살펴보겠습니다. 다음과 같이 웹 사이트에 방문자가 들어오면 오른쪽 아래에 다음과 같이 생긴 창이 나옵니다.

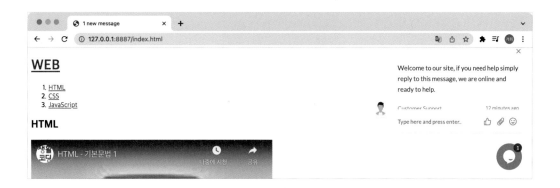

그리고 이를 클릭하면 방문자가 채팅으로 말을 걸 수 있는 서비스를 붙여 볼 거예요. 채팅과 같은 기능을 직접 만드는 건 굉장히 굉장히 어려운 일입니다. 돈도 많이 들고요. 여러 가지 기술, 지식, 경험과 같이 많은 것들이 필요한데, 우린 이 기능을 무료로, 그리고 단순히 코드만 추가함으로써 이런 엄청난 부품을 우리의 서비스에 합성할 수 있습니다. 자, 한번 살펴보시죠.

이런 기능을 제공하는 서비스가 있어요. tawk(https://www.tawk.to/)라는 서비스인데, 이 tawk라는 서비스를 이용하면 여러분이 무료로 엄청난 기능을 넣을 수 있습니다.

우선 [Sign Up Free] 버튼을 클릭해 회원가입을 합니다.

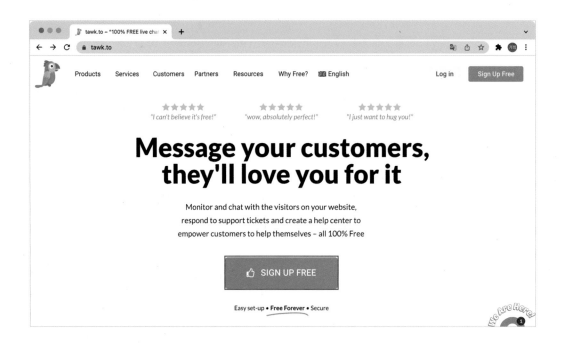

회원가입 페이지에서 이름, 이메일 주소, 비밀번호를 입력한 다음 [Sign Up for free] 버튼을 클릭해 회원가입을 합니다.

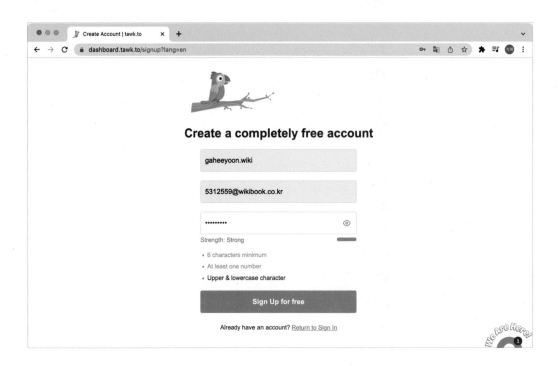

회원가입 후에는 가입 시 입력한 이메일 주소로 접속해 계정을 활성화해야 합니다. tawk에서 온 메일을 열고, [Confirm email address] 버튼을 클릭해 이메일 주소를 확인하는 절차를 거칩니다.

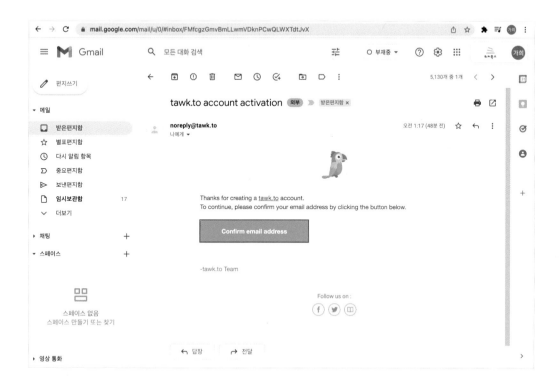

첫 번째 단계로 다음과 같이 언어를 선택하는 창이 나오면 기본값인 [English]를 선택하거나 [한국어]로 변경한 다음 [Next: Create Property] 버튼을 클릭합니다(책에서는 English를 선택했습니다).

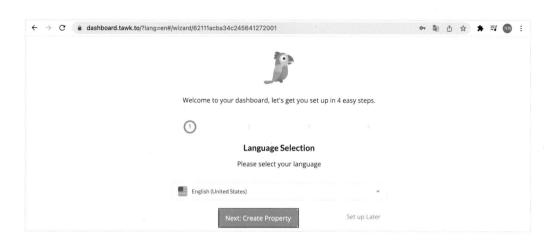

두 번째 단계에서는 프로퍼티를 생성하기 위한 정보를 입력합니다. [Property Name]에는 프로퍼티를 구분하기 위한 이름을 작성합니다. 여기서는 '나의 첫 번째 웹 페이지'라고 작성했습니다. [Site URL]에는 사이트 주소를 작성합니다. 앞에서 다룬 Web Server for Chrome을 이용하려면 '127.0.0.1'을 입력합니다. 마지막으로 [Enter Widget Name]에는 위젯 이름을 구분하기 위한 이름을 작성하고 [Next] 버튼을 클릭합니다.

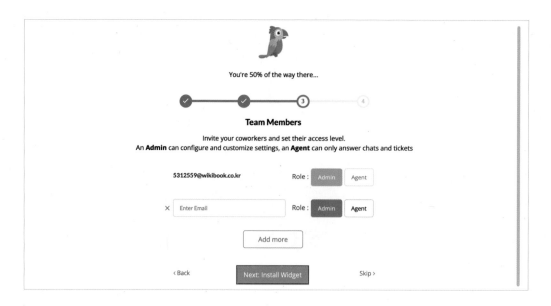

세 번째 단계에서는 멤버(관리자)를 설정하고, 접근 권한 수준인 역할을 설정합니다. Admin은 모든 프로퍼티를 변경하고 설정할 수 있는 관리자이고, Agent는 채팅에만 응답할 수 있는 상담원입니다. 추가할 멤버가 없다면 [Next: Install Widget] 버튼을 클릭합니다.

마지막 위젯 설치 단계입니다. 화면 중앙에 다음과 같이 생긴 코드가 나올 겁니다. 여기에 있는 코드는 저도 잘 모릅니다. 무슨 내용인지 관심도 없습니다. 그냥 '이렇게 생긴 코드를 우리의 웹 사이트에 포함시키면 채팅 기능이 추가될 것입니다'라고 적혀 있는 거예요.

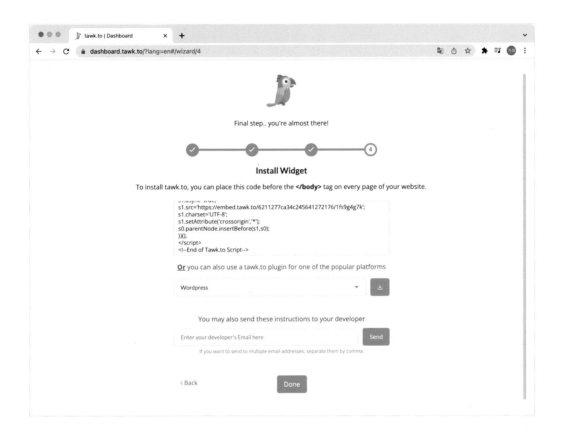

코드에 마우스를 가져가면 [Copy to Clipboard] 버튼이 나옵니다. 버튼을 클릭해 코드를 복사합니다.

복사한 코드를 우리 웹 사이트의 제일 마지막에 있는 \</body\> 직전에 추가합니다.

【예제 1-23-4】웹 사이트 하단에 tawk에서 복사해온 코드 붙여넣기　　　　　　　　　　　　　index.html

```
    </script>
    <noscript>Please enable JavaScript to view the <a href="https://disqus.com/?ref_noscript
">comments powered by Disqus.</a></noscript>
    <!--Start of Tawk.to Script-->
    <script type="text/javascript">
    var Tawk_API=Tawk_API||{}, Tawk_LoadStart=new Date();
    (function(){
    var s1=document.createElement("script"),s0=document.getElementsByTagName("script")[0];
    s1.async=true;
    s1.src='https://embed.tawk.to/6211277ca34c245641272176/1fs9g4g7k';
    s1.charset='UTF-8';
    s1.setAttribute('crossorigin','*');
    s0.parentNode.insertBefore(s1,s0);
    })();
    </script>
    <!--End of Tawk.to Script-->
  </body>
```

웹 페이지를 열면 'Reconnecting'이라는 문구와 함께 작동을 안 할 겁니다. 그 이유는 우리가 만든 웹 사이트 주소를 보면 다음과 같이 file로 돼 있기 때문입니다.

- file:///Users/gaheeyoon/Downloads/web1_html_internet-website/1.html

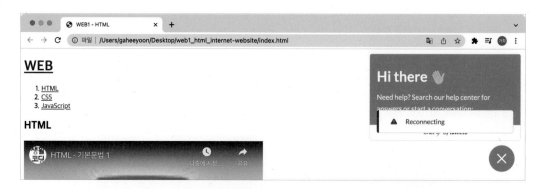

즉, 웹 서버를 통하지 않고 바로 웹 페이지를 연 상태입니다. 이렇게 하면 안 되고 웹 서버를 통해 웹 페이지를 열어야 합니다. 127.0.0.1(로컬호스트) 또는 어떤 도메인이 있어야 합니다.

웹 서버를 통해 웹 페이지를 여는 방법은 134쪽, '웹 서버 운영하기'를 참고해주세요.

웹 서버를 통해 열어보겠습니다. 'http://127.0.0.1:8887/'로 접속해 보면 다음과 같이 오른쪽 아래에 채팅을 시작할 수 있는 화면이 나옵니다.

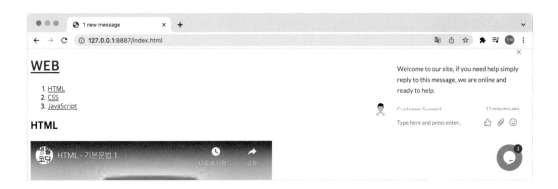

그럼 잘 되는지 한번 확인해봅시다. 방문자가 들어와서 채팅 아이콘을 클릭하고 'hi'라고 입력하면 관리자 페이지에서 어떤 변화를 겪는지 살펴보겠습니다.

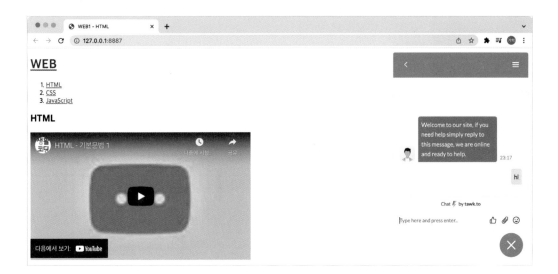

엔터 키를 눌러보면 tawk 대시보드에서 딸랑딸랑 소리가 납니다. 즉, 전화가 온 겁니다. 그럼 '여기에서 왜 이러지? 누가 전화를 한 거지?'라고 생각하며 들어가 보겠습니다.

'hi'라는 메시지가 온 것을 볼 수 있고, [Join] 버튼을 누르면 전화를 받은 것과 같은 셈입니다.

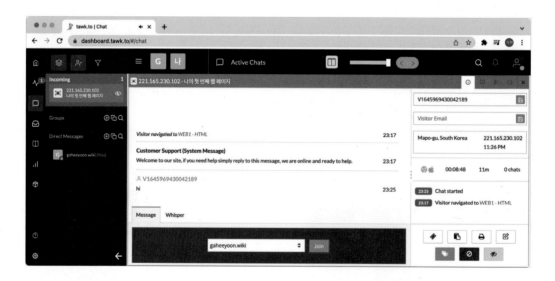

여기에다 'hello'라고 입력하고 엔터 키를 눌러보면 방문객은 'hello'라는 내용을 실시간으로 볼 수 있습니다.

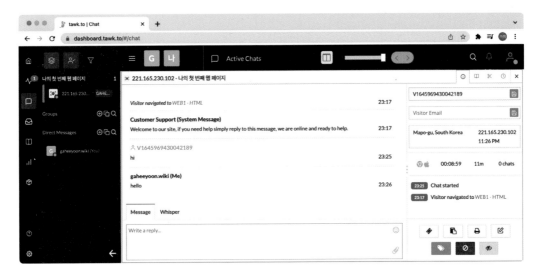

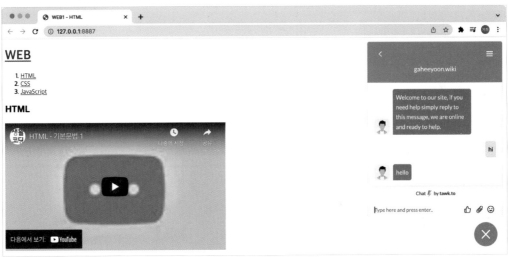

마찬가지로 'bye'라고 입력해 보면 실시간으로 채팅이 나오는 모습을 볼 수 있습니다.

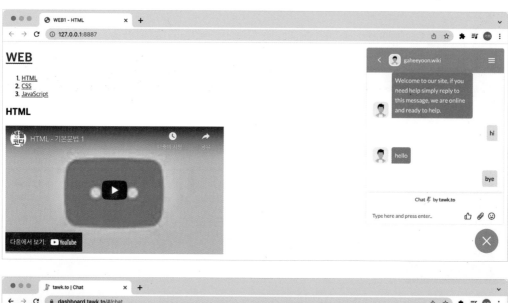

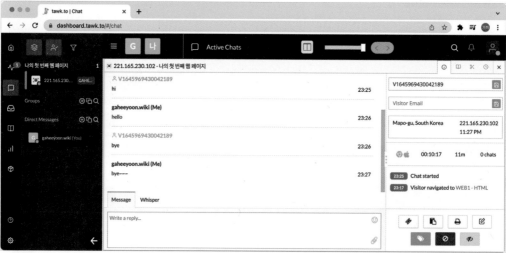

사용자가 채팅을 종료하고 싶다면 다음과 같이 오른쪽 상단의 버튼을 누른 다음 [End this chat session]을 클릭해 채팅을 종료할 수 있습니다.

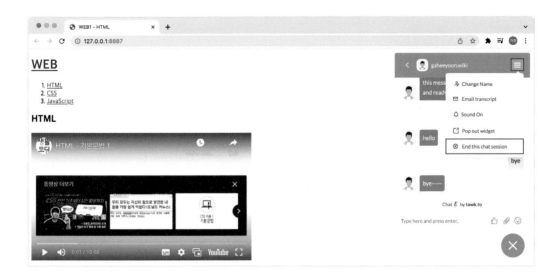

그리고 방문객에 대한 여러 가지 정보들도 이 서비스를 통해 알 수 있습니다.

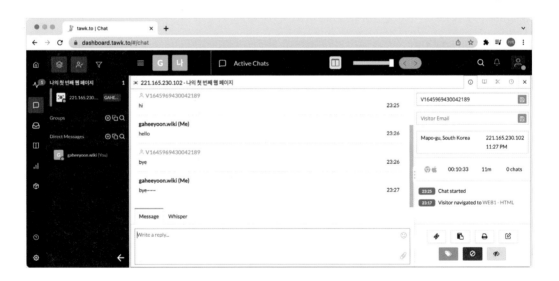

이러한 채팅과 같은 기능을 직접 구현한다고 하면 굉장히 많은 노력과 시간이 필요합니다. 이런 채팅 기능을 단지 코드를 웹 페이지에 삽입하는 것만으로 우리의 웹서비스에 합성할 수 있다는 엄청난 힘을 가질 수 있게 된 것이죠. 그럼 이번 수업은 여기까지 하겠습니다.

이번 시간에는 웹 페이지 분석기라고 불리는 서비스를 살펴보겠습니다. 웹 페이지 분석기를 살펴보는 과정에서 한 줄의 코드가 얼마나 강력한 힘을 갖는지 잘 체험하시기 바랍니다.

웹 페이지 분석기라고 하는 서비스들이 있습니다. 이 서비스들은 웹 사이트에 몇 명이 방문했는지부터 시작해서 그 방문자가 어떤 경로를 통해 이 웹 사이트에 도착했는지, 또 어떠한 경로로 이동하고 있고, 어떤 환경에서 웹 사이트를 탐색하고 있는지 같은 고급 정보를 제공하는 서비스들입니다. 그중에서 저는 구글 애널리틱스(Google Analytics)라고 하는 서비스를 선택했습니다. 이 서비스의 사용법을 살펴보면서 분석기라고 하는 서비스의 일반적인 동작 방법과 사용법을 익힐 수 있을 테고, 다른 서비스를 이용하는 데도 큰 도움이 될 겁니다.

우선 구글 애널리틱스(https://analytics.google.com/)로 접속하면 다음과 같은 웹 페이지가 나옵니다. 일단 구글 애널리틱스에 로그인한 후 페이지 가운데에 있는 [측정 시작] 버튼을 클릭합니다.

그럼 다음과 같이 [새로운 계정 만들기]라는 화면이 나옵니다. [계정 이름](account name)에는 자신의 이름을 적으면 되는데, 여기서는 'web1'이라고 적겠습니다. [계정 데이터 공유 설정]은 그대로 두고 [다음] 버튼을 클릭합니다.

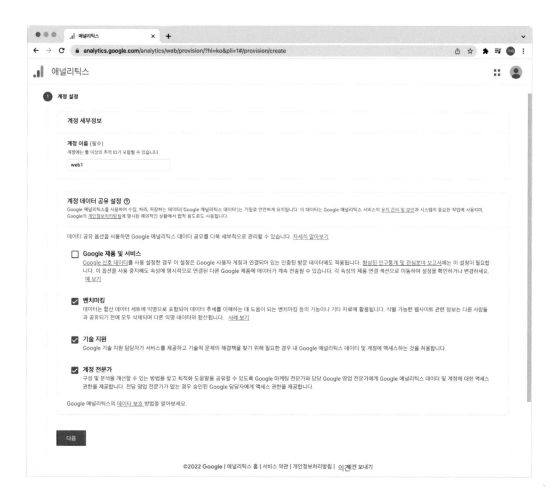

속성 설정 단계에서 [속성 이름]은 'web1'로 설정하고, [보고 시간대]는 '대한민국(그리니치 표준시 +09:00), [통화]는 '대한민국 원'을 선택하고 [다음] 버튼을 클릭합니다.

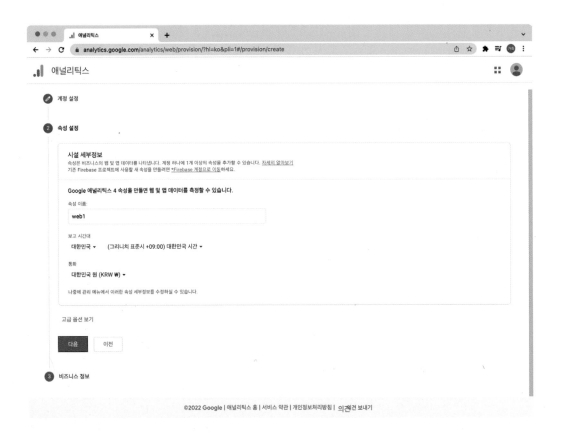

비즈니스 정보 단계에서는 업종 카테고리와 비즈니스 규모를 적당히 선택합니다. 업종 카테고리는 나중에 자신의 웹 사이트와 어떤 업종의 웹 사이트 전체에 대한 통계를 비교해서 통찰력을 얻고 싶을 때 사용할 수 있는 기능입니다. 저는 대충 아무거나 첫 번째에 있는 업종을 선택했습니다.

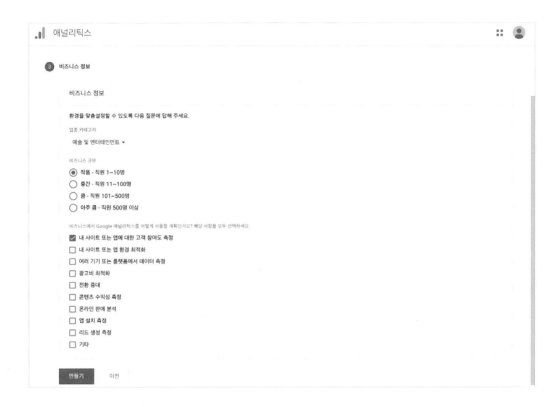

[만들기] 버튼을 클릭하면 Google 애널리틱스 서비스 약관 계약이 나오는데, 'GDPR에서 요구하는 데이터 처리 약관에도 동의합니다.'에 체크하고 [동의함] 버튼을 클릭합니다.

그럼 이렇게 생긴 페이지가 나오는데, 플랫폼은 웹 사이트이므로 '웹'을 선택합니다.

[웹 사이트 URL]에는 자신의 웹 사이트 URL 주소를 입력하고, 스트림 이름에는 내 웹 사이트의 이름을 입력합니다. 저는 [웹 사이트 URL]에는 앞서 18장에서 호스팅했던 깃허브 페이지 주소를 입력하고, [스트림 이름]에는 'web1'이라고 입력했습니다.

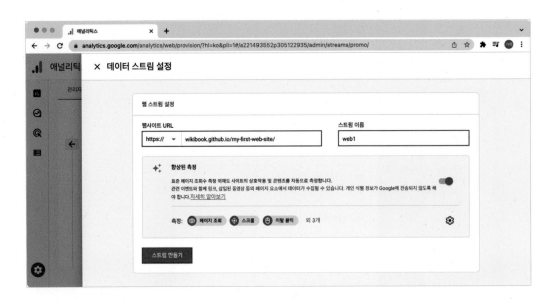

웹 사이트 URL은 110쪽, '웹 호스팅: 깃허브 페이지' 수업에서 호스팅했던 주소를 입력해주세요.

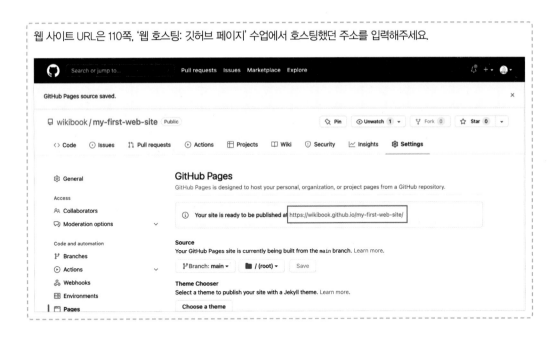

[스트림 만들기] 버튼을 클릭하면 다음과 같은 화면이 나옵니다.

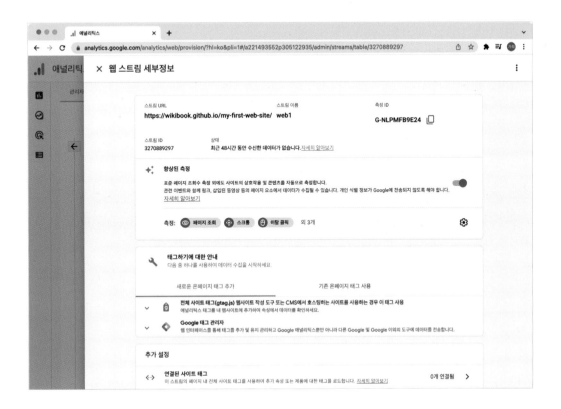

이 중에서 '태그하기에 대한 안내' 아래에 있는 [새로운 온페이지 태그 추가] 탭을 선택하고, '전체 사이트 태그(gtag.js) 웹 사이트 작성 도구 또는 CMS에서 호스팅하는 사이트를 사용하는 경우 이 태그 사용'을 선택합니다. 그러면 다음과 같은 코드가 보입니다.

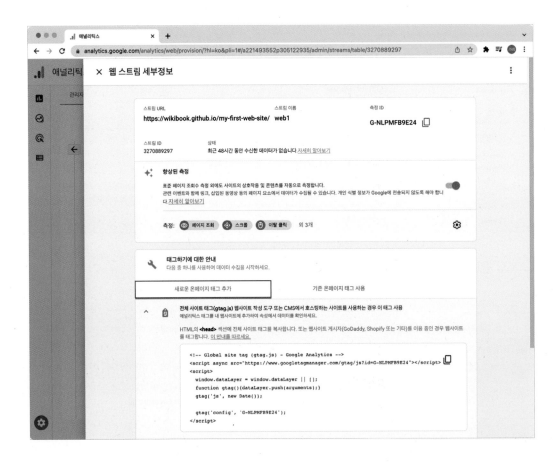

어떤 코드인지는 몰라도 괜찮습니다. 저도 관심이 없어요. 그냥 '이 코드를 웹 사이트에 추가하면 구글 분석기가 알아서 분석해 줄 겁니다'라고 적혀있기 때문에 우리는 이게 코드라는 사실을 알면 되는 겁니다.

설명을 보면 이 코드를 모든 웹 페이지의 〈head〉 태그에 추가하라고 나와 있습니다. 따라서 복사 버튼을 클릭한 다음 우리가 만든 웹 사이트의 〈head〉 태그 안쪽에다 코드를 붙여넣겠습니다.

【예제 1-23-5】웹 사이트의 〈head〉 영역에 구글 애널리틱스에서 복사해온 코드 붙여넣기　　　　　index.html

```html
<!doctype html>
<html>
<head>
    <title>WEB1 - HTML</title>
    <meta charset="utf-8">
    <!-- Global site tag (gtag.js) - Google Analytics -->
    <script async src="https://www.googletagmanager.com/gtag/js?id=G-NLPMFB9E24"></script>
    <script>
        window.dataLayer = window.dataLayer || [];
        function gtag(){dataLayer.push(arguments);}
        gtag('js', new Date());

        gtag('config', 'G-NLPMFB9E24');
    </script>
</head>
… 생략 …
```

변경한 코드를 깃허브에 다시 업로드하겠습니다. [Add file] → [Upload files]를 선택합니다.

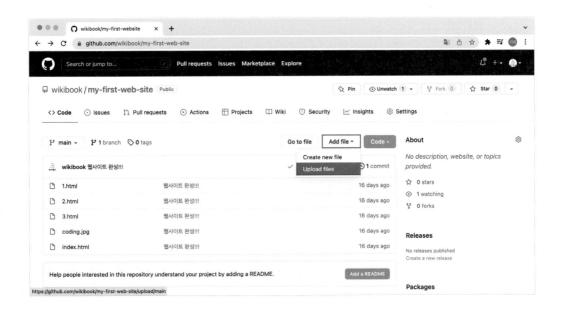

변경한 코드를 드래그 앤드 드롭한 다음 [Commit changes]에 어떤 부분을 변경했는지 작성하고 [Commit changes] 버튼을 클릭합니다.

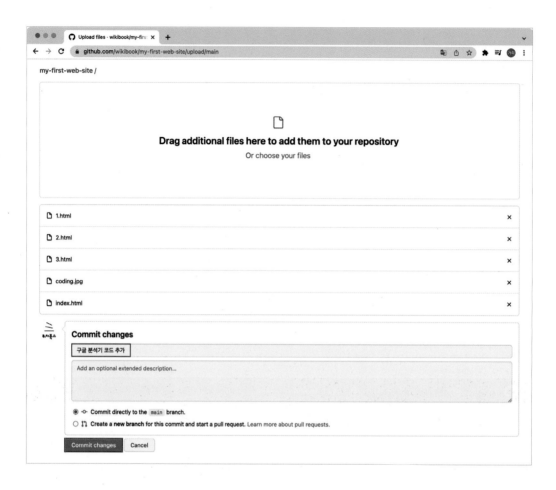

구글 애널리틱스 화면으로 돌아온 다음, 왼쪽 메뉴에서 [보고서]를 선택하고 [실시간]을 클릭하면 다음과 같이 실시간으로 접속한 사용자를 볼 수 있습니다.

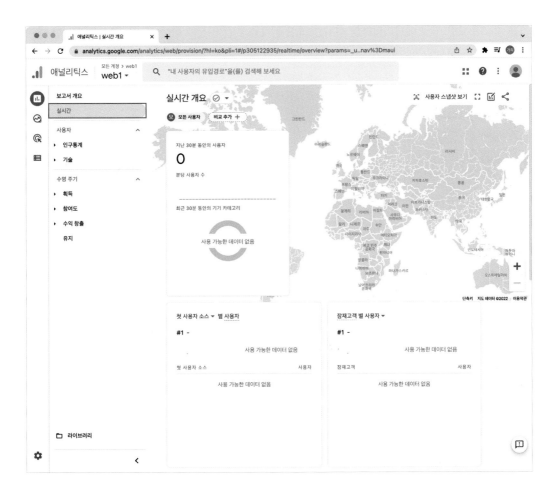

이 상태로 구글 애널리틱스 코드를 추가한 주소로 접속해 보겠습니다. 이 웹 페이지에는 앞서 구글 애널리틱스에서 제공한 코드가 추가된 상태입니다. 새로고침 버튼을 클릭하면 추가한 코드가 실행되면서 애널리틱스 서버에 어떤 정보를 전송할 것입니다.

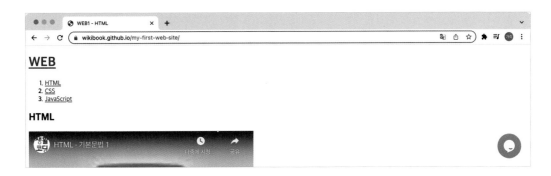

조금 기다려 보면 구글 애널리틱스의 실시간 화면에 다음과 같이 선이 하나 생기는데, 이 선은 한 명이 방문했다는 뜻입니다. 즉, 이 웹 사이트를 현재 한 명이 보고 있는 상태라고 나오는 것입니다.

메뉴를 살펴보면 사용자, 인구통계 등이 있지만 아직 우리는 방문자가 없으므로 별로 의미가 없습니다. 그래서 위키북스 홈페이지에 설치해둔 구글 애널리틱스 통계를 보면서 조금 더 실감 나는 데이터를 보여드릴게요.

[잠재고객] → [지역] → [언어]를 보면 위키북스 홈페이지에는 한국어인 ko-kr, ko가 압도적으로 많습니다. 그리고 영어, 일본어도 있네요.

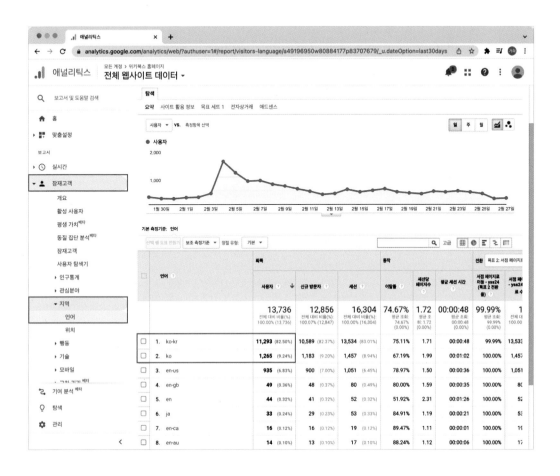

그다음에 [잠재고객] – [지역] – [위치]를 클릭해보면 방문자들이 주로 어느 지역에 있는지 볼 수 있는데, 역시나 한국 사이트이기 때문에 한국에 집중적으로 많고, 미국, 일본, 독일 전 세계적으로 분포돼 있습니다.

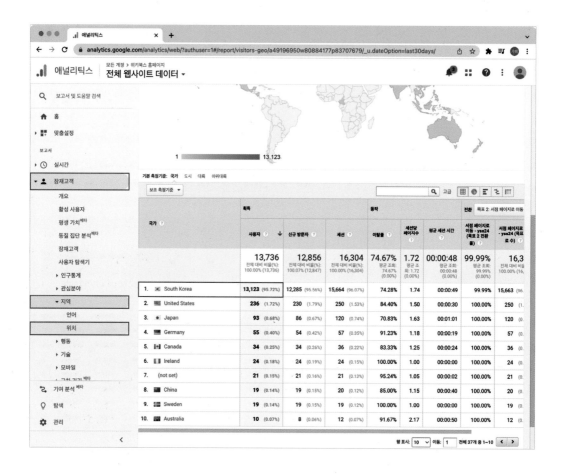

이번에는 [기술] → [브라우저 및 운영체제]를 선택해보겠습니다. 사용자들이 어떤 브라우저와 어떤 운영체제를 많이 쓰는가가 보이는데, 크롬이 일단 아주 많다는 것을 볼 수 있고, 이 같은 고급 정보들을 무료로 제공한다는 것이 핵심입니다.

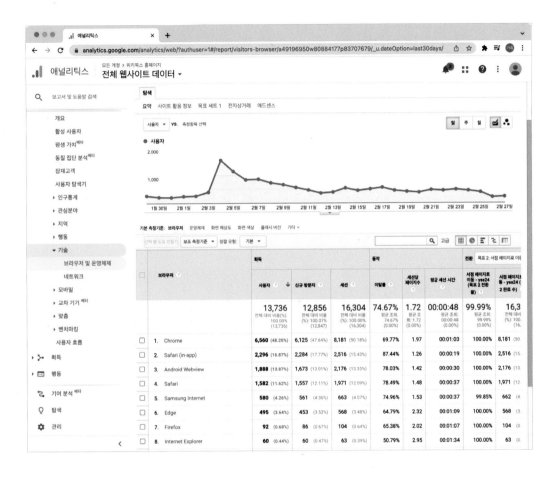

이렇게 해서 분석기의 사용법을 간단하게 소개해 드렸습니다.

웹 사이트를 만들면 이러한 분석기 같은 것을 이용해서 분석할 수 있는 데이터는 무조건 쌓아 두세요. 분석을 어떻게 잘할지는 나중에 고민해도 될 문제지만 데이터가 없다면 분석할 수가 없거든요. 일단 데이터부터 쌓아놓고 나중에 이 웹 사이트나 그 데이터가 너무 중요하면 그때 정교한 분석을 하면 됩니다. 그리고 또 하나 여러분께 다시 한번 알려드릴 것은 우리 수업은 분석기 수업이면서 동시에 코드가 얼마나 강력한 힘을 보여주는지를 알려드리는 수업입니다. 다섯 줄 정도 되는 코드가 이런 어마어마한 서비스를 함축하고 있고, 그렇기 때문에 코드가 중요하다는 것을 이번 시간을 통해 또 한 번 상기하셨으면 좋겠습니다. 그럼 이번 수업은 여기까지 하겠습니다.

처음 프로그래밍을 시작하는 입문자의 눈높이에 맞춘

# 생활코딩!
# HTML+CSS+
# 자바스크립트

지금부터 CSS 수업을 시작하겠습니다. 이 수업은 앞의 'HTML과 인터넷 수업'에 의존하는 수업입니다. HTML이 무엇인지 모르신다면 WEB1을 먼저 공부하시고 이 수업을 진행하는 것을 권장합니다. HTML이 무엇인지 알고 계신다면 이 수업만 진행하셔도 괜찮을 겁니다.

그럼 이제부터 **여행의 목적**을 설명하겠습니다. 웹이 처음 세상에 등장했을 때는 단 하나의 기술만이 존재했습니다. 바로 HTML입니다. **HTML**을 이용하면 전자문서를 만들 수 있었습니다. 즉 컴퓨터를 통해 **정보를 표현**할 수 있게 된 것입니다. 이 정보를 인터넷을 통해 전 세계의 누구나 볼 수 있게 할 수 있다는 것은 당시로서는 혁명적인 사건이었습니다. 자연스럽게 사람들은 웹에 열광하게 됩니다. 하지만 사람의 욕심은 끝이 없죠. 처음에는 HTML을 이용해 문서를 만들 수 있게 된 것으로도 행복했지만 곧 여러 가지 불평들이 터져나옵니다.

수많은 불만족 중에서 우리 수업의 관심사는 웹 페이지를 **좀 더 아름다우면서 보기 좋은 형태로 만드는 방법**에 대한 것입니다. 이제부터 우리는 왜 CSS가 등장할 수밖에 없었는지부터 시작해 앞선 수업에서 HTML만으로 만들어진 웹 페이지를 아름답게 꾸며가며 아름다움에 대한 우리의 욕망을 하나씩 실현해나갈 것입니다. 그 과정에서 CSS를 지배하는, 쉽지만 가장 중요한 원리들을 살펴볼 것이며, 매우 자주 사용되는 효과들을 통계에 근거해서 공부하게 될 것입니다. 이 과정이 끝나면 여러분들은 아름다움에 대한 관심을 갖게 될 것이고, 아름다움을 표현하는 데 필요한 지식과 경험들을 스스로 탐구하는 에너지를 갖게 되기를 기대합니다. 물론 이 수업은 아름다움 자체에 대해서는 알려드리지 않습니다. 저는 예술가나 디자이너는 아니거든요.

자, 그럼 지금부터 새로운 여행을 시작해 봅시다.

HTML을 통해 문서를 만들 수 있게 된 이후에 사람들은 곧 여러 가지 불만족을 쏟아내게 됩니다. "문서의 글꼴을 변경하게 해주세요", "문자의 크기와 색상을 변경할 수 있게 해주세요" "가운데 정렬을 하고 싶어요", "문서의 배경 이미지를 넣고 싶어요" 등등.

웹을 만든 사람들은 웹 페이지를 아름답게 만드는 방법에 대한 깊은 고민에 빠집니다. 그러면서 **두 가지 갈림길**에 서게 됩니다. 하나의 길은 쉽지만 한계가 있는 방법입니다. 다른 하나는 어렵지만 근본적인 해결책이었습니다. 여기서 질문입니다. HTML이라는 이미 있는 언어의 **디자인과 관련된 새로운 태그를 추가하는 것**과 **디자인에 최적화된 완전히 새로운 언어를 만드는 것** 중에서 어떤 것이 더 쉬운 방법일까요? HTML에 디자인에 대한 새로운 태그를 추가하는 것이 더 쉽겠죠? 바로 이것이 쉬운 길입니다. 웹 브라우저를 만드는 사람들은 우선 쉬운 길을 선택합니다. 그리고 그 한계를 깨닫고 곧 어렵지만 근본적인 해결책을 찾는데요, 바로 그것이 CSS라는 새로운 언어입니다. CSS를 살펴보기 전에 쉽지만 한계가 있었던 방법을 먼저 살펴보겠습니다.

지금은 사용되지 않는 디자인을 위한 태그를 하나 소개해 드리겠습니다. 이 태그는 이 수업이 끝나면 여러분의 머릿속에서 지워버려야 합니다. 왜냐하면 지금은 안 쓰거든요. 바로 〈font〉라는 태그입니다.

먼저 WEB1에서 사용했던 예제를 가져와 보겠습니다.

# WEB

1. HTML
2. CSS
3. JavaScript

## CSS란 무엇인가?

Cascading Style Sheets (CSS) is a style sheet language used for describing the presentation of a document written in a markup language like HTML.[1] CSS is a cornerstone technology of the World Wide Web, alongside HTML and JavaScript.[2] CSS is designed to enable the separation of presentation and content, including layout, colors, and fonts.[3] This separation can improve content accessibility, provide more flexibility and control in the specification of presentation characteristics, enable multiple web pages to share formatting by specifying the relevant CSS in a separate .css file, and reduce complexity and repetition in the structural content.

HTML 수업에서 HTML만으로 만든 웹 페이지입니다. 여러분이 웹 페이지를 만드는 사람이라고 하고 마음속에 웹 페이지에 포함된 링크의 파란색이 여러분의 취향과 맞지 않아 바꾸고 싶고, 여러분께 바꿀 수 있는 방법을 알려드리면 여러분은 행복할 것입니다. 한번 행복해져 봅시다.

우리가 지금 하고 싶은 것은 각 링크인 'WEB', 'HTML', 'CSS', 'JavaScript'의 글자색을 빨간색으로 바꾸는 것입니다. 빨간색으로 바꾸기 위해서 먼저 필요한 태그를 알려드리겠습니다. 바로 ⟨font⟩ 태그입니다. 해당 정보 앞에 ⟨font⟩ 태그를 다음과 같이 작성하고

【예제 2-2-1.html】 ⟨font⟩ 태그를 이용해 글자 색을 빨간색으로 변경        2.html

```
... 생략 ...
<h1><a href="index.html"><font color="red">WEB</font></a></h1>
<ol>
    <li><a href="1.html"><font color="red">HTML</font></a></li>
    <li><a href="2.html"><font color="red">CSS</font></a></li>
    <li><a href="3.html"><font color="red">JavaScript</font></a></li>
</ol>
    ... 생략 ...
```

웹 브라우저에서 페이지를 새로고침하면 다음과 같은 결과를 볼 수 있습니다.

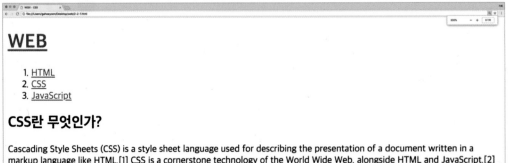

이전까지는 웹 페이지에는 검은색 글자만 표시할 수 있었는데 **⟨font⟩ 태그**가 등장하면서 다른 **색깔의 글자**를 표현할 수 있게 된 것입니다. 사람들이 얼마나 행복해했을지 생각해 보세요. 처음에는 색깔을 바꿀 수 있는 것만으로도 너무나 행복하고 좋았는데, 웹 페이지가 많아지고 웹 기술이 중요해짐에 따라 이런 방식의 한계를 느끼게 됩니다. 이 한계를 이해해야만 CSS의 본질을 이해하기가 수월할 것입니다.

⟨h1⟩ 태그와 ⟨a⟩ 태그를 보면 ⟨font⟩ 태그와는 다릅니다. 어떤 점이 다르냐면 **⟨a⟩ 태그**는 "'WEB'이라는 정보가 링크다"라는 것을 **설명하는 정보**입니다. ⟨h1⟩ 태그는 "'WEB'이란 문자가 이 웹 페이지에서 제목이다"라는 중요한 정보를 나타냅니다. 바로 이런 정보를 통해 여러분이 알고 있는 검색 엔진과 같은 시스템들이 필요한 정보를 찾게 합니다. 반대로 **⟨font⟩란 태그**는 'WEB'이란 문자에 대해 어떠한 정보도 가지고 있지 않습니다. 단지 빨간색으로 표현해야 한다는 **디자인을 나타낼 뿐**입니다. 디자인은 매우 중요한 것이지만 디자인 자체가 정보라곤 할 수 없습니다. 예를 들어 시각장애인 분들이 봤을 때 의미가 없는 것은 정보가 아니라고도 생각해 볼 수 있습니다. 그래서 웹 페이지라고 하는 소중한 정보 안에 정보가 아니라고 할 수 있는 디자인에 대한 코드가 섞이면서 웹 페이지가 정보로서의 가치가 현격하게 떨어지는 문제가 생깁니다.

우리가 짠 코드에는 **또 다른 문제**가 있습니다. 사실 이것이 더 와 닿으실 겁니다. 우리가 공부하는 데 굉장히 중요한 팁이 있는데, 여러분이 상상력을 이용해 제가 처한 상황을 극단적으로 몰고 갈 필요가 있습니다. 현재 링크가 4개 있습니다. 이 ⟨a⟩ 태그가 4개가 아니라 1억 개라고 생각해 봅시다. 그리고 누군가 1억 개의 ⟨a⟩ 태그를 아침, 점심, 저녁으로 색깔을 바꿔달라고 요청합니다. 하루는 빨간색으로, 그다음 날은 검은색으로, 그다음 날은 들어본 적도 없는 파우더 블루로 바꿔달라는 것을 매일같이 요청한다면 여러분은 행복할까요? 굉장히 불행할 것입니다. 그리고 그 불행감은 우리가 공부를 지속하는 데 굉장히 중요한 에너지원이라고 생각합니다. 여러분이 이러한 상황으로 인해 충분히 절망했다면, 이 상황을 극복하게 해주는 놀라운 기술인 CSS를 배웠을 때 우리는 해방된 느낌이 들 것입니다. 그리고 그만큼 CSS라는 것이 귀하게 느껴질 것이고요.

그러면 다음 시간에는 현재 상태를 극복할 수 있게 해주는 CSS를 살펴보면서 CSS라는 기술이 왜 필요한지, 얼마나 획기적인 것인지에 대해 스스로 음미할 수 있는 시간을 가져보겠습니다.

# 03 | CSS의 등장

이전 시간에 웹 페이지를 아름답게 디자인하는 두 개의 갈림길 중에서 쉬운 길, 즉 HTML의 문법에 태그를 추가하는 방법을 살펴보고 〈font〉 태그도 살펴봤습니다. 이번 시간에는 태그를 추가하는 것보다 훨씬 더 어렵지만 근본적인 해결책인 CSS가 드디어 등장합니다.

앞서 작성한 코드를 복사해서 붙여넣겠습니다.

【예제 2-3-1】 코드를 복사하고 기존 코드는 주석으로 만들기          2.html

```
... 생략 ...
<h1><a href="index.html">WEB</a></h1>
<ol>
    <li><a href="1.html">HTML</a></li>
    <li><a href="2.html">CSS</a></li>
    <li><a href="3.html">JavaScript</a></li>
</ol>

<!--
<h1><a href="index.html"><font color="red">WEB</font></a></h1>
<ol>
    <li><a href="1.html"><font color="red">HTML</font></a></li>
    <li><a href="2.html"><font color="red">CSS</font></a></li>
    <li><a href="3.html"><font color="red">JavaScript</font></a></li>
</ol>
-->
... 생략 ...
```

**기존 코드**는 컴퓨터가 무시하도록 만듭니다. 이를 위해 **'<!--'와 '-->'와 같은 코드**를 작성했는데, 이것의 의미는 웹 브라우저에게 **두 기호 사이의 콘텐츠는 없는 셈 치라**는 뜻입니다.

그리고 복사한 코드에서 〈font〉 태그를 없애서 원래 상태로 되돌리겠습니다. 이제 CSS를 도입해서 아까와 똑같은 모습으로 디자인하겠습니다. 기존 코드에서는 〈font〉 태그를 썼고 새로 복사한 코드에는 CSS를 이용하겠습니다.

웹 브라우저가 처음 나왔을 때 웹 브라우저는 어떤 컴퓨터 언어만을 해석해서 처리하는 프로그램이었을까요? 바로 HTML입니다. 웹 브라우저는 기본적으로 코드를 HTML이라고 생각합니다. CSS라는 언어는 아직 배우지 않았지만 HTML과는 완전히 다른 컴퓨터 언어입니다. 그러면 웹 브라우저에게 "웹 브라우저야, 우리가 CSS 코드를 사용할 테니 HTML이 아니라 CSS 문법에 따라 해석해야 해"라고 HTML의 문법으로 이야기해야 합니다.

【예제 2-3-2】 〈style〉 태그 추가                                              2.html

```
... 생략 ...
<head>
    <title>WEB1 - CSS</title>
    <meta charset="utf-8">
    <style>

    </style>
</head>
... 생략 ...
```

**〈style〉이라는 태그는 HTML의 문법**이면서, 동시에 **〈style〉 태그의 안쪽에 있는 내용**은 CSS이므로 CSS의 언어의 문법에 맞게 처리해야 한다는 의미를 지니고 있습니다.

다시 기존의 원래 코드를 보겠습니다. 이 코드가 하고자 하는 것은 이 웹 페이지의 모든 〈a〉 태그의 폰트 색상을 빨간색으로 하라는 뜻이었습니다.

이제 이것을 CSS라는 새로운 문법으로 작성할 텐데, 제가 지금 하는 이야기는 CSS 전체를 지배하는 가장 중요한 이야기입니다. 잘 집중해서 들어보세요. 그리고 얼마나 효율적으로 기호가 만들어졌는지 음미해 보면 좋겠습니다.

"웹 브라우저야, **모든 `<a>` 태그에 대해서**"라는 뜻을 의미하는 코드는 a입니다. 그리고 중괄호를 열고 **폰트 색상이 빨간색이라는 뜻을 의미하는 코드는 `color:red;`** 입니다. 즉, 다음과 같이 코드를 작성합니다.

【예제 2-3-3】 CSS를 이용해 글자 색을 빨간색으로 변경                                               2.html

```
... 생략 ...
<style>
    a {
        color: red;
    }
</style>
... 생략 ...
```

그럼 페이지를 새로고침해 보겠습니다.

아까와 똑같은 결과를 만들어냅니다. 즉, 결과는 같지만 결과에 도달하기 위해 작성한 코드는 예전에는 **HTML의 태그**였고, 지금은 **CSS라는 새로운 언어의 문법**이었습니다. 그러면 CSS와 HTML을 놓고 봤을 때 무엇이 더 공부하기 어려울까요? 당연히 CSS입니다. CSS는 새로 배워야 하므로 학습자 입장에서는 부담입니다.

무엇이 더 만들기 쉬울까요? 웹 브라우저 입장에서는 `<font>` 태그는 단지 태그만 추가하면 됩니다. 하지만 CSS는 새로운 언어를 해석하는 기능을 탑재해야 하기 때문에 굉장히 어려운 일입니다. 그럼에도 CSS를 사용하는 이유는 CSS를 사용했을 때 그러한 노력을 뛰어넘는 폭발적인 효과가 있기 때문이 아닐까요?

이전의 〈font〉 태그의 경우 red의 값을 black으로 바꿔야 한다면 〈font〉 태그가 1억 개가 있다면 1억 개를 다 바꿔야 합니다. 하지만 CSS는 color:red;라는 코드를 color:black;으로 바꾸는 순간 〈a〉 태그가 1억 개가 있든 10억 개가 있든 **순식간에 바뀌는 폭발적인 효과**를 갖게 되는 것입니다. 놀랍지 않나요? 굉장히 놀라운 이야기입니다. 물질이 존재하는 세상에서는 일어나지 않는 일입니다. 하나를 바꾸면 모든 것이 바뀌는 폭발적 효과가 난다는 것이죠.

【예제 2-3-4】 CSS를 수정해 글자 색을 검은색으로 변경                                    2.html

```
... 생략 ...
<style>
    a {
        color: black;
    }
</style>
... 생략 ...
```

제가 코딩 수업을 할 때는 보통 코딩을 어떻게 잘할까가 아니라 코딩을 어떻게 할까를 말씀드립니다. 초심자 수업이란 뜻입니다. 유일하게 이야기하는 잘 하는 방법은 **'중복의 제거'**입니다.

기존의 원래 코드를 보면 똑같은 코드가 4번 등장합니다.

```
<!--
<h1><a href="index.html"><font color="red">WEB</font></a></h1>
<ol>
    <li><a href="1.html"><font color="red">HTML</font></a></li>
    <li><a href="2.html"><font color="red">CSS</font></a></li>
    <li><a href="3.html"><font color="red">JavaScript</font></a></li>
</ol>
-->
```

즉, 똑같은 내용이 중복해서 등장합니다. 그런데 CSS를 통해 중복된 코드를 단 하나의 코드로 만들어 **중복을 제거**했습니다. 1억 개의 중복이라면 효과는 훨씬 더 크게 느껴질 것입니다.

중복을 제거하면 어떤 장점이 생기는지 알아봅시다. 웹 페이지에 〈font〉 태그가 1억 개가 중복으로 등장한다면 웹 페이지의 크기가 훨씬 더 클 것입니다. 이 페이지에 여러분이 하루에 한두 번 정도 접속한다면 큰 차이가 없습니다. 하지만 구글이나 페이스북, 네이버 같은 거대한 기업이라면 이러한 중복된 코드의 유무에 따라 하루에 1억씩 차이가 날 수 있습니다. 규모가 커지면 중복된 코드도 굉장히 중요한 문제가 됩니다.

그리고 〈font〉 태그가 같은 태그라고 해서 일괄적으로 바꾼다면 태그를 작성했던 사람의 의도와는 다르게 바꾸면 안 되는 것도 바꿀 가능성이 있습니다. 그러면 수정하는 것이 굉장히 힘들어집니다. 하지만 누군가 CSS 코드처럼 썼다면 아마도 black을 red로 바꾸는 것은 같은 성격의 것을 바꾸는 것이라고 상당히 높은 확률로 확신할 수 있습니다. 다시 말해 웹 페이지를 유지하고 보수하는, 즉 **유지보수를 편리**하게 할 수 있습니다. 또한 **가독성**도 훨씬 더 높아짐을 알 수 있습니다.

CSS라는 기술이 등장하면서 우리가 얻을 수 있는 폭발적 효과는 웹 페이지를 디자인하는 것이 기존의 HTML을 이용해 디자인하는 것보다 훨씬 더 효과적일 수 있다는 것이며, 이것이 CSS를 사용하는 매우 중요한 이유임을 기억해 두면 좋을 것 같습니다.

```html
<h1><a href="index.html">WEB</a></h1>
<ol>
    <li><a href="1.html">HTML</a></li>
    <li><a href="2.html">CSS</a></li>
    <li><a href="3.html">JavaScript</a></li>
</ol>
```

그리고 또 한 가지 더더욱 중요할 수 있는 이야기는 보다시피 이 웹 페이지의 코드를 이전과 비교했을 때 디자인과 관련된 코드는 단 한 줄도 들어가지 않는다는 것입니다. 그 대신 **디자인과 관련된 코드는** 〈style〉**이란 태그 안에 갇혀** 있게 됩니다. 따라서 웹 페이지를 해석하는 여러 가지 기계들은 디자인과 관련된 것이 필요 없다면 〈style〉 태그의 내용을 무시하고 정보만 담고 있는 코드를 분석해서 여러 가지 작업을 각자의 의도에 맞게 할 수 있을 것입니다.

자, 바로 이것이 CSS라는 언어가 도입된 정말 중요한 이유입니다. HTML은 너무나도 중요하기 때문에 HTML이 **정보 전달에만 전념**하도록 HTML로부터 디자인에 대한 기능을 빼앗아 온 것이 바로 CSS라고 할 수 있습니다. CSS를 통해 웹 페이지를 디자인하는 것이 HTML을 통해 디자인하는 것보다 훨씬 더 효율적이기 때문에 CSS라는 언어가 도입된 것입니다.

이렇게 해서 CSS가 등장한 배경을 살펴봤고, 이 내용은 상당히 중요한 내용입니다. CSS가 무엇인지, HTML이 얼마나 중요한지를 음미할 수 있는 많은 단서를 제공하거든요.

그럼 이번 시간은 여기까지 정리하고 다음 시간부터 본격적으로 CSS를 시작하겠습니다.

지금부터 CSS의 가장 중요하면서도 쉬운, 그리고 본질적인
문법을 살펴보겠습니다. 제 수업이 추구하는 목표는 여러분
에게 최소한의 지식을 알려드리고 최대한으로 사용할 수 있
게 하는 것입니다. 여러분이 알고 있어야 할 최소한의 밑천을
소개해 드릴 테니 조금만 이 시간을 견뎌내면 좋겠습니다.

HTML과 CSS는 완전히 다른 언어이므로 웹 페이지에 CSS를
포함시킬 때는 웹 브라우저로 하여금 어디서부터 어디까지가
CSS인지 알려줘야 합니다. 앞에서 배운 바에 따르면 **〈style〉 태그**가 그런 역할을 합니다.

```
<style>
    a {
        color: black;
    }
</style>
```

또 다른 방법이 하나 더 있는데, 태그를 통하는 것이 아니라 **속성을 이용하는 방법**입니다. 무슨 말인지
곧 알려드리겠습니다.

우리 예제에서 사용자가 보기에 'CSS' 링크를 클릭하고 'CSS' 링크에 해당하는 페이지에 현재 머물고 있
다라는 것을 알긴 어렵습니다. 그래서 사용자에게 현재 페이지에 해당하는 곳을 알리기 위해 'CSS'란
텍스트를 빨간색으로 표시하고 싶습니다.

## WEB

1. HTML
2. CSS
3. JavaScript

### CSS란 무엇인가?

Cascading Style Sheets (CSS) is a style sheet language used for describing the presentation of a document written in a markup language like HTML.[1] CSS is a cornerstone technology of the World Wide Web, alongside HTML and JavaScript.[2] CSS is designed to enable the separation of presentation and content, including layout, colors, and fonts.[3] This separation can improve content accessibility, provide more flexibility and control in the specification of presentation characteristics, enable multiple web pages to share formatting by specifying the relevant CSS in a separate .css file, and reduce complexity and repetition in the structural content.

우리가 배운 방식으론 이렇게 하기가 불가능합니다. 그래서 'CSS'라는 단어를 감싸는 〈a〉 태그에 CSS 코드를 넣을 것입니다.

```
<li><a href="2.html" color:red>CSS</a></li>
```

하지만 위와 같은 코드는 웹 브라우저 입장에서 'color:red' 부분이 HTML인지 CSS인지 알 수 없습니다. 그래서 HTML과 CSS를 만든 사람들은 위 태그에 대해 CSS 효과를 주고 싶다면 **style이라는 속성을 사용하기로 약속했습니다.**

【예제 2-4-1】 style 속성을 이용해 글자 색을 빨간색으로 변경       2.html

```
  ... 생략 ...
<li><a href="2.html" style="color:red">CSS</a></li>
  ... 생략 ...
```

위 코드를 넣고 페이지를 새로고침하면 'CSS'란 글씨가 빨간색이 됩니다.

## WEB

1. HTML
2. CSS
3. JavaScript

### CSS란 무엇인가?

Cascading Style Sheets (CSS) is a style sheet language used for describing the presentation of a document written in a markup language like HTML.[1] CSS is a cornerstone technology of the World Wide Web, alongside HTML and JavaScript.[2] CSS is designed to enable the separation of presentation and content, including layout, colors, and fonts.[3] This separation can improve content accessibility, provide more flexibility and control in the specification of presentation characteristics, enable multiple web pages to share formatting by specifying the relevant CSS in a separate .css file, and reduce complexity and repetition in the structural content.

방금 〈a〉 태그에 지정한 style이라는 속성은 HTML과 CSS의 사용 설명서에 적혀 있습니다. style이라는 속성을 쓰면 그 속성의 값을 웹 브라우저가 CSS 문법에 따라 해석해서 그 결과를 style 속성이 위치한 태그에 적용합니다.

그럼 **style=""**은 HTML일까요? CSS일까요? **HTML의 속성입니다.** 그리고 style이라는 속성은 **값으로 반드시 CSS 효과가 들어온다**고 약속돼 있습니다. 그리고 아래의 〈style〉이라는 태그는 효과만 있어서는 누구에게 지정할지를 설명할 수 없기에 앞에서 살펴본 '**(대상)** {       }'과 같은 코드가 더 필요합니다.

```
<style>
    a {
        color: black;
    }
</style>
```

이러한 코드를 이 웹 페이지에서 주고 싶은 **효과를 누구에게 줄 것인가를 선택**한다는 점에서 **선택자(selector)**라고 합니다. 그리고 **선택자에 지정될 효과**를 효과 혹은 declaration이라고 부릅니다. declaration은 한국어로 '선언'이라는 뜻이 있습니다. 그런데 style 속성을 직접 사용한 경우에는 style 속성이 위치한 태그에 효과를 적용하기 때문에 선택자라는 것을 사용할 필요가 없습니다.

정리하면 웹 페이지 안에 CSS를 삽입하는 두 가지 방법이 있는데, 첫 번째 방법은 "**〈style〉 태그를 쓴다**"이고 두 번째 방법은 "**style 속성을 쓴다**"라는 것을 꼭 기억해 두면 좋겠습니다.

이번에는 현재 상황을 복잡하게 꼬아보겠습니다. 이 예제 웹 페이지에서 링크에 밑줄이 보기 싫어서 없애고 싶습니다.

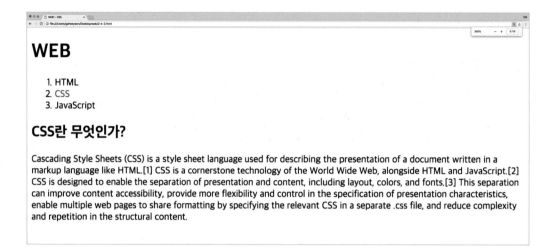

그럼 다음과 같이 작성하면 됩니다.

【예제 2-4-2】 CSS를 이용해 링크에 밑줄 없애기           2.html

```
... 생략 ...
<style>
    a {
        color: black;
        text-decoration: none;
    }
</style>
... 생략 ...
```

텍스트를 꾸미는 장식을 넣는 속성은 text-decoration입니다. 따라서 text-decoration: none;이라고 작성하면 웹 페이지의 모든 a 태그에 대해 밑줄이 없어짐을 확인할 수 있습니다.

그리고 각 줄의 끝에 붙이는 **세미콜론(;)**이 궁금하셨을 텐데 세미콜론이 없을 때 한 줄로 쓰면 각 줄을 서로 구분할 수 없습니다. 그래서 **구분자**로서 세미콜론이 존재합니다. 따라서 효과를 지정한 다음 항상 세미콜론을 적어주시길 바랍니다.

그런데 현재 선택된 웹 페이지만큼은 링크에 밑줄을 긋고 싶다면 다음과 같이 코드를 작성하면 됩니다.

【예제 2-4-3】 현재 선택된 웹 페이지에만 링크에 밑줄 긋기　　　　　　　　　　　　　　　2.html

```
... 생략 ...
<li><a href="2.html" style="color:red; text-decoration:underline;">CSS</a></li>
... 생략 ...
```

그런 다음 페이지를 새로고침해서 확인하면 원하는 결과를 얻을 수 있습니다.

이번 시간에 상당히 중요한 내용을 배웠습니다. 웹 페이지에 **CSS를 삽입하는 방법**으로 **<style> 태그**와 **style 속성**을 쓰면 된다는 것과 효과라는 것이 있다는 것, 그리고 하나의 선택자에 대해 여러 개의 효과를 지정할 수 있는데 그 경우에는 **세미콜론**으로 **구분**한다는 가장 기본적이고 중요한 문법을 살펴봤습니다.

지금까지 웹 페이지에 CSS를 삽입하는 방법을 살펴봤습니다. 그 과정에서 여러 가지 예제를 통해 CSS 의 문법을 경험했는데, 이러한 CSS 문법을 이론적으로 정리하는 시간을 가져보겠습니다.

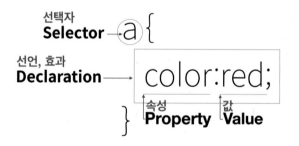

위 그림에서 a라는 부분은 이 웹 페이지의 모든 a 태그를 선택한다는 점에서 **선택자(selector)**라고 합 니다. 그리고 color:red; 부분은 선택자가 지정한 태그에 대해 어떠한 효과를 줄 것인가에 해당하는 부 분입니다. **선언(declaration)** 또는 **효과**라고 많이 이야기합니다. color는 한국어로 **속성**, 영어로는 프 **로퍼티(property)**라 부르고, red는 **프로퍼티의 값(value)**이라고 합니다.

이것을 이해했다는 것은 굉장히 중요한 의미를 갖습니다. 이것을 이해하기 전까지는 무엇을 모르는지 를 모르는 상태였습니다. 하지만 이것을 이해하게 되면 여러분이 배우지 못한 선택자나 효과를 만나거나 효과가 필요할 때 **무엇을 모르는지 아는 상태**가 됐습니다. 우리가 무엇을 모르는지 안다면 무엇을 할 수 있나요? 검색할 수 있고, 질문할 수 있고, 궁금해하기 시작합니다. 이것은 굉장히 중요한 혁명적 사건이라고 생각합니다. 앞으로 배우게 될 어떤 어려운 CSS의 효과나 선택자도 우리가 배운 것만큼 우리에게 큰 변화를 줄 수 없습니다.

아무튼 지금까지 배운 내용을 바탕으로 살펴보면 여러분은 두 가지 여정을 걷게 됩니다. 하나는 CSS를 통해 웹 페이지를 디자인하는 어떠한 프로퍼티가 존재하는가를 알아가는 과정이고, 또 한 가지는 그 효과를 더 정확하게 선택해서 지정하기 위해 다양한 선택자를 알아가는 여정입니다.

자, 그러면 다음 시간에 선택자와 프로퍼티를 검색과 같은 방법을 통해 알아내는 방법을 살펴보겠습니다.

# 06 | CSS 속성을 스스로 알아내기

이제 CSS에서 어떠한 **효과를 의미하는 용어**가 **프로퍼티**라는 것을 알았기 때문에 무엇을 할 수 있나요?
검색할 수 있고, 질문할 수 있고, 궁금해하기 시작합니다. 그럼 이제부터 직접 문제를 해결해 봅시다.
예제를 봅시다.

---

# WEB

1. HTML
2. CSS
3. JavaScript

## CSS란 무엇인가?

Cascading Style Sheets (CSS) is a style sheet language used for describing the presentation of a document written in a markup language like HTML.[1] CSS is a cornerstone technology of the World Wide Web, alongside HTML and JavaScript.[2] CSS is designed to enable the separation of presentation and content, including layout, colors, and fonts.[3] This separation can improve content accessibility, provide more flexibility and control in the specification of presentation characteristics, enable multiple web pages to share formatting by specifying the relevant CSS in a separate .css file, and reduce complexity and repetition in the structural content.

---

여기서 어떤 불만족이 생기냐면 'WEB'이란 정보를 봤을 때 이것이 이 웹 페이지에서 가장 큰 제목인데 좀 더 컸으면 좋겠다라는 생각이 듭니다. 그리고 가운데로 정렬하고 싶습니다. 그러면 자연스럽게 'WEB'이라는 텍스트가 이 웹 페이지에서 어떤 태그인지 찾아야겠다는 생각이 들 것입니다. 〈h1〉 태그입니다. 그러면 이 웹 페이지에 있는 〈h1〉 태그 밑에 있는 텍스트를 더 크게 만들고 싶다는 마음이 생깁니다. 그럼 다음과 같이 하면 됩니다(다행히 예제에서는 〈h1〉 태그가 하나니까 다음과 같이 수정해도 큰 문제는 없겠네요).

【예제 2-6-1】〈style〉 영역에 h1 선택자 추가　　　　　　　　　　　　　　　　　2.html

```
... 생략 ...
<style>
    a {
        color: black;
        text-decoration: none;
    }
    h1 {


    }
</style>
... 생략 ...
```

그러고 나서 어떻게 하면 될까요? 저 'WEB'이란 텍스트를 크게 만들면 됩니다.

그런데 텍스트를 크게 만드는 방법을 아직 배우지 않았죠? 하지만 이미 그것을 해낼 수 있는 지식을 가지고 있습니다. 왜냐하면 개념을 알기 때문입니다. 제가 검색어를 추천해 보겠습니다. 여러분은 제가 추천해드리는 검색어를 가지고, 직접 검색 엔진에서 검색하신 후 문제를 해결하시길 바랍니다.

제가 추천드리고 싶은 검색어는 'css text size property'입니다.

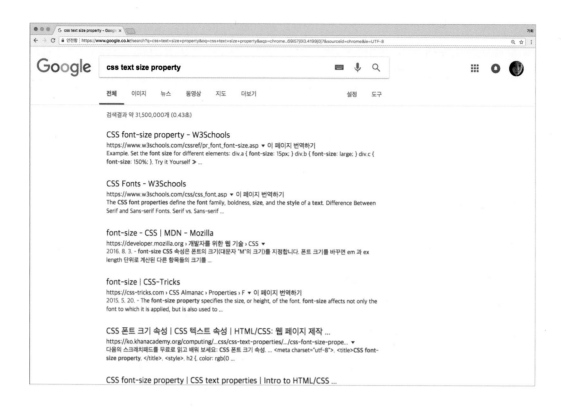

가장 상단 검색 결과를 볼까요?

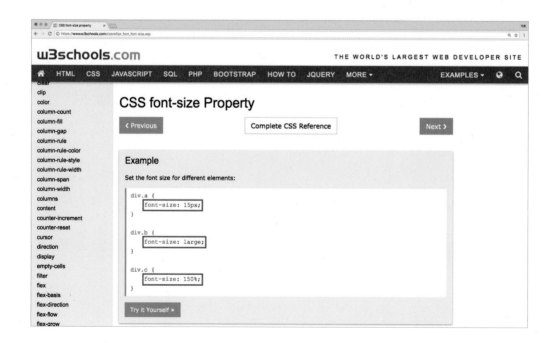

보다시피 텍스트가 아니라 **폰트(font)**라고 써야 한다는 사실을 알 수 있고, *size*가 적혀 있습니다. 그리고 %가 나와 있는데 페이지 하단을 살펴보니 프로퍼티 값으로 여러 가지 값이 있습니다(이 부분은 나중에 살펴보겠습니다).

## Property Values

| Value | Description | Play it |
|-------|-------------|---------|
| medium | Sets the font-size to a medium size. This is default | Play it » |
| xx-small | Sets the font-size to an xx-small size | Play it » |
| x-small | Sets the font-size to an extra small size | Play it » |
| small | Sets the font-size to a small size | Play it » |
| large | Sets the font-size to a large size | Play it » |
| x-large | Sets the font-size to an extra large size | Play it » |
| xx-large | Sets the font-size to an xx-large size | Play it » |
| smaller | Sets the font-size to a smaller size than the parent element | Play it » |
| larger | Sets the font-size to a larger size than the parent element | Play it » |
| *length* | Sets the font-size to a fixed size in px, cm, etc. Read about length units | Play it » |
| % | Sets the font-size to a percent of the parent element's font size | Play it » |
| initial | Sets this property to its default value. Read about *initial* | Play it » |
| inherit | Inherits this property from its parent element. Read about *inherit* | |

먼저 제가 결론적으로 말씀드리면 다음과 같이 작성하면 됩니다.

【예제 2-6-1】 font-size 속성을 이용해 글자 크기 변경

```
... 생략 ...
h1 {
    font-size: 45px;
}
... 생략 ...
```

여기서 px는 **컴퓨터에서 사용하는 단위**입니다. 예제에서는 `font-size: 45px;`로 작성돼 있는데, 이 45px를 기준으로 여러분이 적당한 크기를 찾으면 됩니다.

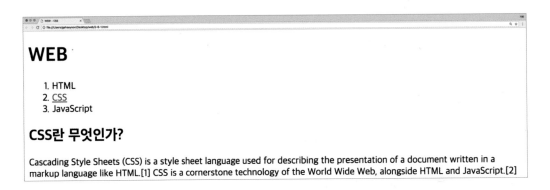

다음으로 'WEB'이란 텍스트를 가운데로 정렬하기 위해 검색해 봅시다. 검색 엔진에서 'css text center property'라고 검색해 봅시다. 나중에 좀 더 경험이 쌓이면 'align'이라는 단어도 알게 될 것입니다(align은 '정렬하다'라는 뜻입니다).

이번에도 검색 결과로 w3schools라는 사이트가 나왔습니다. 보니깐 `text-align: center;`라고 돼 있습니다.

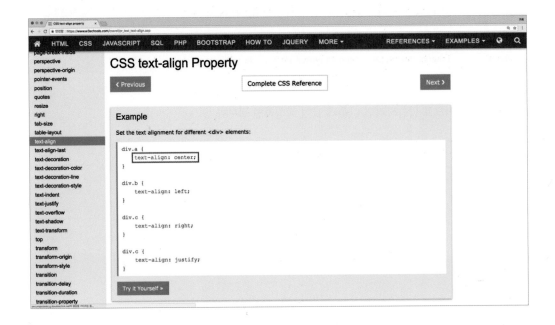

마찬가지로 다음과 같이 해당 코드를 추가하고 페이지를 새로고침하면 다음과 같은 결과를 볼 수 있습니다.

【예제 2-6-2】 text-align 속성을 이용해 텍스트를 가운데 정렬

2.html

```
... 생략 ...
h1 {
    font-size: 45px;
    text-align: center;
}
... 생략 ...
```

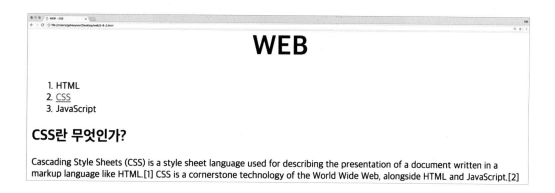

정보기술이 존재하지 않는 시절에는 우리 머릿속에 모든 지식을 갖고 있어야 했습니다. 왜냐하면 무엇이 필요할지 모르기 때문입니다. 하지만 지금 우리는 스마트폰, 인터넷, 컴퓨터, 웹, 검색엔진 등 고도로 발전한 정보기술을 가지고 있기 때문에 우리 머릿속에 font-size, text-align이라는 구체적인 프로퍼티를 가지고 있지 않더라도 이것들을 알아내는 데 1분밖에 걸리지 않는다면 우리는 이것들을 알고 있는 것과 다름이 없습니다. 이런 시대에도 위와 같은 프로퍼티를 머릿속으로 암기할 필요가 있을까요? 그렇지 않습니다. 여러분들이 눈썰미가 있다면 다시 타이핑해 보겠습니다.

'text-a'까지 치면 에디터는 **프로퍼티를 추천**해 줍니다. 사용자가 철자를 모르더라도 에디터가 알려준 다는 뜻입니다. 엔터를 쳐볼까요? 그다음엔 **프로퍼티의 값을 추천**해 줍니다.

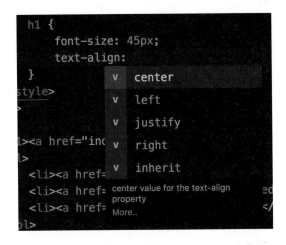

우리가 코딩할 때는 인간이 혼자서 하는 것이 아니라 끊임없이 기계의 도움을 받습니다. 그렇기 때문에 이 시대에도 모든 프로퍼티를 외우려 한다면 여러분의 뇌는 혹사당하는 느낌을 받을 겁니다. 왜냐하면 그럴 필요가 없는 시절에 그러고 있기 때문입니다. 그리고 뇌가 혹사 당하면 "뇌를 이기는 의지는 없다" 란 지론에 의해 뇌는 수단과 방법을 가리지 않고 그 일을 하지 않을 방법을 찾습니다. 여러분이 모든 것을 외울 필요가 없다라는 것과 그것을 뒤집어 말하면 우리가 지금까지 배운 것만으로 이미 모든 프로퍼티를 사실상 아는 것과 다름이 없다는 말씀을 드리고 싶습니다.

앞으로 우리가 가야 할 길을 보면서 막막해하기보다 우리가 이미 많은 것을 알게 됐음을 기뻐하기를 바랍니다. 자, 그러면 여러분이 프로퍼티를 스스로 알아내는 방법을 여기까지 알아봤고, 다음 시간에는 선택자를 스스로 알아내는 방법을 알아보겠습니다.

https://youtu.be/8-rCMmamtDE (14분 51초) ○

**CSS를 지배하는 두 가지 중요한 토대**가 있습니다. 첫 번째는 **효과**이고 두 번째는 **선택자**입니다.

이전 시간에는 효과에 대한 토대를 닦았고, 이번 시간에는 선택자에 대한 중대한 토대를 닦는 시간을 갖겠습니다. 선택자에 대한 요모조모를 살펴보면서 여러분이 이제 검색할 수 있고, 질문할 수 있고, 궁금해할 수 있게 하는 가장 중요한 이야기를 해보겠습니다. 그럼 시작해 보겠습니다.

예제를 변경해가며 선택자를 하나하나 설명하겠습니다. 먼저 기존에 있었던 예제는 저의 의도에 맞지 않기 때문에 CSS 링크에 인라인으로 적용돼 있는 style 속성의 내용을 없애겠습니다.

【예제 2-7-1】 인라인으로 적용한 style 속성 제거          2.html

```
    ... 생략 ...
    <ol>
        <li><a href="1.html">HTML</a></li>
        <li><a href="2.html">CSS</a></li>
        <li><a href="3.html">JavaScript</a></li>
    </ol>
    ... 생략 ...
```

그러면 각 링크마다 색깔이 검은색으로 바뀝니다.

그 이유는 이 웹 페이지의 모든 〈a〉 태그를 검은색으로 만들라는 코드 때문입니다. 이 부분도 없애겠습니다.

【예제 2-7-2】 글자를 검은색으로 변경하는 CSS 제거                                      2.html

```
... 생략 ...
<style>
    a {
        color: black;
        text-decoration: none;
    }
    ... 생략 ...
</style>
... 생략 ...
```

그러면 각 링크들은 각자 속성에 따라 색깔이 나옵니다. 파란색은 아직 방문하지 않았다는 뜻이고, 보라색은 한 번 방문했다는 의미입니다.

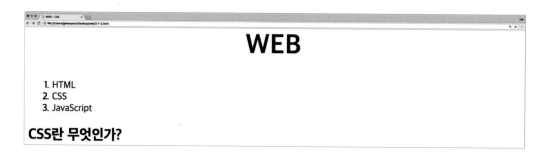

그러면 저는 웹 페이지의 모든 〈a〉 태그를 기본적으로 검은색으로 바꿀 겁니다. 그다음 사용자가 방문한 적이 있었던 페이지인 'HTML'과 'CSS'는 회색으로 바꾸고 싶습니다. 그리고 현재 사용자가 머물고 있는 'CSS'라는 페이지의 링크는 현재 방문하고 있다는 뜻에서 빨간색으로 표시하고 싶습니다. 즉, 모든 링크는 기본적으로 검은색이며, 사용자가 방문했던 각 글들의 링크 색은 회색, 현재 페이지의 링크는 빨간색으로 하겠다는 뜻입니다.

이를 위한 첫 번째 단계는 이 웹 페이지의 모든 〈a〉 태그를 검은색으로 지정하는 것입니다.

```
... 생략 ...
<style>
    a {
        color: black;
        text-decoration: none;
    }
</style>
... 생략 ...
```

페이지를 새로고침해 보면 모든 〈a〉 태그는 검은색으로 바꿉니다.

이 중에서 현재 머물고 있는 페이지는 'CSS'입니다. 'CSS' 페이지 이전에 있었던, 'HTML'과 'CSS'를 회색으로 처리해서 사용자에게 정보를 주고 싶습니다. 지금까지 배운 바로는 style 인라인 속성을 통해 이를 처리했어야 합니다.

```
<ol>
    <li><a href="1.html" style="color:gray;">HTML</a></li>
    <li><a href="2.html" style="color:gray;">CSS</a></li>
    <li><a href="3.html">JavaScript</a></li>
</ol>
```

그런데 이렇게 되면 우리가 굉장히 불쾌하게 생각하는 **중복이 발생**합니다. 그럼 먼저 중복된 코드를 없애겠습니다. 그리고 저는 'HTML'과 'CSS'라는 두 텍스트를 같은 그룹으로 묶고, 그 그룹에 대해서 폰트 색상을 회색으로 지정하겠습니다. 그러자면 해당하는 두 태그에 대해 **class라는 HTML 속성을 지정**하면 됩니다. 그리고 속성의 값으로 '보았다'란 뜻으로 'saw'라고 지정하겠습니다.

**【예제 2-7-4】 태그에 class 속성 지정**　　　　　　　　　　　　　　　　　　　　　2.html

```
... 생략 ...
<ol>
    <li><a href="1.html" class="saw">HTML</a></li>
    <li><a href="2.html" class="saw">CSS</a></li>
    <li><a href="3.html">JavaScript</a></li>
</ol>
... 생략 ...
```

그런데 여기에 있는 **class=""**는 HTML인가요? CSS인가요? HTML입니다. 즉 "saw"라고 하는 부분도 HTML입니다. 여기엔 CSS가 들어가지 않습니다. 즉, "saw"라는 class 값을 가지고 있는 태그 2개를 만들었는데, 우리가 하고 싶은 것은 이 웹 페이지의 모든 태그 중에서 "saw"라는 class 값을 갖고 있는 모든 태그에 대해 폰트 색상을 'gray'로 지정하는 것입니다. 그래서 다음과 같이 코드를 작성합니다.

**【예제 2-7-5】 saw라는 class 값을 가진 태그의 글자색 변경**　　　　　　　　　　　　　2.html

```
... 생략 ...
<style>
    a {
        color: black;
        text-decoration: none;
    }
    saw {
        color: gray;
    }
    ... 생략 ...
</style>
... 생략 ...
```

페이지를 새로고침해 보겠습니다.

변화가 없습니다. 그 이유는 무엇일까요? 그 이유는 단순히 "saw"라고 쓰면 이 웹 페이지에서 "saw"라는 이름의 태그를 선택하는 선택자이기 때문입니다. 우리가 하고 싶은 것은 **class 값이 "saw"인 태그**인데, 이때 사용하는 약속된 특수한 기호가 바로 점(.)입니다.

【예제 2-7-6】 saw를 .saw로 변경　　　　　　　　　　　　　　　　　　　　　　　　2.html

```
... 생략 ...
<style>
    ... 생략 ...
    .saw {
        color: gray;
    }
    ... 생략 ...
</style>
... 생략 ...
```

saw 앞에 .을 붙이는 순간 이 선택자는 **웹 페이지에서 class가 "saw"인 모든 태그를 가리키는 선택자**가 됩니다. 위와 같이 수정하고 나서 페이지를 새로고침해 보겠습니다.

보다시피 'HTML'과 'CSS'의 링크가 회색이 된다는 사실을 알 수 있습니다.

그런데 class라는 것에는 어떤 뜻이 있나요? 학교에서 **반**을 무엇이라 하나요? **클래스**라 합니다. 즉, 클래스라는 것은 같은 의도에 따라 묶여진 학생들을 하나로 그루핑할 때 쓰는 말입니다. 클래스란 말에는 **'그루핑하다'**, **'하나로 묶는다'**란 뜻이 포함돼 있습니다.

다음으로 'CSS' 링크, 즉 현재 머물고 있는 페이지의 링크를 빨간색으로 표시하고 싶다면 다음과 같이 active 클래스를 추가하고 active 선택자에 폰트 색상을 빨간색으로 지정하면 됩니다.

```
        ... 생략 ...
      <style>
        ... 생략 ...
        .saw {
            color: gray;
        }
        .active {
            color: red;
        }
        ... 생략 ...
      </style>
  </head>
  <body>
      <h1><a href="index.html">WEB</a></h1>
      <ol>
          <li><a href="1.html" class="saw">HTML</a></li>
          <li><a href="2.html" class="saw active">CSS</a></li>
          <li><a href="3.html">JavaScript</a></li>
      </ol>
      ... 생략 ...
```

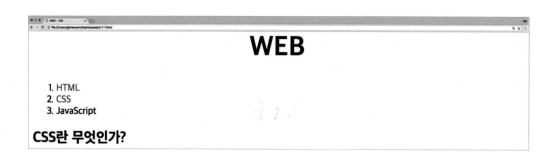

이를 통해 class라고 하는 속성의 값은 **여러 개의 값이 올 수 있고, 띄어쓰기로 구분**한다는 것과 하나의 태그에는 여러 가지 속성이 들어갈 수 있고, **여러 개의 선택자를 통해 하나의 태그를 공동으로 제어**할 수 있다는 사실을 알 수 있습니다.

하지만 이 방법은 좋은 방법이 아닙니다. 왜냐하면 다음의 **<a> 태그는 두 개의 클래스에 영향**을 받고 있기 때문입니다. 그런데 왜 빨간색이 된 걸까요?

```
<li><a href="2.html" class="saw active">CSS</a></li>
```

그것은 **순서 때문**입니다. CSS 코드 안에서 **.active가 .saw보다 나중에 등장**했기 때문입니다. CSS 코드에서 .active와 .saw의 순서를 바꿔보겠습니다.

【예제 2-7-8】 CSS 코드에서 .active와 .saw의 순서 변경                                2.html

```
... 생략 ...
<style>
    ... 생략 ...
    .active {
        color: red;
    }
    .saw {
        color: gray;
    }
    ... 생략 ...
</style>
... 생략 ...
```

페이지를 새로고침하면 CSS 글자가 빨간색이 아닌 회색이 됩니다.

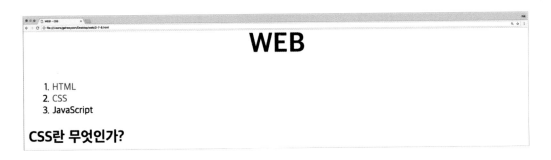

즉, **태그에 좀 더 가까이 있는 명령**이 더 **큰 영향력**을 갖는다는 것입니다. 말하자면 권력이 같다면 가장 최근에 명령한 사람의 말을 들어야 하는 것처럼 말입니다.

그러므로 **좀 더 우선순위가 높은 것**을 사용할 필요가 있습니다. 그것은 **ID 선택자**입니다. 즉, 앞의 CSS 코드에서 active를 ID 선택자로 옮기면 됩니다.

【예제 2-7-9】 active를 ID 선택자로 옮기기

2.html

```
... 생략 ...
<ol>
    <li><a href="1.html" class="saw">HTML</a></li>
    <li><a href="2.html" class="saw" id="active">CSS</a></li>
    <li><a href="3.html">JavaScript</a></li>
</ol>
... 생략 ...
```

이제부터 제가 하고 싶은 것은 이 웹 페이지에서 id **값이 "active"인 값을 선택**하는 것입니다.

【예제 2-7-10】 id 선택자

2.html

```
... 생략 ...
<style>
    ... 생략 ...
    #active {
        color: red;
    }
    .saw {
        color: gray;
    }
    ... 생략 ...
</style>
... 생략 ...
```

앞에 #을 붙이면 보다시피 .saw가 #active보다 뒤에 등장했음에도 페이지를 새로고침할 경우 "CSS"
글자의 색이 빨간색이 되는 것을 볼 수 있습니다.

즉, ID 선택자와 class 선택자가 붙으면 **ID 선택자가 이긴다**는 것과 직접적으로 설명하지는 않았지만 class 선택자와 태그 선택자가 붙으면 **class 선택자가 이긴다**는 것입니다.

태그 선택자를 잘라내서 클래스 선택자 밑으로 옮겨도 결과는 같습니다.

【예제 2-7-11】 태그 선택자와 클래스 선택자의 위치 변경                                                  2.html

```
... 생략 ...
<style>
    #active {
        color: red;
    }
    .saw {
        color: gray;
    }
    a {
        color: black;
        text-decoration: none;
    }
    h1 {
        font-size: 45px;
        text-align: center;
    }
</style>
... 생략 ...
```

왜냐하면 **태그 선택자가 제일 약하기 때문**입니다. 그다음으로 강한 것이 클래스 선택자입니다. 그다음으로 강한 것은 ID 선택자입니다. 그리고 모두 똑같은 형태의 선택자라면 **맨 마지막에 등장하는 선택자가 우선순위가 높다**는 것을 아시면 됩니다.

이것을 억지로 외우려고 하면 금방 잊어버리게 돼 있습니다. 하지만 원리를 이해하면 잊지 않습니다. 태그 선택자와 클래스 선택자와 id 선택자가 있을 때 왜 id 선택자가 가장 강하고 그다음으로 클래스 선택자와 태그 선택자가 차례대로 강한지 의문을 가져야 합니다.

id 선택자의 값인 active인 태그가 이 웹 페이지에서는 단 한 번만 등장해야 합니다. 여러 번 써도 동작은 하지만 쓰지 말라고 권장하고 있습니다. 즉, **id 값은 단 한 번만 등장**해야 합니다. 한번 생각해 봅시다. 학교에서 id 카드는 어떤 역할을 하나요? 또 학교에서의 id는 학번입니다. 그리고 대한민국에서는 주민등록번호입니다. 이것의 핵심은 '**중복돼서는 안 된다**'입니다. 즉 id 값으로 active를 썼으면 문서의 다른 곳에서 등장하면 안 됩니다. 곧 유일무이한 값입니다. 그렇다면 웹 페이지에 있는 모든 〈a〉 태그를 가리키는 선택자와 이 웹 페이지에서 id 값이 'active'를 가리키는 선택자 중에서 **무엇이 더 포괄적**이고 무엇이 더 구체적인가요?

**태그 선택자**가 id 선택자보다 훨씬 **더 포괄적**입니다. 그래서 CSS를 만든 사람들은 좀 더 구체적인 것의 우선순위를 포괄적인 것보다 높였습니다. 그래야만 태그 선택자를 통해 전체적인 태그 디자인을 해내고, 그중에서 예외적인 것에 id 값을 부여하는 것이 디자인하고 코딩하는 데 효율적이기 때문입니다. 그리고 태그 선택자와 id 선택자 사이에 중간 정도의 class 선택자가 있습니다.

**class 선택자는 태그 선택자보다 우선순위가 높지만 id 선택자보다 우선순위가 낮다**라는 것을 기억해 두면 아마 잊어버리지 않으실 겁니다.

이렇게 해서 지금까지 선택자라는 매우 중요한 주제에 대해 이야기했습니다. 그리고 여러분은 다음과 같이 검색할 수 있을 것입니다. 즉, 'css selector'로 검색해 보시면 여러 가지 형태의 선택자가 나옵니다.

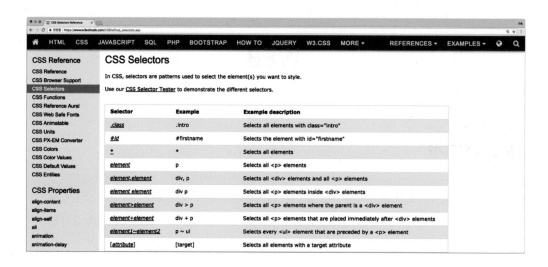

element 부분을 보면 우리가 앞에서 실습했던 부분임을 알 수 있습니다. 즉 p라고만 쓰면 element, 즉 태그와 같은 뜻입니다. 설명 부분을 보면 모든 〈p〉 태그를 선택한다는 내용이 나옵니다.

그리고 id 선택자의 설명을 보면 'id 값이 "firstname"인 값을 선택한다'라고 돼 있습니다. 그리고 .이 붙어있다면 클래스 선택자인데, 설명을 보면 'class 값이 "intro"인 값을 선택한다'는 것을 알 수 있습니다. 그 밖에도 여러 가지 형태의 선택자가 있고, 여러 선택자를 조합해서 여러분이 원하는 효과를 정교하게 만들 수 있으며, 이를 통해 여러분이 작성한 코드를 획기적으로 줄일 수 있고, 동시에 어떤 한 부분만 수정하면 나머지가 동시에 바뀌는 굉장히 똑똑한 코드를 짤 수 있는 토대가 마련됩니다.

이렇게 해서 선택자까지 살펴봤고, 효과와 선택자라는 중요한 토대를 닦았습니다. 다음 시간부터는 이론적인 이야기는 접어두고 웹 페이지를 CSS로 디자인해 가면서 굉장히 중요한 개념을 살펴보며 자연스럽게 CSS에 익숙해지고 CSS에서 가장 중요한 원칙에 대해 익숙해지는 시간을 갖겠습니다.

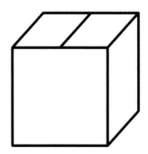

앞에서 CSS의 매우 중요한 개념들을 배웠으니 HTML 수업에서 가져온 웹 사이트 예제에 디자인을 적용하는 작업을 진행하겠습니다.

먼저 우리가 만들려는 웹 사이트의 디자인은 다음과 같습니다. 미리 말하건대 제 수업은 디자인 수업이 아니라서 아름답진 않을 겁니다.

보다시피 제목 태그는 상단에 표시되고, 그 밑에는 수평으로 선이 있을 테고, 글 목록 오른쪽에도 선 형태의 간단한 디자인을 만들어 보려고 합니다. 이를 위해 필요한 개념이 하나 있습니다. 바로 **박스 모델**이라는 것입니다. 박스 모델은 앞에서 배운 선택자나 속성만큼 중요하지 않지만 상당히 중요한 개념입니다.

박스 모델을 설명하기 위해 새로운 파일을 만들겠습니다. 파일의 이름은 box.html입니다. 그런 다음 다음과 같이 CSS와 관련된 내용을 넣고, 'CSS'를 〈h1〉 태그로 감쌌습니다.

【예제 2-8-1】 box.html 파일 생성                                                 **box.html**

```
<!DOCTYPE HTML>
<html>
    <head>
        <meta charset="utf-8">
        <title></title>
    </head>
    <body>
        <h1>CSS</h1>Cascading Style Sheets (CSS) is a style sheet language used for describing
    the presentation of a document written in a markup language like HTML.
    </body>
</html>
```

그리고 box.html 파일을 웹 브라우저에서 열어보겠습니다.

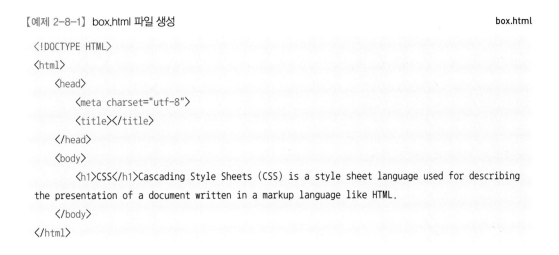

보다시피 〈h1〉 태그가 화면 전체를 쓰고 있음을 알 수 있습니다. 그리고 Cascading Style Sheets (CSS)의 'CSS' 부분에 링크를 걸어보겠습니다. href 값으로 위키피디아의 CSS 페이지를 넣겠습니다. 여러분은 아무 주소를 넣으셔도 됩니다.

```
... 생략 ...
<body>
    <h1>CSS</h1>Cascading Style Sheets (<a href="https://en.wikipedia.org/wiki/Cascading_Sty
le_Sheets">CSS</a>) is a style sheet language used for describing the presentation of a document
written in a markup language like HTML.
</body>
... 생략 ...
```

그런데 이 장면을 한번 낯설게 봅시다. **〈h1〉**이라는 태그는 **화면 전체**를 쓰고 있습니다. **줄바꿈**이 돼 버렸기 때문입니다. 그런데 〈a〉 태그는 똑같은 태그임에도 **줄바꿈되지 않고 다른 콘텐츠와 같은 라인**에 위치합니다. 왜 이런 차별이 존재할까요? 그것은 〈h1〉 태그는 제목 태그인데 제목 태그는 화면 전체를 쓰는 것이 기본적으로 더 편리하기 때문입니다. 그리고 링크가 화면 전체를 쓴다면 링크 앞 뒤의 콘텐츠가 줄바꿈되는 경우 상당히 불편하기 때문에 기본적으로 링크는 줄바꿈하지 않고, 콘텐츠 크기만큼만 쓴다는 사실을 짐작할 수 있습니다. 그런데 짐작이 아닌 분명히 시각적으로 보는 방법이 있습니다. 여러분 앞에 투명인간이 있는데 이 사람의 부피를 알기 위한 좋은 방법은 무엇인가요? 바로 페인트를 뿌리는 것입니다. 마찬가지로 〈h1〉 태그와 〈a〉 태그의 테두리를 그리면 이것들의 부피감을 알 수 있습니다. 한번 해볼까요?

```
        ... 생략 ...
    <title></title>
    <style>
        h1 {
            border-width: 5px;
            border-color: red;
            border-style: solid;
        }
        a {
            border-width: 5px;
            border-color: red;
            border-style: solid;
        }
    </style>
        ... 생략 ...
```

이 웹 페이지의 모든 〈h1〉 태그에 대해 코드를 작성합니다. 테두리는 영어로 border입니다. border에서 **테두리의 두께는 border-width**이고 여기서는 5px로 지정하겠습니다. 그리고 테두리의 두께만으로 부족합니다. **테두리의 색상**을 지정해야 합니다. **border-color**를 red로 지정해 보겠습니다. 그리고 **테두리의 스타일**, 즉 테두리가 점선인지 실선인지를 지정하는 건데, **단선인 경우 border-style: solid;** 를 지정합니다.

그럼 페이지를 새로고침해서 결과를 확인해 봅시다. 결과를 통해 〈h1〉 태그가 화면 전체를 쓴다는 사실을 알 수 있습니다. 그럼 앞서 작성한 내용을 똑같이 복사해서 h1 대신 a를 쓰면 〈a〉 태그가 화면 전체를 쓰지 않고, 자기 자신의 콘텐츠 크기만큼의 부피를 쓴다는 것을 알 수 있습니다.

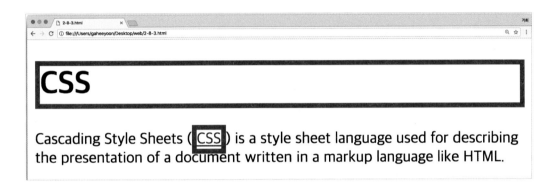

HTML에 있는 여러 태그들은 태그의 성격과 일반적인 쓰임에 따라 화면 전체를 쓰는 것이 편한 것과 자신의 크기만큼의 부피를 갖는 게 편한 것이 있기 때문에 화면 전체를 쓰는 태그가 있고, 자기 크기만큼 쓰는 것들이 있습니다. 그래서 화면 전체를 쓰는 태그들을 블록 레벨 엘리먼트(block level element), 자기 자신의 콘텐츠 크기만큼 쓰는 태그들을 인라인 엘리먼트(inline element)라고 합니다. 용어는 중요하지 않습니다. 다만 어떤 태그들이 화면 전체를 쓰고, 어떤 태그는 부분을 쓴다는 것을 이해하는 것이 중요합니다. 그리고 블록 레벨 엘리먼트라 하더라도 인라인 엘리먼트처럼 자신의 부피만큼 쓰게 할 수 있습니다. 바로 다음과 같이 display라는 속성을 이용하면 됩니다.

```
display: inline;
```

마찬가지로 〈a〉 태그에도 display:block;을 지정하면 블록 레벨 엘리먼트가 됩니다. 즉, 블록 레벨 엘리먼트와 인라인 엘리먼트는 display라는 속성의 기본값일 뿐, 그 **기본값은 CSS를 통해 언제든 바꿀 수 있다**는 사실을 기억해 두시면 됩니다.

```
display: block;
```

예제에서 display 부분을 지우기 전에 한 가지 팁을 드리자면 나중에 필요에 따라 **태그를 안보이게 할 수 있습니다.** 다음과 같이 작성하면 됩니다.

```
display: none;
```

이 방법은 참고로 알아두시면 나중에 중요할 때가 있습니다.

지금 짠 코드를 압축해 보겠습니다. 우리가 지독히 싫어하는 **중복이 등장**합니다. h1과 a 내용이 중복됩니다. **중복을 없애는 탁월한 방법**이 있습니다. 다음과 같이 수정하고 페이지를 새로고침해 보면 결과가 같다는 사실을 알 수 있습니다.

【예제 2-8-4】 코드의 중복 제거 box.html

```
    ... 생략 ...
    <title></title>
    <style>
        h1, a {
            border-width: 5px;
            border-color: red;
            border-style: solid;
        }
    </style>
    ... 생략 ...
```

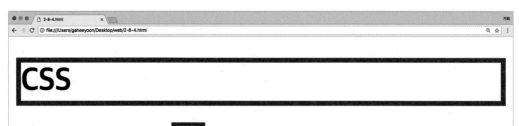

즉, 선택자에서 **,라는 선택자**를 통해 **코드의 양을 획기적으로 줄일 수 있습니다.** 그리고 잘 보면 여전히 중복이 존재합니다. 바로 border- 부분입니다. CSS를 만든 사람들은 해당 코드를 전부 타이핑하기가 너무 귀찮아서 다음과 같이 작성할 수 있게 만들어 뒀습니다.

【예제 2-8-5】 코드의 중복 제거 2                                                            box.html

```
... 생략 ...
<title></title>
<style>
    h1, a {
        border: 5px solid red;
    }
</style>
... 생략 ...
```

위와 같이 수정하고 페이지를 새로고침해 보면 이전 코드와 같은 의미이기 때문에 결과도 똑같습니다. 이때 5px, solid, red의 순서는 중요하지 않습니다.

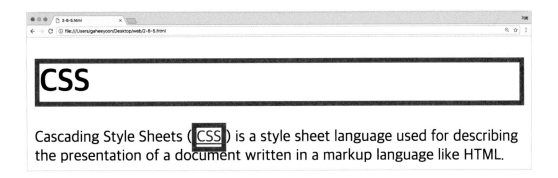

지금까지 여러 가지 잔기술들을 알아봤습니다. 물론 블록 레벨 엘리먼트, 인라인 엘리먼트는 참 중요한 개념이지만 진짜 중요한 이야기인 실제 박스 모델에 대해 알아보겠습니다.

앞의 예제에서 지금 수업의 맥락에 필요한 부분만 남기고 지워보겠습니다. 그럼 다음과 같이 'CSS' 하나만 남죠?

```
<!DOCTYPE HTML>
<html>
    <head>
        <meta charset="utf-8">
        <title></title>
        <style>
            h1 {
                border: 5px solid red;
            }
        </style>
    </head>
    <body>
        <h1>CSS</h1>
    </body>
</html>
```

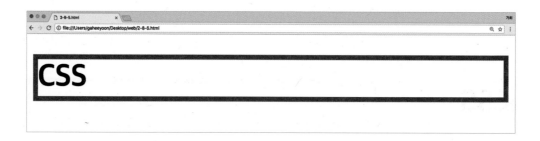

웹 페이지에서 CSS를 선택해 보면 CSS의 콘텐츠와 테두리는 간격이 없고 여백이 없습니다. 이때 콘텐츠와 테두리 사이의 여백을 주고 싶다면 다음과 같이 padding 값을 주면 됩니다.

【예제 2-8-7】 콘텐츠와 테두리 사이에 여백 추가하기      box.html

```
        ... 생략 ...
        <style>
            h1 {
                border: 5px solid red;
                padding: 20px;
            }
        </style>
        ... 생략 ...
```

그럼 다음과 같이 콘텐츠와 테두리 사이의 간격이 생깁니다.

여기에 &lt;h1&gt;CSS&lt;/h1&gt;를 하나 더 넣어보겠습니다.

【예제 2-8-8】 &lt;h1&gt;CSS&lt;/h1&gt; 태그 하나 더 추가                          box.html

```
    ··· 생략 ···
  <body>
      <h1>CSS</h1>
      <h1>CSS</h1>
  </body>
    ··· 생략 ···
```

그럼 다음과 같이 **테두리와 테두리 사이의 간격**이 생기는데, 이 간격이 왜 생기냐면 바로 **margin** 때문입니다.

이 상태에서 다음 코드를 추가하면 테두리와 테두리 사이에 간격이 없어집니다.

【예제 2-8-9】 margin 속성 지정 box.html

```
    ... 생략 ...
    <style>
        h1 {
            border: 5px solid red;
            padding: 20px;
            margin: 0;
        }
    </style>
    ... 생략 ...
```

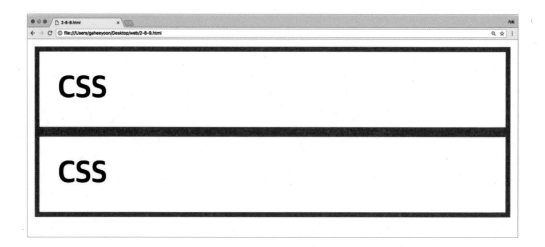

마찬가지로 다음과 같이 수정하면 20px만큼 간격이 생깁니다.

【예제 2-8-10】 margin 속성의 값 변경 box.html

```
    ... 생략 ...
    <style>
        h1 {
            border: 5px solid red;
            padding: 20px;
            margin: 20px;
        }
```

```
</style>
    ... 생략 ...
```

지금 사용하고 있는 〈h1〉이라는 태그는 박스 모델상 display:block;이 생략돼 있는 상태이며 화면 전체를 쓰고 있습니다. 이를 바꾸기 위해 width 값으로 100px을 지정하면 100px만큼 태그의 크기가 변경되는 것을 알 수 있습니다.

【예제 2-8-11】 width 속성 지정                                                               box.html

```
    ... 생략 ...
    <style>
        h1 {
            border: 5px solid red;
            padding: 20px;
            margin: 0;
            display: block;
            width: 100px;
        }
    </style>
    ... 생략 ...
```

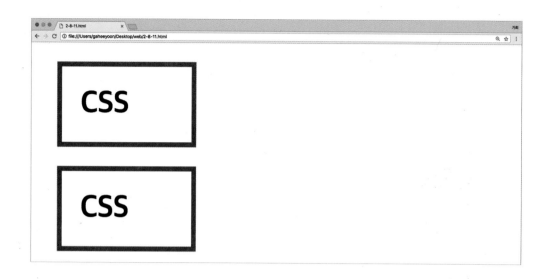

여기까지 이해하고 나면 박스 모델에 대해 모두 이해하신 겁니다. padding, margin이 헷갈릴 수 있습니다만 다 찾아보면 나옵니다. 검색 엔진에서 이미지 검색을 이용해 'css box model'이라 검색하면 수많은 정보가 나옵니다.

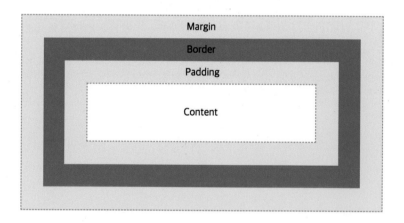

위 그림을 보면 중간에 content, border가 있고 **border**를 기준으로 안쪽은 **padding**, 바깥쪽은 **margin**임을 알 수 있습니다.

이번에는 웹 페이지에서 'CSS' 텍스트를 대상으로 마우스 오른쪽 버튼을 클릭하면 나오는 '검사'라는 항목을 클릭해 봅시다.

그럼 다음과 같은 화면이 나타납니다.

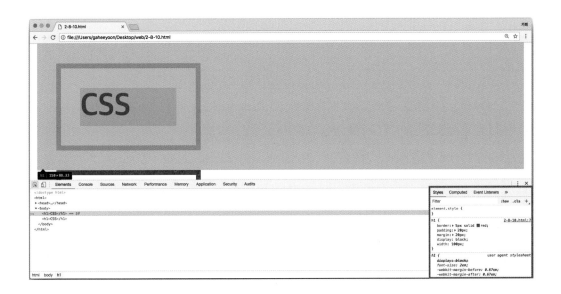

여기서 〈h1〉 태그를 선택했을 때 **Styles라는 부분**은 〈h1〉 태그가 **어떤 CSS 스타일의 영향을 받고 있는지를 일목요연하게 보여주는** 굉장히 중요한 기능입니다. 이러한 기능을 사용하지 않으면 HTML과 CSS 코드가 복잡해졌을 때 어떤 태그가 어떠한 CSS의 영향을 받는지 파악하기가 굉장히 곤란해집니다. 이 때문에 이런 도구를 이해하는 것은 굉장히 중요합니다. 그리고 아래로 가보면 다음과 같은 화면을 볼 수 있습니다.

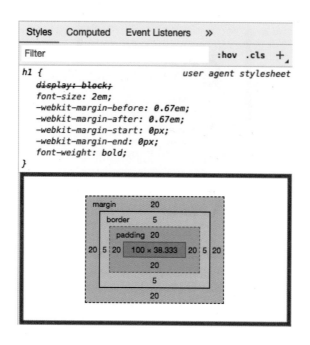

100px의 폭에 높이는 38px이라는 것을 볼 수 있습니다. 그리고 **padding**을 선택하니 **연두색**으로 표시됩니다.

그리고 **border**를 선택하면 **살구색**으로 영역이 표시되고, **margin**을 선택하면 **황토색** 영역이 나옵니다. 웹 페이지를 분석할 때는 이런 도구를 활용할 줄 아는 것이 중요합니다. 그래서 여러분에게 개발자 도구라는 중요한 도구에 대해 이야기한 것입니다.

이번 시간에 배운 내용을 정리해 보겠습니다. **HTML의 태그들은 그 태그의 기본적인 성격에 따라 화면 전체를 쓰기도 하고 자기 크기만큼을 쓰기도 합니다.** 화면 전체를 쓰는 것을 **블록 레벨 엘리먼트**, 자기 자신의 크기만 갖는 것을 **인라인 엘리먼트**라 합니다. 그리고 콘텐츠의 크기를 지정할 때 **폭은 width**, **높이는 height**로 지정하는 것과 **콘텐츠와 테두리 사이의 간격은 padding**, **테두리 사이와 테두리 사이의 간격을 지정할 때는 margin** 속성을 이용한다는 점을 기억하면 됩니다. 이 같은 것을 CSS 박스 모델이라고 합니다. 즉 박스 모델은 HTML 태그 하나하나를 일종의 박스로 취급해서 부피감을 결정하는 것이고, 부피감을 결정한다는 것은 디자인에서 핵심적인 요소라는 것을 알 수 있습니다. 그럼 지금까지 살펴본 박스 모델이라는 개념을 활용해 HTML 수업에서 가져온 예제의 디자인을 개선하는 작업을 진행해 보겠습니다.

# 09 박스 모델 써먹기

https://youtu.be/4ir8XAf7wxl (06분 24초) ◉

이번에는 2.html을 바탕으로 디자인을 해보겠습니다.

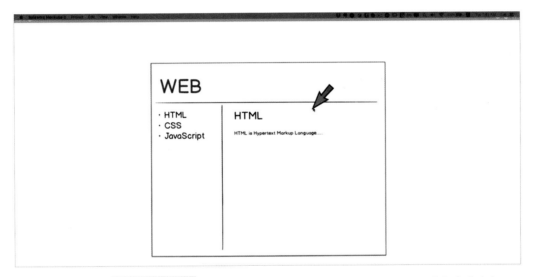

디자인 계획안처럼 밑줄을 긋기 위해서는 어떻게 해야 할까요? 잠시 공부를 멈추고 생각해 봅시다.

밑줄을 긋기 위해서는 테두리를 사용하면 되며, 그 테두리는 〈h1〉WEB〈/h1〉 태그에 주면 됩니다. 그런데 지금 필요한 것은 **아래쪽 테두리**입니다. 따라서 다음과 같이 border 대신 **border-bottom**을 쓰면 됩니다.

【예제 2-9-1】 〈h1〉 태그에 아래쪽 테두리 만들기        2.html

```
... 생략 ...
<style>
    ... 생략 ...
    h1 {
        font-size: 45px;
        text-align: center;
```

```
        border-bottom: 1px solid gray;
    }
</style>
    ... 생략 ...
```

그런데 위치가 애매합니다. 위쪽은 넓고, 아래쪽은 좁습니다. 이를 조정하기 위해서는 padding 값을 조정해야 하지만 맨 먼저 해야 할 일은 문제에 가까이 가는 것입니다. 따라서 **개발자 도구**를 엽니다.

그리고 〈h1〉 태그를 선택했을 때의 색상을 보면 바깥쪽의 황토색은 무엇 때문에 이렇게 되는 걸까요? 바로 **margin 값** 때문임을 알 수 있습니다.

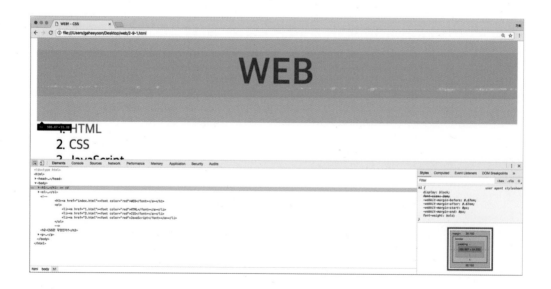

그래서 앞의 코드에서 margin 값을 없애겠습니다.

【예제 2-9-2】 〈h1〉 태그의 margin 값 제거     2.html

```
    ... 생략 ...
<style>
    ... 생략 ...
    h1 {
        font-size: 45px;
        text-align: center;
        border-bottom: 1px solid gray;
        margin: 0px;
    }
</style>
    ... 생략 ...
```

이렇게 해보니 테두리와 'WEB'이라는 텍스트가 너무 달라붙고 있습니다.

padding 값을 지정해 보겠습니다. 그럼 20px 정도 지정해 볼까요? 보다시피 적당한 것을 알 수 있습니다. 이런 식으로 박스 모델을 사용하는 겁니다.

```
        ... 생략 ...
    <style>
        ... 생략 ...
        h1 {
            font-size: 45px;
            text-align: center;
            border-bottom: 1px solid gray;
            margin: 0px;
            padding: 20px;
        }
    </style>
        ... 생략 ...
```

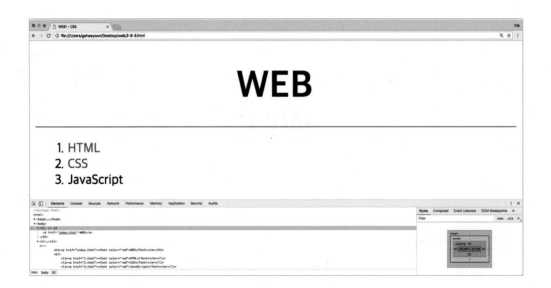

이번에는 다음 그림에서 볼 수 있는 줄을 긋는 과정을 진행해 보겠습니다. 예제에서 이 줄은 누가 갖고 있나요?

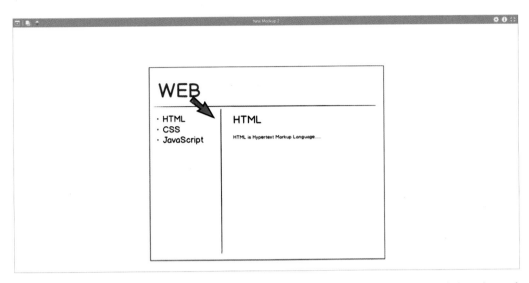

바로 〈ol〉 태그입니다. 〈ol〉 태그에 border-right:1px solid gray;를 지정하고 페이지를 새로고침해 보겠습니다.

【예제 2-9-4】〈ol〉 태그에 오른쪽 테두리 만들기           2.html

```
    ... 생략 ...
<style>
    ... 생략 ...
    h1 {
        font-size: 45px;
        text-align: center;
        border-bottom: 1px solid gray;
        margin: 0px;
        padding: 20px;
    }
    ol {
        border-right: 1px solid gray;
    }
</style>
    ... 생략 ...
```

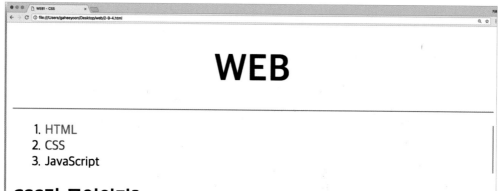

오른쪽 테두리를 확인하셨나요? 왜 이런 결과가 나올까요? **〈ol〉 태그는 화면 전체를 쓰는 블록 레벨 엘리먼트**이기 때문에 이 엘리먼트 오른쪽 끝에 테두리가 생기는 것입니다. 그럼 어떻게 하면 되냐면 **width 값을 지정**해서 〈ol〉 태그의 크기를 지정하면 됩니다. 코드에 `width:100px`을 넣어봅시다.

【예제 2-9-5】 〈ol〉 태그의 너비 지정                                     2.html

```
    ... 생략 ...
<style>
    ... 생략 ...
    ol {
        border-right: 1px solid gray;
        width: 100px;
    }
</style>
    ... 생략 ...
```

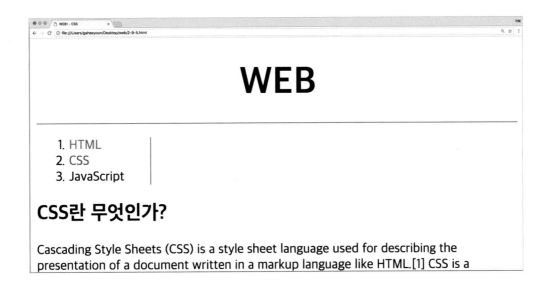

그러면 이제 테두리 사이의 여백, 또 테두리와 화면 전체의 여백이 왜 생기는지 확인해 보겠습니다.

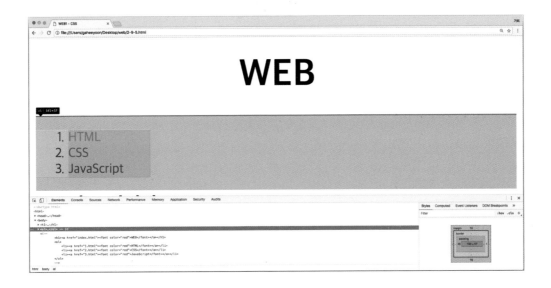

보다시피 <ol> 태그에 margin 값이 있기 때문임을 알 수 있습니다. <ol> 태그의 margin 값을 없애겠습니다.

```
    ... 생략 ...
  <style>
    ... 생략 ...
    ol {
        border-right: 1px solid gray;
        width: 100px;
        margin: 0;
    }
  </style>
    ... 생략 ...
```

그랬더니 무슨 문제가 생기나요? 리스트들이 너무 지저분하게 붙어있습니다. 〈ol〉 태그에 다음과 같이
padding 값을 지정해 보겠습니다.

【예제 2-9-7】 〈ol〉 태그의 padding 값 지정                                                                                      2.html

```
    ... 생략 ...
  <style>
    ... 생략 ...
    ol {
        border-right: 1px solid gray;
        width: 100px;
        margin: 0;
```

```
            padding: 20px;
        }
    </style>
    ... 생략 ...
```

그럼 다음과 같은 결과를 볼 수 있습니다.

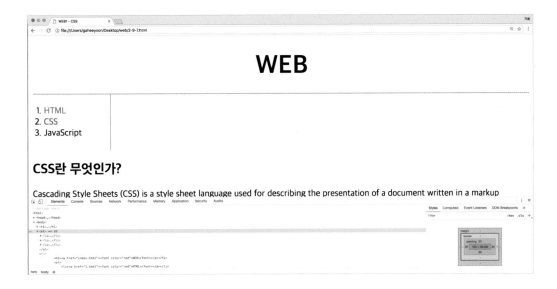

그리고 이후에 상단 테두리 여백이 있음을 알 수 있습니다. 왜냐하면 보다시피 〈body〉 태그에 margin 값이 있기 때문입니다.

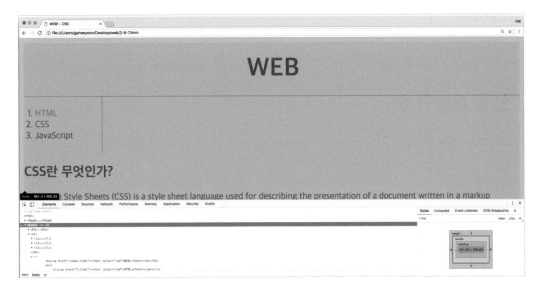

그럼 〈body〉 태그의 margin 값을 0으로 지정하겠습니다.

【예제 2-9-8】 〈body〉 태그의 margin 값 제거        2.html

```
    ... 생략 ...
<style>
    body {
        margin: 0px;
    }
    ... 생략 ...
</style>
    ... 생략 ...
```

그런 다음 페이지를 새로고침하면 보다시피 화면 전체를 꽉 채우는 선이 완성되는 것을 볼 수 있습니다.

여기까지 하고 나면 이제 'CSS'의 정보를 위로 올리는 작업을 해보겠습니다. 이 이야기는 다음 시간에 살펴보겠습니다.

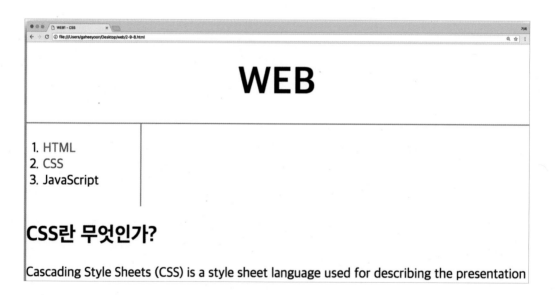

# 10 그리드 소개

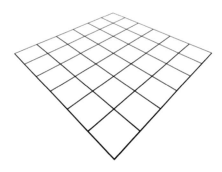

이제부터 기획서에 나온 것과 같이 목록과 본문이 나란히 위치하는 디자인을 하려고 합니다.

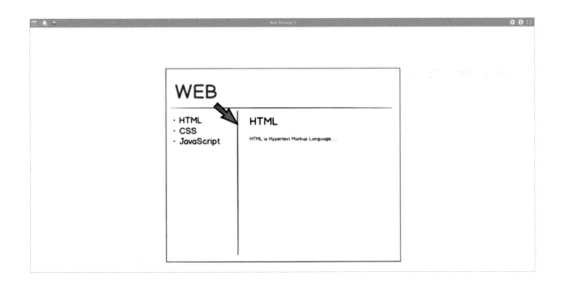

그런데 이번에는 CSS 본문을 위로 올리는 최신 방법을 살펴보겠습니다. 바로 **그리드(Grid)**입니다.

인류는 오랜 시간 동안 정보의 레이아웃을 잘 짜는 방법을 코드를 통해 효율적으로 하는 것에 대해 어려움을 겪었습니다. 여러 가지 시행착오 끝에 플렉스박스(Flexbox)도 등장하고, 궁극의 방법인 **그리드(Grid)**에 도착했습니다.

먼저 파일을 하나 만들어 그리드가 무엇인지 살펴보겠습니다. **grid.html**을 만들고 열어보겠습니다. 그리고 두 개의 단어를 쓰겠습니다.

【예제 2-10-1】 grid.html 파일 생성                                    grid.html

```
<!DOCTYPE html>
<html>
    <head>
        <meta charset="uft-8">
        <title></title>
    </head>
    <body>
        NAVIGATION ARTICLE
    </body>
</html>
```

각 단어에 테두리를 주고 나란히 배치해 보겠습니다. 그러기 위해서는 NAVIGATION과 ARTICLE을 각각 태그로 묶어야 합니다. 지금은 단지 나란히 배치하기 위해 태그를 사용하려는데, <h1> 태그를 쓴다는 것은 이상합니다. 왜냐하면 <h1> 태그에는 제목이라는 의미가 있기 때문입니다. 즉, 디자인이란 목적을 위해 어떤 의미도 없는 태그를 사용해야 할 때가 있는데, 그럴 때 사용하는 **무색 무취와 같은 태그가 바로 <div>**입니다. 참고로 여기서 div는 **division의 약자**입니다.

【예제 2-10-2】 <div> 태그로 묶기                                     grid.html

```
... 생략 ...
<body>
    <div>NAVIGATION</div>
```

```
        <div>ARTICLE</div>
    </body>
    ... 생략 ...
```

보다시피 NAVIGATION과 ARTICLE이 나옵니다. 그리고 **〈div〉 태그**는 기본적으로 **블록 레벨 엘리먼트**이기 때문에 화면 전체를 쓰므로 **줄바꿈**이 됩니다. 〈div〉 태그와 **똑같은 목적**으로 고안된 태그가 있는데 바로 **〈span〉 태그**입니다. 그런데 〈span〉 태그는 **인라인 엘리먼트**입니다. 따라서 목적에 따라 〈div〉 태그와 〈span〉 태그를 쓰면 됩니다.

그리드를 알아보기 위해서는 부피감을 확실히 알아야 할 필요가 있습니다. 그래서 여기서는 〈style〉 태그로 모든 〈div〉 태그에 border:5px solid gray;를 지정하겠습니다.

【예제 2-10-3】 부피감을 확인하기 위해 〈div〉 태그에 테두리 지정 　　　　　　　　　grid.html
```
    ... 생략 ...
    <style>
        div {
            border: 5px solid gray;
        }
    </style>
    ... 생략 ...
```

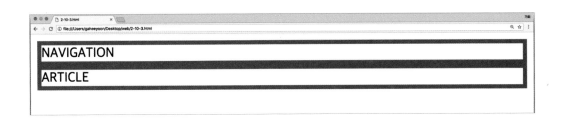

두 개의 NAVIGATION과 ARTICLE 요소를 나란히 놓기 위해 그리드를 써보겠습니다. 그러려면 두 개의 태그를 감싸는 부모가 필요합니다.

【예제 2-10-4】 두 개의 〈div〉 태그를 감싸는 부모 태그 추가        grid.html

```
... 생략 ...
<div>
    <div>NAVIGATION</div>
    <div>ARTICLE</div>
</div>
... 생략 ...
```

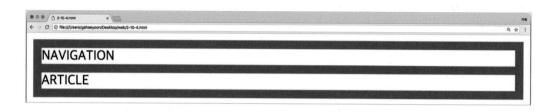

부모 태그의 id 값을 'grid'로 지정하겠습니다. 그리고 이 웹 페이지에서 id 값이 grid인 태그에 대해 테두리를 분홍색으로 설정하겠습니다.

【예제 2-10-5】 부모 태그의 id 값 설정, 테두리를 분홍색으로 변경        grid.html

```
... 생략 ...
<style>
    #grid {
        border: 5px solid pink;
    }
    div {
        border: 5px solid gray;
    }
</style>
... 생략 ...
<div id="grid">
    <div>NAVIGATION</div>
    <div>ARTICLE</div>
</div>
... 생략 ...
```

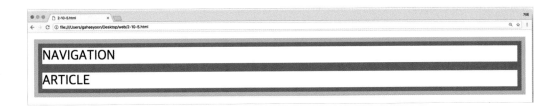

이렇게 하니까 좀 더 잘 구분되죠? **두 개의 태그를 나란히 배치하고 싶으면 그것을 감싸는 부모 태그가 필요**합니다. 즉, 디자인 목적만으로 〈div id="grid"〉가 필요합니다.

이전 수업에서 배운 **display** 기억하시나요? 속성값으로 **block**, **inline**, **none**을 지정해 **어떤 태그가 표시되는 방법을 완전히 바꾸는 속성**이었습니다. 그런데 display의 속성에 'grid'라는 속성을 쓰면 아무 변화가 없습니다.

하지만 grid-template-columns 속성을 추가한 다음 첫 번째 칼럼은 150px정도의 부피를 갖고, 두 번째 칼럼은 나머지 공간을 다 쓴다는 의미로 1fr을 지정해 보겠습니다.

【예제 2-10-6】 두 개의 태그를 나란히 배치하기　　　　　　　　　　　　　　　　grid.html

```
... 생략 ...
#grid {
    border: 5px solid pink;
    display: grid;
    grid-template-columns: 150px 1fr;
}
... 생략 ...
```

이 상태에서 화면을 늘려보면 **ARTICLE 영역은 자동으로 커지고 NAVIGATION 영역은 150px을 고정적으로 차지**하게 됩니다. 여기서 1fr이 무엇인지 확인해 보겠습니다. 150px 대신 1fr로 하면 두 칼럼은 같은 크기가 됩니다.

```
grid-template-columns: 1fr 1fr;
```

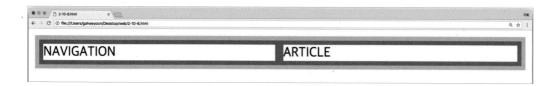

그리고 첫 번째 칼럼을 2fr로 바꾸면 화면 전체를 3fr이라고 했을 때, NAVIGATION 영역은 2만큼, ARTICLE 영역은 1만큼 화면 전체를 나눠서 쓰게 됩니다.

```
grid-template-columns: 2fr 1fr;
```

다시 NAVIGATION 영역은 150px, ARTICLE 영역은 1fr을 사용하도록 수정하겠습니다. 그리고 이번에는 ARTICLE 대신 의미 없는 텍스트를 넣어보겠습니다.

【예제 2-10-7】 ARTICLE 영역에 의미 없는 텍스트 넣기      grid.html

```
        ... 생략 ...
        #grid {
            border: 5px solid pink;
            display: grid;
            grid-template-columns: 150px 1fr;
        }
        ... 생략 ...
    <div id="grid">
        <div>NAVIGATION</div>
        <div>Lorem ipsum dolor sit amet, consectetur adipiscing elit, sed do eiusmod tempor
incididunt ut labore et dolore magna aliqua. Ut enim ad minim veniam, quis nostrud exercitation
ullamco laboris nisi ut aliquip ex ea commodo consequat. Duis aute irure dolor in reprehenderit
in voluptate velit esse cillum dolore eu fugiat nulla pariatur. Excepteur sint occaecat
cupidatat non proident, sunt in culpa qui officia deserunt mollit anim id est laborum.</div>
        </div>
        ... 생략 ...
```

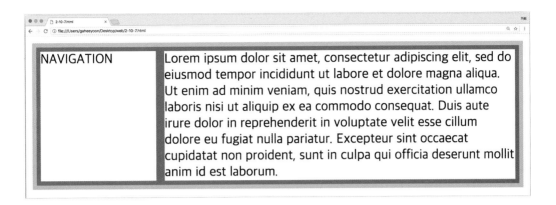

그럼 보다시피 텍스트가 많아짐에 따라 자동으로 칼럼이 커지고 왼쪽에 있는 NAVIGATION을 감싸는 태그도 자동으로 커지는 모습을 볼 수 있습니다. 이것이 바로 **그리드**입니다. 그리드는 아주 최신 기술입니다. 이러한 최신 CSS 기능을 사용하려면 현재 환경에서 사용할 수 있는지 데이터에 근거해서 판단하실 필요가 있습니다. 이를 확인하기 위해 유명한 사이트를 하나 소개해 드리겠습니다.

Can I Use
 - https://caniuse.com

이 사이트에서는 여러 CSS나 HTML, JavaScript 기술 가운데 현재 웹 브라우저들이 얼마나 그 기술을 지원하는지에 대한 통계를 보여줍니다.

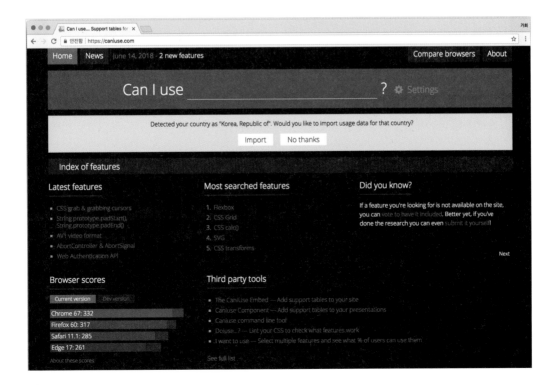

이 사이트에서 'grid'를 검색해 보면 다음과 같이 CSS Grid Layout이 나오고 크롬 65 버전에서 초록색으로 표시됩니다. 즉, 사용 가능하다는 의미입니다. 반면 Opera Mini에서는 붉은색으로 표시되므로 지원하지 않는다는 사실을 확인할 수 있습니다. 그리고 IE 11은 익스플로러 11인데 부분적으로 지원하고 있다는 의미의 색깔로 표시됩니다. 그리고 전 세계적으로 75%의 인구가 Grid 기능을 이용할 수 있다는 통계를 보여줍니다. 아주 유용하고 중요한 사이트이므로 꼭 기억해 두시길 바랍니다.

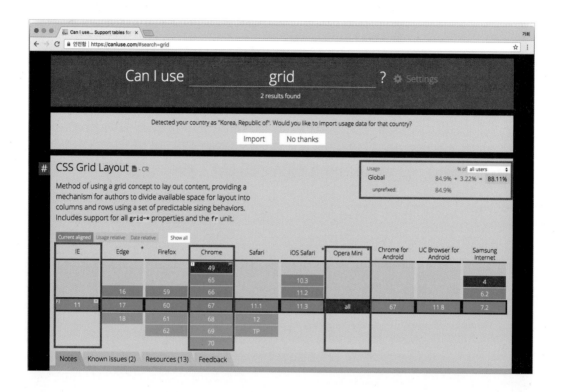

이렇게 해서 이번 강의에서는 그리드를 어떻게 쓰는지 알아봤고, 다음 강의에서는 우리의 웹 사이트에 그리드를 적용해 레이아웃을 완성해 봅시다.

이전 시간에 그리드가 무엇인지 배웠으니 이번 시간에는 실제로 써보겠습니다. 2.html에 돌아가 봅시다.

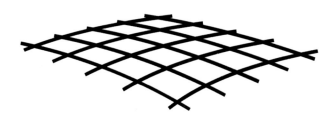

이번에 나란히 놓고 싶은 대상은 〈ol〉 태그와 〈h2〉, 〈p〉 태그입니다. 나란히 놓는 방법을 쓰기 위해 먼저 〈h2〉 태그와 〈p〉 태그를 묶겠습니다. 두 태그를 묶기 위해 〈h1〉 태그를 쓸 수도 없고 〈li〉 태그를 쓸 수도 없고 〈a〉 태그를 쓸 수도 없습니다. 왜냐하면 모두 의미가 있고 기능이 있기 때문입니다. 그렇기 때문에 의미도 없고 기능도 없는 〈div〉 태그를 사용하겠습니다. 〈h2〉 태그와 〈p〉 태그를 먼저 〈div〉 태그로 묶겠습니다.

```
    ... 생략 ...
    <ol>
        <li><a href="1.html" class="saw">HTML</a></li>
        <li><a href="2.html" class="saw" id="active">CSS</a></li>
        <li><a href="3.html">JavaScript</a></li>
    </ol>
    ... 생략 ...
    <div>
        <h2>CSS란 무엇인가?</h2>
        <p>Cascading Style Sheets (CSS) is a style sheet language used for describing the
presentation of a document written in a markup language like HTML.[1] CSS is a cornerstone
technology of the World Wide Web, alongside HTML and JavaScript.[2] CSS is designed to enable
the separation of presentation and content, including layout, colors, and fonts.[3] This
separation can improve content accessibility, provide more flexibility and control in the
specification of presentation characteristics, enable multiple web pages to share formatting by
specifying the relevant CSS in a separate .css file, and reduce complexity and repetition in the
structural content.</p>
    </div>
    ... 생략 ...
```

그럼 보다시피 &lt;div&gt; 태그와 &lt;ol&gt; 태그 두 개가 남는데, 이 두 개를 하나의 그룹으로 묶어서 그리드에
포함되는 하나의 요소로 사용하려면 역시나 **이 두 개를 감싸는 공통의 부모 태그가 필요**합니다. 역시나
이번에도 &lt;div&gt; 태그를 사용하겠습니다.

```
    ... 생략 ...
<h1><a href="index.html">WEB</a></h1>
    <div>
        <ol>
            <li><a href="1.html" class="saw">HTML</a></li>
            <li><a href="2.html" class="saw" id="active">CSS</a></li>
            <li><a href="3.html">JavaScript</a></li>
        </ol>
        ... 생략 ...
        <div>
            <h2>CSS란 무엇인가?</h2>
```

```
        <p>Cascading Style Sheets (CSS) is a style sheet language used for describing
the presentation of a document written in a markup language like HTML.[1] CSS is a cornerstone
technology of the World Wide Web, alongside HTML and JavaScript.[2] CSS is designed to enable
the separation of presentation and content, including layout, colors, and fonts.[3] This
separation can improve content accessibility, provide more flexibility and control in the
specification of presentation characteristics, enable multiple web pages to share formatting by
specifying the relevant CSS in a separate .css file, and reduce complexity and repetition in the
structural content.</p>
        </div>
    </div>
    ... 생략 ...
```

바깥쪽의 〈div〉 태그를 그리드로 지정하기 위해 id 값으로 'grid'를 지정합니다. 그리고 id가 'grid'
인 태그에 대해 display를 grid로 지정하고, 그다음에 grid-template-columns에서 첫 번째 칼럼인
〈ol〉은 150px로 설정하고, 두 번째 칼럼인 〈div〉 태그에 대해서는 1fr로 지정하겠습니다.

【예제 2-11-3】 첫 번째 칼럼(〈ol〉 태그)과 두 번째 칼럼(〈div〉 태그)을 나란히 배치　　　　　　2.html

```
    ... 생략 ...
    <style>
        ... 생략 ...
        #grid {
            display: grid;
            grid-template-columns: 150px 1fr;
        }
    </style>
    ... 생략 ...
    <h1><a href="index.html">WEB</a></h1>
    <div id="grid">
        <ol>
            <li><a href="1.html" class="saw">HTML</a></li>
            <li><a href="2.html" class="saw" id="active">CSS</a></li>
            <li><a href="3.html">JavaScript</a></li>
        </ol>
        ... 생략 ...
    </div>
    ... 생략 ...
```

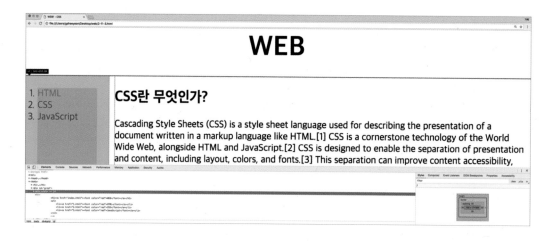

그럼 보다시피 웹 페이지가 멋진 모습이 된 것을 볼 수 있습니다. 이어서 조금씩 디테일을 다듬어 보겠습니다. 먼저 글 목록 부분의 여백을 보겠습니다.

초록색으로 표시된 부분 때문에 현재의 모습을 갖추고 있습니다. 즉 〈ol〉 태그의 padding 값이 20px로 설정돼 있어서 이런 형태를 갖추고 있는데 이 숫자를 더블클릭해서 값을 조정할 수 있습니다.

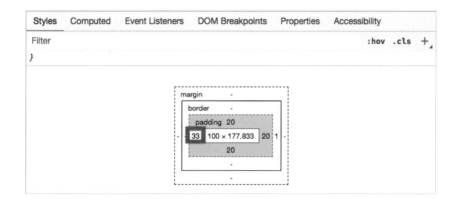

여기서는 적당히 33px로 설정하겠습니다. ⟨ol⟩ 태그에 대해 padding-left를 33px로 설정합니다.

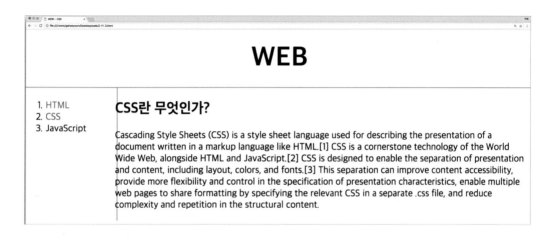

왼쪽에 padding이 생기니 글이 밀리는 현상을 볼 수 있습니다. 해당 영역을 조정하기 위해 ⟨div⟩에 id 값으로 'article'을 지정하고, #article에 대해 padding 값을 25px 정도로 설정합니다.

【예제 2-11-4】 ⟨div⟩에 id를 지정하고, padding 설정         2.html

```
    ... 생략 ...
<style>
    ... 생략 ...
    #article {
        padding-left: 25px;
    }
</style>
    ... 생략 ...
```

```
<h1><a href="index.html">WEB</a></h1>
<div id="grid">
    <ol>
        <li><a href="1.html" class="saw">HTML</a></li>
        <li><a href="2.html" class="saw" id="active">CSS</a></li>
        <li><a href="3.html">JavaScript</a></li>
    </ol>
    ... 생략 ...
    <div id="article">
        <h2>CSS란 무엇인가?</h2>
        <p>Cascading Style Sheets (CSS)
        ... 생략 ...
    </div>
</div>
... 생략 ...
```

페이지를 새로고침하면 결과를 볼 수 있습니다.

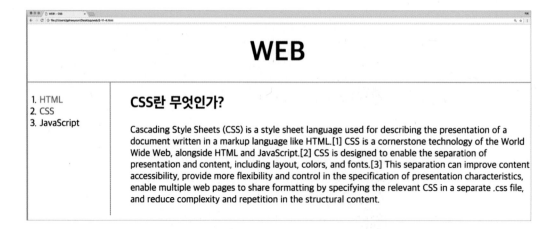

정리 차원에서 몇 가지 보겠습니다. 글 목록에 회색으로 표시되는 것은 불필요해 보이므로 .saw 부분
을 지워보겠습니다. 그리고 #active도 필요 없으므로 지우겠습니다. 그리고 <ol> 선택자 코드도 좋은
모습이 아닙니다. 왜냐하면 <ol>이 내비게이션 역할로 쓰이고 있는데, 나중에 <ol>이 내비게이션이 아
니라 본문에 리스트로 포함될 수 있는데, 이런 경우 문제가 생길 수 있습니다. 이 예제에서는 **id 값이**
**'grid'**인 태그 밑에 있는 **<ol> 태그**라고 지정하면 훨씬 더 의미가 분명해집니다.

1. .saw 영역 지우기

2. #active 영역 지우기

3. ol 태그 선택자 ol을 grid 태그 밑에 있는 ol 태그 선택자로 변경하기

【예제 2-11-5】 코드 정리하기 **2.html**

```
... 생략 ...
<style>
    body {
        margin: 0px;
    }
    #active {
        color: red;
    }
    .saw {
        color: gray;
    }
    ... 생략 ...
    #grid ol {
        border-right: 1px solid gray;
        width: 100px;
        margin: 0;
        padding: 20px;
    }
    #grid {
        display: grid;
        grid-template-columns: 150px 1fr;
    }
    #article {
        padding-left: 25px;
    }
</style>
... 생략 ...
```

# WEB

1. HTML
2. CSS
3. JavaScript

## CSS란 무엇인가?

Cascading Style Sheets (CSS) is a style sheet language used for describing the presentation of a document written in a markup language like HTML.[1] CSS is a cornerstone technology of the World Wide Web, alongside HTML and JavaScript.[2] CSS is designed to enable the separation of presentation and content, including layout, colors, and fonts.[3] This separation can improve content accessibility, provide more flexibility and control in the specification of presentation characteristics, enable multiple web pages to share formatting by specifying the relevant CSS in a separate .css file, and reduce complexity and repetition in the structural content.

이렇게 하면 이 <ol>은 이 웹 페이지에 있는 모든 <ol> 중에서 부모가 'grid'인 태그를 선택하는 선택자가 됩니다. 이를 통해 선택자 중 하나를 알게 됐습니다. 그리고 #article을 #grid에 묶을 수 있겠지만 id 값으로 'article'을 썼기 때문에 굳이 묶을 필요는 없습니다. 하지만 의미를 분명히 하기 위해 묶는 것도 좋은 방법입니다.

이렇게 해서 이번 시간에는 그리드를 이용해 레이아웃을 만들었고, 필요 없는 것들을 정리하는 작업을 해봤습니다.

이번 시간에는 현대적인 웹 애플리케이션을 만들 때 굉장히 중요한 요소라 할 수 있는 **반응형 디자인**의 흐름을 알아보겠습니다. 먼저 지금까지 만들어 왔던 예제를 보겠습니다.

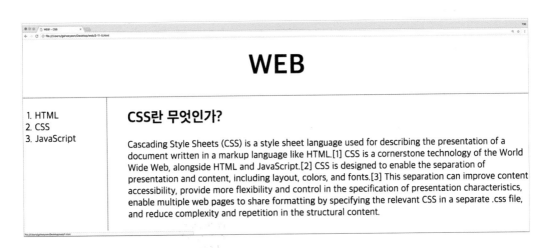

이 예제에 약간의 코드를 더해 기능을 새로 추가했습니다.

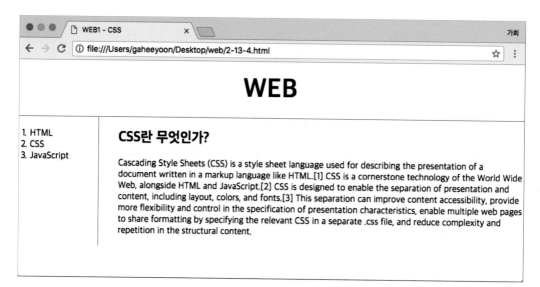

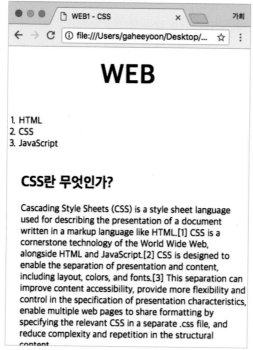

화면이 작아짐에 따라 선이 없어지고 위치가 조금 달라졌습니다. 그리고 화면이 일정한 크기가 되면 선이 생기고 화면이 바뀌는 것을 알 수 있습니다. 즉, **화면 크기에 따라 웹 페이지의 각 요소들이 반응해서 최적화된 모양으로 바뀌는 것을 반응형 웹 또는 반응형 웹 디자인**, 영어로는 'responsive web'이라고 합니다.

생각해 보면 웹은 상당히 곤욕스러운 시절을 겪어왔습니다. 왜냐하면 웹은 운영체제와 상관없이 또 PC든 스마트폰이든 미래에 나올 가상현실이든 모든 정보 시스템에서 동작합니다. 그 이야기는 수많은 형태의 화면에서 동작해야 한다는 뜻입니다. 그렇기 때문에 웹을 만드는 사람들은 여러 가지 화면에 대응하는 웹 페이지를 만들기 위해 몸부림쳐야 했습니다. 그것은 웹 애플리케이션을 개발하는 데 상당한 걸림돌로 작용했고, 꽤 긴 시간 동안 웹의 단점이었습니다. 하지만 사람은 방법을 찾습니다. 오랜 시간 웹을 위해 헌신한 사람들이 다양한 환경에서 적용할 수 있는 기술들을 발전시킨 끝에 오늘날 반응형 디자인이라 하는 최신 흐름까지 나타나게 됩니다.

반응형 디자인이란 앞서 설명했지만 **화면 크기에 따라 웹 페이지의 각 요소들이 반응해서 동작하게 된다는 것**입니다. 이번 시간에는 반응형 디자인을 순수한 웹 기술인 CSS를 통해 구현하는 핵심적인 개념인 **미디어 쿼리**에 대해 살펴보겠습니다.

먼저 새로운 파일을 만들겠습니다. 새 파일의 이름은 mediaquery.html입니다.

이번 수업에서는 화면 크기에 따라 어떤 HTML의 요소를 보이거나 안 보이게 만들겠습니다. 그러기 위해 아무런 의미도 없는 〈div〉 태그 하나에 "Responsive"란 내용을 넣겠습니다. 그리고 〈div〉 태그에 border: 10px solid green;을 지정하겠습니다. 아울러 폰트 크기를 60px로 지정하겠습니다.

【예제 2-12-1】 mediaquery.html 파일 생성      **mediaquery.html**

```html
<!DOCTYPE html>
<html>
    <head>
        <meta charset="utf-8">
        <title></title>
        <style>
            div {
                border: 10px solid green;
                font-size: 60px;
            }
        </style>
    </head>
    <body>
        <div>
            Responsive
        </div>
    </body>
</html>
```

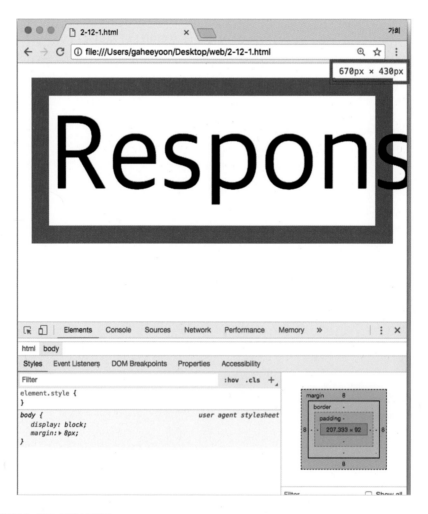

화면 크기에 따라 〈div〉 태그를 화면에 보이기도 하고 안 보이게도 한다면 화면 크기에 따라 디자인을 다르게 했다는 것입니다. 이때 사용하는 것이 미디어 쿼리입니다. 미디어 쿼리는 어렵기 때문에 단계적으로 살펴보겠습니다.

먼저 화면 크기가 800px보다 크냐 작냐에 따라 〈div〉 태그를 보이거나 안 보이게 만들고 싶다면 현재화면의 크기를 알아야 합니다. 크롬 개발자 도구를 통해 화면의 크기를 알 수 있습니다. 크롬 개발자 도구를 연 다음 화면을 크기를 변경해보면 오른쪽 위에서 화면 크기를 확인할 수 있습니다.

다음으로 기본적인 미디어 쿼리의 개념을 살펴보겠습니다. 먼저 다음은 화면의 너비가 800px보다 크다면 <div> 태그에 display:none을 설정하는 코드입니다.

【예제 2-12-2】 미디어 쿼리의 개념(가짜 코드)                mediaquery.html

```
... 생략 ...
<style>
    ... 생략 ...
    screen width > 800px
        div {
            display: none;
        }
</style>
... 생략 ...
```

하지만 이 코드는 미디어 쿼리가 아니라 여러분의 이해를 돕기 위한 가짜 코드이므로 실제 미디어 쿼리로 바꿔 보겠습니다. 먼저 **@media**라고 씁니다. 다음으로 화면의 크기가 800px보다 크다는 것은 **화면 크기의 최솟값이 800px**이라는 것과 같습니다. 따라서 **@media(min-width:800px)**과 screen width > 800px은 같은 뜻입니다. 앞서 작성했던 내용을 실제 코드로 변경해보겠습니다.

【예제 2-12-3】 미디어 쿼리 적용(실제 코드)                mediaquery.html

```
... 생략 ...
<style>
    ... 생략 ...
    @media(min-width: 800px) {
        div {
            display: none;
        }
    }
</style>
... 생략 ...
```

이렇게 하면 화면 크기가 800px보다 클 경우 <div>의 display가 none이 됩니다. 결과를 보면 화면 크기가 800px이 넘는 순간 <div>의 내용이 사라지는 것을 확인할 수 있습니다. 이해하셨나요?

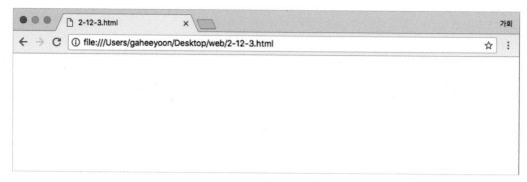

〈너비가 800px보다 작을 때〉

〈너비가 800px보다 클 때〉

영어로 최솟값은 min이고 최댓값은 max입니다. **min 대신 max**를 넣으면 screen width 〈 800px이라는 의미가 됩니다. 따라서 화면 크기가 800px보다 작으면 〈div〉가 사라지는 모습을 볼 수 있습니다. 즉, **미디어 쿼리**를 활용하면 화면 크기에 따라, 스마트폰의 가로 모드/세로 모드에 따라, 또 여러 가지 화면의 특성에 따라 **특정 조건을 만족할 때만 미디어 쿼리의 코드를 동작시키는 것이 가능**합니다. 이를 미디어 쿼리라 부르며 이 미디어 쿼리는 여러 가지 형태의 화면이 존재하는 세상에서 굉장히 중요한 존재라고 할 수 있습니다.

우리 수업은 최소한으로 배워서 최대한으로 써먹는 것이므로 미디어 쿼리를 우리 예제를 좀 더 윤택하게 하는 데 사용해 봅시다.

WEB2

# 13 미디어 쿼리 써먹기

https://youtu.be/qe3nSlg2k3Y (06분 08초) ◎

이전 시간에 미디어 쿼리라는 혁신적인 기능을 살펴봤습니다. 앞에서 배운 것을 예제에 도입해서 예제를 좀 더 똑똑하게 만들어 봅시다. 2.html을 열어봅시다.

제가 하려는 것은 화면의 크기가 줄어들면 선도 없어지고 본문이 아래쪽에 배치되며 'WEB'이란 타이틀도 작아지게 하는 것입니다. 여러분들도 직접 해보실 수 있을 것 같긴 합니다만 무리하실 필요는 없고, 제가 미디어 쿼리를 도입해서 먼저 시범을 보여드리겠습니다.

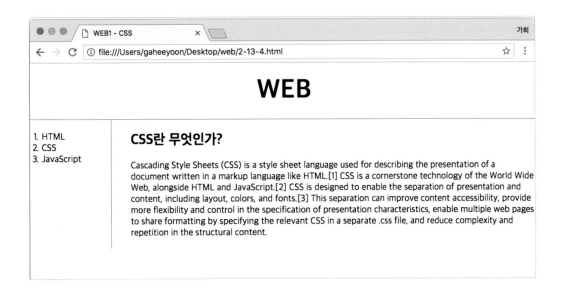

먼저 화면 크기를 지정해보겠습니다. 지금은 화면 크기가 800px보다 작아지면 본문이 이상해지는 것 같습니다. 그래서 800px을 기준으로 화면 크기가 800px보다 클 때, 800px보다 작을 때의 디자인을 미디어 쿼리를 통해 다르게 만들어 보겠습니다. 그럼 기존 디자인을 그대로 두고 미디어 쿼리를 추가하면 됩니다.

즉, 다음과 같이 screen width 〈 800px에 해당하는 조건을 추가하면 됩니다. 이전 수업에서 살펴봤듯이 이 코드는 @media(max-width:800px)에 해당합니다.

【예제 2-13-1】 미디어 쿼리 추가            2.html

```
... 생략 ...
<style>
    ... 생략 ...
    @media(max-width: 800px) {


    }
</style>
... 생략 ...
```

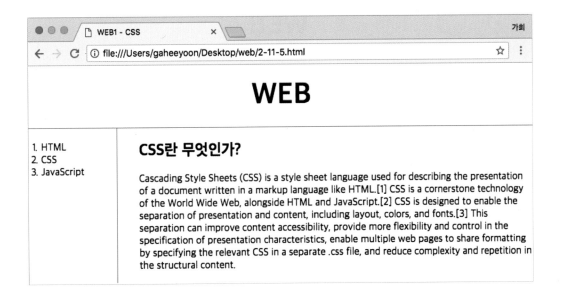

그런 다음 먼저 'grid' 부분을 'grid'가 아니게끔 만들면 됩니다. #grid 코드를 복사해서 미디어 쿼리 코드 안에 넣어봅시다. 그리고 display:grid를 display:block으로 바꿉니다.

【예제 2-13-2】 너비가 800px보다 작을 때 grid 영역의 display 속성을 block으로 설정     2.html

```
... 생략 ...
<style>
    ... 생략 ...
    @media (max-width: 800px) {
```

```
        #grid {
            display: block;
        }
    }
    </style>
    ... 생략 ...
```

즉, 화면 크기가 800px보다 작으면 id 값이 'grid'인 태그의 display가 'grid'였던 것이 'block'으로 바뀌는 것입니다. 페이지를 새로고침해 보면 다음과 같은 결과를 볼 수 있습니다.

다음으로 선을 없애봅시다. 선은 왜 존재하나요? <ol> 태그의 border-right 속성 때문입니다. 미디어 쿼리 코드 안에서 <ol> 태그에 대해 border-right:none을 설정해 봅시다.

【예제 2-13-3】 너비가 800px보다 작을 때 목록 오른쪽에 있는 선 지우기                    2.html

```
    ... 생략 ...
    <style>
        ... 생략 ...
        @media (max-width: 800px) {
            #grid {
```

```
                display: block;
            }
            #grid ol {
                border-right: none;
            }
        }
    </style>
    ... 생략 ...
```

그러면 테두리가 사라지는 모습을 볼 수 있습니다.

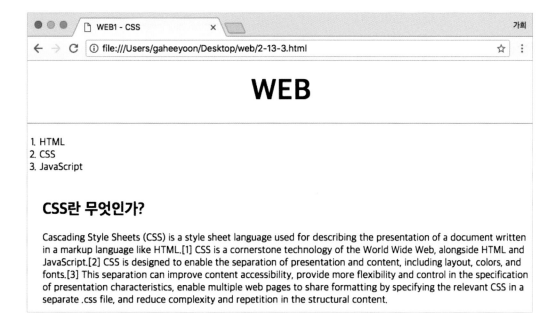

다음으로 〈h1〉의 태그 테두리도 지워봅시다. 〈h1〉 태그의 테두리는 border-bottom 때문에 만들어집 니다. 마찬가지로 미디어 쿼리에 안에 해당 내용을 넣고 border-bottom: none으로 지정합니다.

【예제 2-13-4】 너비가 800px보다 작을 때 제목 아래에 있는 선 지우기                    2.html

```
    ... 생략 ...
    <style>
        ... 생략 ...
        @media (max-width: 800px) {
```

```
        #grid {
            display: block;
        }
        #grid ol {
            border-right: none;
        }
        h1 {
            border-bottom: none;
        }
    }
</style>
... 생략 ...
```

그러면 보다시피 수정된 내용이 반영되는 모습을 볼 수 있습니다.

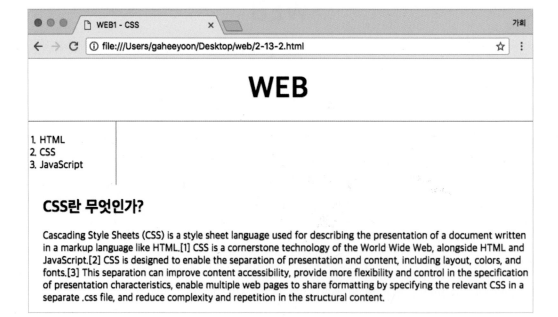

결과적으로 작은 화면에서는 페이지가 더 잘 보이게 됐고, 큰 화면, 즉 800px보다 화면이 커지면 넓은
화면의 특성을 십분 발휘하는 레이아웃으로 바뀌는 모습을 볼 수 있습니다.

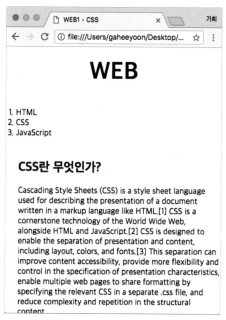

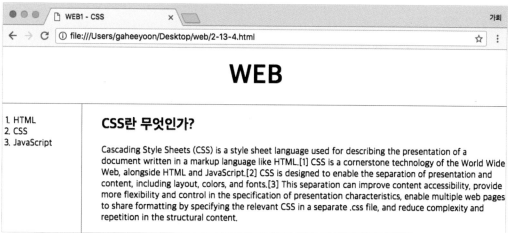

물론 미디어 쿼리를 이용하면 이보다 훨씬 더 복잡하게 다양한 효과를 줄 수 있겠지만 우리 수업의 범위를 벗어나기 때문에 여기서는 더는 자세히 다루지 않겠습니다. 다만 이번 수업에서는 미디어 쿼리가 무엇인가와 다양한 화면에서 웹이 어떻게 적응해 왔는가를 배우셨으므로 좀 더 복잡한 상황에 부딪히더라도 미디어 쿼리를 공부해서 해결하면 됩니다.

이렇게 해서 이번 수업에서는 현대 웹에서 필수적인 요소라 할 수 있는, 다양한 크기에 반응해서 자신의 모양을 스스로 바꾸게 할 수 있는 반응형 웹을 알아봤습니다.

우리 수업의 막바지에 거의 도달했는데, 이번 수업에서는 지금까지 만든 것을 다른 페이지에도 전파해 보겠습니다.

먼저 2.html의 〈style〉 태그를 복사해서 1.html에 넣고 웹 브라우저에서 열어봅시다. 그런데 두 페이지의 CSS 코드가 같음에도 서로 다르게 표시됩니다.

【예제 2-14-1】 2.html의 〈style〉 태그를 1.html에 복사해서 붙여넣기　　　　　　　　　1.html

```
... 생략 ...
<head>
    <title>WEB1 - CSS</title>
    <meta charset="utf-8">
    <style>
        body {
            margin: 0px;
        }
        a {
            color: black;
            text-decoration: none;
        }
        h1 {
            font-size: 45px;
            text-align: center;
```

```
            border-bottom: 1px solid gray;
            margin: 0px;
            padding: 20px;
        }
        #grid ol {
            border-right: 1px solid gray;
            width: 100px;
            margin: 0;
            padding: 20px;
        }
        #grid {
            display: grid;
            grid-template-columns: 150px 1fr;
        }
        #article {
            padding-left: 25px;
        }
        @media (max-width: 800px) {
            #grid {
                display: block;
            }
            #grid ol {
                border-right: none;
            }
            h1 {
                border-bottom: none;
            }
        }
    </style>
</head>
... 생략 ...
```

이상하지 않나요?

**WEB**

1. HTML
2. CSS
3. JavaScript

### HTML이란 무엇인가?

Hypertext Markup Language (HTML) is the standard markup language for **creating <u>web</u> pages** and web applications. Web browsers receive HTML documents from a web server or from local storage and render them into multimedia web pages. HTML describes the structure of a web page semantically and originally included cues for the appearance of the document.

2.html에는 id가 'grid'로 설정된 〈div〉 태그가 있습니다. 그리고 id 값이 'article'인, 본문을 감싸는 〈div〉 태그가 있습니다. 따라서 2.html에 설정된 두 태그를 1.html에도 동일하게 적용한 후 페이지를 새로고침하면 두 페이지가 동일하게 표시되는 모습을 확인할 수 있습니다.

【예제 2-14-2】1.html에도 〈div〉 태그를 추가하고 id 속성 추가                    1.html

```
    ... 생략 ...
  <body>
      <h1><a href="index.html">WEB</a></h1>
      <div id="grid">
          <ol>
              <li><a href="1.html">HTML</a></li>
              <li><a href="2.html">CSS</a></li>
              <li><a href="3.html">JavaScript</a></li>
          </ol>

          <div id="article">
              <h2>HTML이란 무엇인가?</h2>
              <p><a href="https://www.w3.org/TR/html5/" target="_blank" title="HTML5
specification">Hypertext Markup Language (HTML)</a> is ... 생략 ...
          </div>
      </div>
  </body>
    ... 생략 ...
```

같은 방식으로 3.html과 index.html에 적용해 봅시다. 작업을 끝냈더니 모든 페이지가 일관되게 디자인되는 것을 확인할 수 있습니다.

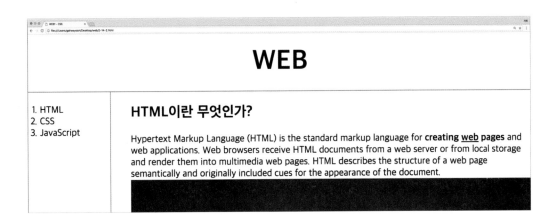

그럼 다시 한 번 여러분들에게 극단적인 상황을 상상해 달라고 요청하겠습니다. 이 코드를 여러 개의 페이지에 적용할 때 조금 까다롭지 않았나요? 그리고 만약 웹 페이지의 수가 4개가 아니라 1억 개라면 어떻게 될까요? 가령 이 웹 페이지의 링크에 밑줄을 쳐야 한다면 1억 번을 작업해야 합니다.

이런 문제가 발생하는 이유는 우리가 **작성한 CSS 코드가 모든 파일에 중복해서 등장하기 때문**입니다. 여러분들에게 여러 번 말씀 드린 코딩을 잘하는 방법, 즉 중복의 제거가 필요한 것입니다. 그럼 중복된 코드를 제거하면 코딩이 얼마나 효율적으로 바뀌는지 확인해 봅시다. 이 과정에서 여러분이 느껴야 할 것은 중복의 제거가 굉장히 중요하고, 중복의 제거라는 것이 새로운 기술이 출현하는 데 큰 역할을 하겠구나, 라는 데 공감하는 것입니다.

먼저 모든 웹 페이지에 중복돼 있는 CSS 코드에서 〈style〉 태그를 제외한 순수한 CSS 코드만 복사해서 style.css라는 파일에 붙여넣겠습니다. 그리고 〈style〉 태그의 내용을 다 지우고 웹 브라우저에게 이렇게 이야기하는 겁니다.

【예제 2-14-3】 style.css 파일을 생성하고 〈style〉 태그의 내용 붙여넣기         **style.css**

```
body {
    margin: 0px;
}
a {
  color: black;
    text-decoration: none;
```

```
    }
    h1 {
        font-size: 45px;
        text-align: center;
        border-bottom: 1px solid gray;
        margin: 0px;
        padding: 20px;
    }
    #grid ol {
        border-right: 1px solid gray;
        width: 100px;
        margin: 0;
        padding: 20px;
    }
    #grid {
        display: grid;
        grid-template-columns: 150px 1fr;
    }
    #article {
        padding-left: 25px;
    }
    @media (max-width: 800px) {
        #grid {
            display: block;
        }
        #grid ol {
            border-right: none;
        }
        h1 {
            border-bottom: none;
        }
    }
```

"웹 브라우저야, 마우스 커서에 있는 위치에는 style.css라는 별도의 파일에 저장된 CSS를 내려받아서 원래 그 코드가 있었던 것처럼 동작해."

이런 역할을 하는 것이 바로 〈link〉라는 태그입니다. 〈link〉 태그를 통해 이 웹 페이지가 어떤 CSS 파일과 연결돼 있는지 웹 브라우저에게 알려줄 수 있다는 것입니다.

【예제 2-14-4】 〈style〉 태그를 지우고 〈link〉 태그로 CSS 파일 연결         1.html

```
... 생략 ...
<head>
    <title>WEB1 - HTML</title>
    <meta charset="utf-8">
    <link rel="stylesheet" href="style.css" />
    <style>
        ... 생략 ...
    </style>
</head>
    ... 생략 ...
```

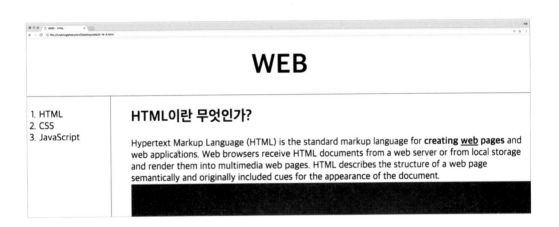

위와 같이 작성하면 **1.html이라는 웹 페이지**는 style.css라는 **파일과 연결**돼 있고, 웹 브라우저는 style.css 파일을 내려받아 이 웹 페이지에 적용할 것입니다. 1.html을 새로고침하면 변화가 없음을 알 수 있습니다.

그럼 이제 style.css 파일에 대한 링크를 각 웹 페이지에 붙여넣으면 됩니다. 〈style〉 태그를 모두 지우고, 1.html과 같이 〈link〉 태그로 바꿔보겠습니다. 결과를 보면 결과가 바뀌었나요? 아닙니다. 이전과 똑같이 동작합니다. 하지만 **내부적으로는 완전히 구현이 달라지며 훨씬 더 효율적인 상태**가 됩니다. 이전과 얼마나 큰 차이가 생겼는지 봅시다. 만약 누군가 여러분에게 웹 페이지에 있는 모든 링크 밑에 있는 밑줄을 치라고 했을 때 style.css라는 공통 파일에 가서 코드를 바꾸는 것만으로 모든 웹 페이지에 효과가 적용되는 폭발적인 효과를 얻게 됩니다. 이렇게 했을 때 우리가 얻을 수 있는 효과는 우리가 CSS를 처음 배우기 시작할 때 선택자라는 것을 통해 우리가 얻을 수 있는 중복 제거의 효과와 똑같습니다.

다음과 같이 style.css를 참조하는 코드가 있다면 여러분은 이곳에 style.css 파일에 담긴 코드가 있다고 확신할 수 있습니다.

```
<link rel="stylesheet" href="style.css" />
```

하지만 1.html, 2.html, 3.html에 `<link>` 대신 style.css에 들어있는 코드가 직접 기술돼 있다면 각 파일별로 존재하는 CSS 코드가 실제로 같은지 파악하는 게 대단히 어려울 것입니다. 그리고 여러분이 새로운 웹 페이지를 만들었을 때 그 웹 페이지에 `<link>`라는 한 줄을 추가하면 style.css 파일의 내용이 무엇인지 몰라도 style.css에 담긴 시각적인 기능성을 사용할 수 있게 됩니다. 즉 **재사용성이 높아지고** 사용하는 입장에서 내부적인 코딩의 원리를 몰라도 사용할 수 있게 되니 **사용성이 높아집니다**. 그리고 우리가 가지고 있는 웹 페이지가 1억 개라도 style.css 파일 하나만 바꾸면 1억 개든 10억 개든 1000억 개든 변경사항이 동시에 반영되는 폭발적인 효과를 얻게 되므로 아주 혁명적인 사건이라 볼 수 있습니다. 그리고 코드의 양이 줄었기 때문에 이 웹 페이지를 내려받을 때 인터넷 트래픽을 덜 쓸 수 있다는 것도 매우 중요한 경제적 효과입니다(물론 style.css 파일을 HTML 파일과 분리해 뒀다고 해서 style.css 파일을 다운로드하지 않는 것은 아닙니다).

한번 확인해 볼까요? 크롬 개발자 도구를 열고 Network 탭으로 가면 현재 보고 있는 1.html을 새로고침했을 때 내부적으로 어떤 파일을 웹 서버에서 다운로드하는지 확인할 수 있습니다.

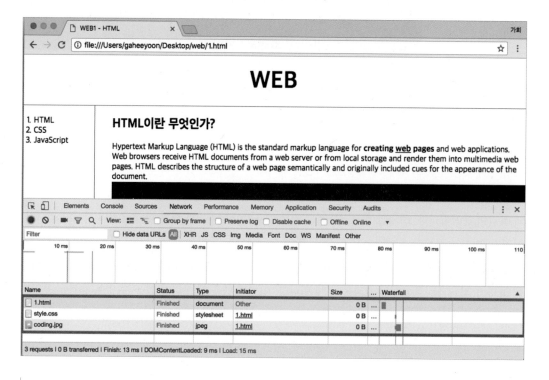

보다시피 1.html을 찾았고, 웹 브라우저가 HTML 코드를 해석하다 〈link〉 태그를 만나고 style.css 파일을 다운로드해야 한다는 사실을 안 다음에 여러분 몰래 style.css 파일을 다운로드해서 웹 페이지에 적용합니다. 이처럼 하나의 웹 페이지를 구성하는 여러 개의 파일을 별도로 분리해 두고 내려받는 것과 그냥 웹 페이지 안에 CSS 코드를 내장하는 것 중에서 어떤 것이 더 네트워크적인 측면에서 더 효율적일까요? 웹 페이지 안에 CSS를 직접 작성하는 것이 그 자체로는 더 효율적입니다. 하지만 지금부터 설명드릴 기법 때문에 반드시 그렇지만은 않습니다. 그 기법이란 바로 **캐싱(cache)**입니다.

**캐싱**이라는 것은 **저장한다는 뜻**인데, 우리가 한번 style.css 파일을 다운로드했다면 이 style.css의 내용이 바뀌기 전까지는 style.css 파일을 웹 브라우저가 우리의 컴퓨터에 저장해 뒀다가 다음에 style.css 파일을 요청하면 저장된 결과를 가져와 속도를 높일 수 있고, 사업자들은 돈을 덜 쓸 수 있는 굉장히 중요한 효과를 얻게 됩니다. 바로 이 캐시를 통해 style.css 파일을 캐싱할 수 있게 되면 결국에는 훨씬 더 빠르게 웹 페이지를 보여줄 수 있으면서 네트워크 트래픽을 훨씬 더 적게 쓸 수 있다는 굉장히 신기하면서 중요한 효과를 얻을 수 있어서 가급적 **CSS 파일을 별도로 만들어 중복을 제거하는 것을 추천**하고 싶습니다.

이렇게 해서 우리의 웹 페이지를 어떻게 효율적으로 만들 수 있는지 알아봤습니다. 〈link〉라는 태그도 중요하지만 정보기술에서 중복을 제거해서 재사용성을 높이고 가독성을 높이며, 유지보수를 편리하게 하는 것들이 얼마나 중요한 것인지 공감해 주시면 좋겠습니다.

여기까지 오시느라 고생 많으셨습니다. 대단하십니다.

지금까지 CSS를 지배하는 정말 중요한 규칙을 배웠습니다. 그중에서 가장 중요한 것은 **선택자**와 **속성**입니다. 여러분이 속성을 많이 알수록 **표현력이 풍부**해지고, 선택자를 많이 알수록 여러분이 알고 있는 **속성들을 좀 더 정확하게 표현**할 수 있게 됩니다. 마치 인간의 언어에서 주어와 서술어의 관계처럼, 선택자와 속성의 관계는 CSS를 지탱하는 두 개의 뿌리라는 것을 기억해 주세요.

우리는 CSS라는 거대한 토지 위에 뿌리를 내린 겁니다. 적당한 물과 양분이 있다면 시간이 지날수록 줄기는 성장하게 돼 있습니다. 성장의 기틀을 마련한 것에 대해 진심으로 축하드립니다.

자, 이제 어떻게 해야 할까요? 저도 정답을 알고 있는 것은 아니지만 지금 이 시점은 공부를 그만하기에 매우 중요한 타이밍입니다. 그리고 대신 여러분이 공부한 것을 써먹기에 아주 중요한 타이밍일뿐더러 그래야 합니다. 공부는 많이 했는데 그것을 써먹지 않는다면 우리 뇌는 억울해합니다.

뇌가 억울해하는 것을 방치하면 뇌는 수단과 방법을 가리지 않고 공부를 하지 않는 방법을 찾는다고 믿습니다. 그렇게 하면 공부와 멀어지게 되는 것입니다. 반대로 공부는 적게 했는데 그것을 최대한 써먹고 있다면 뇌는 공부의 효용을 신통하게 볼 것입니다. 공부의 효과에 뇌가 감탄할수록 뇌는 자꾸 공부하려고 합니다. 공부를 안 하면 뇌가 혹사당한다는 것을 알거든요.

더 이상 진도를 나가기보다는 예제를 이용해 자기 자신에게도 의미 있는 웹 사이트를 한번 꾸며보면 어떨까요? 그 웹 사이트가 자신의 삶에서 중요하다면 아마도 디자인적으로나 기술적으로 부족한 부분이 보이기 시작할 겁니다. 부족한 부분을 채우기 위해 검색하고 질문하고 고민하다 보면 서로 각자 무관한 듯 떨어져 있던 개념들이 연결되기 시작하고, 그 연결이 충분히 촘촘해진다면 외부로부터 우리에게 전해지는 배움이 없는데도 내부로부터 스스로 깨달아서 알게 되는 배움이 시작되지 않을까, 라는 생각이 듭니다.

여기까지 너무 고생하셨고, 할말은 너무 많지만 여기까지 하겠습니다. 고맙습니다. 축하드립니다.

처음 프로그래밍을 시작하는 입문자의 눈높이에 맞춘

# 생활코딩!
# HTML+CSS+
# 자바스크립트

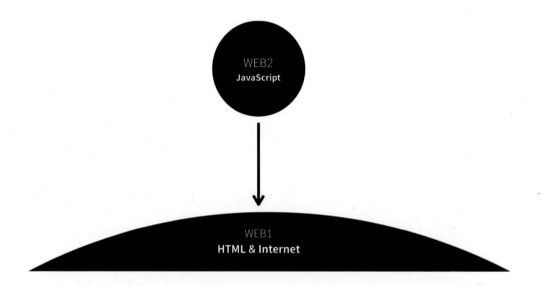

지금부터 자바스크립트 수업을 시작하겠습니다. 이 수업은 HTML과 인터넷 수업에 의존하는 수업입니다. HTML이 무엇인지 모르신다면 이 수업을 보기 전에 HTML 수업을 먼저 보고 이 수업을 보실 것을 권해드립니다. HTML이 무엇인지 아신다면 이 수업부터 시작하면 되겠습니다.

웹이 처음 세상에 등장했을 때는 단 하나의 기술만이 존재했습 니다. 바로 HTML입니다. 인류는 HTML을 통해 정보를 표현하고 주고받을 수 있게 됐습니다. 당시로서는 이것으로도 혁명적인 사건이었지만 인간의 욕심은 끝이 없죠. 곧 여러 가지 욕심이 쏟아져나옵니다. 수많은 욕심 중에서 우리의 관심사는 바로 사용자와 상호작용하고 싶다는 욕망입니다.

HTML은 정적입니다. 한번 화면에 출력되면 언제나 그 모습 그대로입니다. 반대로 우리가 알고 있는 데스크톱이나 모바일에서 사용되는 여러 프로그램, 예를 들면 게임 같은 경우 사용자의 조작에 반응해서 프로그램이 움직입니다. 사람들은 웹 페이지도 게임처럼 동적으로 사용자와 상호작용할 수 있게 되기를 원했습니다. 그래서 태어난 기술이 자바스크립트(JavaScript)입니다. 이제 웹은 HTML을 이용해서 웹 페이지를 우선 만든 후에 그렇게 만들어진 웹 페이지를 자바스크립트를 이용해 사용자와 상호작용할 수 있게 기능을 추가함으로써 HTML의 정보와 자바스크립트의 기능을 모두 갖춘 전무후무하고 유일무이한 시스템으로 성장했습니다.

예를 들어 여러분이 알고 있는 수많은 웹 사이트들이 프로그램처럼 사용자와 상호작용하면서 검색 엔진을 통해 검색된다는 것을 웹만이 가진 독창적인 특성이라고 할 수 있습니다. 그 어떤 정보 기술도 그렇지 않거든요. 조금 무리한 비유를 해보자면 HTML이 정보라고 하는 멈춰있는 이미지를 그리는 것이라면 자바스크립트는 정보라고 하는 이미지를 마치 영화처럼 움직이게 합니다. 이것은 마법입니다. 이제 여러분은 자바스크립트라는 마법을 자유자재로 다루는 마법사가 될 것입니다. 준비됐나요? 출발합시다.

그럼 지금부터 우리 수업의 최종적인 목표를 살펴보겠습니다. 이 수업은 어떤 문법을 쭉 배워나가는 수업이 아니라 어떤 하나의 기능을 구현하는 과정에서 필요한 문법을 배우는 식으로 구성된 수업입니다. 실습을 중심으로 하고 문법을 익혀가는 것이 부가적으로 따라온다고 생각하면 됩니다.

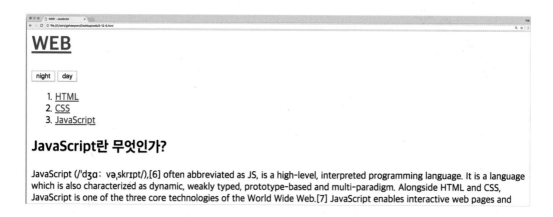

웹 사이트를 보면 눈이 부십니다. 그래서 night라는 버튼을 클릭했을 때 웹 페이지가 다음과 같이 바뀝니다.

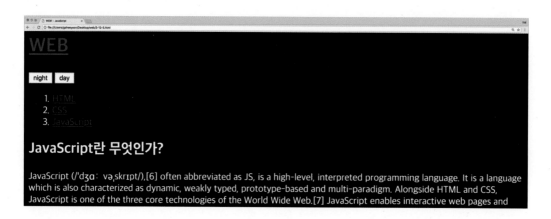

이 상태에서 day 버튼을 누르면 다시 원래 상태로 돌아옵니다.

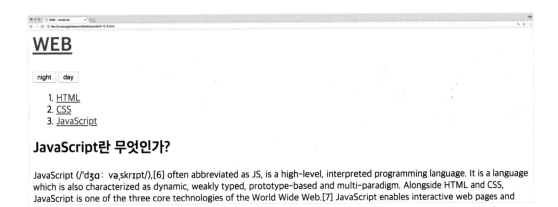

즉 야간 모드와 주간 모드를 버튼을 통해 바꾸는 기능을 만들어 보겠습니다. 바로 이것이 자바스크립트 가 할 수 있는 아주 중요한 특성, 즉 사용자와 상호작용한다는 것입니다. 즉, 사용자가 night 버튼을 클릭했을 때 그것에 반응해서 웹 페이지를 바꿔줍니다.

**웹 페이지는 한 번 화면에 출력되면 자기 자신을 바꾸는 능력이 없습니다. 그것을 가능하게 해주는 것** 이 **자바스크립트**입니다. 웹 브라우저에서 마우스 오른쪽 버튼을 클릭하면 메뉴에 [검사]라는 항목이 있습니다(저는 참고로 구글 크롬을 쓰고 있습니다). 검사를 통해 나온 부분 중에서 Elements라는 탭이 보이나요?

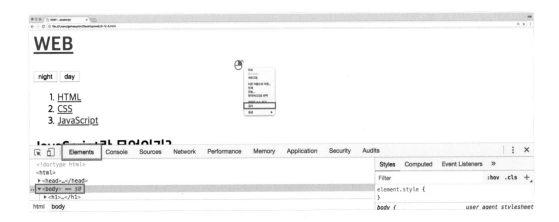

**엘리먼트**는 **태그**라는 뜻입니다. 여기서 보면 이 웹 페이지를 구성하는 HTML 태그를 볼 수 있습니다. 거기에서 night 버튼을 누르면 〈body〉 태그가 어떻게 바뀌는지 봅시다.

그리고 day 버튼을 누르면 이렇게 바뀝니다.

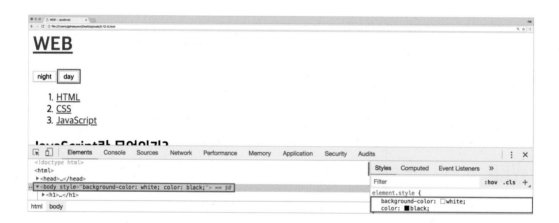

아직은 style이라는 속성도 모르고, 값으로 들어가 있는 것도 모르지만 내용을 보면 대략적으로 알 수 있습니다. 이론은 나중에 챙겨보고, 이곳에 나온 코드를 사람의 말로 이해해보는 시도를 해보겠습니다.

저는 화면을 보기 좋게 만들기 위해 개발자 도구 창 오른쪽 상단에 있는 아이콘( ⋮ )을 클릭한 다음 Dock side를 오른쪽으로 선택했습니다.

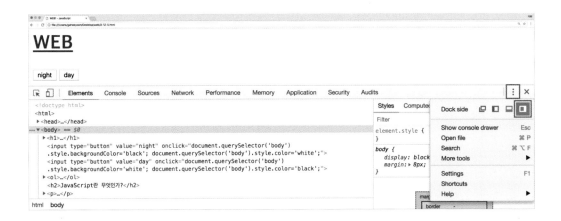

Dock side를 Dock to right로 선택하면 다음과 같이 개발자 도구 창이 오른쪽에 배치됩니다.

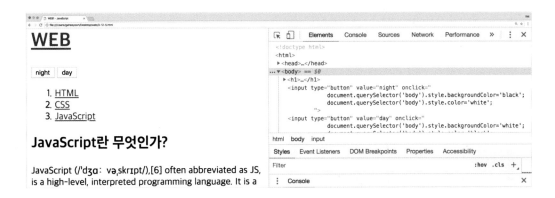

그다음으로 코드를 살펴보겠습니다.

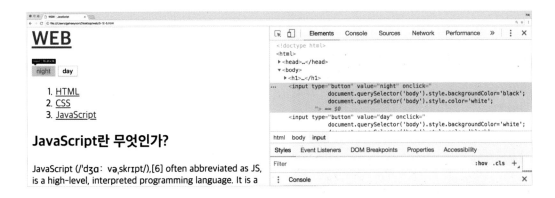

night란 버튼을 보면 **⟨input⟩**이라는 **태그**를 이용해 버튼을 만들 수 있다는 사실을 알 수 있습니다. 그런데 이 **태그**의 속성으로 **'button'**을 지정해야 합니다. 그럼 **버튼**이 됩니다. 그리고 **value**에 적힌 **'night'** 때문에 웹 브라우저가 **버튼의 이름으로 'night'**를 쓰게 됩니다. 이는 day도 마찬가지입니다.

그다음으로 **onclick**이라는 속성이 나오는데, 웹 브라우저의 HTML 사용 설명서에는 다음과 같이 나와 있습니다.

"**onclick**이라는 속성의 값으로는 자바스크립트가 와야 합니다. 그리고 onclick이라는 속성의 값으로 자바스크립트 코드를 넣으면 사용자가 onclick의 속성이 위치하고 있는 **버튼을 클릭했을 때 자바스크립트 코드를 실행할 것입니다.**"

여기서 자바스크립트 코드는 사용자가 'night'라는 버튼을 클릭했을 때 이 문서(document)에서 ⟨body⟩ 태그를 선택(querySelector('body'))하는 코드입니다(참고로 문법은 절대 신경 쓰지 말고 제가 하는 말을 이해하면 됩니다. 한국말을 이해하시고, 코드를 이해하려고 하지 마세요). 이 웹 페이지에서 ⟨body⟩ 태그는 무엇인가요? 이 웹 페이지 전체를 차지하는 아주 큼직한 코드, 즉 화면 전체를 의미합니다.

즉, **⟨body⟩ 태그를 선택하는 코드**가 document.querySelector('body')입니다. 그다음 이 ⟨body⟩ 태그에 **style 속성 값으로 배경색을 black으로 지정**한다(.style.background='black')는 의미의 코드입니다.

자, 그럼 이 코드가 실행됐을 때 어떤 일이 벌어지는지 살펴보겠습니다. 앞에서 봤지만 다시 한 번 확인해 보겠습니다. night 버튼을 클릭하면 위 코드가 실행되는데 그때 ⟨body⟩ 태그가 어떻게 바뀌나요?

다음과 같이 바뀝니다.

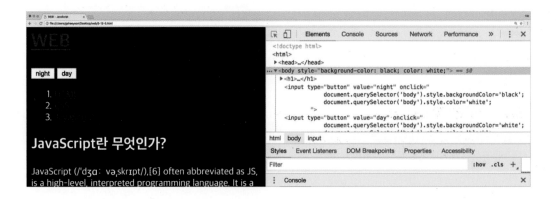

그리고 <body> 태그의 style 속성은 HTML의 사용 설명서에 이렇게 적혀있습니다.

**"style 속성값으로는 반드시 CSS 코드가 옵니다."**

이전 수업에서 CSS를 배워서 알고 있겠지만 CSS도 HTML이나 자바스크립트처럼 언어입니다. 그리고 이 언어의 목표는 웹 페이지를 디자인하는 데 최적화돼 있습니다.

아무튼 이 <body> 태그의 style 속성에 설정된 코드는 <body> 태그의 배경색은 검은색, 텍스트 컬러는 흰색으로 지정하라는 CSS입니다. day 버튼을 눌러보겠습니다. 그럼 <body> 태그의 style 속성이 어떻게 바뀌나요? 다음과 같이 바뀌는 것을 볼 수 있습니다.

이쯤에서 다시 한 번 교훈을 챙겨봅시다.

첫 번째, 자바스크립트는 **사용자와 상호작용하는 언어**입니다.

두 번째, HTML은 웹 브라우저 화면에 한 번 출력되면 자기자신을 바꿀 수 없습니다. <body> 태그는 언제나 <body> 태그입니다. 하지만 자바스크립트를 이용해 버튼을 누르면 **자바스크립트 코드에 따라 <body> 태그의 style 속성이 추가**되며, 이를 통해 <body> 태그의 디자인을 바꿀 수 있습니다.

자바스크립트는 **HTML을 제어하는 언어다**, 라는 정의를 내리는 이유는 바로 이런 이유에서입니다. 이러한 특성이 웹 페이지를 훨씬 더 동적으로 바꿔준다고 할 수 있습니다.

이번 시간에 자바스크립트 코드를 한 줄도 본 적이 없다고 치세요. 그 대신 이번 수업은 자바스크립트로 무엇을 할 수 있는지 추론할 수 있도록 이론이 아닌 경험적으로 체험하는 것이 목적이었으니 모르는 문법이 나왔다고 심란해할 필요가 없습니다. 그런 성격이기 때문에 그런 분들 심정은 제가 잘 이해합니다. 그러니 마음을 편하게 먹고 다음 수업으로 넘어가면 되겠습니다.

# 03 HTML과 JS의 만남: 〈script〉 태그

이번 시간에는 정말 중요한 이야기를 하겠습니다. 기본적으로 자바스크립트는 **HTML 위에서 동작하는 언어입니다.** 자바스크립트는 그렇게 시작했습니다. 그렇기 때문에 HTML이라는 컴퓨터 언어에 완전히 다른 문법을 가진 자바스크립트 코드를 어떻게 넣을 수 있을지 이야기해 보겠습니다.

먼저 ex1.html이라는 파일을 만들어 보겠습니다. 그다음에 HTML의 기본 코드를 만들고, 자바스크립트 코드를 넣어보겠습니다.

【예제 3-3-1】 ex1.html 파일 생성                                                            ex1.html

```
<!DOCTYPE html>
<html>
    <head>
        <meta charset="utf-8">
        <title></title>
    </head>
    <body>

    </body>
</html>
```

자바스크립트 코드를 넣을 때는 우선 웹 브라우저에게 지금부터 HTML에 **자바스크립트 코드가 시작된다는 사실을 알려야 합니다.** 그때 사용하는 태그가 **〈script〉라는 태그입니다.**

웹 브라우저는 〈script〉 태그 안의 코드를 자바스크립트 코드로 해석합니다. 이제 이곳에 다음과 같은 코드를 작성한 후 파일을 저장하고 실행해 보겠습니다.

【예제 3-3-2】 〈script〉 태그와 자바스크립트 코드 작성                                      ex1.html

```
    ... 생략 ...
    <body>
```

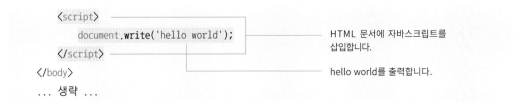

```
    <script>
        document.write('hello world');
    </script>
</body>
    ... 생략 ...
```

HTML 문서에 자바스크립트를 삽입합니다.

hello world를 출력합니다.

이번에는 `<h1>JavaScript</h1>`를 추가해서 다시 봅시다.

【예제 3-3-3】 `<h1>` 태그와 제목 추가                                        ex1.html

```
    ... 생략 ...
<body>
    <h1>JavaScript</h1>
    <script>
        document.write('hello world');
    </script>
</body>
    ... 생략 ...
```

`<h1>` 태그가 적용된 JavaScript를 출력합니다

그런데 이처럼 〈h1〉 태그 안에 'hello world'라고 쓰는 것과 무슨 차이가 있는지 당연히 궁금하실 것입니다. 어떤 부분에서 차이가 생기느냐면 **HTML에서 '1+1'을 쓰면 영원히 '1+1'**이 나옵니다. 하지만 **자바스크립트는 동적입니다.** 계산기처럼 동작할 수 있습니다.

【예제 3-3-4】 HTML 태그와 자바스크립트의 차이 살펴보기 　　　　　　　　　ex1.html

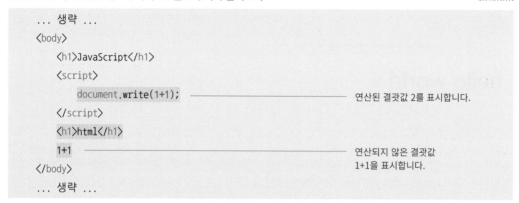

```
... 생략 ...
<body>
    <h1>JavaScript</h1>
    <script>
        document.write(1+1);          ——————— 연산된 결괏값 2를 표시합니다.
    </script>
    <h1>html</h1>
    1+1                               ——————— 연산되지 않은 결괏값
</body>                                         1+1을 표시합니다.
    ... 생략 ...
```

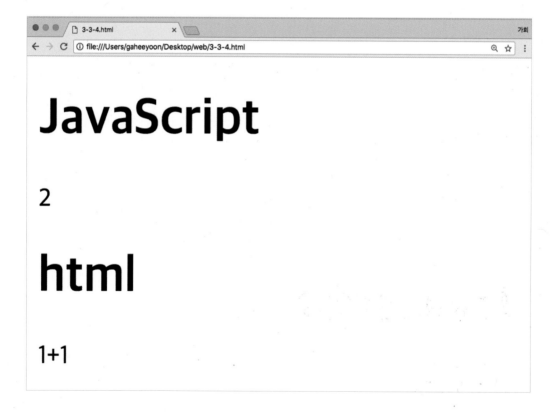

즉, **자바스크립트는 숫자 1과 숫자 1을 더한 값을 2로 만든 다음에 이것을 출력**하는 능력이 있습니다. 하지만 **HTML은 정적**입니다. 그렇게 할 수 없습니다. 여기서 중요한 것은 1+1이고, document.write 는 중요하지 않습니다. document.write(1+1);은 자바스크립트 코드라는 것이며, 웹 페이지에 어떤 글 자를 출력할 때 document.write()를 쓴다는 것을 굳이 문법적으로 알 필요는 없고, 한국말로 이해하 면 됩니다. 즉, 자바스크립트 코드를 웹 브라우저에게 알려주기 위해 **〈script〉 태그를 쓴다는 것**을 기 억해 두면 됩니다.

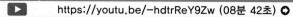

이번 시간은 HTML과 자바스크립트가 만나는 두 번째 시간입니다. 이번에는 이벤트라는 것을 알아볼 텐데, **이벤트는 자바스크립트가 사용자와 상호작용하는 데 핵심적인 역할**을 합니다.

먼저 기본적인 HTML 코드를 만들어 ex2.html이라는 이름의 파일로 저장해 봅시다. 그러고 나서 다음과 같이 버튼을 만들어보겠습니다.

【예제 3-4-1】 ex2.html 파일을 생성하고, 버튼 만들기          ex2.html

```
<!DOCTYPE html>
<html>
    <head>
        <meta charset="utf-8">
        <title></title>
    </head>
    <body>
        <input type="button" value="hi">  ─────────  버튼을 만들고
    </body>                                            그 위에 hi를 표시합니다.
</html>
```

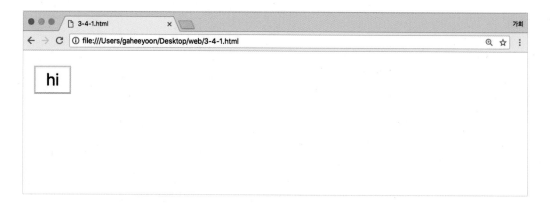

이때 사용하는 태그는 **〈input〉** 태그입니다. 〈input〉 태그의 **type**을 **'button'**으로 지정하면 **버튼 모양**이 됩니다. 그리고 **버튼에 글자를 넣고** 싶으면 **value라는 속성**을 이용하면 됩니다. 여기서는 이 value의 값으로 'hi'를 지정했습니다.

궁극적으로 제가 하고 싶은 것은 이 'hi' 버튼을 클릭했을 때 경고창이 나타나게 하는 것입니다. 경고창은 alert라는 기능인데, 이를 인터넷에서 검색해 보겠습니다. 'javascript alert'로 검색해 보면 다음과 같이 alert를 어떻게 사용하는지 나옵니다.

그럼 이 페이지의 내용을 참고해서 똑같이 하면 됩니다.

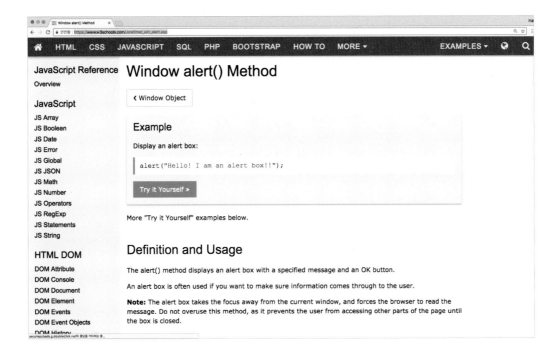

다음과 같이 onclick을 추가하고, onclick="alert('hi')"라고 지정합니다. 그리고 'hi' 버튼을 클릭하면 다음과 같은 결과가 나옵니다.

【예제 3-4-2】 onclick 속성과 값 추가            ex2.html

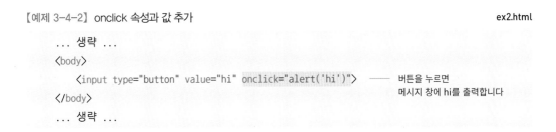

```
... 생략 ...
<body>
    <input type="button" value="hi" onclick="alert('hi')">  ─── 버튼을 누르면
</body>                                                          메시지 창에 hi를 출력합니다
    ... 생략 ...
```

<input> 태그에 **onclick**이라는 속성을 썼는데, 이 속성은 **아주 특별한 속성**입니다. HTML 설명서에
는 "**onclick 속성 값으로는 반드시 자바스크립트 코드가 와야 합니다**"라고 적혀있습니다. 다음으로
"onclick 속성의 값은 웹 브라우저가 기억해 뒀다가, onclick 속성이 위치하고 있는 태그를 사용자가
클릭했을 때 자바스크립트 코드를 자바스크립트 문법에 따라 해석해서 웹 브라우저가 실행할 것입니
다."라고 적혀 있습니다.

그래서 'hi' 버튼을 클릭했을 때 alert('hi')라는 코드가 실행되는 것을 알 수 있습니다. 웹 브라우저
입장에서는 onclick 속성을 만나면 alert('hi')를 기억하고 있다가 '사용자가 이 버튼을 누르면 그때
실행해야지'라고 생각하면서 기다리고 있다가 실제로 그런 일이 일어났을 때 자바스크립트 코드를 실
행한다는 것입니다. 이처럼 웹 브라우저 위에서 일어나는 일들을 **사건**, 영어로는 **이벤트(event)**라고
합니다. **어떤 이벤트가 일어났을 때 어떠한 자바스크립트 코드를 실행하게 하는 것이 onclick**이라는
것입니다. 그러면 웹 브라우저에서 일어날 수 있는 이벤트에는 어떤 것이 있을까요? 만약 모든 이벤트
를 생각해 본다면 무한히 많은 이벤트가 존재하지만 그중 기념할 만한 이벤트를 정해 놨습니다. 뭔가를
클릭했다거나, 혹은 <input type="text">라고 지정하면 글자를 입력할 수 있습니다.

【예제 3-4-3】 글자를 입력할 수 있는 텍스트 상자 만들기                                          ex2.html

```
    ... 생략 ...
  <body>
      <input type="button" value="hi" onclick="alert('hi')">
      <input type="text" />  ──────────────────── 텍스트를 입력받을 수 있는
  </body>                                          텍스트 상자를 생성합니다.
    ... 생략 ...
```

이때 글자를 입력하면 내용이 변화하는데, 이러한 **내용이 변했을 때를 체크하는 이벤트**도 있습니다. 그때 사용하는 이벤트는 에디터에서 'onc'까지 입력하면 다음과 같이 에디터가 추천해 줍니다. 애써 기억할 필요가 없습니다.

에디터가 나열한 목록에서 **onchange라는 속성**이 바로 앞서 설명한 이벤트입니다. 그럼 onchange= "alert('changed')"라는 자바스크립트 코드를 실행하게 되면 어떻게 되는지 확인해 보겠습니다.

```
... 생략 ...
<body>
    <input type="button" value="hi" onclick="alert('hi')">
    <input type="text" onchange="alert('changed')" />  ——  텍스트 상자의 내용이 변경되면
</body>                                                        메시지 창에 changed를 출력합니다.
    ... 생략 ...
```

'ABC'를 입력하고, **마우스 커서를 바깥쪽으로 빼서 클릭하면** 웹 브라우저가 **onchange 이벤트**를 실행합니다. 한 가지 재미있는 점은 쓸데없는 것을 쓴 다음에 다시 'ABC'를 쓰고 마우스 커서를 빠져나가도 **onchange** 이벤트가 실행되지 않는다는 것입니다(즉, 값이 변경되지 않으면 이벤트가 실행되지 않습니다). 이처럼 웹 브라우저는 웹 브라우저 위에서 일어나는 여러 가지 사건 가운데 기념할 만한 10 ~ 20개 정도의 이벤트를 정의해놓고 있습니다. 우리는 그러한 이벤트를 이용해 사용자와 상호작용하는 웹 사이트를 만들 수 있습니다. 그럼 한번 검색해 볼까요?(저는 검색이 가장 중요하다고 생각합니다) 만약 사용자가 어떤 키를 눌렀을 때 이벤트가 발생하도록 만들고 싶다면 다음과 같이 'javascript keydown event attribute'로 검색할 수 있습니다. 그럼 다음과 같은 결과를 볼 수 있습니다.

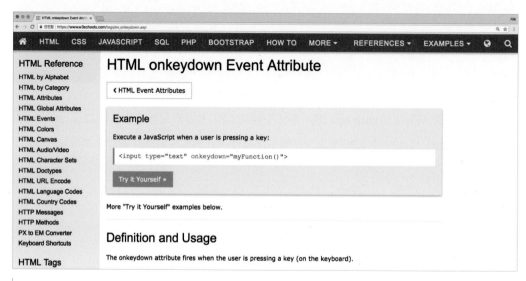

여기에 나온 대로 한번 해보겠습니다. 예제 코드에서 `<input type="text" onkeydown="alert('key down!')">`를 넣고 시험해 봅시다.

【예제 3-4-5】〈input〉 태그를 추가하고, onkeydown 속성과 값 추가                                      ex2.html

```
... 생략 ...
<body>
    <input type="button" value="hi" onclick="alert('hi')">
    <input type="text" onchange="alert('changed')" />
    <input type="text" onkeydown="alert('key down!')" />  ——— 키보드의 키를 누르면
</body>                                                        메시지 창에 key down!이
    ... 생략 ...                                                 출력됩니다.
```

위 텍스트박스 안에서 아무 키를 눌러보겠습니다. 키를 눌렀을 때 경고창이 나타납니다.

보다시피 이번 수업의 주인공은 **'on'으로 시작하는 속성**들이었습니다. 이러한 속성들을 자바스크립트에서는 **이벤트**라고 하며, 웹 브라우저 위에서 일어나는 여러 가지 사건들 중에서 기념할 만한 10 ~ 20개의 이벤트를 정의해 놨고, 이것들을 이용해 사용자와 상호작용할 수 있는 코드를 작성할 수 있습니다.

메인 예제로 돌아와서 night, day가 어떻게 작용하는지의 일부분을 알게 됐습니다.

즉, `<input>` 태그 속성에 `onclick` 속성이 들어 있고, 아직 우리가 100% 이해하지는 못하지만 속성 값으로 자바스크립트 코드가 들어와 있고, 그 덕분에 실행되는 것을 알 수 있습니다. 이번 수업은 여기까지 하겠습니다.

이번 시간에는 자바스크립트 코드를 실행하는 또 다른 방법을 살펴볼 텐데, 아주 재미있고 실용적인 방법입니다. 바로 **콘솔**(console)이라는 것입니다. 지금까지는 자바스크립트 코드를 실행하기 위해 웹페이지, 즉 파일을 만들었습니다. 경우에 따라서 파일이 아니더라도 **간단하게 어떤 코드를 실행해야 하는 상황**들이 있습니다. 그런 경우에 콘솔을 사용할 수 있습니다.

웹 페이지에서 마우스 오른쪽 버튼을 클릭한 다음 [검사] 버튼을 누르고 [Console] 탭을 눌러 봅시다. 그러면 다음과 같이 '〉' 오른쪽에서 커서가 깜빡입니다.

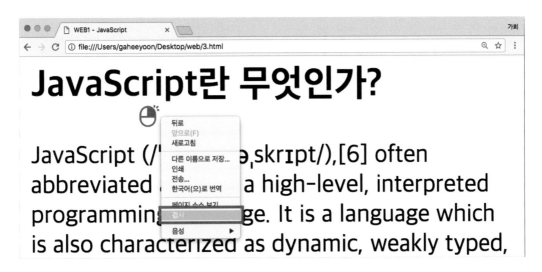

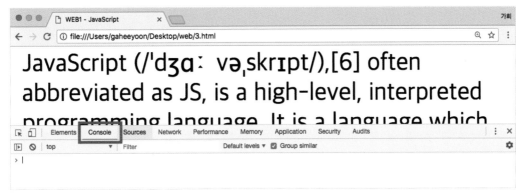

콘솔이라는 것을 이용하면 파일을 만들지 않더라도 자바스크립트 코드를 즉석에서 실행할 수 있습니다. 간혹 계산이 필요할 때가 있는데, 저는 이 콘솔을 **계산기**로 쓰기도 합니다. 마찬가지로 **데이터를 간단하게 처리**해야 하는 경우가 있습니다. 그런 경우에도 저는 습관적으로 콘솔을 실행해 여러 가지 데이터를 처리합니다. 예를 들면 지금 우리가 보고 있는 웹 페이지에서 텍스트를 복사해서 붙여넣어 봅시다.

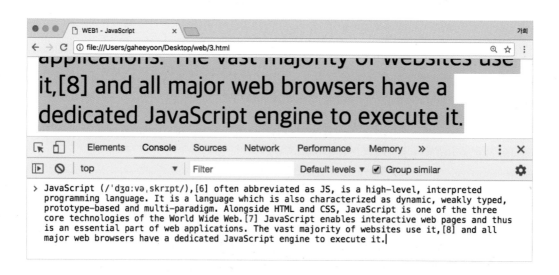

그런데 이 텍스트가 몇 개의 글자로 이뤄져 있는지 알고 싶다면, 셀 수 있나요? 어렵죠.

이 문자들을 ' '로 묶으면 ' ' 안의 것들은 문자가 됩니다. 그리고 자바스크립트에서는 ' ' 안에 들어 있는 문자의 개수를 알려주는 명령이 .length입니다. 이를 alert()로 감싸보겠습니다.

【예제 3-5-1】 텍스트가 몇 개의 글자로 이뤄졌는지 확인하기                                    console

```
alert('JavaScript (/'dʒɑ : vəˌskrɪpt/),[6] often abbreviated as JS, is a high-level, interpreted
programming language. It is a language which is also characterized as dynamic, weakly typed,
prototype-based and multi-paradigm. Alongside HTML and CSS, JavaScript is one of the three core
technologies of the World Wide Web.[7] JavaScript enables interactive web pages and thus is an
essential part of web applications. The vast majority of websites use it,[8] and all major web
browsers have a dedicated JavaScript engine to execute it.'.length);
```

보다시피 결과는 525입니다. 이것도 자바스크립트 코드를 실행하는 한 가지 방법이고, 여러분이 일상에서 자바스크립트 코드를 실행하는 경우 파일을 만드는 것이 아주 귀찮기 때문에 **콘솔을 이용하면 자바스크립트 코드를 즉석에서 실행할 수 있습니다.** 좀 더 실용적인 쓰임새를 설명해드리면 이 콘솔에서 실행하는 자바스크립트 코드는 지금 우리가 보고 있는 웹 페이지 안에 삽입돼 있는 자바스크립트인 것처럼 동작합니다. 다시 말해, 콘솔에서 실행하는 자바스크립트 코드는 이 웹 페이지를 대상으로 실행된다는 것입니다. 그 점에 착안해서 다음과 같은 일도 할 수 있습니다.

다음 화면은 제가 운영하고 있는 '생활코딩'이라는 그룹의 화면입니다. 이 그룹에서 어떤 일이 있었는지 말씀드리자면 그룹에는 커뮤니티 정책이라는 것이 있습니다. 좀 더 부드럽게 그룹이 운영되기 위한 일종의 가이드입니다. 어떻게 하면 많은 분들이 이 정책을 열람할 수 있을까를 고민하다가 이벤트를 했습니다. 책 두 권을 걸고 이벤트를 만들었는데, 그룹의 구성원들이 '읽었습니다.'라고 쓰면 그중 두 분을 무작위로 추첨해서 두 분에게 책을 보내주는 이벤트였습니다. 놀랍게도 많은 분들이 협조해 주셔서 1,697명이 이 이벤트에 참여했습니다. 문제는 1,697명이라는 큰 숫자인데요, 이벤트에 참여한 회원이 많다 보니 너무 좋기도 하면서 한편으로 너무 걱정되기도 합니다. 어떻게 해야 공정하게 무작위로 추첨할 수 있을까? 1,697명이 되면 수작업으로 할 수 있는 범위가 넘어가기 때문에 절망적인 상황에 처하게 됩니다. 그런데 저를 구해줄 수 있는 구원자인 자바스크립트가 출동하면 어떨까요?

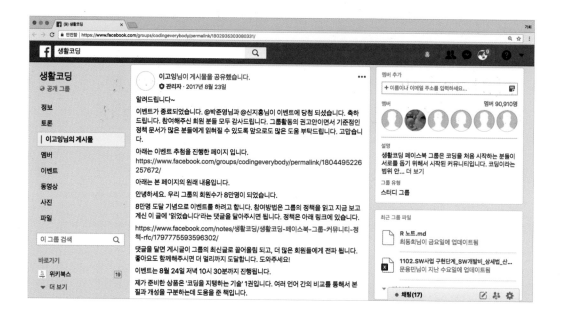

이 페이지에서 마우스 오른쪽 버튼을 클릭해서 [검사]를 누르면 개발자 도구가 나옵니다. 여기서 [Elements]라는 탭을 보면 이 웹 페이지의 HTML 코드를 볼 수 있습니다.

이 상태에서 ESC 키를 누르면 보다시피 HTML 코드를 보는 것과 동시에 콘솔이 하단에 나타납니다.

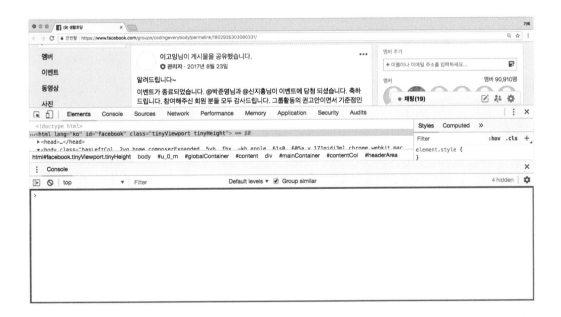

이 상태에서 예전에 제가 작성했던 코드를 복사해서 붙여넣고 제가 추첨하고 싶은 사람이 4명이면 당첨자 수를 4라 적습니다(댓글 선택자 부분은 하나하나의 HTML 코드를 어떤 방법으로 찾을 수 있는지를 나타내는 기호입니다. 이해하지 못하셔도 됩니다).

【예제 3-5-2】 댓글을 입력한 사람 중에서 무작위로 4명을 추첨하기(이해하지 않아도 좋습니다)　　　console

```
var 당첨자수 = 4;
var 댓글선택자 = '._3b-9>div>.UFIComment .UFICommentActorName';
function shuffle(a) {
    for (let i = a.length; i; i--) {
        let j = Math.floor(Math.random() * i);
        [a[i - 1], a[j]] = [a[j], a[i - 1]];
        console.log(i + ', ' + j);
    }
}
var list = [];
document.querySelectorAll(댓글선택자).forEach(function(e){
    list.push(e.innerText);
});
```

```
list = list.filter((v,i,a) => a.indexOf(v)===i);
shuffle(list)
console.log(list.slice(0,당첨자수));
```

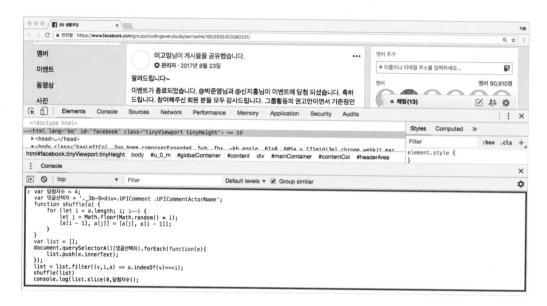

그러면 콘솔창에 붙여넣은 코드에 의해 가져온 회원 목록을 무작위로 섞고, 4명을 추첨합니다. 보다시피 4명을 추첨하는 것을 볼 수 있습니다.

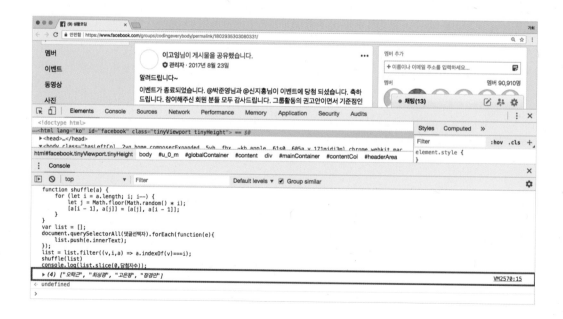

만약 한 번 더 실행하고 싶다면 키보드 위쪽 화살표 키를 누르면 다시 화면에 나타납니다. 이번에는 3명을 추첨하고 싶다면 당첨자 수를 3으로 바꾸고 엔터키를 누르면 또 다른 3명을 추첨하는 모습을 볼수 있습니다.

이를 통해 하고 싶은 이야기는 너무 많지만 몇 가지만 말씀드리자면 웹 페이지나 자바스크립트를 이용한다는 것은 웹 페이지를 만드는 것처럼 거대한 목표일 수도 있지만 이미 만들어진 웹 사이트를 대상으로 나의 필요에 따라 맥락적으로 간단하면서도 나에게는 딱 맞는 코드를 만들어 어떤 문제를 해결할 수있다는 것입니다.

우리가 코딩을 해서 얻을 수 있는 효용으로 '개발자가 될 수 있다' 혹은 '개발자가 될 수 없다'만 있는 것이 아닙니다. 내가 처한 현실의 문제를 해결할 수 있는 수많은 단계의 방법들이 다양하게 펼쳐져 있기때문에 너무 큰 목표를 설정하는 것보다 내가 처한 현실의 문제를 코딩을 통해 가볍게 해결할 수 있는방법을 잘 찾아보셨으면 좋겠습니다. 그리고 이 콘솔을 통해 자바스크립트 코드를 실행하면 현재 열려있는 웹 페이지를 대상으로 자바스크립트 코드가 실행된다는 것도 기억해 주시면 감사하겠습니다.

컴퓨터 프로그래밍에서는 데이터를 처리하는 것이 매우 중요한 일입니다. 컴퓨터에서는 데이터를 잘 처리하기 위해 데이터의 종류별로 잘 분류하려는 노력을 했고, 지금도 하고 있습니다. 그래서 이번 시간에는 자바스크립트라는 컴퓨터 언어에 **어떤 형태의 데이터가 있는지** 살펴보고, 그중 대표적인 것으로 **문자**와 **숫자**라는 **데이터 타입**에 대해 깊게 이해해 보겠습니다.

먼저 데이터 타입이라는 것에 대해 알아보겠습니다. 데이터 타입을 한국어로는 **자료형**이라고 부릅니다. 그럼 자바스크립트에는 어떤 데이터 타입이 있는지 검색을 통해 살펴보겠습니다. 다음과 같이 'javascript data type'이라 검색하면 데이터 타입에 대한 여러 가지 결과가 나오는데, 그중에서 모질라 재단에서 관리하는 문서를 보겠습니다.

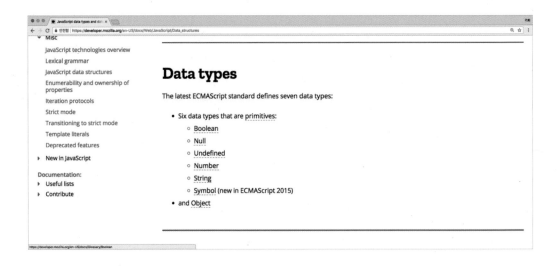

보다시피 자바스크립트에는 **6개의 데이터 타입**이 있고, **객체**라는 것이 있다고 돼 있습니다. 여기에 있는 내용 전체를 알 필요는 없습니다. 이번 시간에는 **숫자(Number)**와 **문자열(String)**이라고 하는 비교적 익숙한 데이터 타입을 통해 데이터 타입이 무엇인가를 파악해보고, 각 데이터 타입의 성격을 살펴보겠습니다.

웹 페이지에서 마우스 오른쪽 버튼을 클릭한 후 [검사]를 선택하면 크롬 개발자 도구가 나타나고, 여기서 [Console] 탭을 선택하겠습니다.

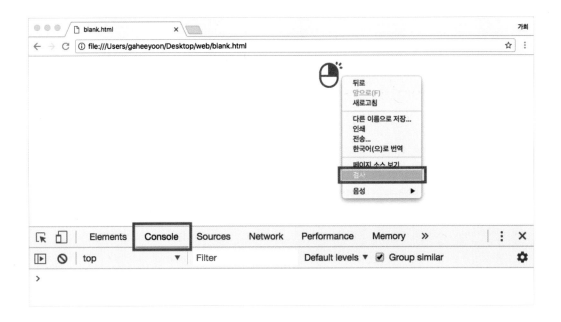

이곳에서 숫자를 표현해보겠습니다. 숫자를 표현하기 위해서는 그냥 숫자를 쓰면 됩니다. 예를 들어, alert(1)이라 쓰면 어떻게 되나요?

【예제 3-6-1】 경고창에 숫자 표현하기                                    console

```
alert(1)
```

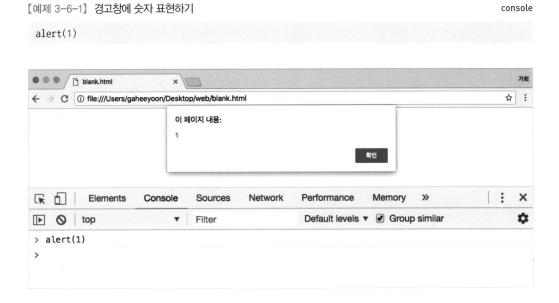

숫자 1이 화면에 출력됩니다. 그다음에 alert(1+1);의 결과는 어떻게 될까요? 2가 출력됩니다.

【예제 3-6-2】 경고창에 숫자 표현하기2 console

```
alert(1+1)
```

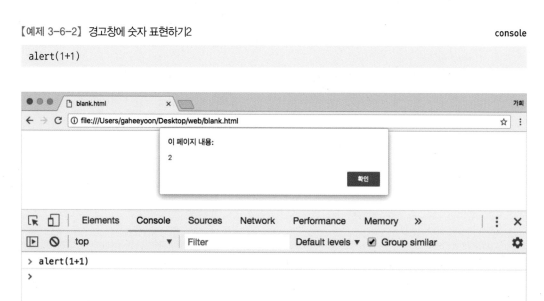

그런데 코드를 입력할 때마다 alert()을 쓰는 것이 굉장히 귀찮고, 경고창을 끄는 것도 귀찮습니다. 따라서 계산기처럼 그냥 1+1을 입력하고 엔터 키를 치면 숫자 2가 출력됩니다.

【예제 3-6-3】 콘솔에서 덧셈하기 console

```
1+1
```

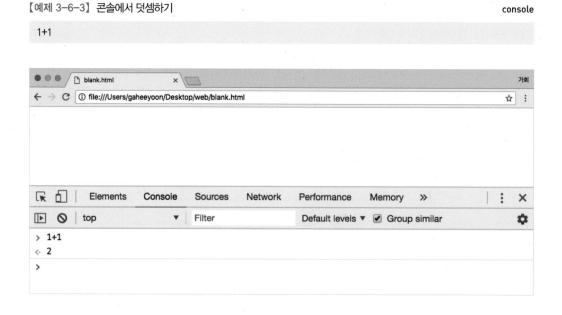

숫자를 의미하는 **Number**라는 데이터 타입에서 아주 중요한 것은 **연산**입니다. **더하기(+)**는 왼쪽에 있는 값과 오른쪽에 있는 값을 더해서 하나의 값을 만든다는 점에서 **이항 연산자**라고 부릅니다. 이항 연산자 중에서 산수를 하는 것이기 때문에 **산술 연산자**라고 부릅니다. 또 다른 산술 연산자로 뭐가 있을까요? 2−1을 하면 1이 되는데, 이때 사용한 **빼기(−)**가 있습니다. 또 다른 예로 2*4는 8이 되는데, *는 **곱하기**를 의미합니다. 6/2를 하면 3이 되는데, /가 프로그래밍에서는 **나누기**가 됩니다. 이렇게 해서 숫자라는 데이터 타입이 어떻게 표현되고 숫자와 숫자를 연산해서 어떤 결과를 만들어 내는 산술 연산자 4가지를 살펴봤습니다.

【예제 3-6-4】 콘솔에서 덧셈, 뺄셈, 곱셈, 나눗셈하기           console

```
1+1
2-1
2*4
6/2
```

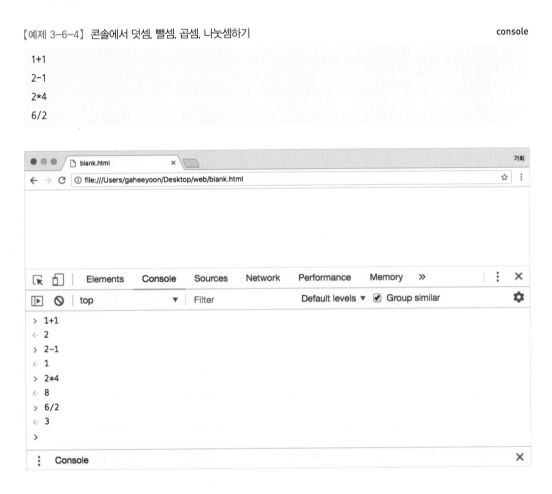

이번에는 문자열이라는 데이터 타입을 살펴보겠습니다. **문자열**은 **따옴표(" ")**로 이뤄져 있습니다(**작은따옴표(' ')**로 하셔도 무방합니다). 다만 큰따옴표로 시작하면 큰따옴표로 끝나고, 작은따옴표로 시작하면 작은따옴표로 끝나야 합니다.

숫자 데이터 타입에서 중요한 것은 산술 연산자였습니다. 이와 마찬가지로 문자열에도 아주 유용한 기능이 있습니다. 예를 들어, "Hello world"가 몇 글자로 돼 있는가는 .length라는 것을 이용해 알 수 있습니다. 그런데 이런 기능들을 다 알려드릴 수는 없는데, 문자열에도 엄청 많은 기능들이 있기 때문입니다. 검색을 통해 문자열을 처리할 때 이용할 수 있는 명령들을 찾는 방법을 살펴보겠습니다.

검색 엔진에서 'Javascript String'을 검색한 후 모질라에서 운영하는 웹 페이지를 열어보겠습니다.

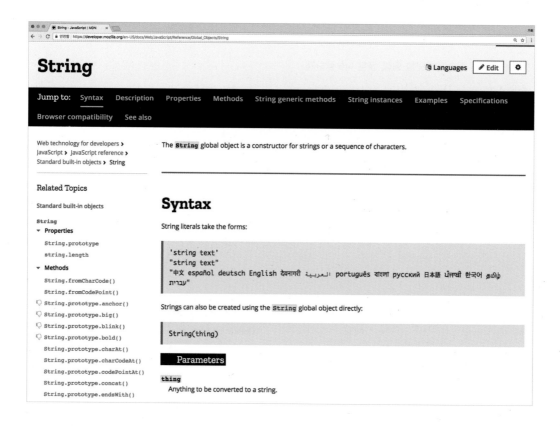

이 웹 페이지의 왼쪽에 보면 방금 살펴본 **string.length**가 나옵니다. 이를 클릭해서 확인해 보면 문자열에 length만 붙이면 된다는 것을 알 수 있고, 관련 예제가 나옵니다.

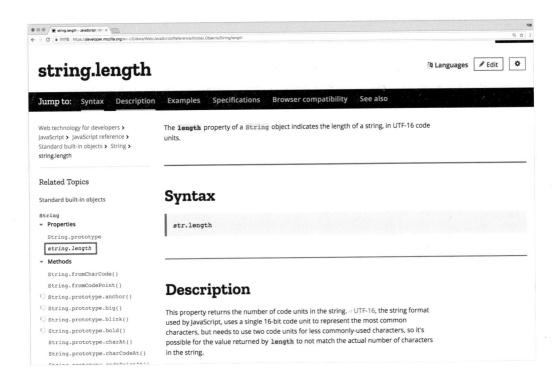

이러한 length와 같은 것들을 **프로퍼티**(Properties)라고 합니다. 지금 이 내용을 모두 이해하려는 것은 과욕이므로 듣고 흘리시면 됩니다. 그 밖에 여러 가지 메서드가 있는데, 여기서 재미있는 것들을 몇 가지 살펴보겠습니다.

먼저 `.toUpperCase()`가 있습니다.

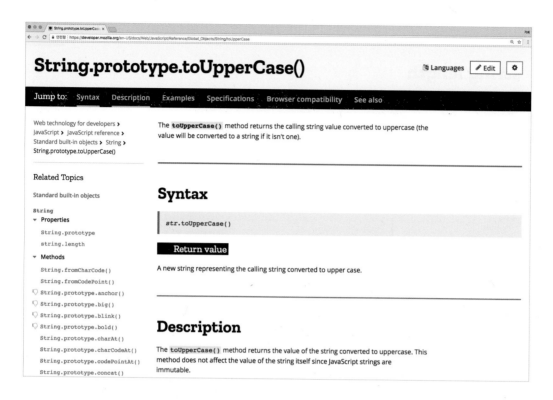

예제를 보면 문자열을 쓰고 .toUpperCase()를 쓰면 **결과가 대문자로 출력**되는 모습을 볼 수 있습니다. 이를 직접 실습해 보기 위해 'Hello World'.toUpperCase()를 실행하면 대소문자가 섞여 있던 'Hello World'가 모두 대문자인 'HELLO WORLD'로 출력되는 모습을 볼 수 있습니다.

【예제 3-6-5】문자열을 대문자로 출력하기                                    console

```
'Hello World'.toUpperCase()
```

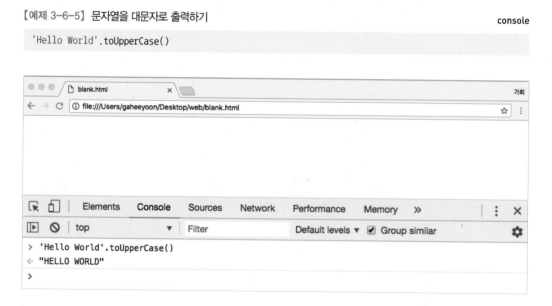

또 다른 메서드로 indexOf( )라는 것을 보겠습니다.

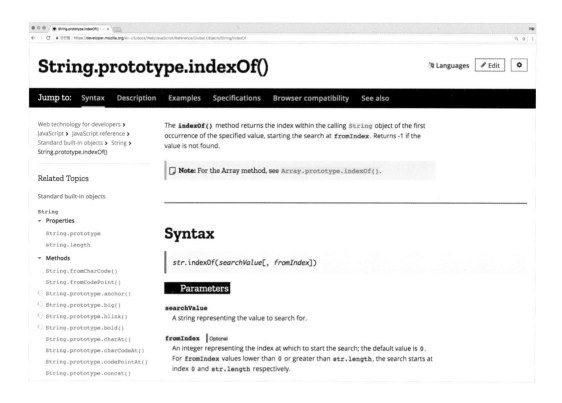

indexOf( )에 여러분이 **찾고자 하는 값**을 넣으라고 돼 있습니다. 설명서에 나온 대로 한번 해보겠습니다. 'Hello world'.indexOf('O')를 입력하고 엔터 키를 치면 −1로 찾을 수 없다는 결과가 나옵니다. 이번에는 'Hello world'.indexOf('o')와 같이 소문자 'o'를 입력하면 다음과 같이 4가 나옵니다.

【예제 3-6-6】 문자열에서 특정 문자 찾기　　　　　　　　　　　　　　　　　console

```
'Hello world'.indexOf('O')
'Hello world'.indexOf('o')
```

이것은 'Hello world'의 맨 앞에 있는 'H'부터 0으로 쳐서 4번째 자리에 소문자 'o'가 나온다는 뜻이며, 'Hello world'.indexOf('world')를 입력하면 다음과 같이 공백을 포함해서 6번째에 'world'라는 문자열이 시작한다는 것을 확인할 수 있습니다.

【예제 3-6-7】문자열에서 특정 문자열 찾기　　　　　　　　　　　　　　　　　　console

```
'Hello world'.indexOf('world')
```

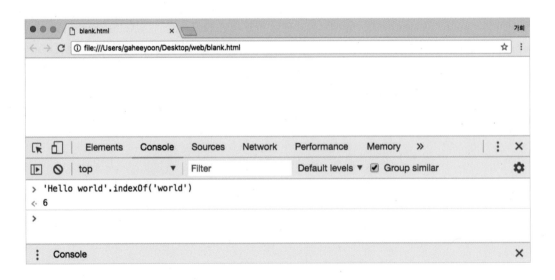

다음으로 '          hello          '라고 공백이 있을 때 문자열을 출력하면 공백이 그대로 출력됩니다. 그런데 '          hello          '.trim()을 입력하면 공백을 없애고 출력됩니다.

【예제 3-6-8】 문자열에서 공백 제거하기                                                       console

```
'          hello          '
'          hello          '.trim()
```

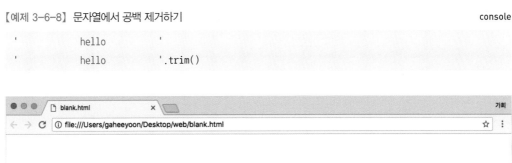

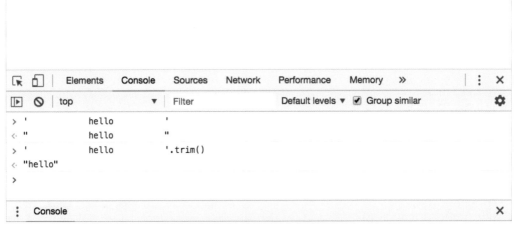

아직 .이 무엇인지, (가 어떤 문법인지 잘 알지 못합니다. 하지만 중요한 것은 이해하는 것보다 익숙해지는 것입니다. 나중에 이론을 토대로 경험적으로 알게 된 것을 정리하는 기회가 있을 것입니다. 그때까지 이론을 모르는 상태를 경험하는 것에 대해서 마음을 편하게 가지십시오.

1은 숫자인가요? 문자인가요? 당연히 **숫자**입니다. 그럼 **"1"**은 무엇일까요? **문자열**입니다. 1+1은 2입니다. "1"+"1"의 결과는 "11"입니다. 문자열이냐 숫자냐에 따라 결과가 많이 달라지므로 여러분은 항상 데이터 타입을 정확하게 표현하는 것에 대해 관심을 가질 필요가 있습니다.

【예제 3-6-9】 숫자와 문자열                                                                console

```
1+1
"1"+"1"
```

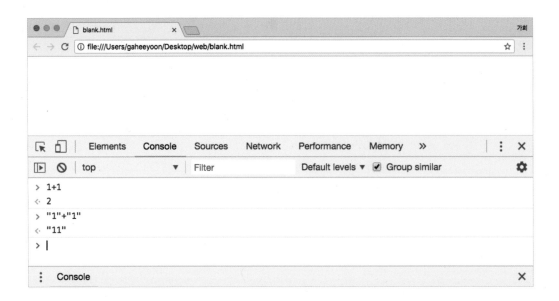

우리가 최종 목표로 삼고 있는 예제에서 문자열이 정말 등장하는지 살펴볼까요?

코드에서 black을 ' '로 감싸고 있습니다. 즉 'black'은 문자열이라는 것입니다. 그 아래의 'white'도 마찬가지입니다. 'body' 역시 문자열입니다. 이렇게 해서 문자열과 숫자를 각각 살펴보는 것을 통해 문자열과 숫자라는 것이 다른 데이터 타입이라는 것을 살펴봤고, 데이터 타입이 무엇인가에 대해서도 살펴봤습니다. 아직 배우지 못한 데이터 타입은 뒤에서 차차 살펴볼 수 있을 것입니다.

# 07 변수와 대입 연산자

https://youtu.be/absJhWQAS40 (07분 55초) ○

이번 시간에는 변수와 대입 연산자라는 주제를 살펴보겠습니다. 콘솔을 켜서 실습을 진행해 보겠습니다.

**변수**라는 것은 **바뀔 수 있는 값**입니다. 예를 들어 콘솔에 x=1이고 y=1을 입력했을 때 x+y를 실행하면 결과가 2입니다. 이번에는 x를 1000라 하고, 다시 x+y를 하면 결과로 1001이 나옵니다.

【예제 3-7-1】 변수와 대입 연산자
console

```
x = 1;
y = 1;
x + y;


x = 1000;
x + y;
```

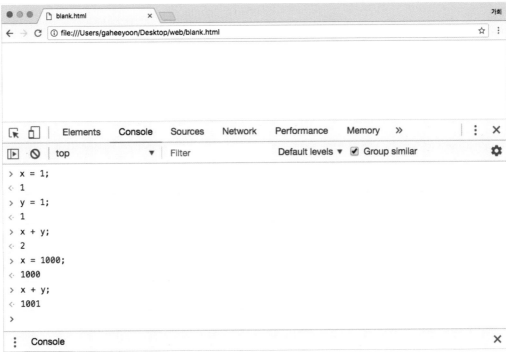

여기서 x라는 것을 **변수(variable)**라고 하고 =는 **대입 연산자**라고 합니다. 즉, 오른쪽 항에 있는 값을 왼쪽에 있는 변수에 대입하는 역할을 합니다. 대입 연산자에는 또 한 가지 특징이 있습니다. 바로 좌항과 우항을 결합해서 우항의 값을 만들어 낸다는 것입니다(이 부분은 아직 몰라도 됩니다).

그런데 1=2;를 입력하면 어떻게 될까요? 에러가 나타납니다. 1=2는 1에 2를 대입한다는 뜻입니다. 당연히 1은 언제나 1이기 때문에 2를 대입하면 안 되기 때문에 에러가 나타나는 것입니다. x라는 것은 대입 연산자를 통해 **값이 바뀔 수 있다는 뜻에서 변수**입니다. 하지만 숫자 1은 언제나 1이기 때문에 **바뀌지 않는다는 점에서 상수(constant)**라 합니다.

【예제 3-7-2】 변수와 상수                                                        console

```
1 = 2;
```

그럼 이번에는 변수를 왜 쓰는지 알아봅시다. 변수를 쓰는 이유는 너무나 많기 때문에 하나를 콕 집어 이야기하기가 오히려 어렵습니다. 수학에 변수가 없다면 인간은 공식이란 것을 사용할 수 없습니다.

프로그래밍에서 변수를 이용해서 할 수 있는 수많은 일들 중에서 변수의 위력을 느낄 수 있는 불완전한 예제를 하나 소개해드리겠습니다. 예를 들어 어떤 문자열을 써보겠습니다.

【예제 3-7-3】 아무 의미 없는 문자열(Lorem ipsum)                                console

```
"Lorem ipsum dolor sit amet, consectetur adipiscing elit, sed do eiusmod tempor egoing
incididunt ut labore et dolore magna aliqua. Ut enim ad minim veniam, egoing quis nostrud
exercitation ullamco laboris nisi ut aliquip ex ea commodo consequat. Duis aute irure dolor in
```

reprehenderit in voluptate velit esse cillum dolore eu fugiat nulla pariatur. Excepteur sint occaecat cupidatat non proident, sunt in culpa qui officia deserunt egoing mollit anim id est laborum."

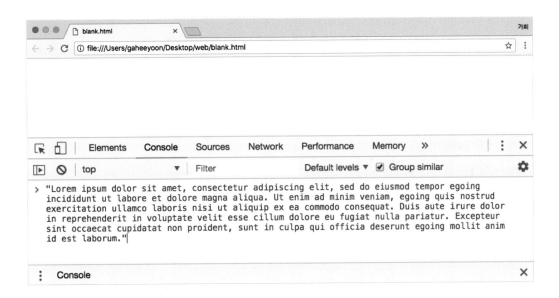

내용은 아무런 의미가 없습니다. 그리고 이 글 안에는 3개의 'egoing'이라는 닉네임이 들어가 있습니다.

프로그래밍 공부를 할 때는 항상 극단적으로 생각해야 합니다. 'egoing'이 3개가 아닌 1억 개가 있다고 생각해 봅시다. 그런데 이 글 안에 있는 'egoing'을 'leezche'로 바꿔야 한다면 어떻게 될까요? 일일이 바꾸면 실수할 수 있습니다. 그리고 1억 개를 일일이 바꾸기란 몹시 어렵습니다.

【예제 3-7-4】 문자열에서 egoing을 leezche로 바꾸기                          console

```
"Lorem ipsum dolor sit amet, consectetur adipiscing elit, sed do eiusmod tempor leezche
incididunt ut labore et dolore magna aliqua. Ut enim ad minim veniam, leezche quis nostrud
exercitation ullamco laboris nisi ut aliquip ex ea commodo consequat. Duis aute irure dolor in
reprehenderit in voluptate velit esse cillum dolore eu fugiat nulla pariatur. Excepteur sint
occaecat cupidatat non proident, sunt in culpa qui officia deserunt leezche mollit anim id est
laborum."
```

다시 'leezche'를 'egoing'으로 바꿔야 한다면 어떻게 될까요? 이번에는 변수를 써서 생각해 보겠습니다. 저는 name이라는 변수를 쓰겠습니다.

```
name = 'egoing';
```

이제 바뀔 수 있는 부분을 변수로 만듭니다. 글 안에서 'leezche'라고 적힌 부분 앞에 "를 씁니다. 그런데 그렇게 하면 문자열이 앞에 따옴표를 넣은 지점에서 끝나기 때문에 다음과 같이 'leezche'를 **name** 변수가 대신하도록 작성합니다.

```
"... sed do eiusmod tempor" + name + "incididunt ut labore et dolore ..."
```

보다시피 'leezche'가 있던 부분을 **+ name +**로 바꾸고 이어지는 문자열이 다시 시작해야 하기 때문에 **"를 씁니다.** 그리고 나머지 부분을 모두 같은 방식으로 변수로 처리해 봅시다.

【예제 3-7-5】 변수를 이용해 leezche를 egoing으로 바꾸기                                    console

```
name = 'egoing';
"Lorem ipsum dolor sit amet, consectetur adipiscing elit, sed do eiusmod tempor " + name + "
incididunt ut labore et dolore magna aliqua. Ut enim ad minim veniam, " + name + " quis nostrud
exercitation ullamco laboris nisi ut aliquip ex ea commodo consequat. Duis aute irure dolor in
reprehenderit in voluptate velit esse cillum dolore eu fugiat nulla pariatur. Excepteur sint
occaecat cupidatat non proident, sunt in culpa qui officia deserunt " + name + " mollit anim id
est laborum."
```

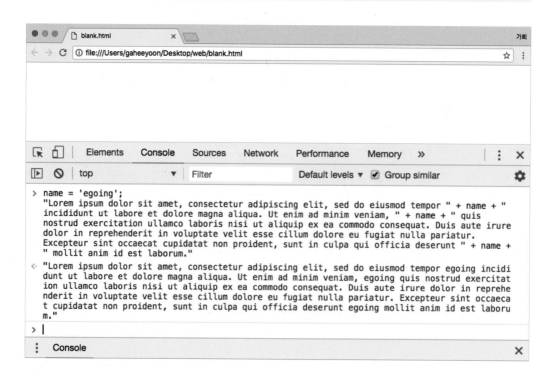

그러고 나서 코드를 실행하면 모든 내용이 'egoing'으로 바뀌었습니다. 그리고 이 코드를 수정할 때는 name의 값을 다시 'leezche'로 바꾸고 실행하기만 하면 됩니다. 다시 'egoing'을 'leezche'로 변경해보 겠습니다.

【예제 3-7-6】 변수를 이용해 egoing을 leezche로 바꾸기     console

```
name = 'leezche';
"Lorem ipsum dolor sit amet, consectetur adipiscing elit, sed do eiusmod tempor " + name + "
incididunt ut labore et dolore magna aliqua. Ut enim ad minim veniam, " + name + " quis nostrud
exercitation ullamco laboris nisi ut aliquip ex ea commodo consequat. Duis aute irure dolor in
reprehenderit in voluptate velit esse cillum dolore eu fugiat nulla pariatur. Excepteur sint occaecat
cupidatat non proident, sunt in culpa qui officia deserunt " + name + " mollit anim id est laborum."
```

name 변수를 'egoing'에서 'leezche'로 변경하기만 하면 문자열에 있는 모든 'egoing'이 'leezche'로 바 뀝니다. 이것이 바로 여러분에게 말씀드릴 수 있는 수많은 **변수의 효용 중 하나**입니다. 그리고 깜박하 고 말씀드리지 않았는데, 변수를 사용할 때는 다음과 같이 **var라는 키워드**를 변수 앞에 써주시길 바랍 니다.

```
var name = 'leezche';
```

그리고 var의 장단점을 알기 전까지는 항상 var를 쓰기 바랍니다.

이렇게 해서 변수를 살펴봤고, 동시에 대입 연산자라는 것도 살펴봤습니다. 우리 예제의 최종 목표를 보면 다음과 같이 =이 등장합니다.

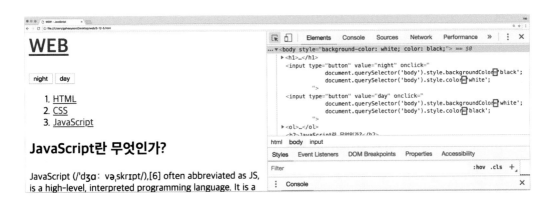

이것이 바로 대입 연산자이고, 이 대입 연산자를 통해 'black'이 backgroundColor라는, 말하자면 변 수의 값이 된 것임을 기억해 두시면 좋겠습니다.

▶ https://youtu.be/S62m_ddSIs4 (03분 34초) ○

지금까지 자바스크립트의 문법을 살펴봤습니다. 데이터 타입을 봤고, 변수와 상수, 몇 가지 연산자를 살펴봤습니다. 지금부터는 자바스크립트를 통해 할 수 있는 일 가운데 하나인 **웹 브라우저를 제어하는 방법**에 대한 구체적인 기술을 살펴보겠습니다. 지금 이 웹 페이지에서 night 버튼을 눌렀을 때 배경색을 검은색으로 바꾸고, 글씨색은 흰색으로 바꾸고 싶습니다.

보다시피 〈body〉 태그가 페이지 전체를 감싸는 태그입니다. 〈body〉 태그에 style 속성을 쓰고, style 속성의 값으로 CSS라는 HTML과 자바스크립트와는 완전히 다른 언어가 들어오도록 약속돼 있습니다. 이 언어의 역할은 디자인입니다. style 속성의 값을 다음과 같이 지정하면 배경이 검은색이 되고, 글자색은 흰색이 됩니다.

```
<body style="background-color: black; color: white;">
```

즉, night 버튼을 클릭했을 때 이 웹 페이지에 있는 〈body〉 태그의 스타일 속성을 바꿀 수 있다면 우리가 하고자 하는 일을 할 수 있습니다. HTML 코드를 수정하면 위와 같은 결과를 낼 수 있지만 언제나 이런 디자인이 될 것입니다. 즉, HTML은 한번 화면에 표시되면 자신을 바꿀 수 없는 능력을 가진 정적인 언어입니다. 하지만 자바스크립트를 이용하면 버튼을 클릭했을 때 어떻게 되는지 확인해보겠습니다.

night 버튼을 누르면 〈body〉 태그가 어떻게 바뀌나요?

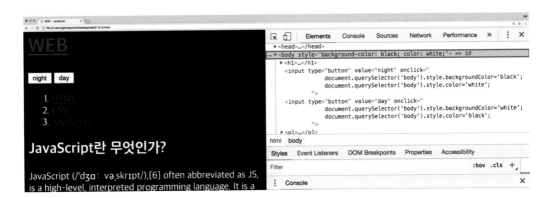

보다시피 〈body〉 태그의 스타일 속성 중 background-color는 black, color는 white로 바뀜을 알 수 있습니다. 이를 위해 필요한 지적인 부품들이 있는데 첫 번째 **style에 들어가는 CSS**에 대해 약간 알 필요가 있습니다. 두 번째로는 스타일 속성을 주기 위해 그 속성을 가지고 있는 **〈body〉 태그를 웹 브라우저에게 알리는 방법**을 자바스크립트 문법으로 알아야 합니다.

지금부터는 두 가지 중요한 주제가 나오는데, CSS의 가장 본질적이고 중요한 문법들을 살펴볼 것입니다. 두 번째로는 자바스크립트를 이용해 여러분이 제어하고자 하는 태그를 선택하는 방법을 살펴볼 텐데, 아주 중요한 내용이니 일단 끊고 다음 강의에서 두 가지 주제에 대해 살펴보겠습니다.

이번 시간에는 CSS라는 컴퓨터 언어의 문법을 살짝 배워볼 텐데, 이번에 살짝 배울 내용이 CSS 전체를 지배하는 혁명적인 문법이라는 것 꼭 기억해 주십시오.

또 이 수업을 시작하기 전에 여러분께 한 가지 알려드릴 것은 이번 수업은 자바스크립트 수업이고, CSS 수업이 아니기 때문에 적당히 이해하면 된다는 것입니다. 또 하나는 이미 CSS를 알고 있으며, <style> 태그나 style 속성이 뭔지 알며, 선택자가 무엇인지 알고 id 선택자, 클래스 선택자를 이해한다면 이후 에 세 개의 CSS 챕터가 있을 텐데, 이것들은 모두 무시하고 다음 자바스크립트 챕터로 넘어가도 된다 는 것입니다.

먼저 3.html을 복사하겠습니다. 똑같은 내용이 담긴 ex3.html 파일을 만들고 불필요한 HTML 태그들 을 지우겠습니다.

【예제 3-9-1】 ex3.html 파일 생성 후, 3.html 복사해서 붙여넣기                                    ex3.html

```
<!DOCTYPE HTML>
<html>
    <head>
        <title>WEB1 - JavaScript</title>
        <meta charset="utf-8">
    </head>
    <body>
        <h1><a href="index.html">WEB</a></h1>
        <h2>JavaScript란 무엇인가?</h2>
        <p>JavaScript (/ˈdʒɑːvəˌskrɪpt/),[6] often abbreviated as JS, is a high-level,
interpreted programming language. It is a language which is also characterized as dynamic,
weakly typed, prototype-based and multi-paradigm. Alongside HTML and CSS, JavaScript is one of
the three core technologies of the World Wide Web.[7] JavaScript enables interactive web pages
and thus is an essential part of web applications. The vast majority of websites use it,[8] and
all major web browsers have a dedicated JavaScript engine to execute it.</p>
    </body>
</html>
```

WEB

## JavaScript란 무엇인가?

JavaScript (/'dʒɑ ː vəˌskrɪpt/),[6] often abbreviated as JS, is a high-level, interpreted programming language. It is a language which is also characterized as dynamic, weakly typed, prototype-based and multi-paradigm. Alongside HTML and CSS, JavaScript is one of the three core technologies of the World Wide Web.[7] JavaScript enables interactive web pages and thus is an essential part of web applications. The vast majority of websites use it,[8] and all major web browsers have a dedicated JavaScript engine to execute it.

여기서 ⟨h2⟩ 태그에 해당하는 'JavaScript란 무엇인가?'를 디자인적으로 바꾸고 싶은 욕심이 생겼다면 바꾸고 싶은 태그에 **style 속성**을 쓰면 됩니다. 그리고 HTML 사용 설명서에 onclick 안에 자바스크립트 코드가 오는 것처럼 style 속성 안에는 CSS가 온다고 약속돼 있습니다. 폰트 색상을 바꿔볼까요? ⟨h2⟩ 태그에 style 속성을 추가하고, 값을 'color:powderblue'로 설정하겠습니다.

【예제 3-9-2】 ⟨h2⟩ 태그의 글자색을 하늘색으로 변경        ex3.html

```
... 생략 ...
<h1><a href="index.html">WEB</a></h1>
<h2 style="color: powderblue;">JavaScript란 무엇인가?</h2>
... 생략 ...
```

WEB

JavaScript란 무엇인가?

JavaScript (/'dʒɑ ː vəˌskrɪpt/),[6] often abbreviated as JS, is a high-level, interpreted programming language. It is a language which is also characterized as dynamic, weakly typed, prototype-based and multi-paradigm. Alongside HTML and CSS, JavaScript is one of the three core technologies of the World Wide Web.[7] JavaScript enables interactive web pages and thus is an essential part of web applications. The vast majority of websites use it,[8] and all major web browsers have a dedicated JavaScript engine to execute it.

'color:powderblue'가 바로 CSS라는 HTML과 자바스크립트와는 완전히 다른 컴퓨터 언어의 코드입니다. 그리고 **style은 HTML의 문법**입니다. style을 통해 웹 브라우저에 'color:powderblue'라는 코드가 CSS 코드라는 것을 알려주고, 이 CSS 코드가 ⟨style⟩ 태그가 위치하고 있는 태그에 적용돼야 한다는 것을 알려줍니다. 그리고 이 코드는 CSS 문법 중에서 **속성(영어로 property)**이라고 합니다. 만약 'JavaScript란 무엇인가?'라는 텍스트에 배경색을 주고 싶다면 어떻게 해야 할까요? 인터넷에서 검색해 봅시다.

검색 엔진에서 'css background color property'를 검색해 보고 그중 w3school.com에 있는 문서를 보겠습니다.

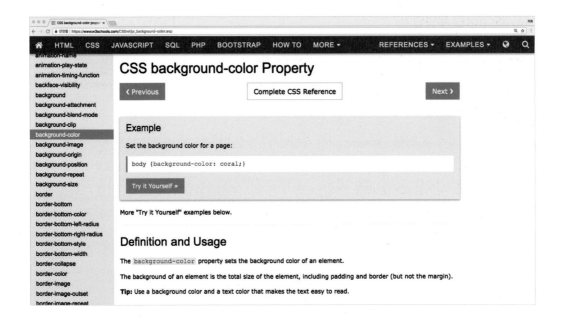

그리고 예제에 적용한 다음 페이지를 새로고침해 보겠습니다.

【예제 3-9-3】 〈h2〉 태그의 배경색을 코랄색으로 변경          ex3.html

```
... 생략 ...
<h1><a href="index.html">WEB</a></h1>
<h2 style="background-color: coral; color: powderblue;">JavaScript란 무엇인가?</h2>
... 생략 ...
```

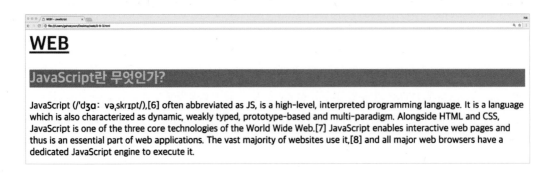

보다시피 배경색이 생기는 것을 볼 수 있습니다. style이라는 속성에 CSS 코드를 넣으면 디자인할 수 있다는 것과 속성이라는 문법의 구조를 파악하고 있다면 검색을 통해 문제를 해결할 준비가 된 것입니다. 혁명적 순간입니다.

이렇게 해서 특정 태그를 CSS 언어로 디자인하고 싶다면, **style이라는 속성을 쓰고 그 안에 CSS의 속성이라는 문법을 사용**하면 됩니다. 다음 시간에 나머지 이야기를 진행해 보겠습니다.

이전 시간에 CSS를 웹 페이지에 삽입하는 방법으로 style 속성이라는 HTML 문법을 이용하는 방법을 살펴봤습니다. 조금 더 효율적인 방법을 살펴보겠습니다. 바로 **선택자**라는 것입니다.

웹 페이지를 보니 'JavaScript'라는 텍스트가 중요해 보입니다. 그래서 진하게 표시해 보고 싶습니다. 그럼 어떻게 해야 할까요? 'JavaScript'라는 텍스트를 ⟨h1⟩ 태그로 감싸보겠습니다. 그런데 문제가 생겼습니다.

'JavaScript' 텍스트는 제목이 아닙니다. 고민이 생깁니다. 'JavaScript'를 CSS로 꾸며주고 싶은데, 꾸며주려고 하니 감쌀 수 있는 **어떠한 기능이나 의미가 없는 태그**가 필요하다는 사실을 알 수 있습니다. 그래서 ⟨div⟩ 태그로 감싸보겠습니다. **⟨div⟩라는 태그**는 어떠한 의미나 기능도 없습니다. 다만 CSS를 통해서 또는 자바스크립트를 통해서 어떤 정보를 제어하고 싶을 때 감싸주는 역할을 하는 무색무취의 태그라고 생각하면 됩니다. 결과를 보겠습니다.

【예제 3-10-1】 ⟨div⟩ 태그로 JavaScript 텍스트 감싸기　　　　　　　　　　　　　　ex3.html

```
... 생략 ...
<h1><a href="index.html">WEB</a></h1>
<h2 style="background-color: coral; color: powderblue;">JavaScript란 무엇인가?</h2>
<p><div>JavaScript</div> (/ˈdʒɑ ː vəˌskrɪpt/),[6] often abbreviated as JS, is a high-
level, ... 생략 ... </p>
... 생략 ...
```

# WEB

## JavaScript란 무엇인가?

JavaScript
(/ˈdʒɑ ː vəˌskrɪpt/),[6] often abbreviated as JS, is a high-level, interpreted programming language. It is a language which is also characterized as dynamic, weakly typed, prototype-based and multi-paradigm. Alongside HTML and CSS, JavaScript is one of the three core technologies of the World Wide Web.[7] JavaScript enables interactive web pages and thus is an essential part of web applications. The vast majority of websites use it,[8] and all major web browsers have a dedicated JavaScript engine to execute it.

〈div〉 태그는 〈h1〉 태그나 〈h2〉 태그처럼 화면 전체를 쓰기 때문에 줄바꿈됩니다. **줄바꿈되지 않는 무색무취의 태그가 필요한데 그러한 역할을 하는 것이 바로 〈span〉이라는 태그입니다.** 〈span〉으로 바꾸고 다시 보겠습니다.

【예제 3-10-2】 〈div〉 태그 대신 〈span〉 태그로 JavaScript 텍스트 감싸기　　　　　　　　　ex3.html

```
... 생략 ...
<h1><a href="index.html">WEB</a></h1>
<h2 style="background-color: coral; color: powderblue;">JavaScript란 무엇인가?</h2>
<p><span>JavaScript</span> (/'dʒɑ : vəˌskrɪpt/),[6] often abbreviated as JS, is a high-
level, ... 생략 ... </p>
... 생략 ...
```

**WEB**

**JavaScript란 무엇인가?**

JavaScript (/'dʒɑ : vəˌskrɪpt/),[6] often abbreviated as JS, is a high-level, interpreted programming language. It is a language which is also characterized as dynamic, weakly typed, prototype-based and multi-paradigm. Alongside HTML and CSS, JavaScript is one of the three core technologies of the World Wide Web.[7] JavaScript enables interactive web pages and thus is an essential part of web applications. The vast majority of websites use it,[8] and all major web browsers have a dedicated JavaScript engine to execute it.

'JavaScript'라는 텍스트를 진하게 표시하고 싶습니다. 검색 엔진에서 'css text bold'로 검색한 다음 결과를 참고해서 〈span style="font-weight:bold;"〉JavaScript〈/span〉으로 바꾸면 텍스트가 진하게 표시되는 모습을 볼 수 있습니다. 이 파일에 있는 모든 'JavaScript'에 이 코드를 적용해 봅시다.

【예제 3-10-3】 모든 JavaScript 텍스트에 굵게 적용　　　　　　　　　　　　　　　ex3.html

```
... 생략 ...
    ... 생략 ...
<h1><a href="index.html">WEB</a></h1>
<h2 style="background-color: coral; color: powderblue;"><span style="font-weight:
bold;">JavaScript</span>란 무엇인가?</h2>
<p><span style="font-weight: bold;">JavaScript</span> (/'dʒɑ : vəˌskrɪpt/),[6] often
abbreviated as JS, is a high-level, interpreted programming language. It is a language which
is also characterized as dynamic, weakly typed, prototype-based and multi-paradigm. Alongside
HTML and CSS, <span style="font-weight: bold;">JavaScript</span> is one of the three core
technologies of the World Wide Web.[7] <span style="font-weight: bold;">JavaScript</span>
```

```
enables interactive web pages and thus is an essential part of web applications. The vast
majority of websites use it,[8] and all major web browsers have a dedicated <span style="font-
weight: bold;">JavaScript</span> engine to execute it.</p>
      ... 생략 ...
```

그러면 'JavaScript'라는 텍스트를 전부 강조하는 모습을 볼 수 있습니다. 그런데 또 다른 문제가 생겼습니다. 코딩 공부를 할 때는 반드시 극단적인 생각을 해야 한다는 것입니다. 'JavaScript'라는 텍스트가 1억 개라고 생각해 봅시다. 그리고 아주 복잡하게 흩어져 있다고 했을 때 폰트에 밑줄도 치고 싶고, 글자 크기를 키우고 싶다면 1억 개를 수정해야 하는데 쉬울까요? 어렵습니다. 그리고 불가능할 수도 있습니다. 이러한 문제를 해결하기 위해 CSS에는 아주 환상적인 기능이 마련돼 있습니다. 이 웹 페이지에 〈head〉 태그를 만들고, 〈style〉 태그를 만듭니다. **〈style〉 태그는** 마치 〈script〉 태그처럼 웹 브라우저에게 **〈style〉 태그로 감싼 코드가 CSS 코드라는 것을 알려주는 역할**을 합니다. 이 웹 페이지에서 'JavaScript' 부분을 바꿔보겠습니다. 〈span〉 태그의 style 속성을 없애고 그 대신 **class="js"**를 추가해 봅시다.

【예제 3-10-4】 〈style〉 태그를 추가하고, style 속성 대신 class 속성을 추가         ex3.html

```
      ... 생략 ...
  <head>
      <title>WEB1 - JavaScript</title>
      <meta charset="utf-8">
      <style>

      </style>
  </head>
  <body>
      <h1><a href="index.html">WEB</a></h1>
```

```
    <h2 style="background-color: coral; color: powderblue;"><span class="js">JavaScript</
span>란 무엇인가?</h2>
        <p><span class="js">JavaScript</span> (/'dʒɑːvəˌskrɪpt/),[6] often abbreviated as JS,
is a high-level, interpreted programming language. It is a language which is also characterized
as dynamic, weakly typed, prototype-based and multi-paradigm. Alongside HTML and CSS, <span
class="js">JavaScript</span> is one of the three core technologies of the World Wide Web.[7]
<span class="js">JavaScript</span> enables interactive web pages and thus is an essential part
of web applications. The vast majority of websites use it,[8] and all major web browsers have a
dedicated <span class="js">JavaScript</span> engine to execute it.</p>
    </body>
    ... 생략 ...
```

그리고 웹 브라우저에게 '나는 이 웹 페이지에서 클래스 값이 'js'인 모든 태그에 font-weight를 bold
로 지정하고 싶어'라고 지정하려면 다음과 같이 작성합니다.

【예제 3-10-5】 클래스 값이 js인 모든 태그에 굵게 적용　　　　　　　　　　　　　　　　ex3.html

```
    ... 생략 ...
    <style>
      js {
        font-weight: bold;
      }
    </style>
    ... 생략 ...
```

그런데 결과를 보면 원하는 대로 되지 않습니다. 왜냐하면 'js'라고 하면 이것은 이 웹 페이지에 있는 태
그의 이름이 'js'인 것을 가리킵니다. 우리가 원하는 것은 **클래스 값이 'js'**인 것입니다. 그래서 이 경우
에는 **'.js'**처럼 **클래스명 앞에 마침표를 넣어서 표시**하게끔 약속돼 있습니다. 이렇게 수정하고 페이지를

새로고침하면 다음과 같이 이 웹 페이지에서 클래스 값이 'js'인 모든 태그의 font-weight가 bold로 바뀝니다.

【예제 3-10-6】 클래스 값이 js인 모든 태그에 굵게 적용(다시)　　　　　　　　　　　　　　ex3.html

```
... 생략 ...
<style>
    .js {
        font-weight: bold;
    }
</style>
... 생략 ...
```

# WEB

## JavaScript란 무엇인가?

**JavaScript** (/ˈdʒɑː vəˌskrɪpt/),[6] often abbreviated as JS, is a high-level, interpreted programming language. It is a language which is also characterized as dynamic, weakly typed, prototype-based and multi-paradigm. Alongside HTML and CSS, **JavaScript** is one of the three core technologies of the World Wide Web.[7] **JavaScript** enables interactive web pages and thus is an essential part of web applications. The vast majority of websites use it,[8] and all major web browsers have a dedicated **JavaScript** engine to execute it.

이제 `<span class="js">JavaScript</span>` 코드가 1억 번 반복되더라도, 만약 글자색을 빨간색으로 바꿔야 하는 상황이 오더라도 `<style>` 태그 안의 코드만 수정하면 1억 개의 'JavaScript' 텍스트가 바뀌는 마법 같은 효과가 나오는 것을 볼 수 있습니다.

【예제 3-10-7】 클래스 값이 js인 모든 태그의 글자색을 빨간색으로 변경　　　　　　　　　　ex3.html

```
... 생략 ...
<style>
    .js {
        font-weight: bold;
        color: red;
    }
</style>
... 생략 ...
```

# WEB

## JavaScript란 무엇인가?

JavaScript (/ˈdʒɑ ː vəˌskrɪpt/),[6] often abbreviated as JS, is a high-level, interpreted programming language. It is a language which is also characterized as dynamic, weakly typed, prototype-based and multi-paradigm. Alongside HTML and CSS, JavaScript is one of the three core technologies of the World Wide Web.[7] JavaScript enables interactive web pages and thus is an essential part of web applications. The vast majority of websites use it,[8] and all major web browsers have a dedicated JavaScript engine to execute it.

놀랍지 않나요? 바로 이것이 CSS입니다. 이렇게 해서 우리가 CSS를 웹 페이지에 포함하는 두 방법으로 style 속성과 〈style〉 태그를 살펴봤고, 선택자를 이용해 여러 개의 태그를 한 번에 선택하는 방법을 살펴봤습니다.

# 11 | CSS 기초: 선택자

이번 시간에는 CSS를 이용해 웹 페이지에 있는 여러 요소를 제어하려 할 때 사용하는 **선택자**를 살펴보겠습니다. 여기서 선택자를 살펴보는 이유는 선택자를 이용해야 **웹 페이지를 구성하는 여러 요소에 효과를 효율적으로 줄 수 있기 때문**입니다.

먼저 첫 번째로 등장하는 'JavaScript'라는 텍스트를 강조해 봅시다.

【예제 3-11-1】 첫 번째로 등장하는 'JavaScript' 텍스트 강조　　　　　　　　　ex3.html

```
    ... 생략 ...
    <style>
        .js {
            font-weight: bold;
            color: red;

        }
        .first {
            color: green;
        }
    </style>
    ... 생략 ...
    <p><span id="first" class="js">JavaScript</span> (/ˈdʒɑːvəˌskrɪpt/),[6] often
abbreviated as JS, is a high-level, ... 생략 ...</p>
    ... 생략 ...
```

첫 번째로 등장하는 'JavaScript'라는 텍스트 태그에 **id 값으로 'first'**를 지정합니다. 위의 결과는 정상적으로 동작할까요?

안 됩니다. 왜냐하면 **.first**는 이 웹 페이지에 있는 태그 중에서 **클래스 값이 'first'인 태그를 가리키기 때문**입니다. 따라서 id 값이 'first'이기에 **.대신 #**을 붙여야 합니다. **.**이 붙어있다면 **클래스를 의미**하고, **#은 id를 의미**한다고 약속돼 있습니다. **#**으로 바꾸고 페이지를 새로고침해 보겠습니다.

【예제 3-11-2】 클래스를 의미하는 .에서 id를 의미하는 #으로 변경                    ex3.html

```
... 생략 ...
<style>
    ... 생략 ...
    #first {
        color: green;
    }
</style>
... 생략 ...
```

결과를 보면 초록색으로 바뀌었습니다. 눈썰미가 있는 분들은 혼란스러울 것입니다. 왜냐하면 첫 번째 <span>이란 태그는 .js의 color에도 영향을 받고 #first의 color에도 영향을 받기 때문입니다. 도대체 왜 #first의 color에만 영향을 받을까요? 그 이유는 class와 id의 의미를 짚어봐야 알 수 있습니다. **클래스(class)는 무언가를 그루핑**한다는 것입니다. **아이디(id)라는 것은 어느 한 가지 대상을 식별**한다는 것입니다. 학교를 보면 반을 클래스라 합니다. 그리고 **반**이라는 역할은 학생들을 그루핑하는 것입니다. 그리고 id라는 것은 일종의 **학번**과 같습니다. 학번은 그 **학교 전체에서 절대로 중복되지 않아야** 합니다. 그래서 클래스라는 속성은 클래스값이 'js'인 것들을 그루핑한 것입니다. 그리고 id는 'first'란 값이 한번 나온다면 이 페이지에서 'first'란 id 값은 더는 쓰면 안 됩니다. 물론 그렇게 해도 코드가 동작하긴 하지만 규약에 위배됩니다. 즉 id는 식별하는 것이며 클래스는 그루핑하는 겁니다.

id 선택자와 클래스 선택자 중에서 무엇이 더 포괄적인가요? 클래스 선택자가 더 포괄적입니다. 그리고 id 선택자가 무엇인가를 정확하게 타깃팅합니다. 클래스 선택자를 통해 어떤 효과를 주고 싶은 태그에 좀 더 광범위하게 효과를 주고 그중 일부 태그를 예외로 처리하고 싶을 때 id 선택자를 통해 예외적으로 디자인할 수 있습니다. 그래서 기본적으로 class 위에 id를 얹어서 디자인하는 것이 훨씬 더 효율적이기 때문에 우선순위를 결정한 것입니다. 이렇게 설명해도 아직은 알듯 말듯 하실 것입니다.

한 가지 더 해보겠습니다. 이 웹 페이지의 모든 〈span〉에 대해 파란색으로 지정하고, 다음과 같이 HTML 텍스트와 CSS 텍스트를 〈span〉 태그로 감싸겠습니다.

【예제 3-11-3】 〈span〉 태그의 글자색 변경 및 HTML, CSS 텍스트를 〈span〉 태그로 감싸기　　　　　ex3.html

```
    ... 생략 ...
<style>
    ... 생략 ...
    #first {
        color: green;
    }
    span {
        color: blue;
    }
</style>
... 생략 ...
<p><span id="first" class="js">JavaScript</span> (/ˈdʒɑːvəˌskrɪpt/),[6] often
abbreviated as JS, is a high-level, interpreted programming language. It is a language which
is also characterized as dynamic, weakly typed, prototype-based and multi-paradigm. Alongside
<span>HTML</span> and <span>CSS</span>, <span class="js">JavaScript</span> is one of the
three core technologies of the World Wide Web.[7] <span class="js">JavaScript</span> enables
interactive web pages and thus is an essential part of web applications. The vast majority of
websites use it,[8] and all major web browsers have a dedicated <span class="js">JavaScript</
span> engine to execute it.</p>
    ... 생략 ...
```

보다시피 'HTML'과 'CSS'라는 글자만 파란색으로 바뀌었습니다.

<style> 태그 안에서 span에 관한 코드를 보면 모든 <span> 태그의 글자색을 파란색으로 바꾸라는 것을 의미합니다. 그런데 <span id="first" class="js">JavaScript</span>을 보시면 id도 영향을 주고, 클래스도 영향을 줍니다. 누구의 손을 들어줬나요? 보다시피 id 선택자의 손을 들어줬습니다. 그것은 id 선택자가 가장 **우선순위**가 높기 때문에 id 선택자에 해당하는 초록색이 적용돼 있는 것입니다. 그리고 id 선택자의 코드를 지우면 빨간색이 됩니다. 그 이야기는 클래스 선택자의 손을 들어줬다는 의미입니다. 클래스 선택자의 코드를 지우면 그제서야 파란색이 나오는 것을 볼 수 있습니다.

이것이 바로 CSS에서 가장 중요한 문법 중 하나인 선택자입니다. 선택자라는 것이 왜 중요하냐면 여러분이 아무리 효과를 많이 알고 있고, CSS 속성을 많이 알고 있어도 그 속성을 누구에게 적용할 것인가를 정확하게 타깃팅할 수 없다면 아무 의미도 없기 때문입니다.

이렇게 해서 CSS 수업은 여기까지 하고, 이것만으로도 여러분이 정말 CSS에 관해 많은 것을 안 상태입니다. 축하드립니다. 그리고 자바스크립트라는 언어를 이용해 어떻게 HTML과 CSS를 제어하는지 본격적으로 이야기를 시작하겠습니다.

이전 시간에 자바스크립트에서 벗어나서 CSS라는 컴퓨터 언어에 대해 살펴봤습니다. 다시 자바스크립트로 돌아와서 자바스크립트, CSS, HTML을 잘 조화시켜서 우리가 하고자 하는 최종적인 목표를 달성해 봅시다.

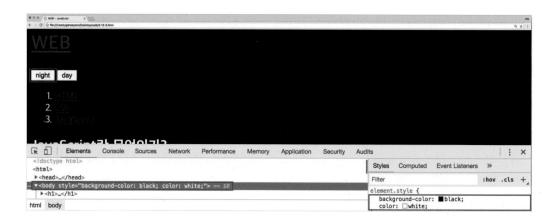

이 웹 페이지에서 night 버튼을 누르면 색깔이 바뀌는 이유를 다시 한번 살펴봅시다. night 버튼을 누르면 〈body〉 태그에 style 속성이 생기면서 CSS가 지정하는 효과에 따라 디자인이 바뀝니다. day 버튼을 눌러도 마찬가지로 바뀌는 것을 확인할 수 있습니다.

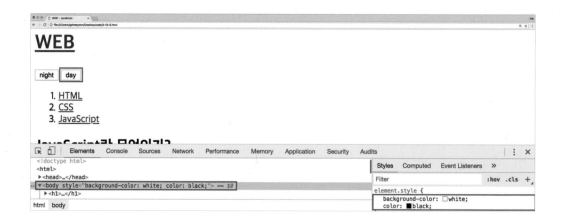

이것이 가능한 이유는 위의 자바스크립트 코드 때문인데, 직접 코드를 작성해서 예제를 완성해 봅시다.

우선 night 버튼과 day 버튼을 만들기 위해 〈input〉 태그를 추가하겠습니다.

【예제 3-12-1】 night 버튼과 day 버튼 만들기                                                          3.html

```
... 생략 ...
<h1><a href="index.html">WEB</a></h1>

<input type="button" value="night">
<input type="button" value="day">

<ol>
    <li><a href="1.html">HTML</a></li>
    <li><a href="2.html">CSS</a></li>
    <li><a href="3.html">JavaScript</a></li>
</ol>
... 생략 ...
```

# WEB

1. HTML
2. CSS
3. JavaScript

## JavaScript란 무엇인가?

JavaScript (/ˈdʒɑ ː vəˌskrɪpt/),[6] often abbreviated as JS, is a high-level, interpreted programming language. It is a language which is also characterized as dynamic, weakly typed, prototype-based and multi-paradigm. Alongside HTML and CSS,

그리고 이 버튼을 클릭했을 때의 이벤트가 필요합니다. 그러므로 onclick 속성을 추가하고, onclick 안의 내용을 채워보겠습니다.

【예제 3-12-2】 버튼을 클릭했을 때의 이벤트를 추가하기 위해 onclick 속성을 추가                    3.html

```
... 생략 ...
<input type="button" value="night" onclick="">
<input type="button" value="day" onclick="">
... 생략 ...
```

다음은 굉장히 중요한 부분입니다. 저는 이 버튼을 클릭했을 때 **⟨body⟩ 태그**에 **style 속성**을 **동적으로**, **프로그래밍적으로**, **상호작용에 의해 넣으려** 합니다. 그러기 위해서는 자바스크립트 문법에 따라 웹 브라우저에게 ⟨body⟩ 태그를 선택하게 해야 합니다. 이렇게 하는 방법을 알아내기 위해 인터넷에서 검색해 보겠습니다.

검색 엔진에서 'javascript select tag by css selector'로 검색한 후 모질라 재단에서 만든 MDN 문서를 살펴보겠습니다.

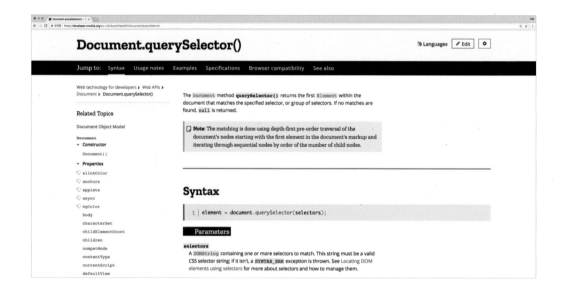

확인해 보니 **document.querySelector(selectors);** 로 돼 있습니다. 예제를 보면 선택자는 .myclass로 돼 있는데, .myclass는 이 웹 페이지에 있는 모든 태그 중에서 클래스명이 'myclass'인 태그를 선택하는 선택자입니다.

```
var el = document.querySelector(".myclass");
```

이 내용을 복사해서 ⟨body⟩ 태그를 선택하는 선택자로 적용해 보겠습니다.

```
document.querySelector('body')
```

〈body〉 태그에 id 값이 'target'이라면 'body' 대신 '#target'이라 지정했어야 합니다. 하지만 저는 그냥 〈body〉 태그를 선택하겠습니다. 이렇게 선택을 했으니 〈body〉 태그에 스타일 속성을 어떻게 자바스크립트로 넣을 수 있는지 알아봐야 합니다. 이 부분 또한 인터넷에서 검색해 보겠습니다.

검색 엔진에서 'javascript element style' 정도로 검색해 보겠습니다. 그러고 나서 w3school.com의 검색 결과를 보겠습니다.

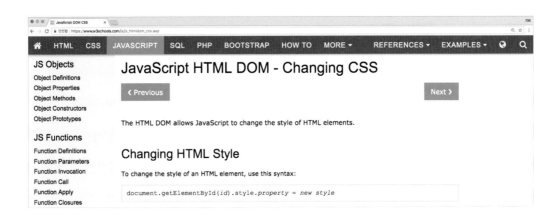

예제를 보니 querySelector 대신 다른 것이 적혀 있고 '.style'이라고 돼 있습니다. 이를 참고해서 다음과 같이 작성합니다.

```
document.querySelector('body').style.
```

그런데 제가 하고 싶은 것은 〈body  style="background-color:black;"〉을 지정하는 것이기 때문에 다시 검색해 보겠습니다. 이번에는 검색 엔진에서 'javascript style background-color'로 검색한 후 첫 번째 검색 결과를 보겠습니다.

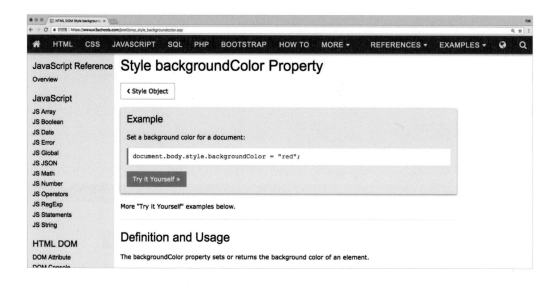

보다시피 **style.backgroundColor**로 돼 있습니다. CSS에서는 **background-color**인데 이를 자바스크립트 코드로 표현할 때는 어떤 나름의 이유로 인해 background 뒤에 나오는 color의 c가 **대문자**로 돼 있습니다.

```
document.querySelector('body').style.backgroundColor = 'black';
```

그럼 onclick 속성의 값을 지금까지 살펴본 코드와 같이 작성하고, 브라우저를 새로고침합니다.

【예제 3-12-3】 버튼을 클릭하면 배경색이 검은색이 되도록 onclick 속성 값을 설정 　　　　　3.html

```
    ... 생략 ...
    <input type="button" value="night" onclick="
        document.querySelector('body').style.backgroundColor = 'black';
    ">
    <input type="button" value="day" onclick="">
    ... 생략 ...
```

이제, night 버튼을 누르면 다음과 같이 배경색이 바뀌는 모습을 볼 수 있습니다.

여기까지 진행했다면 코드를 그대로 복사해서 이번에는 배경색이 아니라 텍스트 색상을 바꿔보겠습니다. 텍스트 색상을 변경하는 자바스크립트 코드는 다음과 같습니다.

```
document.querySelector('body').style.color = 'white';
```

onclick 속성의 값에 텍스트 색상을 변경하는 코드를 추가합니다.

**【예제 3-12-4】** 버튼을 클릭하면 글자색이 흰색이 되도록 onclick 속성의 값 추가     3.html

```
... 생략 ...
<input type="button" value="night" onclick="
    document.querySelector('body').style.backgroundColor = 'black';
    document.querySelector('body').style.color = 'white';
">
<input type="button" value="day" onclick="">
... 생략 ...
```

페이지를 새로고침하고, 다시 night 버튼을 눌러보면 배경색은 검은색으로 바뀌고, 글자색은 흰색이 되면서 야간 모드가 완성된 것을 확인할 수 있습니다.

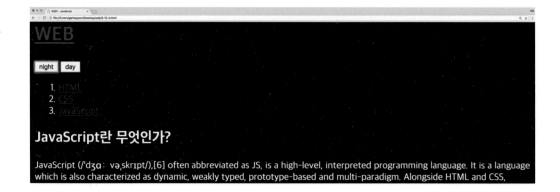

여기까지입니다. 이렇게 해서 자바스크립트로 할 수 있는 가장 중요한 일, 즉 **사용자와 상호작용**해서 HTML과 CSS를 **프로그래밍적으로, 동적으로 변경**해서 좀 더 똑똑하고 마치 사용자와 대화하는 것과 같은 느낌의 애플리케이션을 만드는 핵심적인 원리와 그 중요한 사례 중 하나로서 주간 모드, 야간 모드를 만들 수 있는 능력을 갖추게 됐습니다. 축하드립니다.

그럼 예제를 완성해 보겠습니다. 위 2개의 코드를 복사한 다음 아래에 있는 value 값이 'day'인 〈input〉 태그의 onclick 속성에 붙여 넣어 day 버튼을 클릭했을 때 배경색이 흰색이 되고 텍스트 색상이 검은색이 되게 해보겠습니다.

【예제 3-12-5】 day 버튼을 클릭하면 배경색이 흰색, 글자색이 검은색이 되도록 완성　　　　　3.html

```
... 생략 ...
<input type="button" value="night" onclick="
    document.querySelector('body').style.backgroundColor = 'black';
    document.querySelector('body').style.color = 'white';
">
<input type="button" value="day" onclick="
    document.querySelector('body').style.backgroundColor = 'white';
    document.querySelector('body').style.color = 'black';
">
... 생략 ...
```

그리고 페이지를 새로고침한 다음 night 버튼과 day 버튼을 눌러 결과를 확인해 봅시다. 기분 좋으신 가요? 좋으셨으면 좋겠습니다.

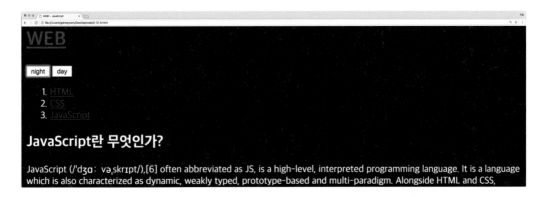

이렇게 해서 우리 수업의 첫 번째 고지를 넘으셨습니다. 축하드리고, 다음 시간부터는 우리가 짠 코드의 의미를 음미해 보고, 코드를 좀 더 복잡한 상황에서 좀 더 단순하게 만드는 테크닉을 살펴보겠습니다.

지금까지 공부한 내용을 통해 자바스크립트가 무엇이고, 자바스크립트로 무엇을 할 수 있는가를 경험적으로 살펴봤습니다. 이번 시간은 자바스크립트라는 프로그래밍 언어가 무엇인가를 이론적으로 되돌아보는 시간입니다. 동시에 프로그래밍 언어라는 것에 대한 좀 더 보편적인 의미를 음미해 보겠습니다.

**HTML**과 **자바스크립트**는 둘 다 **컴퓨터 언어**입니다. 하지만 자바스크립트는 컴퓨터 언어 또는 컴퓨터 프로그래밍 언어라고 하지만 HTML은 컴퓨터 프로그래밍 언어라고 하지 않습니다. 이를 이해하기 위해 프로그램이라는 말의 의미를 생각해보겠습니다. 저는 '**프로그램**'의 어원을 찾아본 적이 있습니다. 음악회 같은 경우에는 시간의 흐름에 따라 음악이 연주되는 순서가 있습니다. 이런 순서를 프로그램이라고 했습니다. 즉, '프로그램'이라는 단어의 중심에는 순서라는 의미가 깊숙이 자리잡고 있습니다. 이 순서를 만드는 행위를 프로그래밍이라 하며, 이 순서를 만드는 사람을 프로그래머라 합니다. 그리고 **프로그램, 프로그래밍, 프로그래머란** 말은 소프트웨어뿐만 아니라 아주 많은 분야에서 사용되는 말입니다. 그것을 소프트웨어 분야에서도 사용하는 것이라고 할 수 있습니다.

PROGRAM
PROGRAMMING
PROGRAMER

그럼 컴퓨터로 돌아와서 생각해봅시다. 컴퓨터에는 여러 가지 기능이 있습니다. 우리가 컴퓨터로 어떤 일을 하려고 할 때 그 기능 중 하나만 필요한 경우는 거의 없습니다. 어떤 의도에 따라 순서대로 여러 기능을 작동시키는 것이 우리가 컴퓨터를 사용하는 일반적인 방법입니다. 이 순서대로 컴퓨터를 조작하는 것도 좋지만, 그 순서가 반복되고, 반복되는 과정에서 시간이 많이 걸리고 자주 반복되며, 우리가 실수를 자꾸 한다면 우리 마음속에는 반복적인 작업을 하는 자신을 불쌍하게 여기는 마음이 자라게 됩니다. 그 불행에 충분히 절망한 사람들이 이 불행을 어떻게 극복할 것인가에 대한 고민을 하며, 컴퓨터 프로그래밍 언어라는 것을 만들었습니다. **시간 순서에 따라 실행돼야 할 기능을 프로그래밍 언어의 문법에 맞게 글로 적어두는 방식을 고안**한 것입니다. 그리고 그 작업이 필요할 때 적어뒀던 글을 컴퓨터에게 내밀며 '이것을 실행해줘'라고 한다면 컴퓨터는 그 일을 하겠죠. 바로 이것이 제가 생각하는 프로그램의 본질적인 의미입니다.

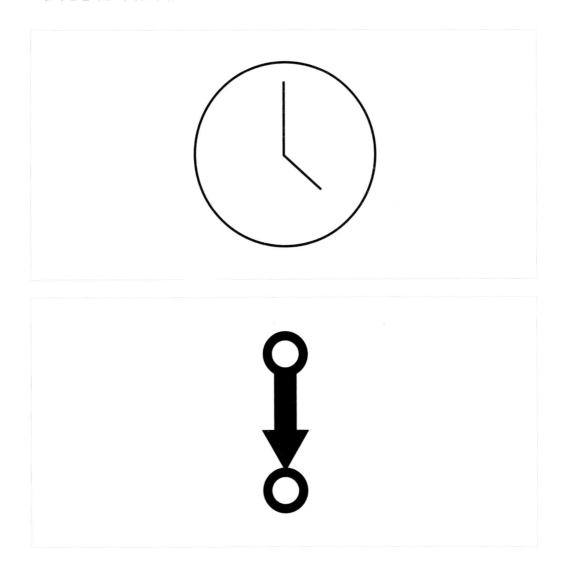

HTML은 웹 페이지를 묘사하는 목적의 언어이기 때문에 시간 순서에 따라 무엇을 할 필요가 없습니다. 그렇기 때문에 HTML은 시간 순서에 따라 실행되게 하는 기능을 가지고 있지 않습니다. 하지만 자바스크립트는 다릅니다. **자바스크립트는 사용자와 상호작용**하기 위해 고안된 컴퓨터 언어이고, 그러기 위해서는 **시간 순서에 따라 웹 브라우저의 여러 기능이 실행**돼야 하기 때문에 프로그램이라는 형태를 띠고 있고, 이런 점이 HTML과 자바스크립트를 다르게 하는 중요한 특징이라고 생각합니다. 지금까지 여러 가지 명령어를 시간 순서에 따라 배치해서 컴퓨터의 기능을 실행하는 방법을 알아봤습니다.

```
<!DOCTYPE HTML>
<html>
    <head>
        <title>WEB1 - JavaScript</title>
        <meta charset="utf-8">
    </head>
    <body>
        <h1><a href="index.html">WEB</a></h1>

        <input type="button" value="night" onclick="document.querySelector('body').style.backgroundColor='black';
        document.querySelector('body').style.color='white';">
        <input type="button" value="day" onclick="document.querySelector('body').style.backgroundColor='white';
        document.querySelector('body').style.color='black';">

        <ol>
            <li><a href="1.html">HTML</a></li>
            <li><a href="2.html">CSS</a></li>
            <li><a href="3.html">JavaScript</a></li>
        </ol>
        <h2>JavaScript란 무엇인가?</h2>
        <p>JavaScript (/'dʒɑːvə,skrɪpt/),[6] often abbreviated as JS, is a high-level, interpreted programming language. It is a language which is also characterized as dynamic, weakly typed, prototype-based and multi-paradigm. Alongside HTML and CSS, JavaScript is one of the three core technologies of the World Wide Web.[7] JavaScript enables interactive web pages and thus is an essential part of web applications. The vast majority of websites use it,[8] and all major web browsers have a dedicated JavaScript engine to execute it.</p>

    </body>
</html>
```

위 코드를 보면 〈body〉 태그의 배경색을 검은색으로 지정한 다음, 〈body〉 태그의 텍스트 색상을 흰색으로 설정하라고 자바스크립트를 통해 웹 브라우저에게 명령하고 있음을 알 수 있습니다. 이것 자체가 이미 프로그래밍이라는 것이 무엇인지 알고 있는 것입니다. 사실 이것만으로도 놀랍도록 많은 일을 할 수 있습니다. 하지만 사람의 욕심은 끝이 없습니다. 처음에는 단순히 시간을 나열하는 것으로도 만족스러웠지만 조건에 따라 다른 순서에 기능이 실행되게 하고 싶어지고 반복해서 어떤 기능이 실행되도록 만들고 싶어졌습니다. 또 이 코드가 복잡해짐에 따라, 순서의 배치가 복잡해짐에 따라 이 복잡해진 순서를 단순하게 잘 정리 정돈하는 방법도 차차 고안되기 시작했습니다. 지금부터 이러한 인류의 욕심을 충족하기 위해 성취한 위대한 업적들을 따라가며 컴퓨터 프로그래밍 언어라면 어떤 언어든 가리지 않고 가지고 있는 핵심적인 기능들인 조건문, 반복문, 함수 등을 살펴보겠습니다.

# 14 | 조건문 예고

지금부터 조건문이라는 굉장히 중요한 주제를 살펴보겠습니다. 이 **조건문**이라고 하는 것은 하나의 프로그램이 하나의 흐름으로 가는 것이 아니라 **조건에 따라 다른 순서의 기능들이 실행되게 하는 것**이라고 할 수 있습니다. 그래서 제 생각에는 프로그래밍이라는 것이 제일 중요하고 프로그래밍이란 것을 통해 반복적인 일을 하지 않게 됐다면 조건문이라는 것은 단순한 반복문이 아니라 아주 복잡한 업무에서도 우리가 해방되게 하는 아주 혁명적인 도구입니다. 지금부터 조건문에 대해 살펴보겠습니다.

먼저 지금까지 만든 예제를 살펴보겠습니다.

night와 day라고 하는 정말 대단한 기능을 구현해서 쓰다 보니 불만족이 생기기 시작합니다. 어떤 불만족이 있을 수 있을까요? 각자 다를 수 있겠지만 저는 이런 불만족이 생겼습니다. **버튼이 2개인 것이 불편**합니다. 그리고 사용자가 상태를 보고 night인지 day인지를 선택하는 것이 세련돼 보이지 않습니다. 그래서 저는 야간 모드에서 버튼을 클릭하면 주간 모드가 되고, 주간 모드에서 버튼을 클릭하면 야간 모드가 되는 기능을 구현하고 싶어졌습니다. 이런 것을 **토글(toggle)**이라고 합니다. 그러면 토글을 구현하기 위해 제가 마법을 써서 토글 기능을 가진 버튼을 만들어보겠습니다.

다음과 같이 day 버튼을 누르면 밝아지고, night 버튼을 누르면 어두워지는 기능입니다.

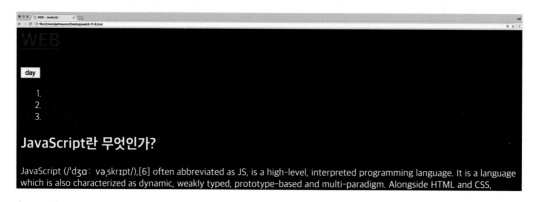

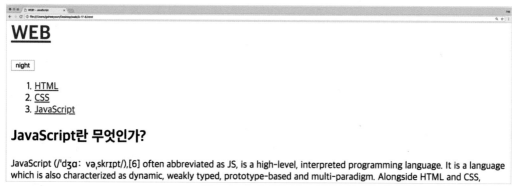

이 기능은 다음 코드로 구현된 것인데, 여기서 가장 중요한 부분은 **if**라는 조건문입니다.

```
<input id="night_day" type="button" value="night" onclick="
    if(document.querySelector('#night_day').value === 'night') {
        document.querySelector('body').style.backgroundColor = 'black';
        document.querySelector('body').style.color = 'white';
        document.querySelector('#night_day').value = 'day';
    } else {
        document.querySelector('body').style.backgroundColor = 'white';
        document.querySelector('body').style.color = 'black';
        document.querySelector('#night_day').value = 'night';
    }
">
```

즉, if라는 조건문에 따라 현재 모드가 주간 모드라면 if의 코드가 실행되고, 주간 모드가 아니라면 else의 코드가 실행됩니다. 이를 통해 앞서 설명한 목적을 달성할 수 있습니다. 그리고 조건문과 함께 **===라는 비교 연산자**도 살펴볼 텐데, 이 비교 연산자를 통해 만들어진 **불리언(boolean)**이라는 것도 살펴보겠습니다.

그럼 다음 강의로 넘어가기 전에 여러분이 어떤 상황이냐에 따라 선택할 수 있도록 도움말을 드리자면 만약 여러분이 프로그래밍을 경험한 적이 있고 조건문, 비교 연산자, 불리언이라는 주제를 알고 계신다면 이후에 나오는 자바스크립트의 문법에 대한 챕터는 건너뛰고, 이러한 자바스크립트 기능을 이용해 최종적으로 토글 기능을 구현하는 쪽으로 바로 넘어가면 됩니다. 코딩이 처음인 분들만 바로 이어지는 수업을 보면 됩니다.

# 15 | 비교 연산자와 불리언

지금부터 자바스크립트의 여러 기능 중에서 **비교 연산자**라는 것과 비교 연산자를 통해 만들어지는 **불리언**이라는 새로운 데이터 타입 그리고 **조건문**이라는 주제를 연달아 함께 살펴보겠습니다.

이 세 가지는 깊은 연관성이 있기 때문에 떨어뜨려놓고 이야기할 수 없습니다. 저는 실습을 진행하기 위해 ex4.html이라는 파일을 만들었고, 이 파일을 열겠습니다. 그리고 이 수업의 제목을 'Comparison Operator & Boolean'으로 적겠습니다.

【예제 3-15-1】 ex4.html 파일 생성            ex4.html

```
<!DOCTYPE HTML>
<html>
    <head>
        <title></title>
        <meta charset="utf-8">
    </head>
    <body>
        <h1>Comparison operators & Boolean</h1>

    </body>
</html>
```

# Comparison operators & Boolean

이번 수업에서 소개해 드릴 내용은 세 가지인데 먼저 ===가 무엇인지 보겠습니다.

〈script〉 태그 안에 document.write(1===1);이라는 코드를 넣으면 결과가 어떻게 되나요? === 연산자는 **왼쪽에 있는 값과 오른쪽에 있는 값이 같은지 판단**합니다. 그런데 두 값이 같나요? 같습니다. 따라서 **참**(영어로 true)입니다.

【예제 3-15-2】 비교 연산자 (1===1)                                              ex4.html

```
... 생략 ...
    ... 생략 ...
    <body>
        <h1>Comparison operators & Boolean</h1>
        <h2>===</h2>
        <script>
            document.write(1===1);
        </script>
    </body>
    ... 생략 ...
```

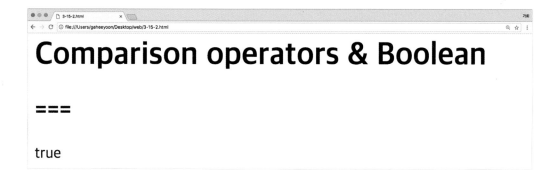

보다시피 **true가 출력**되고 〈h3〉 태그 안에 무엇을 비교했는지 쓰고, 이번에는 1===2의 결과를 보겠습니다.

【예제 3-15-3】 비교 연산자 (1===2)                                              ex4.html

```
    ... 생략 ...
    <body>
        <h1>Comparison operators & Boolean</h1>
        <h2>===</h2>
        <h3>1===1</h3>
```

```
    <script>
        document.write(1===1);
    </script>

    <h3>1===2</h3>
    <script>
        document.write(1===2);
    </script>
    </body>
    ... 생략 ...
```

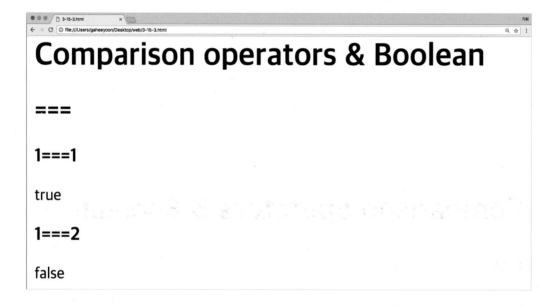

보다시피 false가 나옵니다. false는 **거짓**이라는 뜻입니다. 여기서 우리가 음미할 부분은 **===는 비교 연산자**이면서 **이항 연산자**라는 것입니다. 이항 연산자를 사용할 때는 **좌항과 우항**이 있고, 좌항과 우항을 결합해서 어떠한 데이터를 만듭니다.

예를 들어, 1+1의 결과는 2입니다. 즉 1+1=2라는 연산에서 +라는 이항 연산자는 왼쪽에 있는 값과 오른쪽에 있는 값을 더해서 2가 되는 것입니다. 이와 마찬가지로 === 연산자는 왼쪽에 있는 값과 오른쪽에 있는 값을 비교해서 만약 같다면 true 값을 돌려줍니다. 그리고 1===2와 같은 경우에는 왼쪽과 오른쪽을 비교했을 때 같지 않기 때문에 false가 됩니다. 즉, ===이라는 비교 연산자는 **좌항과 우항의 관계에 따라 true 또는 false 중 하나의 값을 만들어내는 연산자**입니다. 그리고 true와 false라는 두 가지 값을 묶어서 **불리언**(boolean)이라고 부릅니다.

지금까지 살펴본 데이터 타입에는 무엇이 있었나요? 첫 번째로 숫자(Number)가 있었습니다. 두 번째로 문자열(String)이 있었습니다. 이제 세 번째로 불리언을 알게 됐습니다. 그런데 Number라는 데이터 타입에는 몇 가지의 구체적인 데이터가 있을까요? 무한히 많습니다. 물론 컴퓨터라는 기계의 한계 탓에 실제로 무한하지는 않지만 무한하다고 칩시다. 문자열의 경우에는 몇 개의 문자가 있겠습니까? 엄청나게 많습니다. 하지만 불리언은 단 두 개의 데이터로 이뤄진 데이터 타입입니다. 여러분에게는 낯선 데이터 타입일 것입니다.

하지만 불리언을 통해 인류는 단순 반복에서 해방됐습니다. 불리언이라는 것은 영국의 수학자 조지 부울이라는 분의 수학적인 업적을 기리기 위한 것이었는데, 아마 조지 부울 선생님도 후대에서 불리언이라는 수학에서의 논리학이 이렇게 사용되리라는 것을 모르셨을 겁니다.

이번에는 1<2를 살펴보겠습니다. HTML에서는 <가 **태그를 시작하는 문법**이기 때문에 <를 출력하고자 할 때는 'less than'이라는 뜻에서 &lt;이라고 씁니다.

그리고 자바스크립트 코드 역시 1<2로 바꾸겠습니다. 그러면 <라는 비교 연산자는 좌항과 우항을 비교하고, 2가 더 크므로 true가 됩니다.

【예제 3-15-4】 비교 연산자 (1<2)  ex4.html

```
... 생략 ...
<body>
    ... 생략 ...
    <h3>1&lt;2</h3>
    <script>
        document.write(1<2);
    </script>
</body>
    ... 생략 ...
```

1===2

false

1<2

true

그리고 1<1의 결과는 어떻게 될까요?

【예제 3-15-5】 비교 연산자 (1<1)                                       **ex4.html**

```
... 생략 ...
<body>
    ... 생략 ...
    <h3>1&lt;1</h3>
    <script>
        document.write(1<1);
    </script>
</body>
    ... 생략 ...
```

예상했다시피 false입니다.

이렇게 해서 비교 연산자를 살펴봤고, 비교 연산자를 통해 만들어지는 결과는 true나 false 중 하나이며, 그 값을 묶어서 불리언이라고 부른다는 것을 배웠습니다. 이 내용만으로는 그리 유용하지 않지만 뒤에서 살펴볼 조건문과 반복문을 통해 불리언이라는 것이 얼마나 혁명적인 가능성을 가진 관념인가에 대해 감동받을 준비를 해두십시오. 다음 시간에 뵙겠습니다.

이번 수업에서는 불리언과 비교 연산자를 어디에 쓰는지 살펴보겠습니다. 새로운 예제를 위해 ex5. html이라는 파일을 만들어 보겠습니다. 〈h1〉 태그에 'Conditional statements' 텍스트를 넣고 〈script〉 태그를 넣겠습니다.

【예제 3-16-1】 ex5.html 파일 생성                                                      ex5.html

```
<!DOCTYPE HTML>
<html>
    <head>
        <title></title>
        <meta charset="utf-8">
    </head>
    <body>
        <h1>Conditional statements</h1>
        <script>

        </script>
    </body>
</html>
```

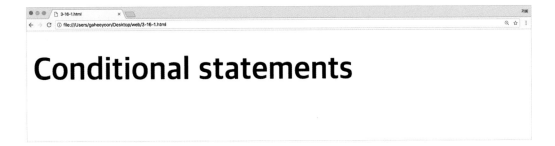

이어서 프로그램을 하나 짜보겠습니다. 아주 단순한 코드입니다. 〈script〉 태그에 다음과 같은 코드를 작성합니다.

【예제 3-16-2】 1, 2, 3, 4를 출력하는 코드 추가                                                   ex5.html

```
    ... 생략 ...
<script>
    document.write("1<br>");
    document.write("2<br>");
    document.write("3<br>");
    document.write("4<br>");
</script>
    ... 생략 ...
```

결과는 다음과 같습니다.

지금까지 만들었던 아주 단순한 프로그램입니다. 보다시피 순서에 따라 코드가 실행됩니다. 이 프로그램의 이름을 〈h2〉Program〈/h2〉로 지어주겠습니다.

【예제 3-16-3】 프로그램의 이름 추가                                                            ex5.html

```
    ... 생략 ...
<h2>Program</h2>
<script>
    document.write("1<br>");
    document.write("2<br>");
    document.write("3<br>");
    document.write("4<br>");
```

```
    </script>
    ... 생략 ...
```

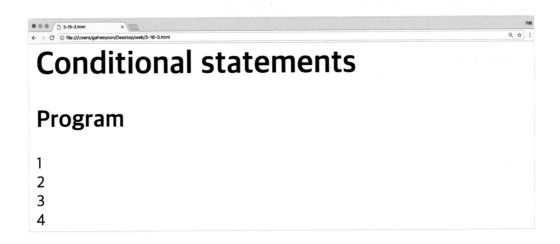

이번에는 if 문을 써보겠습니다. 앞서 작성한 코드 아래에 다음과 같이 코드를 추가합니다.

【예제 3-16-4】 if-else 문                                              ex5.html

```
    ... 생략 ...
    <body>
        ... 생략 ...
        <h2>IF-true</h2>
        <script>
            document.write("1<br>");
            if(true) {
                document.write("2<br>");
            } else {
                document.write("3<br>");
            }
            document.write("4<br>");
        </script>
    </body>
        ... 생략 ...
```

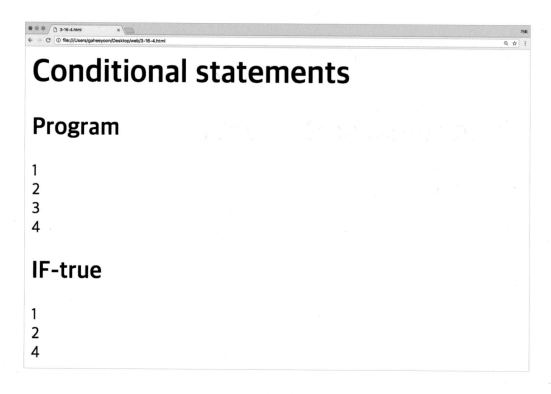

페이지를 새로고침하면 자바스크립트 코드가 순서대로 실행은 되지만 '3'은 출력되지 않는 것을 확인할 수 있습니다. 즉, 코드의 실행 순서가 바뀐 것을 알 수 있는데, else에 적힌 코드를 무시하는 방향으로 진행됐습니다.

이번에는 true 대신 false를 넣어 프로그램을 실행해 보겠습니다. 기존 코드를 다음과 같이 수정한 후 페이지를 새로고침하면 다음과 같은 결과가 나옵니다.

【예제 3-16-5】 if-else 문　　　　　　　　　　　　　　　　　　　　　　　　　　　　　ex5.html

```
... 생략 ...
<body>
    ... 생략 ...
    <h2>IF-true</h2>
    <script>
        document.write("1<br>");
        if(false) {
            document.write("2<br>");
        } else {
```

```
            document.write("3<br>");
        }
        document.write("4<br>");
    </script>
</body>
    ... 생략 ...
```

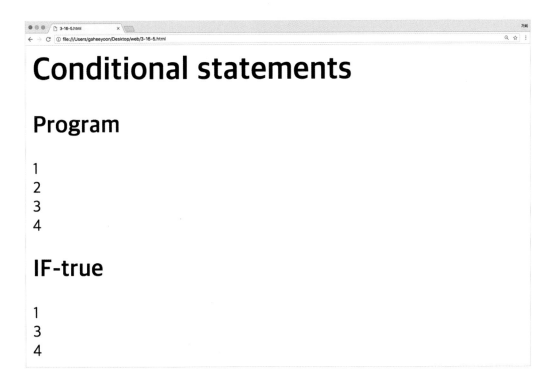

출력 결과가 무엇을 뜻하나요? '1'을 출력하는 부분이 먼저 실행되고, if 문에 지정한 값이 false이므로 else 안의 코드가 실행되고, 이어서 '4'가 출력되는 모습을 볼 수 있습니다. 즉, **if 문의 뒤**에 따라오는 **괄호 안에는 불리언 데이터 타입(true나 false)**이 오는데, true면 **첫 번째 중괄호 안의 코드가 실행**되고, 두 번째 중괄호 안의 코드는 무시됩니다. 반면 false라면 첫 번째 중괄호 코드는 무시되고, **else 안에 있는 코드가 실행**된다는 것이 조건문을 이해하는 데 가장 중요한 요소입니다. 다시 말해, 불리언의 값이 무엇이냐에 따라 실행되는 코드가 바뀐다는 것입니다.

물론 지금 작성한 코드에서는 true와 false를 직접 if 문에 지정해 놨습니다. 그렇기 때문에 언제나 true와 false이므로 사실 쓸모 없는 코드입니다. 왜냐하면 조건에 따라 실행되는 코드가 달라지지 않기 때문입니다. 이제 우리가 해야 할 것은 if 뒤에 오는 괄호 안에 들어갈 불리언 값을 조건에 따라 true 또는 false가 들어오게 하는 것입니다.

이번 시간은 조건문의 형식을 알아보는 시간이었고, 일단 여기서 마무리하고 다음 시간에 우리가 만들고 있었던 예제에 조건문이란 것을 도입함으로써 얼마나 똑똑한 프로그램으로 성장시킬 수 있는지 살펴보겠습니다.

WEB3

# 17 조건문의 활용

https://youtu.be/Gt2iGEEKXww (07분 12초) ○

지금까지 비교 연산자, 불리언, 조건문이라고 하는 보기에 따라 상당히 관념적으로 볼 수 있는 도구들을 살펴봤는데, 이번 수업에서는 이러한 관념적인 도구들이 얼마나 현실에서 구체적인 도움을 주는지 알아보겠습니다.

이번에는 예제의 night 버튼과 day 버튼을 하나로 만들겠습니다.

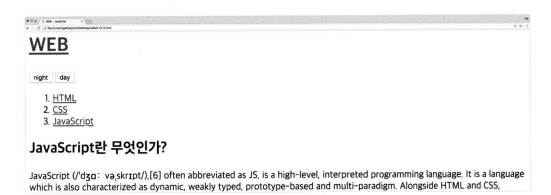

먼저 버튼부터 만들어보겠습니다. 다음과 같은 코드를 입력합니다.

【예제 3-17-1】 night 버튼과 day 버튼을 하나로 만들기          3.html

```
... 생략 ...
<h1><a href="index.html">WEB</a></h1>

<input type="button" value="night" onclick="
    document.querySelector('body').style.backgroundColor = 'black';
    document.querySelector('body').style.color = 'white';
">
<input type="button" value="day" onclick="
    document.querySelector('body').style.backgroundColor = 'white';
    document.querySelector('body').style.color = 'black';
```

```
    ">

    <input type="button" value="night" onclick="">
    ... 생략 ...
```

기본적으로 페이지가 열렸을 때는 배경이 흰색이므로 클릭했을 때 night로 바꾸는 버튼을 만듭니다. 그리고 night 버튼을 클릭했을 때 자바스크립트를 이용해 이 웹 페이지에 있는 night 버튼의 value 값이 'night'라면 앞서 만들었던 night 버튼의 코드가 실행되고, 만약 'night'가 아니라면 day 버튼을 눌렀을 때의 코드가 실행되게 하면 됩니다.

【예제 3-17-2】 버튼에 onclick 속성과 값 추가                                              3.html

```
    ... 생략 ...
    <input type="button" value="night" onclick="
        if night
            document.querySelector('body').style.backgroundColor = 'black';
            document.querySelector('body').style.color = 'white';
        else
            document.querySelector('body').style.backgroundColor = 'white';
            document.querySelector('body').style.color = 'black';
    ">
    ... 생략 ...
```

형식에 맞게 조건문을 써봅시다.

```
        ... 생략 ...
    <input type="button" value="night" onclick="
        if(night) {
            document.querySelector('body').style.backgroundColor = 'black';
            document.querySelector('body').style.color = 'white';
        } else {
            document.querySelector('body').style.backgroundColor = 'white';
            document.querySelector('body').style.color = 'black';
        }
    ">
        ... 생략 ...
```

여기서는 **night 부분이 주인공**이 됩니다. **상황에 따라 true가 되거나 false가 되게** 하면 됩니다. 그러기 위해 맨 먼저 해야 할 일은 현재 버튼의 value 값이 무엇인지 알아내는 것입니다(여기서는 콘솔을 이용해 확인해 보겠습니다).

먼저 이 버튼의 id 값을 'night_day'로 지정하겠습니다. 개발자 도구 맨 왼쪽에 있는 아이콘( ⬚ )을 클릭한 다음 새로 만든 버튼을 클릭하면 버튼에 해당하는 코드가 강조됩니다.

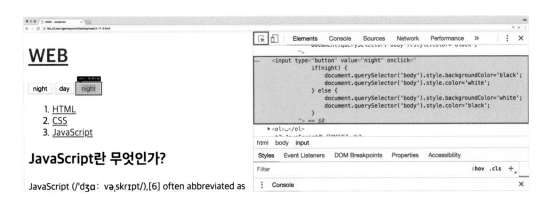

버튼에 해당하는 코드를 마우스 오른쪽 버튼으로 클릭한 다음 [Edit as HTML]을 클릭합니다.

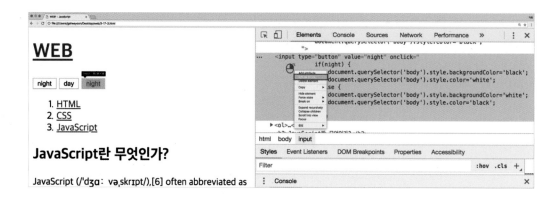

`<input>` 태그에 id 속성을 추가하고 값은 `night_day`로 지정합니다.

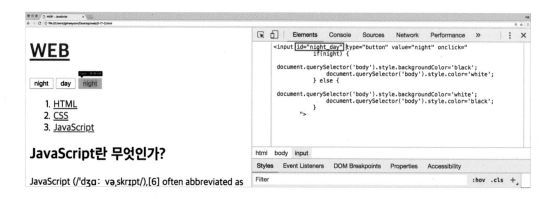

개발자 도구 바깥쪽을 클릭하면 속성이 추가됩니다.

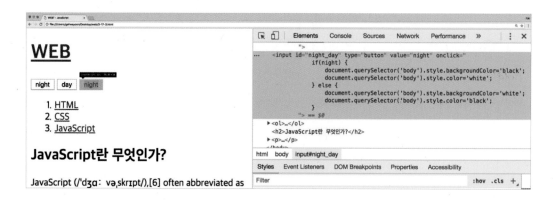

이어서 **id** 값이 **'night_day'**인 엘리먼트의 **value** 값을 알아내는 방법을 검색을 통해 알아보겠습니다. 검색 엔진에서 'javascript element get value'로 검색해 보겠습니다. 스택오버플로우 웹 페이지에 볼 수 있는 것처럼 질문이 들어와 있습니다.

답변을 보면 'value'라는 프로퍼티를 사용하면 된다고 적혀 있습니다. 이에 따라 한번 사용해 보겠습니다.

콘솔창에 아래 코드를 입력하고 Enter 키를 치면 value 속성의 값을 잘 가져오는 것을 알 수 있습니다.

```
document.querySelector('#night_day').value
```

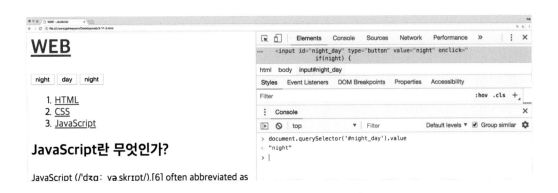

만약 〈input〉 태그의 value 속성값을 'night' 대신 'day'로 넣으면 'day'를 가져오는 것을 볼 수 있습니다.

즉, 이 코드를 통해 id 값이 'night_day'인 엘리먼트의 value 값을 가져 올 수 있습니다. 이 점에 착안해서 if 문의 조건에 document.querySelector('#night_day').value의 값이 'night'와 같다면 야간 모드에 해당하는 코드가 실행되게 하고, 그렇지 않다면 주간 모드의 코드가 실행되게 하면 됩니다. 이를 토대로 코드를 다음과 같이 작성하고 페이지를 새로고침해서 확인해 보겠습니다.

【예제 3-17-4】 버튼에 id 속성을 추가하고 조건문의 조건을 수정                    3.html

```
... 생략 ...
<input id="night_day" type="button" value="night" onclick="
    if(document.querySelector('#night_day').value === 'night') {
        document.querySelector('body').style.backgroundColor = 'black';
        document.querySelector('body').style.color = 'white';
    } else {
        document.querySelector('body').style.backgroundColor = 'white';
        document.querySelector('body').style.color = 'black';
    }
">
... 생략 ...
```

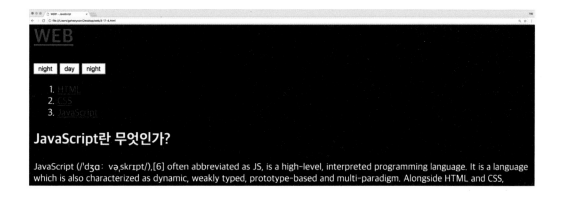

야간 모드는 성공적으로 실행됩니다. 하지만 주간 모드는 실행되지 않습니다. 왜냐하면 해당 버튼의 value 값이 'night'이기 때문입니다(if 문에 있는 조건문이 계속 true이기 때문에 계속해서 if 문만 실행되고, 야간 모드만 유지됩니다). 그러므로 야간 모드로 바뀌었을 때 버튼의 value 값을 'day'로 바꿔야 합니다. 따라서 if 문 안에서는 버튼의 value 값을 'day'로 바꾸고, else 문 안에서는 버튼의 value 값을 'night'로 바꾸는 코드를 추가한 다음 페이지를 새로고침해 보겠습니다.

【예제 3-17-5】 조건에 따라 버튼의 value 값 변경                    3.html

```
... 생략 ...
<input id="night_day" type="button" value="night" onclick="
    if(document.querySelector('#night_day').value === 'night') {
        document.querySelector('body').style.backgroundColor = 'black';
        document.querySelector('body').style.color = 'white';
        document.querySelector('#night_day').value = 'day';
    } else {
        document.querySelector('body').style.backgroundColor = 'white';
        document.querySelector('body').style.color = 'black';
        document.querySelector('#night_day').value = 'night';
    }
">
... 생략 ...
```

그럼 보다시피 'night' 버튼을 누르면 야간 모드로 바뀌고, 버튼도 'day'로 바뀝니다.

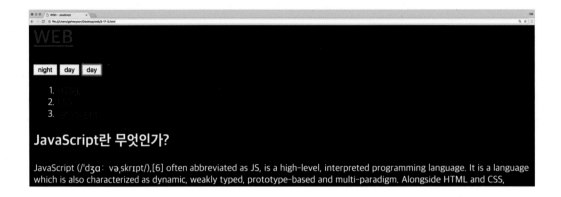

또 다시 버튼을 클릭하면 주간 모드로 바뀌고, 버튼은 'night'로 바뀝니다.

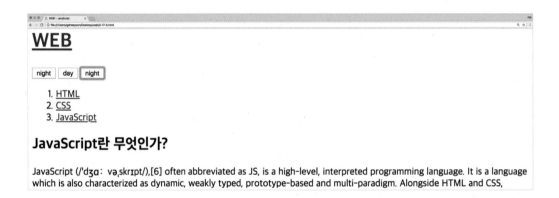

'day' 버튼을 클릭하면 어떻게 될까요? if 문의 조건문 안에서 document.querySelector('#night_day').value 값은 'day'가 되면서 false 값이 되고 else 안의 코드가 실행됩니다.

자, 이제 앞에 있는 장황한 두 버튼이 필요 없으므로 삭제하고, 하나의 기능으로 합칠 수 있게 됐습니다. 환상적이지 않나요? 이렇게 해서 조건문이라고 하는 것을 어떻게 쓰는지에 대한 저의 대답을 해드렸습니다. 조건문의 힘을 여러분도 느껴보셨으면 좋겠습니다.

【예제 3-17-6】 기존에 있던 버튼 제거        3.html

```
... 생략 ...
<h1><a href="index.html">WEB</a></h1>

<input type="button" value="night" onclick="
    document.querySelector('body').style.backgroundColor = 'black';
```

```
    document.querySelector('body').style.color = 'white';
">
<input type="button" value="day" onclick="
    document.querySelector('body').style.backgroundColor = 'white';
    document.querySelector('body').style.color = 'black';
">

<input id="night_day" type="button" value="night" onclick="
    if(document.querySelector('#night_day').value === 'night') {
        document.querySelector('body').style.backgroundColor = 'black';
        document.querySelector('body').style.color = 'white';
        document.querySelector('#night_day').value = 'day';
    } else {
        document.querySelector('body').style.backgroundColor = 'white';
        document.querySelector('body').style.color = 'black';
        document.querySelector('#night_day').value = 'night';
    }
">
    ... 생략 ...
```

# WEB

[ night ]

1. HTML
2. CSS
3. JavaScript

## JavaScript란 무엇인가?

JavaScript (/ˈdʒɑːvəˌskrɪpt/),[6] often abbreviated as JS, is a high-level, interpreted programming language. It is a language which is also characterized as dynamic, weakly typed, prototype-based and multi-paradigm. Alongside HTML and CSS, https://youtu.be/vwRkFRke7ls (06분 30초) ▶

# 18 중복의 제거를 위한 리팩터링

이번 시간에는 **리팩터링(refactoring)**에 대해 살펴보겠습니다. 리팩터링이란 단어에서 팩터리(factory)는 '공장'이며, 리(re)는 '다시'라는 뜻이므로 리팩터링이란 공장으로 다시 보내 개선한다는 느낌으로 생각하면 될 것 같습니다.

코딩을 하고 나면 코드에 비효율적인 면이 생기기 마련입니다. 그럼 동작하는 것은 그대로 두고 코드 자체를 효율적으로 만들어서 그 코드의 **가독성을 높이고, 유지보수를 편리하게 만들고, 중복된 코드를 줄이는 방향으로 코드를 개선하는 작업**을 리팩터링이라 합니다. 소프트웨어의 규모가 커지고 복잡해지면 틈틈이 리팩터링을 해야 좋은 프로그램을 만들 수 있습니다.

그래서 이번 시간에는 앞에서 만든 코드에서 비효율적인 측면들을 제거하는 리팩터링 사례를 보여드리겠습니다.

【예제 3-17-6】 앞서 작성한 코드　　　　　　　　　　　　　　　　　　　　　　　　3.html

```html
... 생략 ...
<input id="night_day" type="button" value="night" onclick="
    if(document.querySelector('#night_day').value === 'night') {
        document.querySelector('body').style.backgroundColor = 'black';
        document.querySelector('body').style.color = 'white';
        document.querySelector('#night_day').value = 'day';
    } else {
        document.querySelector('body').style.backgroundColor = 'white';
        document.querySelector('body').style.color = 'black';
        document.querySelector('#night_day').value = 'night';
    }
">
... 생략 ...
```

위 코드를 효율적으로 만들어 보겠습니다. 만약 night 버튼의 기능을 페이지 하단에서도 보이게 하고 싶을 수 있습니다. 이를 위해 본문 하단에 다음 코드를 붙여넣겠습니다.

【예제 3-18-1】 night 버튼을 페이지 아래에도 추가                                                      3.html

```
... 생략 ...
<body>
    <h1><a href="index.html">WEB</a></h1>

    <input id="night_day" type="button" value="night" onclick="
        if(document.querySelector('#night_day').value === 'night') {
            document.querySelector('body').style.backgroundColor = 'black';
            document.querySelector('body').style.color = 'white';
            document.querySelector('#night_day').value = 'day';
        } else {
            document.querySelector('body').style.backgroundColor = 'white';
            document.querySelector('body').style.color = 'black';
            document.querySelector('#night_day').value = 'night';
        }
    ">

    ... 생략 ...

    <h2>JavaScript란 무엇인가?</h2>
    <p>JavaScript (/ˈdʒɑːvəˌskrɪpt/), ... 생략 ... engine to execute it.</p>

    <input id="night_day" type="button" value="night" onclick="
        if(document.querySelector('#night_day').value === 'night') {
            document.querySelector('body').style.backgroundColor = 'black';
            document.querySelector('body').style.color = 'white';
            document.querySelector('#night_day').value = 'day';
        } else {
            document.querySelector('body').style.backgroundColor = 'white';
            document.querySelector('body').style.color = 'black';
            document.querySelector('#night_day').value = 'night';
        }
    ">
</body>
    ... 생략 ...
```

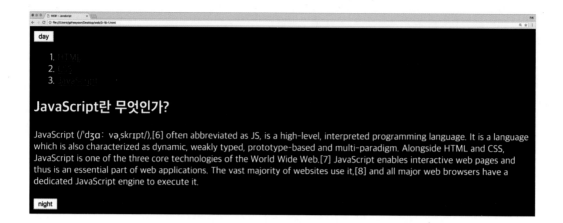

그런데 프로그램이 제대로 작동하지 않습니다. 야간 모드와 주간 모드로 바뀌기는 하지만 night 버튼이 day 버튼으로 바뀌지는 않습니다. 즉, 하단의 버튼을 클릭했을 때 상단 버튼의 값만 바뀝니다. 이것은 우리가 원하는 게 아닙니다. 하단 코드에서 버튼 id 값을 'night_day'에서 'night_day2'로 바꾸고 동작을 확인하면 정상적으로 바뀌는 것을 알 수 있습니다.

【예제 3-18-2】 아래에 있는 버튼의 id를 night_day2로 변경                3.html

```
... 생략 ...
<input id="night_day2" type="button" value="night" onclick="
    if(document.querySelector('#night_day2').value === 'night') {
        document.querySelector('body').style.backgroundColor = 'black';
        document.querySelector('body').style.color = 'white';
        document.querySelector('#night_day2').value = 'day';
    } else {
        document.querySelector('body').style.backgroundColor = 'white';
        document.querySelector('body').style.color = 'black';
        document.querySelector('#night_day2').value = 'night';
    }
">
    ... 생략 ...
```

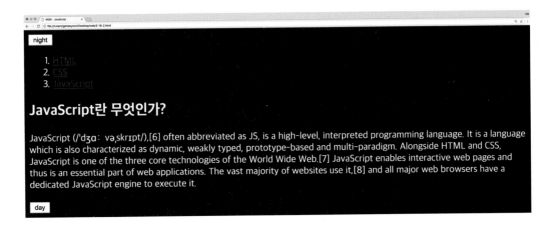

그런데 같은 원리로 1억 개의 버튼을 만든다면 1억 개를 모두 바꿔야 하는 불편함을 겪게 될 수 있습니다. 그래서 그러한 불편함이 있기 때문에 onclick과 같은 **이벤트 안에서 실행되는 코드에서는 현재 코드가 속해 있는 태그를 가리키도록 약속돼 있는 특수한 키워드**를 사용합니다. 바로 **this** 키워드입니다.

하단 코드에서 document.querySelector('#night_day2')는 사실 자기 자신을 가리키고 있습니다. 따라서 이 코드 대신 this로 바꾸면 됩니다. this로 바꾸면 night_day2의 id 값이 더는 필요 없습니다.

【예제 3-18-3】 id 값 대신 자기 자신을 가리키는 this 키워드로 변경　　　　　　　　　　　3.html

```
... 생략 ...
<body>
    <h1><a href="index.html">WEB</a></h1>

    <input id="night_day" type="button" value="night" onclick="
        if(this.value === 'night') {
            document.querySelector('body').style.backgroundColor = 'black';
            document.querySelector('body').style.color = 'white';
            this.value = 'day';
        } else {
            document.querySelector('body').style.backgroundColor = 'white';
            document.querySelector('body').style.color = 'black';
            this.value = 'night';
        }
    ">


    ... 생략 ...
```

```
<h2>JavaScript란 무엇인가?</h2>
<p>JavaScript (/ˈdʒɑːvəˌskrɪpt/), ... 생략 ... engine to execute it.</p>

<input id="night_day2" type="button" value="night" onclick="
    if(this.value === 'night') {
        document.querySelector('body').style.backgroundColor = 'black';
        document.querySelector('body').style.color = 'white';
        this.value = 'day';
    } else {
        document.querySelector('body').style.backgroundColor = 'white';
        document.querySelector('body').style.color = 'black';
        this.value = 'night';
    }
">
</body>
... 생략 ...
```

위 코드는 잘 동작하며 훨씬 더 간결합니다. 이 코드를 복사해서 버튼을 새로 만들어보면 새로운 버튼도 잘 동작하는 모습을 볼 수 있습니다. 바로 this라는 키워드의 효과입니다. 위쪽에 있는 코드도 동일하게 만들면 프로그램을 좀 더 **유지보수하기 편리**해집니다.

그런데 document.querySelector('body')라는 부분이 지금 중복해서 등장하고 있습니다.

```
<input type="button" value="night" onclick="
    if(this.value === 'night') {
        document.querySelector('body').style.backgroundColor = 'black';
        document.querySelector('body').style.color = 'white';
        this.value = 'day';
    } else {
        document.querySelector('body').style.backgroundColor = 'white';
        document.querySelector('body').style.color = 'black';
        this.value = 'night';
    }
">
```

저는 프로그래밍 수업에서 어떻게 하면 코딩을 잘 하는지 이야기하지 않습니다. 단순히 코딩하는 법을 알려드리고 있습니다. 다만 여러분에게 유일하게 **코딩을 잘 하는 방법**을 알려드리면 **중복을 끝까지 쫓**

**아가 다 없애버리라는 것**입니다. 그리고 코딩을 하다 보면 여러 가지 기술을 쓰게 되는데, 여러 가지 기술이 출현하게 된 결정적인 계기가 바로 중복의 제거와 관련됐을 가능성이 큽니다. 그래서 이번에는 중복된 코드를 제거해 보겠습니다.

다음 코드와 같이 〈body〉 태그를 target 변수에 할당합니다.

```
var target = document.querySelector('body');
```

그러고 나서 코드 상에서 다음 코드를 모두 target으로 바꿉니다.

```
document.querySelector('body')
```

그럼 코드가 훨씬 더 간결해집니다.

【예제 3-18-4】〈body〉 태그를 target 변수를 할당하고, target 변수 사용　　　　3.html

```
    ... 생략 ...
    <input type="button" value="night" onclick="
        var target = document.querySelector('body');
        if(this.value === 'night') {
            target.style.backgroundColor = 'black';
            target.style.color = 'white';
            this.value = 'day';
        } else {
            target.style.backgroundColor = 'white';
            target.style.color = 'black';
            this.value = 'night';
        }
    ">
    ... 생략 ...
```

그리고 target 변수를 쓰는 부분들은 상단에 작성한 var target=Document.querySelector('body');만 바꾸면 target 변수를 쓰는 모든 코드가 한 번에 바뀌는 폭발적인 효과를 갖게 됩니다. 이처럼 변수라는 것을 활용하면 코드를 작성할 때 큰 도움을 받을 수 있다는 것을 기억해 두면 좋겠습니다.

이렇게 해서 지금까지 조건문을 어디에 쓰는지 조건문의 실용적 사례를 살펴봤습니다.

이번 시간에는 자바스크립트의 새로운 문법을 살펴보기 위해 기존 예제에서 불만족스러운 부분을 찾아보겠습니다.

우선 night 버튼을 누르면 링크들이 너무 어둡습니다. 반면 밝은 색으로 바뀌었을 때는 링크가 선명하게 보이는 것을 볼 수 있습니다. 즉, 버튼을 누를 때마다 어두운 경우는 조금 밝게, 밝은 경우에는 조금 어두운 색으로 링크가 표현됐으면 좋겠다는 겁니다. 버튼을 클릭했을 때 웹 페이지에 있는 모든 링크에 대해 style 속성의 값을 조절해서 밝게 바꾸도록 코드를 작성해도 되겠지만, 링크가 1억 개라면 1억 번의 반복적인 작업을 해야 합니다. 그럼 코드의 양이 늘어나며, 유지보수가 매우 힘들어집니다.

이런 절망적인 상황에서 우리를 구원해주는 기능이 바로 **반복문**입니다. 그래서 이번 시간에는 반복문을 배우기 위한 개요를 알아보겠습니다. 먼저 반복문을 적용한 결과부터 보여드리고, 반복문을 도입하기 위해 필요한 것들을 다음 시간에 살펴보겠습니다.

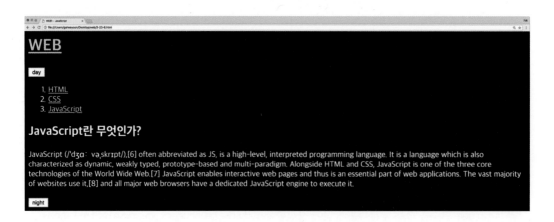

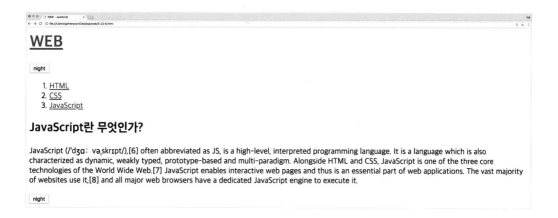

이번에 작성하려는 코드는 다음과 같습니다. 크롬 개발자 도구로 웹 페이지의 〈a〉 태그를 보겠습니다.

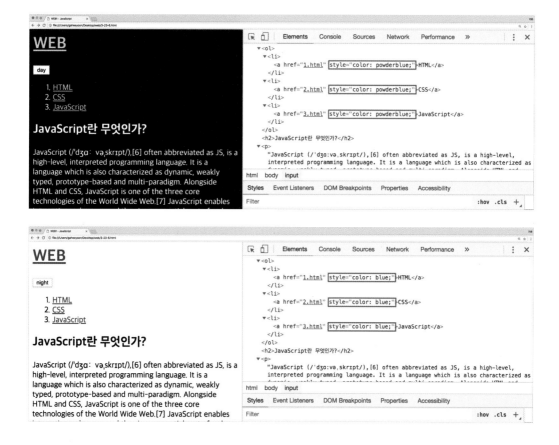

night 버튼을 클릭하면 〈a〉 태그에 style 속성이 추가되며 'powderblue'라는 색상이 적용됩니다. day 버튼을 클릭하면 'blue' 색상이 적용됩니다.

이렇게 하기 위한 코드가 바로 다음 코드인데, 이 코드의 대략적인 내용은 이 웹 페이지의 모든 〈a〉 태그를 가져온 다음, 〈a〉 태그 하나하나에 대해 반복적으로 powderblue 색상을 지정하는 것입니다.

```javascript
var alist = document.querySelectorAll('a');
var i = 0;
while(i < alist.length) {
    alist[i].style.color = 'powderblue';
    console.log(alist[i]);
    i = i + 1;
}
```

이 코드를 이해하기 위해 필요한 부품들은 다음 시간에 살펴볼 것이며, 다음 시간부터 살펴볼 자바스크립트의 기능으로 맨 먼저 배열이라는 것을 소개하고, 그다음으로 배열을 이용해 반복적인 작업을 처리하기 위한 반복문을 살펴볼 것입니다. 자바스크립트가 아니라도 다른 언어에서 제공하는 배열과 반복문에 대해 알고 계신다면 다음 수업은 굳이 진행하지 않아도 괜찮습니다. 다음 수업 대신 자바스크립트로 여러 개의 태그를 선택하는 방법에 대한 이야기로 건너뛰면 됩니다. 그럼 이번 수업은 여기까지 하겠습니다.

지금부터 **배열**이란 주제에 대해 이야기해 보겠습니다. 제가 예전에 프로그래밍을 처음 했을 때를 생각해 보면 배열에 처음 도전했을 때는 배열을 이해하는 데 실패했습니다. 그 이유는 배열이 왜 필요한가를 체감하지 못했기 때문이었습니다. 배열이 왜 필요한지는 배열 자체로는 알기 힘듭니다. 대신 반복문에서 배열이 왜 필요한지는 이해하실 수 있을 테고, 실제로 반복문을 이용해 웹 애플리케이션을 만드는 과정을 본 이후에 좀 더 실용적인 예제가 나올 테니 조금만 참아주세요. 이번 시간에는 약간 관념적인 느낌이 들 수 있다는 것을 미리 말씀드립니다.

먼저 비유로 한 번 출발해 보겠습니다. 살다보면 시간이 지날수록 살림이 늘어납니다. 살림이 늘면 여러분의 마음은 점점 불편해지고, 책장이나 수납상자, 집의 방을 늘릴 수도 있을 것입니다. 집에 사물이 많아질수록 우리는 그 사물들을 잘 정리 정돈할 필요성이 생기고 그 필요성에 따라 그것을 정리 정돈할 수 있는 여러 가지 수납공간을 마련하게 됩니다.

프로그래밍도 마찬가지입니다. 프로그래밍을 하다 보면 굉장히 많은 데이터를 다루게 됩니다. 그리고 그 데이터들은 제각각 성격이 다릅니다. 데이터가 많아지면 너무 복잡해져서 그냥 코딩하는 것만으로는 인간의 한계에 도달하면서 코딩을 더 복잡하게 하지 못하는 순간에 도달하게 됩니다. 사람이 감당하지 못할 정도로 복잡해진 소프트웨어는 사람이 감당할 수 없는 소프트웨어가 되는 것입니다. 그럼 어떻게 해야 할까요?

집의 비유로 다시 돌아오면, 수납상자와 같은 것을 통해 사물들을 수납 상자나 냉장고 등에 넣은 다음에는 수납상자 하나만 생각하면 됩니다. 즉, 우리의 머릿속이 다시 단순해지는 효과를 갖게 된다는 것입니다. 마찬가지로 배열도 같은 느낌으로 생각하면 됩니다. 데이터가 많아짐에 따라 그 많은 데이터를 그냥 둘 수 없기 때문에 **데이터 중에서 서로 연관된 데이터를 잘 정리 정돈해서 담아두는 일종의 수납 상자를 배열(array)**이라고 생각하면 됩니다. 이번 시간에는 배열의 문법을 살펴보고 배열의 여러 가지 성격을 살펴보겠습니다. 실용적인 이야기는 이번 시간에 다루지 않습니다.

실습을 위해 ex6.html이라는 파일을 만들고, 이 파일에서 시작해 보겠습니다. 우선 배열에 관한 수업이므로 〈h1〉 태그에 'Array'라고 적고, 맨 먼저 배열을 만드는 방법을 알아보겠습니다. 다음으로 〈h2〉

태그에 'Syntax', 즉 문법이란 텍스트를 담겠습니다. 그런데 **문자열**은 어떤 기호로 시작해서 어떤 기호로 끝나나요? **따옴표로 시작해서 따옴표로 끝나**게 됩니다. **배열**은 **대괄호로 시작해서 대괄호로 끝납**니다. 그리고 대괄호 안에 값들을 적는데, 여러 개의 값을 적을 수 있습니다.

이를테면 ["egoing", "leezche"]로 둘 수 있으며 **값과 값 사이는 콤마(,)로 구분**합니다. 그리고 이 배열을 변수에 넣겠습니다.

```
var coworkers =["egoing", "leezche"];
```

coworkers라는 변수에 배열이라는 새로운 데이터 타입이 담긴 것입니다. 이 데이터 타입에 coworkers 라는 이름을 붙인 것이라고도 할 수 있습니다. 변수를 쓴다는 말이죠.

【예제 3-20-1】 ex6.html 파일을 생성한 후 배열 만들기          ex6.html

```html
<!DOCTYPE HTML>
<html>
    <head>
        <meta charset="utf-8">
        <title></title>
    </head>
    <body>
        <h1>Array</h1>
        <h2>Syntax</h2>
        <script>
            var coworkers = ["egoing", "leezche"];
        </script>
    </body>
</html>
```

# Array

## Syntax

새로운 수납상자를 갖다 넣으면서 그 안에 물건을 두 개 넣은 것과 같습니다. 그러면 배열을 만드는 것을 해봤으니, 배열에 들어있는 항목을 가져오는 방법을 살펴보겠습니다. 배열에 첫 번째로 들어가 있는 데이터를 꺼내고 싶을 경우 coworkers[0]이라고 쓰면 'egoing'이 나옵니다.

【예제 3-20-2】 배열에서 데이터 꺼내기　　　　　　　　　　　　　　　　　　　　　　　　　ex6.html

```
... 생략 ...
<h2>Syntax</h2>
<script>
    var coworkers = ["egoing", "leezche"];
</script>

<h2>get</h2>
<script>
    document.write(coworkers[0]);
    document.write(coworkers[1]);
</script>
... 생략 ...
```

즉, **첫 번째 자리에 있는 값은 0번째**라는 뜻입니다. 이를 **인덱스(index)**라고 합니다. 인덱스 0번은 "egoing"이 되고, 인덱스 1은 "leezche"라는 데이터를 가리킨다고 볼 수 있습니다.

앞에서 배열을 만들고, 값을 넣고, 값을 가져오는 방법을 살펴봤습니다. 또 하나 핵심적인 것이 있습니다. 바로 배열에 들어있는 값이 몇 개인가를 체크하는 것입니다. 이제부터 검색을 통해 알아낼 수 있습니다. 검색 엔진에서 'javascript array count'를 검색해 보면 다음과 같은 내용을 볼 수 있습니다.

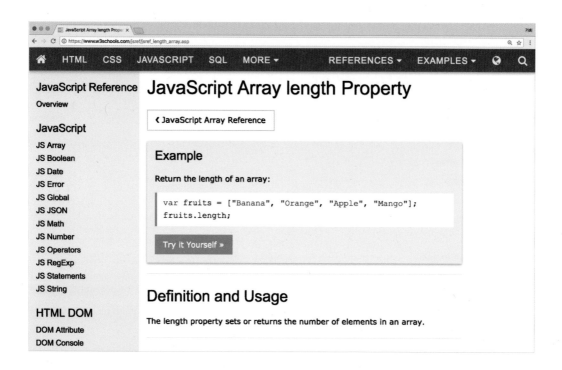

즉, 다음과 같이 배열에 length를 지정하면 배열 안에 몇 개의 값이 있는지 알려줍니다. 다음과 같은 코드를 작성합니다.

【예제 3-20-3】 배열에서 들어있는 값이 몇 개인지 확인                                          ex6.html

```
... 생략 ...
<body>
    ... 생략 ...
    <h2>count</h2>
    <script>
        document.write(coworkers.length);
    </script>
</body>
... 생략 ...
```

다음과 같이 배열 항목의 개수인 2가 출력되는 것을 확인할 수 있습니다.

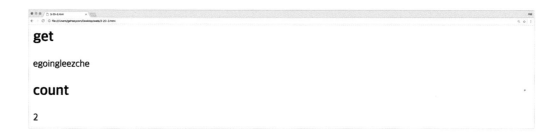

**get**

egoingleezche

**count**

2

앞에서 **인덱스를 지정할 때**는 0은 첫 번째를, 1은 두 번째를 가리킨다고 설명했습니다. 그런데 **개수를 셀 때**는 1부터 세기 때문에 값이 2개라면 length 값은 2가 됩니다. length를 체크하기 전에 데이터를 추가하는 방법도 살펴보겠습니다. 데이터를 추가하고 싶을 때도 검색을 통해 데이터를 추가하는 방법을 알아볼 수 있습니다.

검색 엔진에서 'javascript array add data'로 검색해 보면 다음과 같은 예제를 찾을 수 있습니다.

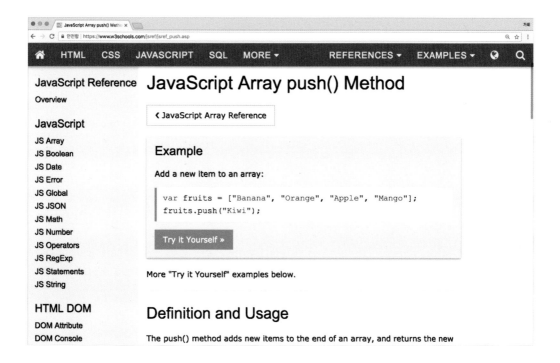

보다시피 **push( )라는 키워드**가 나옵니다. 예제를 보면 push( )를 통해 배열에 데이터가 추가되는 것을 알 수 있습니다. 따라서 예제에 다음과 같이 코드를 추가합니다.

```
    ... 생략 ...
<body>
    ... 생략 ...
    <h2>add</h2>
    <script>
        coworkers.push('duru');
        coworkers.push('taeho');
    </script>


    <h2>count</h2>
    <script>
        document.write(coworkers.length);
    </script>
</body>
    ... 생략 ...
```

페이지를 새로고침하면 배열에 "duru"와 "taeho"가 새롭게 추가되어 coworkers.length의 값으로 4가 출력됩니다.

모질라 재단에서 만든 MDN 문서를 살펴보면 배열에는 push( ) 등과 같은 여러 가지 명령어가 있습니다. push( )는 **배열의 끝에 데이터를 추가**하는 역할을 합니다. 만약 데이터를 **앞쪽에 추가하고 싶다면** 어떻게 해야 할까요? 데이터를 **중간에 넣고 싶다면**요? 처음부터 외울 필요는 없습니다. 검색할 줄만 알면 됩니다. 검색 엔진에서 'javascript array'를 검색해 봅시다.

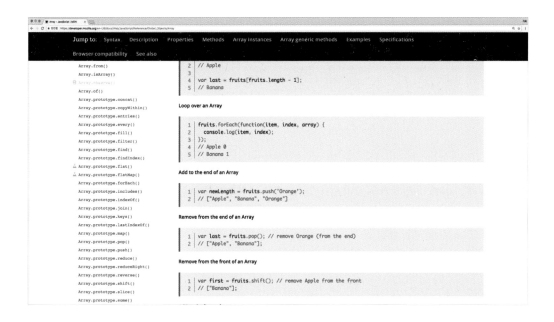

배열이라는 수납상자에 데이터를 넣고 빼거나, 몇 개의 데이터가 있는지 알아내는 등 작업을 처리하는 것에 대한 아주 정교한 기능들이 미리 마련돼 있습니다. 지금은 어떤 기능들이 있는지 눈으로 쓱 훑어 보기만 하면 됩니다. 나중에 직접 코드를 작성하면서 복잡한 상황에 마주치게 되면 자연스럽게 배열을 좀 더 복잡하게 사용할 필요성이 생기는데 앞서 살펴본 것처럼 검색을 통해 공부하면 됩니다. 미리 처음부터 모든 것을 머릿속에 욱여넣을 필요는 없습니다.

이렇게 해서 배열에 대해 살펴봤는데, 배열은 그 자체로는 어디에 쓰는지 알기가 어렵습니다. 다음 시간에 배열과 환상의 콤비인 반복문을 살펴보면서 배열의 용도를 함께 살펴보겠습니다.

지금부터 **반복문**(루프라고도 합니다)에 대해서 살펴보겠습니다. 실습을 위해 ex7.html을 만들고, ⟨script⟩ 태그 안에 다음과 같은 자바스크립트 코드를 넣어보겠습니다.

【예제 3-21-1】 ex7.html 파일 생성                                                    ex7.html

```
<!DOCTYPE HTML>
<html>
    <head>
        <meta charset="utf-8">
        <title></title>
    </head>
    <body>
        <h1>Loop</h1>
        <ul>
            <script>
                document.write('<li>1</li>');
                document.write('<li>2</li>');
                document.write('<li>3</li>');
                document.write('<li>4</li>');
            </script>
        </ul>
    </body>
</html>
```

# Loop

- 1
- 2
- 3
- 4

위에서부터 아래로 순서대로 코드를 실행하는 것이 프로그램의 **기본적인 실행 순서**입니다. 필요에 따라서는 2번째와 3번째로 실행돼야 하는 명령을 **여러 번 반복**해야 할 경우가 있습니다. 이를 위한 기본적인 방법은 반복적으로 코드를 복사해서 붙여넣는 식으로 작성하는 것입니다. 그런데 이렇게 하면 문제가 생깁니다. 앞에서 두 줄의 코드를 반복했는데 반복해야 할 개수가 1억 개라면 이처럼 반복적으로 복사 후 붙여넣는 것이 불가능할 것입니다. 그리고 힘들게 만들어 놨더니, 이 내용에 버그가 있거나 수정해야 할 경우 1억 개를 전부 바꿔야 하는 절망적인 상황에 놓입니다. 그런 상황에서 반복문이 나타난다면 반복문을 배우는 어려움 따위는 개의치 않을 겁니다. 반복문을 통해 무엇을 할 수 있고, 반복문이 없을 때 얼마나 절망스러울 수 있는지 경험하지 못한 상태에서는 반복문이 어렵게 느껴질 겁니다. 그러니 상상력을 동원해서 공부할 마음가짐을 잘 만들어주시길 바랍니다.

이제 2, 3번째 코드를 3번 반복해 보겠습니다. 먼저 반복문의 기본 문법을 사용해 보겠습니다.

while이라는 것이 **반복문의 키워드**입니다. 그 밖에 for 문도 있지만 먼저 while만 다뤄보겠습니다. **while 괄호 안에는 불리언 데이터 타입**이 들어옵니다. 따라서 true나 false 중 하나가 들어갈 수 있습니다. 이때 while 괄호 안의 내용이 true인 동안에는 **while 문 안의 코드가 반복적으로 실행**됩니다. 그럼 언제까지 실행될까요? while 괄호 안의 내용이 false가 될 때까지입니다.

while 문이 실행되면 맨 먼저 자바스크립트는 while 문의 true/false 상태를 봅니다. true면 중괄호 안에 있는 코드를 한 줄씩 실행하고 마지막까지 가면 다시 while 조건의 값이 true인지 false인지 확인합니다. 역시나 true면 중괄호 안의 코드가 실행되고, false라면 while 문 바깥쪽에 있는 코드가 그때서야 실행됩니다. 즉 반복문이라는 것은 순서대로 실행되는 **프로그램의 흐름을 제어**하는 **제어문**이라고 할 수 있습니다. if 문과 함께 말이죠.

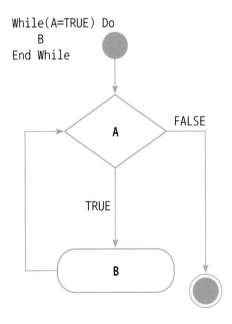

while(true)로 결과를 확인하면 웹 브라우저가 컴퓨터의 자원을 다 가져갈 겁니다. 왜냐하면 무한히 반복되기 때문입니다. 그래서 항상 **반복문이 언제 종료될 것인가를 잘 지정하는 것이 중요**합니다. 제가 하려는 일은 while 문 안의 코드를 3번 반복시키는 것입니다. 그러기 위해서는 두 줄의 코드가 몇 번 실행되는지 어딘가에 적어둘 필요가 있습니다. 그것을 하기 위해서는 변수가 필요합니다. 그리고 관습적으로 변수 i에 그런 역할을 부여합니다. 그리고 반복문이 실행될 때마다 i의 값을 1씩 증가시키는 겁니다. **i=i+1**은 '**기존의 i의 값에 1을 더한 결과를 i의 새로운 값으로 준다**'라는 뜻입니다. 그러면 i가 0부터 실행해서 while 중괄호 안의 코드가 실행될 때마다 i가 1씩 증가할 텐데 3번 반복하게끔 하려면 조건을 어떻게 줘야 할까요?

while(i<3)라는 조건을 지정하면 됩니다. 그런 다음 프로그램을 실행해 보겠습니다.

【예제 3-21-2】 while 반복문을 이용해 2, 3번째 코드를 3번 반복                                        ex7.html

```
... 생략 ...
<script>
    document.write('<li>1</li>');
    var i = 0;
    while(i < 3) {
        document.write('<li>2</li>');
        document.write('<li>3</li>');
        i = i + 1;
    }
    document.write('<li>4</li>');
</script>
... 생략 ...
```

# Loop

- 1
- 2
- 3
- 2
- 3
- 2
- 3
- 4

보다시피 2, 3이 세 번 등장하는 것을 볼 수 있습니다.

코드를 하나하나 살펴보면서 왜 그렇게 되는지 꼼꼼히 따져봅시다. 우선 i의 값은 현재 0입니다. 그리고 처음 i<3에서 i의 값은 0입니다. 그러면 중괄호 안의 코드가 실행됩니다. 그리고 i의 값에 1이 더해져 1이 됩니다.

다시 while 조건을 따져보면 i의 값은 현재 1이고 i<3이므로 다시 중괄호 안의 코드가 실행됩니다. i의 값에 1을 더해서 2가 됩니다. 다시 한번 2<3이므로 중괄호 안의 코드가 실행되면서 i의 값에 1을 더해서 3이 되며, 3은 3보다 작지 않습니다. 따라서 조건이 false가 되면서 반복문이 끝나고 4를 출력하는 코드가 실행됩니다.

| | 첫 번째 | 두 번째 | 세 번째 | 네 번째 |
|---|---|---|---|---|
| `var i = 0;` | 0 | 1 | 2 | 3 |
| `while(i < 3) {` | 참 | 참 | 참 | 거짓 |
| `    document.write('<li>2</li>');` | 출력 | 출력 | 출력 | |
| `    document.write('<li>3</li>');` | 출력 | 출력 | 출력 | |
| `    i = i + 1;` | 1 | 2 | 3 | |
| `}` | | | | |
| `document.write('<li>4</li>');` | | | | 출력 |

조금 어렵긴 하지만 반복문을 사용하지 않았을 때의 절망감을 생각하면 이까짓 것은 아무것도 아닙니다.

지금부터 배열과 반복문을 함께 활용해 각각의 개념과 기능이 결합해서 어떤 강력한 시너지를 내는지 살펴보겠습니다. 실습을 위해 ex8.html이라는 파일을 만듭니다. 먼저 자바스크립트 없이 문제를 만들어 보겠습니다.

〈ul〉 태그와 〈li〉 태그를 통해 동료들의 이름을 작성합니다.

【예제 3-22-1】 ex8.html 파일 생성

ex8.html

```
<!DOCTYPE HTML>
<html>
    <head>
        <meta charset="utf-8">
        <title></title>
    </head>
    <body>
        <h1>Loop & Array</h1>
        <h2>Co workers</h2>
        <ul>
            <li>egoing</li>
            <li>leezche</li>
            <li>duru</li>
            <li>taeho</li>
        </ul>
    </body>
</html>
```

**Loop & Array**

**Co workers**

- egoing
- leezche
- duru
- taeho

그런데 만약 〈li〉 태그 대신 목록이 아주 복잡한 태그이고 이것에 대한 수정이 빈번하게 일어난다면 위와 같이 글 목록을 작성하는 것이 보통 일이 아닐 겁니다. 이처럼 **서로 연관된 데이터들을 담는 방법**이 무엇이었나요? **배열**이었습니다. 그리고 그 **배열에 담긴 데이터를 순차적으로 꺼내서 〈li〉라는 태그를 만드는 역할을 반복문**이 할 수 있습니다. 배열과 반복문을 조합해서 제가 직면한 문제를 해결해보겠습니다.

우선 〈script〉 태그를 만들고, 다음과 같이 작성해 배열을 만듭니다.

【예제 3-22-2】 배열 만들기                                                                ex8.html

```
... 생략 ...
<body>
    <h1>Loop & Array</h1>
    <script>
        var coworkers = ['egoing', 'leezche', 'duru', 'taeho'];
    </script>
    <h2>Co workers</h2>
</body>
... 생략 ...
```

배열 안의 각 항목들을 원소(element)라고 합니다. 그러면 coworkers라는 변수가 가리키는 이 배열에 담긴 데이터를 하나하나 꺼내서 〈li〉 태그를 만들면 되겠습니다. 즉, document.write('<li></li>'); 같은 형태의 데이터로 만들어서 넣으면 될 것입니다. 이를 위해서는 4번의 document.write()를 실행해야 합니다. 일단 이전 수업을 참고해서 다음과 같이 코드 실행을 4번 반복하는 코드를 작성하겠습니다.

```
    ... 생략 ...
    <h1>Loop & Array</h1>
    <script>
        var coworkers = ['egoing', 'leezche', 'duru', 'taeho'];
    </script>
    <h2>Co workers</h2>
    <ul>
        <script>
            var i = 0;
            while(i < 4) {
                document.write('<li></li>');
                i = i + 1;
            }
        </script>
    </ul>
    ... 생략 ...
```

우선 **카운트**를 정해야 합니다. **0부터 시작**해서 while 문의 중괄호 안의 코드가 실행될 때마다 **i의 값을 1씩 증가**하게 합니다. 그리고 조건으로 'i가 4보다 작은 동안 반복한다'로 지정하고 페이지를 새로고침해 보면 다음과 같은 결과가 출력됩니다.

보다시피 목록이 4개 나오는 것을 확인할 수 있습니다.

그럼 이제 coworkers라는 변수에 할당된 **배열에서 반복문이 실행될 때마다 원소값을 하나하나 가져와 <li> 태그 안에 배치**하기만 하면 됩니다. 그런데 여기서는 i라는 변수를 사용하며, i는 0부터 1씩 증가해서 3까지 증가합니다. 그리고 "egoing"은 0번째, "leezche"는 1번째, "duru"는 2번째, "taeho"는 3번째에 위치하는데, 우연인지 필연인지 모르겠지만 **배열의 인덱스와 i 변수의 값의 변화가 일치**합니다.

그러면 `<li>` 안에서는 coworkers 배열에서 데이터를 가져와서 넣으면 되는데, 배열의 데이터를 가져올 때는 대괄호 안에 가져오고 싶은 데이터의 인덱스 값을 넣으면 되고, 이때 i 값이 인덱스와 일치한다는 특성을 활용할 수 있습니다. 따라서 코드를 다음과 같이 작성하고 페이지를 새로고침합니다.

【예제 3-22-4】 배열에서 데이터를 가져와서 출력　　　　　　　　　　　　　　　　　　ex8.html

```
... 생략 ...
<script>
    var i = 0;
    while(i < 4) {
        document.write('<li>' + coworkers[i] + '</li>');
        i = i + 1;
    }
</script>
    ... 생략 ...
```

# Loop & Array

## Co workers

- egoing
- leezche
- duru
- taeho

이 내용을 음미해 봅시다. 그런데 방금 작성한 코드는 완벽하지 않습니다. 예를 들면, `coworkers`에 "graphittie"라는 멤버를 추가하면 페이지를 새로고침했을 때 결과가 바뀌지 않습니다. 그러면 while 조건에 4 대신 5를 넣어 수정해야 합니다. 그리고 만약 한 명이 줄어든다면, 값이 없다는 뜻에서 'undefined'가 출력됩니다.

**Loop & Array**

## Co workers

- egoing
- leezche
- duru
- undefined

그리고 프로그래머들이 수치스럽게 생각하는 것 중 하나는 데이터가 바뀌었다고 로직을 바꾸는 것입니다. 데이터가 바뀌면 바뀐 데이터에 따라 프로그램이 유연하고 다이내믹하게 바뀌기를 원합니다. 그럼 5라는 숫자 대신 무엇을 넣으면 이 그림이 완성될까요?

**coworkers의 배열에 담긴 원소의 개수**가 조건에 올 수 있다면 직접 개수를 입력하지 않더라도 탄력적으로 로직이 변할 것입니다. 따라서 5 대신 **coworkers.length**를 넣고 실행해 보겠습니다. 그러면 아래 자바스크립트 코드에서는 반복문에 전혀 신경 쓸 필요 없이 상단에 있는 데이터 자체에만 집중하면 되는 굉장히 중요한 효과를 얻을 수 있습니다.

【예제 3-22-5】배열에 담긴 원소의 개수만큼 반복하도록 수정                                          ex8.html

```
... 생략 ...
<script>
    var i = 0;
    while(i < coworkers.length) {
        document.write('<li>' + coworkers[i] + '</li>');
        i = i + 1;
    }
</script>
... 생략 ...
```

만약 어떤 이유로 링크를 추가하고 싶을 때 <li> 태그가 1억 개라면 1억 개를 모두 바꿔야 하지만 이제 우리는 다음과 같이 코드를 변경하기만 하면 링크가 완성되고, 각 링크의 주소는 'a.com/'에 각 사람의 닉네임이 오는 식으로 만들 수 있습니다.

```
... 생략 ...
<script>
    var i = 0;
    while(i < coworkers.length) {
        document.write('<li><a href="http://"a.com/' + coworkers[i] + '">"' +
coworkers[i] + '</a></li>');
        i = i + 1;
    }
</script>
... 생략 ...
```

바로 이것이 배열과 반복문을 결합했을 때 얻을 수 있는 폭발적인 효과입니다. 즉 **배열**이라는 것은 **순서대로 연관된 데이터를 잘 정리 정돈하는 것**이고, **반복문은 순서대로 배열에 담긴 데이터를 하나씩 꺼내서 자동화된 처리를 할 수 있는 문법**이기 때문에 이 두 개의 기능이 '환상의 콤비' 같은 역할을 할 수 있습니다.

이렇게 해서 자바스크립트의 배열과 반복문의 기능을 순수하게 살펴봤습니다. 여기서 '순수하게'라는 표현은 웹 브라우저와 상관없이 살펴봤다는 것입니다. 그럼 이제 이 기능을 어떻게 해야 웹 브라우저에서 활용할 수 있고, 지금까지 만든 예제에 이를 추가해서 더 좋게 개선할 수 있는지 이어지는 수업에서 살펴보겠습니다.

이제 드디어 배열과 반복문을 주간 모드/야간 모드 예제에 투입해 보면서 야간 모드일 때는 링크들이 밝게 표시되고, 주간 모드일 때는 다소 어두운 계열로 링크가 표시되게 완성해 봅시다.

제가 좋아하는 말이 있습니다. 제가 만든 말인데, '검색 결과를 알려주지 말고 검색하는 법을 알려줘라'라는 것입니다. **검색은 소프트웨어를 만드는 것의 일부입니다.** 심지어 검색 지향 프로그래밍이라는 말도 씁니다. 여러분께 추천 검색어를 알려드릴 때 강의를 잠시 멈춰두고 검색해서 먼저 앞서나가면 좋을 것 같습니다.

웹 페이지에서 마우스 오른쪽 버튼을 클릭한 다음 [검사]를 선택합니다. 크롬 개발자 도구가 열리면 Elements 탭을 선택한 다음 ESC 키를 눌러 콘솔을 동시에 열어 봅시다.

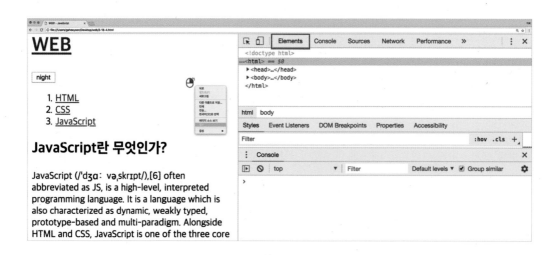

이곳에서 이 웹 페이지에 있는 모든 〈a〉 태그를 가져와 보겠습니다.

【예제 3-23-1】 웹 페이지에 있는 모든 〈a〉 태그 가져오기                                          console

```
document.querySelector('a');
```

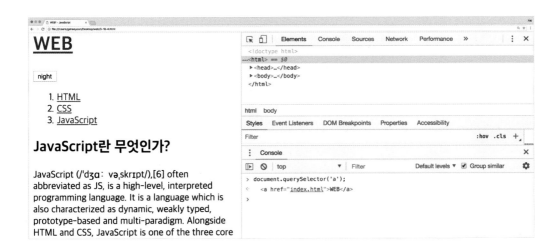

CSS에서 **a**는 이 웹 페이지의 모든 〈a〉 태그를 **가져오라는 의미**인데, 결과적으로 **하나만** 가져옵니다. 왜냐하면 이 명령어는 〈a〉 태그 중 맨 처음으로 등장하는 하나만 가져오기 때문입니다. 따라서 querySelector()는 우리의 목적에 맞지 않습니다.

검색 엔진에서 'javascript get element by css selector multiple'로 검색해 보겠습니다. 검색 결과를 보면 누군가 querySelectorAll을 사용하라고 답변한 것을 볼 수 있습니다.

그러면 다시 'javascript querySelectorAll'로 검색하면 어떻게 쓰는지 나와 있으므로 이를 참고해서 코드를 작성합니다.

다시 콘솔창으로 돌아와서 다음과 같이 코드를 변경하고 실행해 보겠습니다.

【예제 3-23-2】웹 페이지에 있는 모든 〈a〉 태그 가져오기(다시)　　　　　　console

```
document.querySelectorAll('a');
```

실행하면 다음과 같은 결과가 나옵니다.

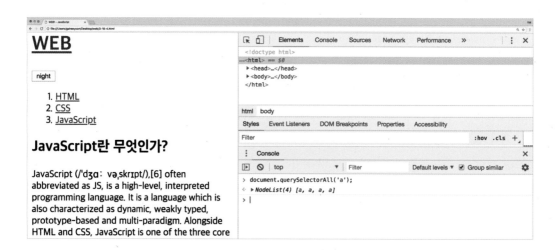

그런데 여기서 **대괄호**는 무엇인가요? 맞습니다. **배열**입니다. 물론 querySelectorAll()의 결과는 배열이 아니고 노드 리스트지만 배열이라고 생각합시다.

그리고 이렇게 해서 만들어진 결과를 alist라는 변수에 넣고 Shift + Enter를 눌러 줄바꿈한 뒤 다음 코드를 실행해 봅시다.

【예제 3-23-3】모든 〈a〉 태그를 가져와서 alist 변수에 넣고 출력하기　　　　　console

```
var alist = document.querySelectorAll('a');
console.log(alist[0]);
console.log(alist[1]);
console.log(alist.length);
```

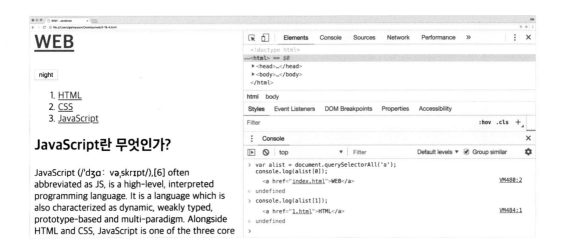

배열의 인덱스로 0을 지정하면 첫 번째 태그가 나오고, 1을 지정하면 두 번째 태그가 선택되는 모습을 볼 수 있습니다. 그리고 console.log(alist.length);를 지정하면 alist에 몇 개의 〈a〉 태그가 담겨 있는지 화면에 출력되는 것을 알 수 있습니다.

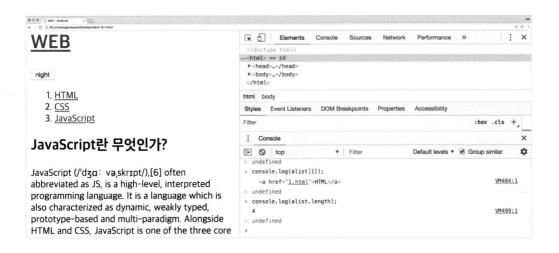

이 점에 착안해서 우리는 무엇을 할 수 있을까요? 반복문을 이용해 alist라는 변수에 담긴 태그를 하나하나 꺼내서 그것의 style 속성을 지정할 수 있지 않을까요?

반복문부터 확인해보겠습니다. 우선 다음과 같이 alist에 〈a〉 태그의 목록이 담긴 배열을 담았습니다. 그리고 코드는 나중에 실행할 것이므로 shift + Enter를 누릅니다. 그리고 while 문으로 반복문을 작성하겠습니다.

먼저 var i=0;으로 i 변수의 값을 설정하고, while 문의 중괄호 안에서 i 값을 1씩 증가시키기 위해 i=i+1;을 작성합니다. 조건에는 i<alist.length를 넣고 while 문 안에서 alist[i];를 넣으면 반복문이 실행될 때마다 <a> 태그를 하나하나 가져올 수 있습니다. 정말 잘 되는지 확인하기 위해 console.log(alist[i]);를 입력합니다.

【예제 3-23-4】 반복문으로 모든 링크 출력하기       console

```
var alist = document.querySelectorAll('a');
var i = 0;
while(i < alist.length) {
    console.log(alist[i]);
    i = i + 1;
}
```

보다시피 결과를 보면 모든 <a> 태그를 화면에 출력할 수 있습니다.

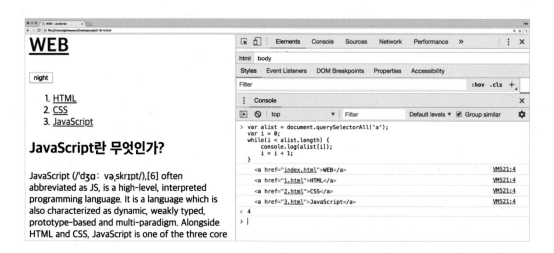

이제 여기서 다음과 같이 코드를 추가해 <a> 태그들의 style 값이 어떻게 바뀌는지 보겠습니다.

【예제 3-23-5】 반복문에서 링크의 글자색 변경       console

```
var alist = document.querySelectorAll('a');
var i = 0;
while(i < alist.length) {
    alist[i].style.color = 'powderblue';
```

```
        console.log(alist[i]);
        i = i + 1;
    }
```

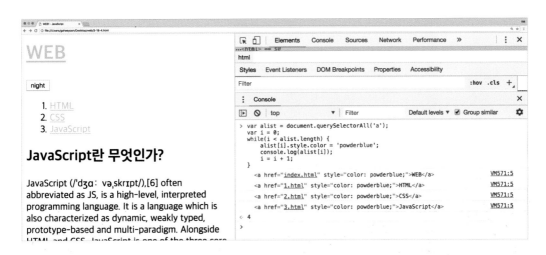

그런 다음 이 코드를 그대로 복사해서 3.html에 적용하겠습니다. 야간 모드일 경우에는 〈a〉 태그의 글자 색을 'powderblue'로 만들고, 주간 모드일 경우에는 〈a〉 태그의 글자 색을 'blue'로 바꾸겠습니다.

【예제 3-23-6】 야간 모드에서는 하늘색, 주간 모드에서는 파란색으로 링크색 변경                 3.html

```
    ... 생략 ...
    <input type="button" value="night" onclick="
        var target = document.querySelector('body');
        if(this.value === 'night') {
            target.style.backgroundColor = 'black';
            target.style.color = 'white';
            this.value = 'day';

            var alist = document.querySelectorAll('a');
            var i = 0;
            while(i < alist.length) {
                alist[i].style.color = 'powderblue';
                i = i + 1;
            }
        } else {
            target.style.backgroundColor = 'white';
```

```
                target.style.color = 'black';
                this.value = 'night';

                var alist = document.querySelectorAll('a');
                var i = 0;
                while(i < alist.length) {
                    alist[i].style.color = 'blue';
                    i = i + 1;
                }
            }
        ">
    ... 생략 ...
```

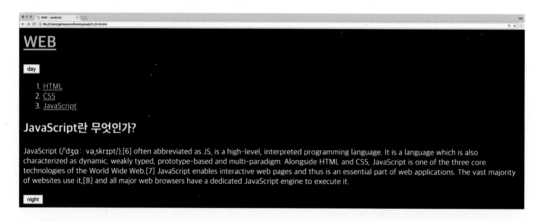

그리고 크롬 개발자 도구에서 버튼을 누를 때마다 코드가 어떻게 바뀌는지 확인해 보겠습니다. 웹 페이지에서 마우스 오른쪽 버튼을 클릭한 다음 [검사]를 선택합니다.

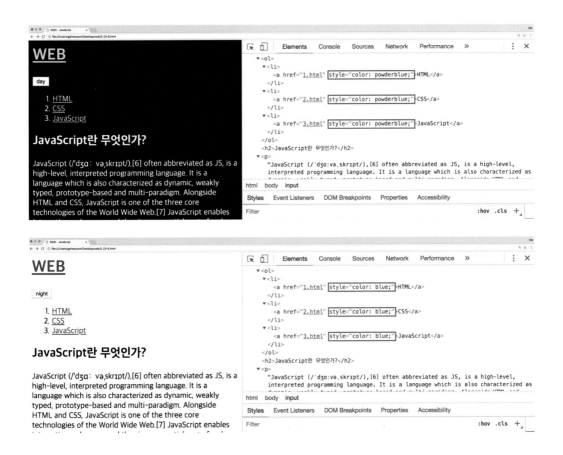

야간 모드로 바꾸면 보다시피 〈a〉 태그의 style 속성이 'powderblue'가 되고, 주간 모드에서는 'blue'가 된다는 것을 알 수 있습니다. 이처럼 반복문이라는 것을 이용하면 **아주 많은 일을 손쉽게 처리**할 수 있습니다. 그리고 컴퓨터는 많은 경우에 서로 연관된 데이터를 배열의 형태로 돌려주기 때문에 배열은 무척 중요하고 반복문도 정말 중요한 개념입니다.

이렇게 해서 고생 끝에 만든 결과를 음미해 보셨으면 좋겠습니다. 만약 웹 페이지를 나 혼자 쓰고 있다면 고생의 가치가 없을 겁니다. 하지만 이 페이지를 1억 명이 쓴다면 밤샐 만하지 않을까요? 고생하셨습니다.

지금부터 함수라고 하는 도구의 사용법을 살펴보겠습니다. **함수**는 영어로 function이라고 하는데, 함수라고 했을 때 떠오르는 이미지는 **수납상자**입니다. 집에 살림이 많아지면 수납상자를 장만해서 정리 정돈을 할 것입니다. 마찬가지로 코드가 많아지면 그 코드를 잘 정리 정돈하기 위한 도구가 필요합니다. 첫 번째로 생각할 수 있는 **아주 간단하며 강력한 도구가 함수**이고, 그것보다 **좀 더 큰 도구는 객체**입니다(객체는 나중에 살펴보겠습니다). 이번 시간에는 함수를 살펴보는 시간을 갖겠습니다. 참고로 이번 시간에는 경험적으로 함수를 소개하고 함수와 관련된 이론은 다음 시간에 살펴보겠습니다.

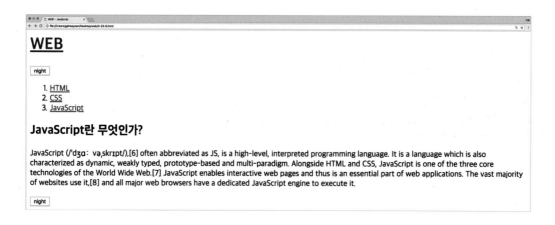

다음 코드를 보면 〈input〉 태그 안에 코드가 하나 있고 자바스크립트 코드가 onclick 안에 들어 있습니다.

```
    ... 생략 ...
<input type="button" value="night" onclick="
    var target = document.querySelector('body');
    if(this.value === 'night') {
        target.style.backgroundColor = 'black';
        target.style.color = 'white';
        this.value = 'day';
```

```
            var alist = document.querySelectorAll('a');
            var i = 0;
            while(i < alist.length) {
                alist[i].style.color = 'powderblue';
                i = i + 1;
            }
        } else {
            target.style.backgroundColor = 'white';
            target.style.color = 'black';
            this.value = 'night';

            var alist = document.querySelectorAll('a');
            var i = 0;
            while(i < alist.length) {
                alist[i].style.color = 'blue';
                i = i + 1;
            }
        }
    ">
    ... 생략 ...
```

극단적으로 생각해서 <input> 태그를 1억 개 작성해야 한다고 상상해 봅시다. 이런 상황에서 1억 개를 다 코딩해 볼 수는 없으니 2개만 작성해 봅시다. 만약 'powderblue' 부분을 다른 색으로 바꿔야 한다면 1억 개의 'powderblue'를 전부 바꿔야 합니다. 쉽지 않겠죠? 그리고 일괄적으로 기계로 바꾼다 하더라도 바꾸면 안 되는 'powderblue'까지 바꿀 수 있습니다. 그런데 이 두 코드는 **완전히 중복된 코드**라고 확신할 수 있나요?

어렵습니다. 이 정도 길이의 코드는 눈으로 확인하기 어렵고, 어느 정도 되면 사람이 확인하기가 불가능해집니다. 그리고 코드의 양이 엄청나게 많아지는데, 그러면 웹 페이지의 크기가 커지고, 인터넷을 통해 전송할 때 비용과 시간과 노력이 들어가게 된다는 것을 의미합니다. 바로 이러한 절망적인 상황에서 우리를 구원해주는 도구가 바로 함수입니다. 함수가 우리를 어떻게 이 같은 불행으로부터 해방시켜주는지 살펴보겠습니다.

※ 예고편에 있는 실습 내용은 함수를 살펴본 뒤에 '28. 함수의 활용'에서 실습할 예정이니 따라하지 마세요!

중복된 코드를 먼저 잘라내겠습니다. 그리고 〈script〉 태그에 복사한 코드를 붙여넣겠습니다.

【예제 3-24-1】 중복된 코드를 〈script〉 태그로 옮기기                                   3.html

```html
<!DOCTYPE HTML>
<html>
    <head>
        <title>WEB1 - JavaScript</title>
        <meta charset="utf-8">
        <script>
            var target = document.querySelector('body');
            if(this.value === 'night') {
                target.style.backgroundColor = 'black';
                target.style.color = 'white';
                this.value = 'day';

                var alist = document.querySelectorAll('a');
                var i = 0;
                while(i < alist.length) {
                    alist[i].style.color = 'powderblue';
                    i = i + 1;
                }
            } else {
                target.style.backgroundColor = 'white';
                target.style.color = 'black';
                this.value = 'night';

                var alist = document.querySelectorAll('a');
                var i = 0;
                while(i < alist.length) {
                    alist[i].style.color = 'blue';
                    i = i + 1;
                }
            }
        </script>
    </head>
    <body>
        <h1><a href="index.html">WEB</a></h1>
```

```
        <input type="button" value="night" onclick="">

        ... 생략 ...

        <input type="button" value="night" onclick="">
    </body>
</html>
```

그다음으로 복사해온 코드에 이름을 붙이겠습니다. nightDayHandler()의 중괄호 안에 복사한 코드를 넣으면 이 코드의 이름을 'nightDayHandler'라고 지정한 것입니다. 이러한 문법을 함수라고 하며, 웹 브라우저에게 함수를 만들고 싶다는 의미에서 function이라는 키워드를 붙여줍니다.

【예제 3-24-2】복사해온 코드에 이름을 붙이고 함수로 만들기　　　　　　　　　　　　3.html
```
        ... 생략 ...
    <script>
        function nightDayHandler() {
            var target = document.querySelector('body');
            if(this.value === 'night') {
                target.style.backgroundColor = 'black';
                target.style.color = 'white';
                this.value = 'day';
                ... 생략 ...
            }
        }
    </script>
        ... 생략 ...
```

그리고 왜 그런지는 지금 당장 중요하지 않지만 function nightDayHandler(self)라고 바꾸겠습니다. 그리고 nightDayHandler 함수 안에서도 this라고 돼 있던 부분을 모두 self로 바꿉니다.

【예제 3-24-3】함수의 소괄호에 self 추가　　　　　　　　　　　　　　　　　　　3.html
```
        ... 생략 ...
    <script>
        function nightDayHandler(self) {
            var target = document.querySelector('body');
            if(self.value === 'night') {
```

```
                target.style.backgroundColor = 'black';
                target.style.color = 'white';
                self.value = 'day';
                ... 생략 ...
            } else {
                target.style.backgroundColor = 'white';
                target.style.color = 'black';
                self.value = 'night';
                ... 생략 ...
            }
        }
    </script>
    ... 생략 ...
```

그러면 nightDayHandler에 들어있는 로직을 실행하고 싶을 때는 nightDayHandler(self)를 복사해서 ⟨input⟩ 태그의 onclick 속성에 붙여넣고 self 대신 this를 넣습니다. 그 이유는 지금 알 필요가 없습니다. 다만 nightDayHandler()라는 코드를 가져다 놨다는 것이 중요합니다.

【예제 3-24-4】 버튼을 클릭하면 nightDayHandler 함수가 실행되게 설정                    3.html

```
    ... 생략 ...
    <h1><a href="index.html">WEB</a></h1>

    <input type="button" value="night" onclick="
        nightDayHandler(this);
    ">

    ... 생략 ...

    <input type="button" value="night" onclick="
        nightDayHandler(this);
    ">
    ... 생략 ...
```

**nightDayHandler(this)**라는 뜻은 **nightDayHandler()**라는 함수를 실행하라는 뜻입니다. 그리고 실제로 실행되는 내용은 nightDayHandler()의 중괄호 안의 부분입니다. 이렇게 하고 나서 결과를 확인하면 이전의 웹 페이지와 똑같이 동작하지만, 내부적으로는 완전히 다른 효율성을 갖는 코드가 됩니다. 그 이유는 'powderblue'라고 돼 있는 부분을 다른 색으로 바꿀 경우 nightDayHandler()라는 함수를 사용하는 곳이 1억 개라면 하나만 바꿔도 1억 개가 동시에 바뀌기 때문입니다. 즉, **유지보수가 극단적으로 좋아집니다.** 그리고 onclick에 있던 코드가 1억 줄이었다면, 또 1억 번 반복된다면 onclick의 코드가 한 줄로 바뀌는 것을 통해 웹 페이지의 크기가 극단적으로 줄어들 수 있습니다. 또한 nightDayHandler()가 두 번 반복되면 그 코드들이 똑같은 로직을 갖고 있다고 확신할 수 있습니다. 아울러 nightDayHandler()에 있는 코드에 밤낮에 관한 일을 한다는 이름이 붙어 있기 때문에 코드의 정체를 분명하게 이해할 수 있습니다.

어떤가요? 함수의 문법은 아직 모르지만 함수가 정말로 수납상자와 같은 느낌이 드나요? 그리고 함수를 사용하면 코드가 복잡해지는 과정에서 엄청난 이득을 우리에게 준다는 것이 느껴지나요? 그럼 여러분은 함수의 이론을 살펴볼 자격을 갖추게 되는 겁니다. 다음 시간에는 함수의 이론을 살펴봅시다.

# 25 | 함수

이번 시간에는 함수를 이론적으로 정리하는 시간을 갖겠습니다. **함수**는 영어로 function이라 하고, 여러분이 객체를 배우면 똑같은 함수를 메서드라고 부르는 경우도 있습니다. 메서드는 잊으시고, 함수라는 말만 기억해 두시면 됩니다. 이번 수업에서는 먼저 함수의 **기본적인 문법**을 배우고, **매개변수 (parameter)**와 **인자(argument)**를 배운 다음, **return 키워드**에 대해 배우면 끝납니다.

우선 함수의 기본적인 문법을 배우겠습니다. 실습을 위해 ex9.html을 만들고, 코드가 순서대로 실행된다는 것을 보여드리기 위해 리스트를 만들겠습니다. <ul> 태그 안에 <script> 태그를 만들어 다음과 같이 코드를 작성합니다.

【예제 3-25-1】 ex9.html 파일 생성                                                    ex9.html

```
<!DOCTYPE HTML>
<html>
    <head>
        <meta charset="utf-8">
        <title></title>
    </head>
    <body>
        <h1>Function</h1>
        <h2>Basic</h2>
        <ul>
            <script>
                document.write('<li>1</li>');
                document.write('<li>2-1</li>');
                document.write('<li>2-2</li>');
                document.write('<li>3</li>');
            </script>
        </ul>
        <h2>Parameter & Argument</h2>
        <h2>Return</h2>
```

```
    </body>
</html>
```

그런 다음 브라우저에서 페이지를 열면 다음과 같은 결과를 얻을 수 있습니다.

왜 그런지 아시겠죠? 그런데 보시는 것처럼 2–1, 2–2 부분을 반복해야 한다고 해봅시다.

【예제 3–25–2】 2–1, 2–2가 반복되게 하기                                    ex9.html

```
    ... 생략 ...
    <ul>
        <script>
            document.write('<li>1</li>');
            document.write('<li>2-1</li>');
            document.write('<li>2-2</li>');
            document.write('<li>3</li>');
            document.write('<li>2-1</li>');
            document.write('<li>2-2</li>');
        </script>
    </ul>
    ... 생략 ...
```

# Function

## Basic

- 1
- 2-1
- 2-2
- 3
- 2-1
- 2-2

이런 경우에는 어떻게 할까요? 반복문을 쓸 겁니다. 그런데 **반복문을 쓸 수 없는 경우**가 있습니다. 연속적으로 반복되는 것이 아니라 **연속되지 않게 반복**된다면 반복문을 사용하는 것이 어렵거나 불가능해집니다. 그리고 항상 뭔가를 하나가 아니라 두 개를 선택한다면 여러분은 언제나 그것이 1억 개라고 극단적으로 생각해 주십시오. 중복이 1억 번이며 연속적이지 않다면 반복문으로는 불가능합니다. 이때 함수라는 것이 등장합니다.

먼저 반복적으로 등장하는 코드를 복사합니다. 그리고 함수가 등장한다고 했기 때문에 function을 적습니다. 그리고 함수의 이름을 웹 브라우저에게 알려줍니다. 여기서는 two로 지정하겠습니다. 그리고 중괄호 안에 반복되는, 즉 재사용하고 싶은 코드를 붙여넣습니다.

【예제 3-25-3】 반복되는 코드를 함수로 만들기　　　　　　　　　　　　　　ex9.html

```
    ... 생략 ...
<ul>
    <script>
        function two() {
            document.write('<li>2-1</li>');
            document.write('<li>2-2</li>');
        }
        document.write('<li>1</li>');
        document.write('<li>2-1</li>');
        document.write('<li>2-2</li>');
        document.write('<li>3</li>');
        document.write('<li>2-1</li>');
        document.write('<li>2-2</li>');
    </script>
</ul>
    ... 생략 ...
```

이번에는 반복되는(위 코드에서 강조 표시한) 두 코드를 함수로 바꾸겠습니다. 함수의 이름이 무엇인가요? two입니다.

【예제 3-25-4】 반복되는 코드를 함수로 바꾸기          ex9.html

```
... 생략 ...
<ul>
    <script>
        function two() {
            document.write('<li>2-1</li>');
            document.write('<li>2-2</li>');
        }
        document.write('<li>1</li>');
        two();
        document.write('<li>3</li>');
        two();
    </script>
</ul>
... 생략 ...
```

실행 결과는 같지만 내부적으로는 완전히 다른 메커니즘으로 구동됩니다. 웹 브라우저는 function two()라는 코드를 보면 function과 중괄호를 보고 two라는 함수를 만들려고 하고, 그 함수의 내용은 중괄호 안의 내용임을 생각하고 기억합니다. 그리고 **two();**를 보면 웹 브라우저는 '**two라는 함수를 실행하고 싶구나**'라는 것을 알게 됩니다. 그래서 **two 함수의 코드를 two();가 위치하는 곳에 있는 것처럼 실행**하게 됩니다. 이것이 바로 함수의 기본적인 문법입니다.

이렇게 해서 함수가 무엇인가에 대한 기본적인 문법을 살펴봤습니다. 이쯤에서 수업을 잠시 멈추고 다음 시간에는 매개변수(parameter)와 인자(argument), return에 대해 살펴보겠습니다.

자판기 그림을 하나 가져왔습니다.

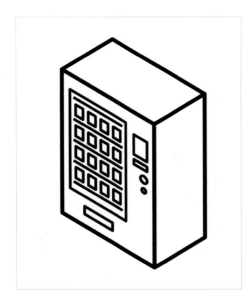 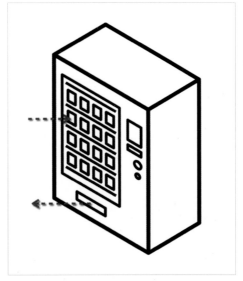

지금까지 살펴본 함수는 어떤 형태의 함수라고 볼 수 있냐면 자판기에 제품이 하나밖에 없어서 **언제나 똑같은 제품을 받을 수 있는 자판기**입니다. 이것만으로도 자판기가 충분히 편리함을 주지만 아쉽습니다. **원하는 제품을 선택하면 그 제품에 해당하는 제품을 제공하는 자판기**가 있다면 훨씬 더 효용이 있겠죠? 이때 제품을 선택하는 것은 **입력**이라 할 수 있고, 자판기가 그 입력에 대해 해당하는 제품을 제공하는 것은 출력이라 할 수 있습니다. 사실 자판기뿐만 아니라 이 세상의 모든 것들은 입력과 출력으로 이뤄져 있는 것이라고 볼 수 있습니다. 특히 수학적으로 함수라고 하는 것은 입력과 출력의 문제라고 할 수 있습니다. 지금까지 추상적인 이야기를 해봤는데, 이번 시간에는 프로그래밍에서 함수를 살펴보면서 함수가 어떤 효용이 있고 문법적으로 어떻게 구성돼 있는지 살펴보겠습니다.

앞서 수학에서 함수는 입력과 출력으로 이뤄져 있다고 했는데, 입력에 해당하는 것을 **매개변수** (parameter) 또는 **인자**(argument)라고 합니다. **출력**에 해당하는 것은 return과 관련이 있습니다.

우선 이전과 마찬가지로 <script> 태그를 만듭니다. 이어서 전혀 실용적이지 않으면서 실용적인 척하는 다음과 같은 코드를 작성해 보겠습니다.

【예제 3-26-1】 1+1을 출력하는 코드 작성　　　　　　　　　　　　　　　　　　　　　　ex9.html

```
... 생략 ...
<h2>Parameter & Argument</h2>
<script>
    document.write(1+1);
</script>
... 생략 ...
```

코드를 작성한 후 실행한 결과는 다음과 같습니다.

예상했다시피 결과로 2가 나옵니다. 그런데 이번에도 제가 항상 여러분께 부탁드리지만 위 코드가 1억 줄에 걸친 코드이고 굉장히 복잡한 코드라고 상상해 주십시오. 그럼 앞에서 배운 바에 따르면 이를 어떻게 함수화할 수 있을까요? 다음과 같이 작성할 수 있습니다.

【예제 3-26-2】 1+1을 함수로 만들기　　　　　　　　　　　　　　　　　　　　　　　　ex9.html

```
... 생략 ...
<h2>Parameter & Argument</h2>
<script>
    function onePlusOne() {
        document.write(1+1);
    }
    onePlusOne();
</script>
... 생략 ...
```

그런 다음 페이지를 새로고침하면 이전과 똑같은 결과가 만들어집니다.

이처럼 onePlusOne() 함수는 **언제나 똑같이 동작하는 함수**입니다. 그런데 이 함수를 실행할 때 입력값을 주면 함수가 그 입력값에 따라 다른 결과를 출력한다면 멋지겠죠? 예를 들면 sum(2, 3);이라고 했을 때 그 결과가 5가 되게 하고 sum(3, 4);로 해서 함수를 실행했을 때 7이 될 수 있다면, 그리고 단순히 더하기가 아니라 정말 복잡한 코드라면 다음과 같이 sum()이라는 단 하나의 함수로 입력값이 무엇이냐에 따라 다른 결과를 화면에 출력한다면 얼마나 멋지겠습니까? 한번 해보겠습니다.

【예제 3-26-3】 입력값에 따라 다른 결과를 출력하는 함수로 만들기                    ex9.html

```
... 생략 ...
<script>
    function onePlusOne() {
        document.write(1+1+'<br>');
    }
    onePlusOne();
    function sum(left, right) {
        document.write(left + right + '<br>');
    }
    sum(2,3);  // 5
    sum(3,4);  // 7
</script>
... 생략 ...
```

sum(2, 3);과 비교하면 먼저 function 옆에 있는 sum과 이름이 같습니다. 그리고 2와 3이라는 값은 위 코드의 괄호 안에 각각 들어있습니다. 그래서 2에 해당하는 첫 번째 자리에는 left를 쓰고, 3에 해당하는 두 번째 자리에는 right라는 변수를 정의하겠습니다. 바로 이러한 **변수를 매개하는 변수**라 해서 **매개변수(parameter)**라고 합니다. 이 코드를 실행한다면 left의 값은 2가 되도록 약속돼 있고, right의 값은 3이 되도록 약속돼 있습니다. 그럼 다음 코드의 실행 결과를 봅시다.

2
5
7

**Return**

보다시피 5와 7이 각각 나오는 것을 볼 수 있습니다. 그런데 sum( ) 안의 코드가 1억 줄짜리이며, 굉장히 복잡한 코드라서 쳐다 보기도 싫다면 단지 sum( )에 2와 3을 입력하는 것만으로도 5라는 결과를 화면에 출력 할 수 있게 됩니다. 이때 함수로 전달하는 2, 3이라는 값을 **인자(argument)** 라고 하며 이 값을 받아서 함수 안으로 **매개하는 변수를 매개변수**라 합니다. 즉, 매개변수와 인자는 함수로 들어오는 입력값과 관련된 용어라는 것을 기억해 두시면 됩니다. 그럼 다음 강의에서 return이란 무엇인가에 대해 배우면 함수에 대한 이론은 완성됩니다.

# 27 | 함수(return 문)

이번 시간은 함수에 관한 마지막 시간입니다. 앞에서 함수는 입력과 출력의 두 가지로 이뤄져 있다고 했습니다.

**입력**은 **매개변수**와 **인자**라는 것이며 이번 시간에 배울 **출력**은 **return**이라는 것과 관련이 있습니다. 그럼 return을 배우기 전에 **표현식(expression)**이라는 것이 무엇인지 설명하겠습니다.

1+1이 무엇인가요? 2입니다. 1+1은 숫자 2에 대한 표현식입니다. 2-1 역시 숫자 1에 대한 표현식입니다. 1===1 역시 true에 대한 표현식입니다. 함수도 마찬가지입니다. sum()이라는 함수를 실행하면 document.write(left+right+'<br>');이 실행되겠지만 이번에는 sum()을 실행했을 때 2+3의 계산 결과인 5를 받도록 표현식을 만들고 싶습니다. 이를 위해서는 **return**을 알아야 합니다.

앞서 작성한 코드를 가만히 보면 이 코드는 굉장히 편리합니다.

【예제 3-26-3】 앞서 작성한 코드                                    ex9.html

```
    ... 생략 ...
<script>
    ... 생략 ...
    function sum(left, right) {
        document.write(left + right + '<br>');
    }
    sum(2,3);  // 5
    sum(3,4);  // 7
</script>
    ... 생략 ...
```

즉, sum()으로 함수를 호출하면 함수 안에서 document.write()까지 알아서 실행해 줍니다. 다시 말해, 먼저 좌항과 우항을 더하고, 다음으로 <br> 태그를 뒤에 추가해서 줄바꿈하고, 마지막으로 화면에 출력까지 합니다. 이렇게 하는 것이 필요하다고 확신한다면 이 코드는 **좋은 코드**입니다.

# Parameter & Argument

2
5

하지만 무엇인가를 더하는 과정이 매우 복잡하고 힘든 일이면서 그렇게 더해진 결과를 다양한 방법으로 사용해야 한다면, 예를 들어 sum( )을 실행한 결과의 색깔을 바꿔야 한다면 다음과 같이 수정할 수 있습니다.

【예제 3-27-1】 덧셈한 결과를 빨간색으로 출력하는 새로운 함수 sumColorRed()　　　　　　　　ex9.html

```
... 생략 ...
    ... 생략 ...
    <script>
        ... 생략 ...
        function sum(left, right) {
            document.write(left + right + '<br>');
        }
        function sumColorRed(left, right) {
            document.write('<div style="color: red;">' + left + right + '</div><br>');
        }
        sum(2,3);  // 5
        sumColorRed(2,3);   // 5
        sum(3,4);  // 7
    </script>
    ... 생략 ...
```

# Parameter & Argument

2
5
23

7

두 값을 더하는 작업이 다양한 곳에서 사용된다면 이것은 필요에 따라 상당히 많은 함수를 만들어야 한다는 것을 의미합니다. 이럴 때 return이 우리를 구할 수 있습니다.

먼저 〈script〉 태그를 하나 더 만들고 sum2( )라는 함수를 새로 만들어보겠습니다.

【예제 3-27-2】 sum2() 함수 추가                                                    ex9.html

```
... 생략 ...
<h2>Return</h2>
<script>
    function sum2(left, right) {

    }
</script>
... 생략 ...
```

그런 다음 sum2(2, 3)을 숫자 5에 대한 표현식으로 만들고 싶습니다. 그리고 그 결과를 출력한 뒤 줄
바꿈을 한다거나 결과의 글자색을 빨간색으로 표현하고 싶고, 경우에 따라 폰트 크기를 다르게 하고 싶
습니다.

【예제 3-27-3】 sum2( ) 함수 호출                                                   ex9.html

```
... 생략 ...
<script>
    function sum2(left, right) {

    }
    document.write(sum2(2,3) + '<br>');
    document.write('<div style="color: red">' + sum2(2,3) + '</div><br>');
    document.write('<div style="font-size: 3rem">' + sum2(2,3) + '</div><br>');
</script>
... 생략 ...
```

그렇다면 sum2(2, 3)을 실행했을 때 sum( )처럼 무엇인가를 알아서 실행하는 것이 아니라 **sum2( )를**
**실행한 결괏값을 돌려준다면** 어떨까요? 그런데 '**돌려준다**'가 영어로 무엇인가요? **return**입니다.

다음과 같이 코드를 작성하고, 결과를 살펴보면 보다시피 다음과 같은 결과가 나옵니다.

[예제 3-27-4] return 문 추가                                                    ex9.html

```
        ... 생략 ...
        <h2>Return</h2>
        <script>
            function sum2(left, right) {
                return left + right;
            }
            document.write(sum2(2,3) + '<br>');
            document.write('<div style="color: red">' + sum2(2,3) + '</div><br>');
            document.write('<div style="font-size: 3rem">' + sum2(2,3) + '</div><br>');
        </script>
        ... 생략 ...
```

5는 5인데 평범한 5와 붉은색 5, 커다란 5가 제각기 출력됩니다. 앞서 **계산이라는 기능만을 sum2( ) 함수에 구현**함으로써 **원자화된 기능**을 다양한 맥락에서 사용할 수 있는 자유가 생깁니다. 이것이 바로 return이 우리에게 해주는 엄청난 혜택입니다.

sum2( )라는 것이 별것 아닌 것 같지만 함수라는 것이 무엇이고, left, right라는 매개변수를 통해 들어간 값을 return을 통해 출력함으로써 **다양한 용도로 함수를 활용**할 수 있게 된다는 무척이나 중요한 이야기를 전해줍니다. 이렇게 해서 함수에 대한 이론은 여기까지 하겠습니다.

# 28 | 함수의 활용

이번에는 3.html의 night/day 버튼을 함수를 이용해 효율적으로 바꾸는 작업을 해보겠습니다.

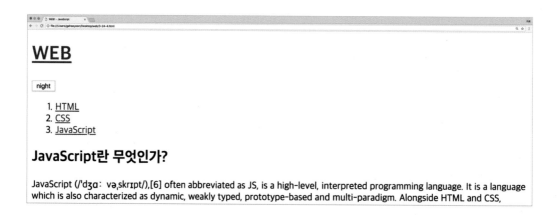

이처럼 **동작하는 내용은 똑같지만 코드를 효율적으로 만드는 것을 리팩터링**이라고 했습니다. 함수는 리팩터링의 굉장히 중요한 수단 중 하나로서 리팩터링에서 아주 중요한 역할을 합니다. 보다시피 〈input〉 버튼이 1억 개가 생긴다면 나쁜 일이 생기지 않을까요? 그래서 〈input〉 버튼의 자바스크립트 코드를 복사해서 〈head〉 태그 안쪽에 〈script〉 태그를 만들어 붙여넣었습니다.

그리고 웹 브라우저에게 이러한 일련의 코드가 nightDayHandler()라는 이름의 함수라는 것을 알리겠습니다.

【예제 3-28-1】 nightDayHandler() 함수를 만들고 〈input〉 버튼의 자바스크립트 코드 넣기      3.html

```
<!DOCTYPE HTML>
<html>
    <head>
        <title>WEB1 - JavaScript</title>
        <meta charset="utf-8">
        <script>
            function nightDayHandler() {
                var target = document.querySelector('body');
```

```
            if(this.value === 'night') {
                target.style.backgroundColor = 'black';
                target.style.color = 'white';
                this.value = 'day';

                var alist = document.querySelectorAll('a');
                var i = 0;
                while(i < alist.length) {
                    alist[i].style.color = 'powderblue';
                    i = i + 1;
                }
            } else {
                target.style.backgroundColor = 'white';
                target.style.color = 'black';
                this.value = 'night';

                var alist = document.querySelectorAll('a');
                var i = 0;
                while(i < alist.length) {
                    alist[i].style.color = 'blue';
                    i = i + 1;
                }
            }
        }
    </script>
</head>
<body>
    <h1><a href="index.html">WEB</a></h1>

    <input type="button" value="night" onclick="

">
    ... 생략 ...
    <h2>JavaScript란 무엇인가?</h2>
    ... 생략 ...
    <input type="button" value="night" onclick="

">
</body>
</html>
```

그러면 이 로직들은 함수를 구성하는 실제 코드가 됩니다. 그리고 onclick 속성값으로 nightDay Handler();를 지정하고 페이지를 새로고침해 보겠습니다.

【예제 3-28-2】 onclick 속성값으로 nightDayHandler() 지정　　　　　　　　　　3.html

```
... 생략 ...
<h1><a href="index.html">WEB</a></h1>

<input type="button" value="night" onclick="
    nightDayHandler();
">
... 생략 ...
<h2>JavaScript란 무엇인가?</h2>
... 생략 ...
<input type="button" value="night" onclick="
    nightDayHandler();
">
... 생략 ...
```

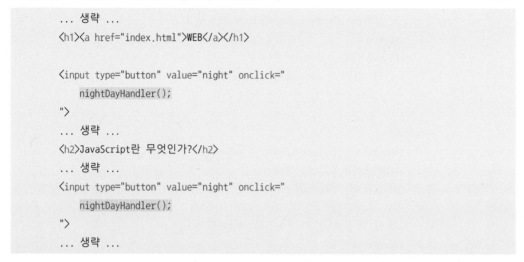

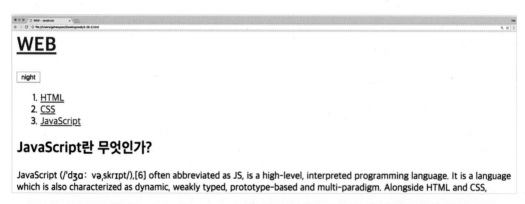

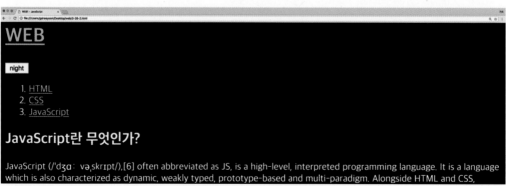

그런데 버튼을 클릭해도 아무런 변화가 안 생기고, 한 번 더 클릭해야 그제서야 변화가 생기는데 또 다시 클릭해도 night와 day라는 레이블은 바뀌지 않는 상태입니다. 뭔가가 잘못됐습니다. **onclick 이벤트 안에서 this**는 이 **이벤트가 소속된 태그를 가리키도록 약속**돼 있습니다. 독립된 nightDayHandler() 안의 코드에서 this라는 값은 더 이상 input 버튼이 아니고, 전역 객체를 갖게 됩니다(전역 객체라는 용어를 지금 당장은 이해하지 못하셔도 됩니다). 그래서 **함수 안에서 this 값이 input 버튼을 가리키도록** nightDayHandler()이 실행될 때 this 값을 줍니다.

그리고 function nightDayHandler(self)로 코드를 바꿔서 this라는 인자를 self라는 매개변수로 받겠습니다.

【예제 3-28-3】 this 인자를 self 매개변수로 받기          3.html

```
... 생략 ...
<script>
    function nightDayHandler(self) {
        ... 생략 ...
</script>
... 생략 ...
<input type="button" value="night" onclick="
    nightDayHandler(this);
">
... 생략 ...
<input type="button" value="night" onclick="
    nightDayHandler(this);
">
... 생략 ...
```

그리고 함수 안의 코드에서 this를 self로 변경합니다.

【예제 3-28-4】 함수에서 this를 self로 변경          3.html

```
... 생략 ...
<script>
    function nightDayHandler(self) {
        var target = document.querySelector('body');
        if(self.value === 'night') {
            target.style.backgroundColor = 'black';
```

```
            target.style.color = 'white';
            self.value = 'day';

            var alist = document.querySelectorAll('a');
            var i = 0;
            while(i < alist.length) {
                alist[i].style.color = 'powderblue';
                i = i + 1;
            }
        } else {
            target.style.backgroundColor = 'white';
            target.style.color = 'black';
            self.value = 'night';

            var alist = document.querySelectorAll('a');
            var i = 0;
            while(i < alist.length) {
                alist[i].style.color = 'blue';
                i = i + 1;
            }
        }
    }
</script>
... 생략 ...
```

그리고 나서 페이지를 새로고침하면 잘 동작하는 것을 볼 수 있습니다. 이렇게 되면 <input> 버튼들이 1억 개라 해도 각 버튼이 알아서 잘 동작하게 되며, 코드도 훨씬 더 줄고, 함수의 이름을 보고 주간 모드/야간 모드를 다루는 코드라는 것을 알 수 있으며, nightDayHandler() 함수의 내용을 바꾸면 이를 실행하는 1억 개의 사용처에도 변경사항이 모두 적용되는 효과가 생깁니다. 이것이 바로 이번 시간에 배운 핵심적인 내용입니다.

지금부터 새로운 도구를 도입해 보겠습니다. 이번에 도입할 도구는 '**객체(object)**'라는 것입니다. 객체라는 도구는 굉장히 중요하지만 솔직하게 말하자면 엄청 어렵습니다. 그렇다고 해서 너무 겁먹으실 필요는 없습니다. 프로그래밍을 배울 때 **큰 산이 두 개**가 있는데, 하나가 **함수**고 그다음 산이 **객체**입니다. 객체라는 것은 함수라는 개념과 대립되는 개념이 아니고 함수라는 기반 위에 객체라는 것이 존재하기 때문에 지금까지 배운 것과 완전히 다른 주제가 아니라 그것이 심화된 것이라고 보면 됩니다.

객체가 무엇인가에 대해 설명하기 위해서는 너무 많은 이야기가 필요합니다. 그래서 이 책에서는 객체가 가지고 있는 여러 가지 다면적인 얼굴들 중 딱 하나만 여러분께 소개하겠습니다. 여러분은 그러한 객체의 특성, 존재 이유, 기능에 집중해서 일단 객체가 어떤 느낌인지 파악하고 앞으로 나아가면 됩니다. 그리고 앞으로 나아가면서 주변을 둘러보고, 경험을 쌓아가며 객체라고 하는 것의 여러 가지 얼굴들을 하나하나 익혀 나가면서 객체를 잘 다루는 개발자가 되길 바랍니다.

제가 여러분에게 제시할 객체의 얼굴 중 하나는 바로 **정리 정돈의 수단으로서의 객체**입니다. 프로그래밍을 하다 보면 코드가 많아지고, 코드가 많아지면 잘 정리 정돈하기 위해 함수라는 것을 씁니다. 그리고 함수뿐만 아니라 연관돼 있는 변수가 엄청나게 많아지면 역시나 똑같이 복잡도의 한계에 도달하게 됩니다. 바로 그러한 상황에서 서로 연관된 함수와 변수를 같은 이름으로 그루핑해서 잘 정리 정돈하기 위한 도구를 객체라고 말씀드리고 싶습니다. 그럼 지금까지 열심히 꾸려왔던 예제를 함수로 정리 정돈해 나가면서 함수만으로 처리하는 것이 우아하지 않은 단계까지 나아가 보겠습니다.

다음 코드에서 강조한 영역의 코드를 보면 중복되죠? 중복이 되면 우리는 아주 싫어합니다. 중복된 코드를 보면 함수로 독립시키고 싶지 않으신가요? 함수로 독립시켜 보겠습니다.

```
... 생략 ...
<script>
    function nightDayHandler(self) {
        var target = document.querySelector('body');
        if(self.value === 'night') {
```

```
                    target.style.backgroundColor = 'black';
                    target.style.color = 'white';
                    self.value = 'day';

                    var alist = document.querySelectorAll('a');
                    var i = 0;
                    while(i < alist.length) {
                        alist[i].style.color = 'powderblue';
                        i = i + 1;
                    }
                } else {
                    target.style.backgroundColor = 'white';
                    target.style.color = 'black';
                    self.value = 'night';

                    var alist = document.querySelectorAll('a');
                    var i = 0;
                    while(i < alist.length) {
                        alist[i].style.color = 'blue';
                        i = i + 1;
                    }
                }
            }
        </script>
            ... 생략 ...
```

이 코드는 이 웹 페이지에 있는 모든 <a> 태그에 대해 색상을 'powderblue'와 'blue'로 지정하는 코드입니다.

함수를 보면 '설정하다'라는 뜻의 set과 색깔을 나타내는 color를 합쳐 setColor로 함수명을 지정하고 매개변수로 color를 설정한 다음 중괄호 안에 중복된 코드를 붙여넣습니다. 그리고 color를 각각 'powderblue'와 'blue'로 설정하던 부분을 매개변수를 통해 값을 바꿀 수 있게 합니다.

그리고 nightDayHandler 함수에서는 setColor('powderblue');와 setColor('blue');를 호출하도록 처리합니다.

```
    ... 생략 ...
        ... 생략 ...
    <script>
        function setColor(color) {
            var alist = document.querySelectorAll('a');
            var i = 0;
            while(i < alist.length) {
                alist[i].style.color = color;
                i = i + 1;
            }
        }
        function nightDayHandler(self) {
            var target = document.querySelector('body');
            if(self.value === 'night') {
                target.style.backgroundColor = 'black';
                target.style.color = 'white';
                self.value = 'day';

                setColor('powderblue');
            } else {
                target.style.backgroundColor = 'white';
                target.style.color = 'black';
                self.value = 'night';

                setColor('blue');
            }
        }
    </script>
        ... 생략 ...
```

이제 페이지를 새로고침해 볼까요? 프로그램이 잘 동작하는 것을 알 수 있습니다.

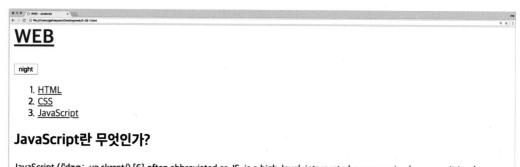

그런 다음 아래 코드를 보겠습니다.

```
... 생략 ...
<script>
    ... 생략 ...
    function nightDayHandler(self) {
        var target = document.querySelector('body');
        if(self.value === 'night') {
            target.style.backgroundColor = 'black';
            target.style.color = 'white';
            self.value = 'day';

            setColor('powderblue');
        } else {
            target.style.backgroundColor = 'white';
            target.style.color = 'black';
            self.value = 'night';

            setColor('blue');
        }
    }
</script>
    ... 생략 ...
```

이 코드는 이 웹 페이지의 〈body〉 태그의 글자 색상을 흰색으로 설정한다는 뜻입니다. 물론 한 줄밖에 되지 않기 때문에 함수화하는 것은 별로 의미가 없지만, 한 줄이어도 그 의미가 불명확하거나 시간이 지나면 무슨 뜻인지 파악하기 어렵다면 함수를 통해 그 로직에 이름을 부여하는 것도 아주 좋은 전략입니다. 그리고 이 코드를 한 줄이 아닌 여러 줄의 코드라고 생각해 봅시다. 따라서 위 코드도 함수로 만들어 보겠습니다.

【예제 3-29-2】〈body〉 태그의 글자색을 변경하는 setColor 함수 만들기　　　　　　3.html

```
... 생략 ...
<script>
    function setColor(color) {
        var alist = document.querySelectorAll('a');
        var i = 0;
        while(i < alist.length) {
            alist[i].style.color = color;
            i = i + 1;
        }
    }
    function setColor(color) {
        document.querySelector('body').style.color = color;
    }
    function nightDayHandler(self) {
        var target = document.querySelector('body');
        if(self.value === 'night') {
            target.style.backgroundColor = 'black';
            setColor('white');
            self.value = 'day';

            setColor('powderblue');
        } else {
            target.style.backgroundColor = 'white';
            setColor('black');
            self.value = 'night';

            setColor('blue');
        }
    }
</script>
... 생략 ...
```

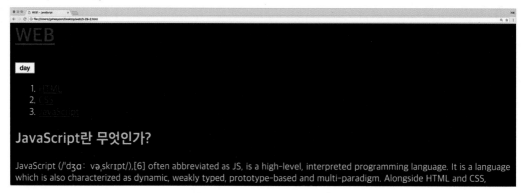

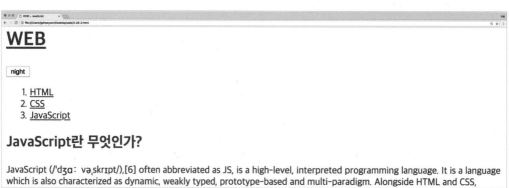

위와 같이 바꾸면 되겠지만 어떤 문제가 생기나요? 이미 setColor( ) 함수가 존재하기 때문에 **기존 코드가 그다음에 나온 코드에 의해 덮어쓰여지며 삭제되는 결과가 발생**합니다. 이 코드가 한 줄이 아닌 1억 줄에 달하는 코드라고 생각해 보세요. 그런 경우에는 setColor( )라는 함수가 이미 있는지 파악하기가 어렵습니다. 그러면 setColor( )라는 것을 만들었는데 발견하지 못했다가 나중에 굉장히 중요한 임무를 맡고 있는 시스템에서 이름이 중복돼서 다른 코드가 동작하면 얼마나 심각한 일을 초래할지 상상해 보십시오. 이런 상황이라면 자연스럽게 어떤 생각을 하게 될까요? 이름이 충돌되지 않도록 만들고자 할 것입니다.

그럼 첫 번째 setColor( ) 함수의 이름을 LinksSetColor( );로 지정합니다. 그리고 setColor( )라는 이름이 충돌하지 않도록 BodySetColor( )라고 이름을 바꿀 수 있습니다. 그리고 나서 페이지를 새로고침해 보면 프로그램이 잘 동작하는 모습을 확인할 수 있습니다.

```
... 생략 ...
<script>
    function LinksSetColor(color) {
        var alist = document.querySelectorAll('a');
        var i = 0;
        while(i < alist.length) {
            alist[i].style.color = color;
            i = i + 1;
        }
    }
    function BodySetColor(color) {
        document.querySelector('body').style.color = color;
    }
    function nightDayHandler(self) {
        var target = document.querySelector('body');
        if(self.value === 'night') {
            target.style.backgroundColor = 'black';
            BodySetColor('white');
            self.value = 'day';

            LinksSetColor('powderblue');
        } else {
            target.style.backgroundColor = 'white';
            BodySetColor('black');
            self.value = 'night';

            LinksSetColor('blue');
        }
    }
</script>
... 생략 ...
```

마찬가지로 target.style.backgroundColor = 'black'; 역시 다음과 같이 함수화할 수 있습니다.

```
... 생략 ...
<script>
    function LinksSetColor(color) {
        var alist = document.querySelectorAll('a');
        var i = 0;
        while(i < alist.length) {
            alist[i].style.color = color;
            i = i + 1;
        }
    }
    function BodySetColor(color) {
        document.querySelector('body').style.color = color;
    }
    function BodySetBackgroundColor(color) {
        document.querySelector('body').style.backgroundColor = color;
    }
    function nightDayHandler(self) {
        var target = document.querySelector('body');
        if(self.value === 'night') {
            BodySetBackgroundColor('black');
            BodySetColor('white');
            self.value = 'day';

            LinksSetColor('powderblue');
        } else {
            BodySetBackgroundColor('white');
            BodySetColor('black');
            self.value = 'night';

            LinksSetColor('blue');
        }
    }
</script>
... 생략 ...
```

그리고 나서 페이지를 새로고침해 보면 역시나 결과가 정확하게 같다는 사실을 알 수 있습니다.

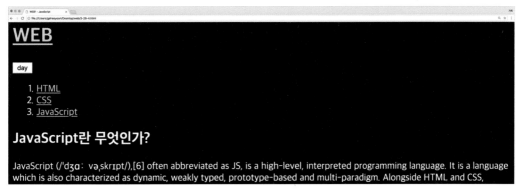

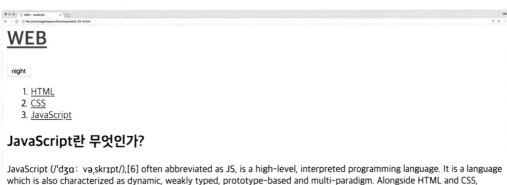

그런데 이름을 이렇게 바꾸는 것도 방법이지만 자바스크립트를 만든 사람들은 이런 경우에도 사용하라고 객체라는 것을 장만했습니다. 즉 서로 **연관된 함수와 변수를 그루핑해서 정리 정돈하기 위한 수납상자**로서 객체라는 것이 존재한다는 것입니다. 객체를 도입하면 객체를 사용하는 쪽의 코드는 어떻게 바뀌는가에 대해 먼저 살펴보겠습니다. Body라는 객체와 Links라는 객체가 있다면 코드를 다음과 같이 작성할 수 있습니다.

【예제 3-29-5】 함수 대신 객체를 이용해 정리 정돈하기                                   3.html

```
... 생략 ...
    ... 생략 ...
    <script>
        ... 생략 ...
        function nightDayHandler(self) {
            var target = document.querySelector('body');
```

```
                if(self.value === 'night') {
                    Body.setBackgroundColor('black');
                    Body.setColor('white');
                    self.value = 'day';

                    Links.setColor('powderblue');
                } else {
                    Body.setBackgroundColor('white');
                    Body.setColor('black');
                    self.value = 'night';

                    Links.setColor('blue');
                }
            }
        </script>
        ... 생략 ...
```

어떤가요? 단순히 함수의 이름 자체를 바꾸는 것보다 낫나요? 여러분의 저장장치에 디렉터리가 없다고 생각해 보세요. 수백, 수천, 수만 개의 파일들이 서로 중복되지 않도록 파일의 이름을 엄청나게 길게 만들 것입니다. 그것을 정리 정돈하기 위한 디렉터리나 폴더라는 도구가 있기 때문에 그러한 폴더를 통해 파일을 정리 정돈할 수 있습니다. 여기서 배우는 객체라고 하는 것 역시 아직 만드는 법은 배우지 않았지만 폴더라는 관점으로 보셔도 됩니다.

또 한 가지 중요한 것으로 document라는 것이 있습니다. document 역시 객체라는 것을 알 수 있습니다. 즉, document.querySelector()의 형태를 보면 querySelector()라는 것이 document라는 객체에 속한 함수라는 것을 알 수 있습니다. 그리고 객체에 속한 함수는 함수라 하지 않고 메서드라고 부릅니다.

그런데 지금 작성한 코드는 현재 **동작하지 않는 코드**입니다. 그러면 어떻게 해야 할까요? 동작할 수 있는 코드로 바꿔야 합니다. 그 방법은 다음 시간에 객체가 무엇인가에 대해 이론적으로 배우는 수업이 끝나고 난 뒤 다시 돌아와서 알아보겠습니다.

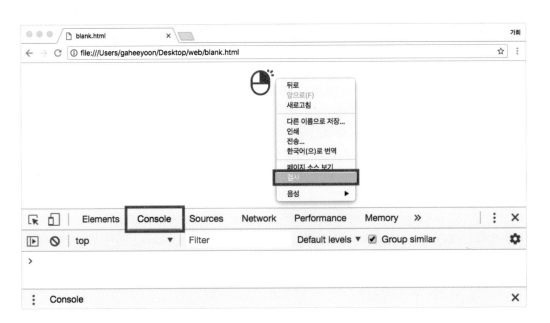

WEB3

# 30 | 객체 쓰기와 읽기

https://youtu.be/2j04s1erzTs (07분 24초) ◐

이번에는 ex10.html이라는 파일을 만들고, 파일에 객체를 생성해서 객체에 대한 여러 가지 사항을 살펴보겠습니다. 지금까지 배운 내용 중에서 정보의 양이 많아졌을 때 **서로 연관된 정보를 정리 정돈하기 위한 도구**가 무엇이었나요? **배열**이었습니다. 그리고 배열이란 도구는 어땠나요? 순서에 따라 정리 정돈한다는 특징이 있었습니다. 복습 차원에서 콘솔에서 배열을 실습해 보겠습니다.

웹 페이지에서 마우스 오른쪽 버튼을 클릭한 다음 [검사]를 클릭합니다. 개발자 도구가 열리면 [Console] 탭을 클릭해 엽니다.

【예제 3-30-1】 배열 만들기, 배열에서 값 꺼내기                                    console

```
var coworkers = ['egoing', 'leezche'];
coworkers[0];
coworkers[1];
```

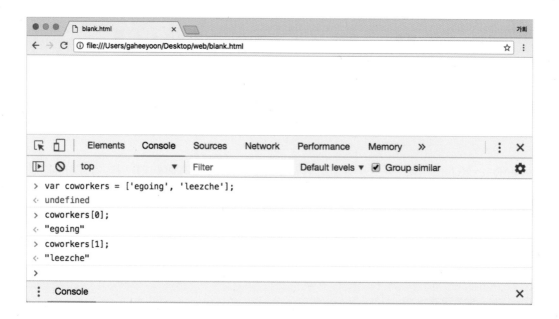

위와 같이 코드를 작성하면 인덱스를 통해 각 사람을 가져올 수 있었습니다. 즉, **배열**이라는 도구는 **정보를 담는 그릇**이면서 동시에 **정보가 순서대로 저장된다는 특징**을 지니고 있습니다. 순서대로 저장될 수 있는 정보가 있다면 **순서 없이 저장할 수 있는 정보**도 있지 않을까요? 그것이 바로 **객체**입니다.

아직 객체라는 것을 배우지는 않았지만 데이터를 무작위로 집어넣으면 되는 걸까요? 아니죠. 그것은 쓰레기통입니다. 즉 쓰레기통에서는 물건을 꺼낼 필요가 없기 때문에 무작위로 넣어도 됩니다. 하지만 꺼낼 필요가 있다면 어떤 물건을 수납상자에 집어 넣으면서 그 물건이나 사물에 대한 이름을 함께 넣겠죠. 그래야만 그 이름으로 물건을 꺼낼 수 있게 됩니다. 그런 점에서 객체는 이름이 있는 정리 정돈 상자라고 보면 됩니다.

먼저 **객체의 문법**을 살펴보겠습니다.

【예제 3-30-2】 객체의 만들기                                                    ex10.html

```
<!DOCTYPE HTML>
<html>
    <head>
        <title>WEB1 - JavaScript</title>
        <meta charset="utf-8">
    </head>
    <body>
```

```
        <h1>Object</h1>
        <h2>Create</h2>
        <script>
            var coworkers = {

            }
        </script>
    </body>
</html>
```

coworkers라는 변수에 객체를 담을 건데, 객체를 만들 때 사용하는 **기호**를 **객체 리터럴**(object literal)이라고 합니다(지금 당장은 몰라도 됩니다). 그리고 보다시피 배열은 대괄호로 쓰고, **객체는 중괄호**로 씁니다.

그런데 이렇게 작성하면 **빈 객체**가 되는데, 이제 빈 객체에 정보를 넣어보겠습니다. 객체에 "egoing"이라는 정보를 넣었습니다. 그냥 넣으면 안 되기 때문에 이름이 필요합니다.

【예제 3-30-3】 객체에 정보 담기                                        ex10.html

```
        ... 생략 ...
        <h2>Create</h2>
        <script>
            var coworkers = {
                "programmer":"egoing",
                "designer":"leezche"
            }
        </script>
        ... 생략 ...
```

그러면 coworkers라는 객체에 "egoing"이라는 정보를 "programmer"라는 딱지를 붙여서 저장한 것이며, "leezche"라는 정보는 "designer"라는 딱지를 붙여 저장한 것입니다. 그럼 이러한 **정보를 꺼낼 때**는 어떻게 해야 할까요? 다음 코드를 봅시다.

【예제 3-30-4】 객체에서 정보 가져오기 1                                ex10.html

```
        ... 생략 ...
        <h2>Create</h2>
```

```
<script>
    var coworkers = {
        "programmer":"egoing",
        "designer":"leezche"
    }
    document.write("programmer : " + coworkers.programmer + "<br>");
</script>
    ... 생략 ...
```

즉, coworkers 다음에 있는 점(.)은 **객체 접근 연산자**(object access operator)라고 합니다. 즉, coworkers라는 객체에 접근하는 연산자라는 뜻입니다. 그럼 디자이너는 어떻게 가져오면 될까요? 다음 코드를 봅시다.

【예제 3-30-5】 객체에서 정보 가져오기 2                                          ex10.html

```
... 생략 ...
    ... 생략 ...
    <h2>Create</h2>
    <script>
        var coworkers = {
            "programmer":"egoing",
            "designer":"leezche"
        }
        document.write("programmer : " + coworkers.programmer + "<br>");
        document.write("designer : "+ coworkers.designer + "<br>");
    </script>
        ... 생략 ...
```

# Object

## Create

programmer : egoing
designer : leezche

이렇게 해서 객체를 만드는 방법과 만들어진 객체에서 데이터를 가져오는 방법을 살펴봤습니다. 이미 객체가 만들어진 다음에 정보를 추가하고 싶다면 어떻게 하면 될까요? 다음 코드를 봅시다.

```
... 생략 ...
<h2>Create</h2>
<script>
    var coworkers  = {
        "programmer":"egoing",
        "designer":"leezche"
    }
    document.write("programmer : " + coworkers.programmer + "<br>");
    document.write("designer : "+ coworkers.designer + "<br>");
    coworkers.bookkeeper = "duru";
</script>
... 생략 ...
```

그런 다음 위 코드로 추가한 정보를 다음과 같이 가져올 수 있습니다.

【예제 3-30-7】 객체에서 정보 가져오기         ex10.html

```
... 생략 ...
<h2>Create</h2>
<script>
    var coworkers  = {
        "programmer":"egoing",
        "designer":"leezche"
    }
    document.write("programmer : " + coworkers.programmer + "<br>");
    document.write("designer : "+ coworkers.designer + "<br>");
    coworkers.bookkeeper = "duru";
    document.write("bookkeeper : " + coworkers.bookkeeper + "<br>");
</script>
... 생략 ...
```

**Create**

programmer : egoing
designer : leezche
bookkeeper : duru

그리고 만약 여러분이 "data scientist"를 추가한다고 했을 때 다음과 같이 작성할 수 있습니다.

```
coworkers.data scientist = "taeho";
```

하지만 위 코드에는 **이름에 공백**이 들어갑니다. 이은 **문법적으로 오류**입니다. 그럼 어떻게 해야 할까요?

점(.)으로는 할 수 없고 **대괄호**를 써서 문자열 형태로 넣으면 똑같은 효과를 가져올 수 있습니다. 다음 코드를 봅시다.

【예제 3-30-8】 이름에 공백이 있는 정보를 추가하고, 가져오기　　　　　　　　　　　ex10.html

```
... 생략 ...
<h2>Create</h2>
<script>
    var coworkers  = {
        "programmer":"egoing",
        "designer":"leezche"
    }
    ... 생략 ...
    coworkers["data scientist"] = "taeho";
    document.write("data scientist : " + coworkers["data scientist"] + "<br>");
</script>
... 생략 ...
```

그런 다음 페이지를 새로고침하면 다음과 같습니다.

**Create**

programmer : egoing
designer : leezche
bookkeeper : duru
data scientist : taeho

보다시피 데이터를 잘 가져오는 모습을 수 있습니다.

이렇게 해서 이번 시간에는 객체의 기본적인 생성법과 객체의 데이터를 가져오는 법, 객체에 데이터를 넣는 법을 살펴봤습니다.

# 31 객체와 반복문

이전 시간에 객체를 생성하는 방법을 살펴봤습니다. 그런데 생성된 객체에 있는 데이터를 모조리 다 가져와야 하는 경우가 있습니다. 이번 시간에는 그런 경우 반복문을 써서 배열에서 데이터를 가져온 것처럼 객체에서도 가져오는 방법을 알아보겠습니다. 검색 엔진에서 'javascript object iterate'로 검색해 보겠습니다.

그럼 다음과 같은 페이지에서 **for .. in**을 쓰라고 나옵니다.

이 내용을 토대로 coworkers의 모든 객체를 꺼내서 화면에 출력하는 코드를 다음과 같이 작성합니다.

```
        ... 생략 ...
        <h2>Create</h2>
        <script>
            var coworkers  = {
                "programmer":"egoing",
                "designer":"leezche"
            }
            ... 생략 ...
        </script>
        <h2>Iterate</h2>
        <script>
            for(var key in coworkers) {

            }
        </script>
        ... 생략 ...
```

여기서 사용된 **for**는 coworkers라는 변수가 가리키는 **객체에 있는(in) key 값을 가져오는 반복문**입니다. 그리고 여기서 말하는 **key 값**은 "programmer", "designer", "bookkeeper", "data scientist"를 가리킵니다. 즉, key라는 것은 우리가 **가져오고 싶은 정보에 도달할 수 있는 열쇠**를 말합니다. 그래서 key라고 부릅니다(배열에서는 key라는 표현보다 index라는 표현을 씁니다). coworkers에 있는 key를 하나하나 꺼내서 중괄호에 있는 코드를 실행하는 명령어가 for입니다. 다시 말해 coworkers라는 객체에 있는 데이터의 수만큼 중괄호 안에 있는 코드가 실행되는데, 실행될 때마다 key 값이 하나하나 변숫값으로 설정된다는 뜻입니다. 다음 코드를 봅시다.

```
        ... 생략 ...
        <h2>Iterate</h2>
        <script>
            for(var key in coworkers) {
                document.write(key + '<br>');
            }
        </script>
        ... 생략 ...
```

앞서 설명한 것처럼 coworkers에 있는 key 값이 모조리 출력됩니다. 즉, coworkers에 있는 특정 데이터를 가져올 때 배열의 형식을 사용해서 인덱스가 들어가는 곳에 key 값을 넣었더니 데이터를 가져올 수 있었습니다.

【예제 3-31-3】 반복문에서 객체의 키 값에 해당하는 데이터 출력                                    ex10.html

```
... 생략 ...
<h2>Iterate</h2>
<script>
    for(var key in coworkers) {
        document.write(coworkers[key] + '<br>');
    }
</script>
... 생략 ...
```

key 값으로 첫 번째로 "programmer"가 들어오고 그다음으로 "designer"가 들어오는 식입니다. 이 점에 착안하면 다음과 같은 코드를 작성하는 것도 가능합니다.

【예제 3-31-4】 반복문에서 객체의 키 값과 데이터 모두 출력                                    ex10.html

```
... 생략 ...
<h2>Iterate</h2>
<script>
    for(var key in coworkers) {
        document.write(key + ' : ' + coworkers[key] + '<br>');
```

```
        }
    </script>
    ... 생략 ...
```

위 코드를 실행한 결과는 다음과 같습니다.

보다시피 이전과 똑같은 결과를 얻을 수 있으면서 모든 데이터를 순회하며, 필요한 데이터가 있는지 없
는지 확인할 수 있습니다.

이렇게 해서 지금까지 객체의 데이터를 순회하는 방법을 살펴봤습니다.

# 32 | 객체 프로퍼티와 메서드

이제 객체에 관한 마지막 시간입니다. 물론 배워야 할 것은 훨씬 더 많지만 지금까지 배운 내용만으로도 충분합니다. 여기까지 오신 것만으로도 한편으로는 너무 많은 것을 배우고 있는 게 아닐까, 라는 걱정이 듭니다. 여기서 뒤로 갈수록 몰라도 괜찮지만 앞의 내용을 모른다면 큰일납니다. 무엇이 중요한지 잘 생각하시길 바랍니다.

객체는 데이터를 담을 수 있습니다. 이전 시간에는 문자열을 담았지만, 배열을 담을 수도 있고 숫자를 담을 수도 있으며 모든 것을 담을 수 있습니다. 객체에는 그중에서 함수도 담을 수 있습니다. 다음 코드를 봅시다.

【예제 3-32-1】 객체에 함수 담기　　　　　　　　　　　　　　　　　　　　　　　　ex10.html

```
    ... 생략 ...
    <h1>Object</h1>
    <h2>Create</h2>
    <script>
        var coworkers  = {
            "programmer":"egoing",
            "designer":"leezche"
        }
        ... 생략 ...
    </script>
    <h2>Property & Method</h2>
    <script>
        coworkers.showAll = function() {

        }
    </script>
    ... 생략 ...
```

위 코드는 showAll이라는 메서드를 추가하는 코드입니다. 위의 코드는 function showAll(){ }과 똑같은 표현이라 보면 됩니다.

【예제 3-32-2】 showAll() 함수에 있는 코드를 showAll 메서드에 붙여넣기            ex10.html

```
... 생략 ...
<h2>Property & Method</h2>
<script>
    coworkers.showAll = function() {
        for(var key in coworkers) {
            document.write(key + ' : ' + coworkers[key] + '<br>');
        }
    }
</script>
... 생략 ...
```

이제 다음과 같이 showAll()을 호출하면 모든 coworkers에 있는 데이터를 순회해서 화면에 출력할 것입니다.

【예제 3-32-3】 showAll 메서드 호출            ex10.html

```
... 생략 ...
<h2>Property & Method</h2>
<script>
    coworkers.showAll = function() {
        for(var key in coworkers) {
            document.write(key + ' : ' + coworkers[key] + '<br>');
        }
    }
    coworkers.showAll();
</script>
... 생략 ...
```

출력 결과는 다음과 같습니다.

**Property & Method**

programmer : egoing
designer : leezche
bookkeeper : duru
data scientist : taeho
showAll : function() { for(var key in coworkers) { document.write(key + ' : ' + coworkers[key] + '
'); } }

그런데 이것은 좋은 방법이 아닙니다. 왜냐하면 coworkers의 이름이 showAll() 함수 내에도 있기 때
문에 coworkers라는 객체의 이름이 바뀐다면 showAll() 함수에서 데이터를 가져오지 못하는 현상이
생길 수 있습니다. 이 문제를 해결하기 위해 showAll() 함수 안에서 이 함수가 소속된 객체를 가리키
는 약속된 기호를 사용하면 됩니다. 바로 this입니다. 다음 코드를 봅시다.

【예제 3-32-4】 coworkers라는 객체 이름 대신 this 사용 ex10.html

```
... 생략 ...
<h2>Property & Method</h2>
<script>
    coworkers.showAll = function() {
        for(var key in this) {
            document.write(key + ' : ' + this[key] + '<br>');
        }
    }
    coworkers.showAll();
</script>
... 생략 ...
```

페이지를 새로고침하면 보다시피 똑같은 결과가 출력됩니다.

**Property & Method**

programmer : egoing
designer : leezche
bookkeeper : duru
data scientist : taeho
showAll : function() { for(var key in this) { document.write(key + ' : ' + this[key] + '
'); } }

그 대신 coworkers의 변수명이 다른 것으로 바뀌어도 this는 자기 자신을 가리키기 때문에 영향을 받지 않는다는 장점이 생겼습니다. 그리고 showAll( )조차도 coworkers에 소속된 데이터이기 때문에 showAll( )도 화면에 표시됩니다. 이를 없애기 위해 if 문으로 showAll( )을 제외하는 코드를 작성해도 되지만 지금 당장은 중요하지 않습니다.

이렇게 해서 객체에 소속된 변수의 값으로 함수를 지정할 수도 있고, 객체에 소속된 함수를 만들 수 있다는 것을 배웠습니다. 그리고 **객체에 소속된 함수**를 **메서드**라고 하며, **객체에 소속된 변수를 프로퍼티**라 합니다. 맥락상 같은 것을 부르는 다른 표현들이 있다는 정도만 알면 됩니다. 이 부분은 잘 이해하지 못해도 괜찮고, 처음이면 이해하지 못하는 게 당연합니다. 마음 편하게 다음 수업을 진행하면 됩니다.

# 33 | 객체의 활용

이번 시간에는 우리가 열어놨던 문을 닫는 시간입니다. '객체의 예고' 시간에 완성되지 않은 코드를 덮어놨었는데, 이번 시간에 나머지 코드를 작성해서 우리도 객체의 소비자뿐만 아니라 생산자도 되어 보겠습니다.

먼저 다음과 같이 코드를 작성하고 싶다면 어떻게 해야 할까요?

【예제 3-29-5】 앞서 작성한 예제 코드                                                     3.html

```
... 생략 ...
    ... 생략 ...
    <script>
        ... 생략 ...
        function nightDayHandler(self) {
            var target = document.querySelector('body');
            if(self.value === 'night') {
                Body.setBackgroundColor('black');
                Body.setColor('white');
                self.value = 'day';

                Links.setColor('powderblue');
            } else {
                Body.setBackgroundColor('white');
                Body.setColor('black');
                self.value = 'night';

                Links.setColor('blue');
            }
        }
    </script>
    ... 생략 ...
```

앞에서 중복되지 않는 함수명으로 작성했던 코드를 바꿔서 Body라고 하는 변수에 객체를 담겠습니다.

**【예제 3-33-1】 Body 변수에 객체 담기**　　　　　　　　　　　　　　　　　　　　　3.html

```
    ... 생략 ...
<script>
    ... 생략 ...
    var Body = {

    }
    function nightDayHandler(self) {
        ... 생략 ...
    }
</script>
... 생략 ...
```

그리고 이 객체에 프로퍼티로 setColor를 지정한 다음 function을 지정하면 됩니다. 다음 코드를 봅시다.

**【예제 3-33-2】 객체에 setColor 프로퍼티 추가**　　　　　　　　　　　　　　　　　　3.html

```
    ... 생략 ...
<script>
    ... 생략 ...
    var Body = {
        setColor: function(color) {
            document.querySelector('body').style.color = color;
        }
    }
    ... 생략 ...
</script>
... 생략 ...
```

**【예제 3-33-3】 객체에 setBackgroundColor 프로퍼티 추가**　　　　　　　　　　　　3.html

```
    ... 생략 ...
<script>
    ... 생략 ...
```

```
                var Body = {
                    setColor: function(color) {
                        document.querySelector('body').style.color = color;
                    }
                    setBackgroundColor: function(color) {
                        document.querySelector('body').style.backgroundColor = color;
                    }
                }
                ... 생략 ...
        </script>
        ... 생략 ...
```

그럼 결과를 보겠습니다. 그런데 프로그램이 동작하지 않네요? 크롬 개발자 도구로 들어가서 어디에서 문제가 생겼는지 봅시다.

웹 페이지를 마우스 오른쪽 버튼으로 클릭한 다음 검사를 누릅니다. 크롬 개발자 도구가 열리면 Console 탭으로 이동합니다. 다음과 같이 오류 메시지를 볼 수 있고, 오류 메시지를 클릭하면 오류가 발생한 곳으로 이동합니다.

이곳에 문제가 있음을 확인할 수 있습니다. 객체에서는 **프로퍼티와 프로퍼티를 구분하기 위해 콤마를
사용**하는데 문제가 생긴 곳을 보면 각 프로퍼티 사이에 콤마(,)를 넣어야 한다는 것을 알 수 있습니다.
따라서 다음과 같이 코드를 수정합니다.

【예제 3-33-4】 프로퍼티 사이에 콤마 추가    3.html

```
      ... 생략 ...
<script>
      ... 생략 ...
    var Body = {
        setColor: function(color) {
            document.querySelector('body').style.color = color;
        },
        setBackgroundColor: function(color) {
            document.querySelector('body').style.backgroundColor = color;
        }
    }
      ... 생략 ...
</script>
      ... 생략 ...
```

그런 다음 페이지를 다시 새로고침하면 프로그램이 잘 동작하는 모습을 볼 수 있습니다.

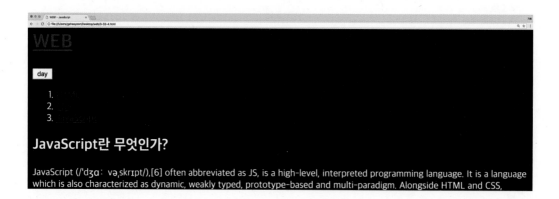

마찬가지로 LinksSetColor()도 객체로 만들어 봅시다.

【예제 3-33-5】 LinksSetColor()도 객체로 만들기                          3.html

```
... 생략 ...
<script>
    ... 생략 ...
    var Body = {
        setColor: function(color) {
            document.querySelector('body').style.color = color;
        },
        setBackgroundColor: function(color) {
            document.querySelector('body').style.backgroundColor = color;
        }
    }
    var Links = {
        setColor: function(color) {
            var alist = document.querySelectorAll('a');
            var i = 0;
            while(i < alist.length) {
                alist[i].style.color = color;
                i = i + 1;
            }
        }
    }
    ... 생략 ...
</script>
... 생략 ...
```

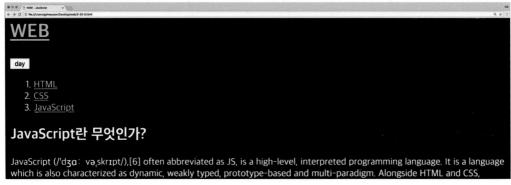

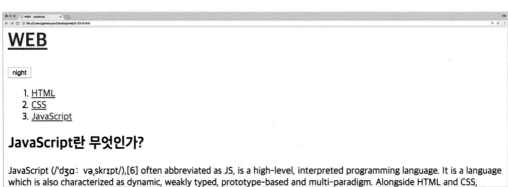

결과를 확인하면 잘 동작하는 모습을 확인할 수 있습니다. 이렇게 해서 객체가 무엇인지 확인했습니다. 그리고 지금까지 사용해온 document가 객체였고, querySelector()는 함수이며, 객체에 소속돼 있었기 때문에 메서드라는 사실을 알았습니다. 지금까지 수업을 진행하면서 여러 가지 코드들을 무엇인지 모르고 사용해 왔습니다. 그중에서 이제는 더 이상 여러분이 모르는 코드는 없을 것입니다. 익숙하지 않고 각 요소들이 서로 상호작용을 복잡하게 했을 때 복잡도가 어마어마하게 높아지기 때문에 문제가 생겼을 때 해결하기 어렵고, 무엇을 어떻게 해야 할지 막막할지언정 기본적으로 문법 자체는 소개해드릴 만한 것들은 다 소개해 드렸습니다. 정말 고생 많으셨습니다.

객체에 대한 이야기는 여기까지 하고 동시에 문법에 대한 이야기도 여기까지 하겠습니다. 다음 시간에는 또 다시 궁금해할 만한 것을 살펴보겠습니다. 한번 생각해 보세요. 함수는 코드가 많아지면 정리 정돈하는 도구라고 했습니다. 객체는 함수와 변수가 많아지면 연관된 것들을 정리 정돈하는 도구라고 했습니다. 객체가 많아지면 어떻게 할까요? 이처럼 생각을 무한히 확장할 수 있게 됩니다. 그러면 객체보다 더 큰 정리 정돈 도구가 있느냐? 있습니다. 이 주제는 다음 시간에 살펴보겠습니다.

# 34 | 파일로 쪼개서 정리 정돈하기

이전 시간에 정리 정돈 도구인 함수와 객체를 배웠습니다. 이번 시간에는 이것보다 더 큰 정리 정돈 도구를 살펴볼 텐데 **서로 연관된 코드들을 파일로 묶어서 그루핑**하는 것입니다. 이것을 사용하면 웹 페이지가 아무리 많아도 그 많은 웹 페이지들을 감당할 수 있게 됩니다.

우선 지금까지 작업한 야간 모드와 주간 모드를 전환하는 버튼을 다른 페이지인 1.html, 2.html, index.html에도 적용해야 합니다. 우선 〈input〉 태그를 배포해야 합니다.

3.html에 있는 〈input〉 태그를 복사해서 1.html, 2.html, index.html 파일에 붙여넣습니다.

【예제 3-34-1】 1.html, 2.html, 3.html 파일에 〈input〉 태그 붙여넣기          1.html, 2.html, index.html

```
<!DOCTYPE HTML>
<html>
    <head>
        ... 생략 ...
        <meta charset="utf-8">
    </head>
    <body>
        <h1><a href="index.html">WEB</a></h1>

        <input type="button" value="night" onclick="
            nightDayHandler(this);
        ">

        ... 생략 ...
    </body>
</html>
```

페이지를 전환하면 모든 페이지에 night 버튼이 생긴 모습을 확인할 수 있습니다.

아직 버튼을 클릭해도 작동하지 않습니다. 왜냐하면 **자바스크립트는 배포하지 않았기 때문**입니다. 스크립트 코드를 복사해서 모든 웹 페이지에 배포합니다.

【예제 3-34-2】 스크립트 코드를 복사해서 붙여넣기            1.html, 2.html, index.html

```
... 생략 ...
<head>
    ... 생략 ...
    <meta charset="utf-8">
    <script>
        var Body = {
            ... 생략 ...
        }
        var Links = {
            ... 생략 ...
        }
        function nightDayHandler(self) {
            ... 생략 ...
        }
    </script>
</head>
... 생략 ...
```

그러면 이제 잘 동작하는 모습을 볼 수 있습니다. 그러면 이 시점에서 극단적인 생각을 해봅시다. 만약 페이지가 1억 개라면 어떤 일이 생길까요? 배포가 어렵겠지만 그것보다 우리가 작성했던 코드 중 'powderblue'를 'yellow'로 바꾸고 싶다면 모든 웹 페이지에 있는 'powderblue'를 'yellow'로 바꿔야 합니다. 이렇게 하기란 어려운 일입니다. 이러한 절망적인 상황을 해결하는 도구는 **파일로 쪼개는 겁니다**.

colors.js라는 파일을 만들겠습니다. 그리고 3.html에서 모든 웹 페이지에서 공통적으로 들어가는 코드를 <script> 태그를 제외하고 colors.js에 붙여넣겠습니다.

【예제 3-34-3】 colors.js 파일 생성 후 스크립트 코드 붙여넣기            colors.js

```
var Body = {
    setColor: function(color) {
        document.querySelector('body').style.color = color;
    },
```

```
    setBackgroundColor: function(color) {
        document.querySelector('body').style.backgroundColor = color;
    }
}
var Links = {
    setColor: function(color) {
        var alist = document.querySelectorAll('a');
        var i = 0;
        while(i < alist.length) {
            alist[i].style.color = color;
            i = i + 1;
        }
    }
}
function nightDayHandler(self) {
    var target = document.querySelector('body');
    if(self.value === 'night') {
        Body.setBackgroundColor('black');
        Body.setColor('white');
        self.value = 'day';

        Links.setColor('powderblue');
    } else {
        Body.setBackgroundColor('white');
        Body.setColor('black');
        self.value = 'night';

        Links.setColor('blue');
    }
}
```

그리고 공통 코드를 지우고 <script src="colors.js"></script>로 대체한 다음 night 버튼을 누르면 어떻게 되나요? 이전과 똑같이 동작합니다.

**【예제 3-34-4】 공통 코드를 지우고 colors.js 파일 포함시키기**　　　　　1.html, 2.html, 3.html, index.html

```
    ... 생략 ...
    <head>
        ... 생략 ...
```

```
        <meta charset="utf-8">
        <script src="colors.js"></script>
    </head>
    ... 생략 ...
```

하지만 내부적인 구현 방법은 완전히 달라진 상태입니다. 즉, 파일로 쪼개진 상태입니다. 크롬 개발자 도구로 들어가 Network 탭을 보면 웹 브라우저가 우리 몰래 colors.js를 다운로드해서 원래 코드가 있었던 것처럼 해석하는 것을 볼 수 있습니다.

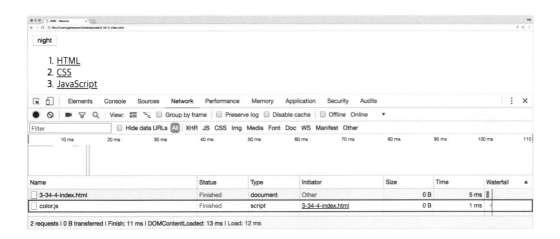

만약 colors.js에서 'white' 대신 'yellow'로 바꾸면 현재 페이지도 바뀌고, 다른 페이지에서도 바뀌는 것을 볼 수 있습니다. 대단하지 않나요? 그리고 **파일로 쪼갰을 때의 장점**은 새로운 파일을 만들면 **모든 코드를 복사할 필요 없이 간단하게 colors.js 파일을 새로운 웹 페이지에 포함시키기만 하면 된다**는 것입니다.

즉, **작성한 코드를 재사용**하게 되는 것이며, colors.js 파일을 수정하면 **모든 웹 페이지에 동시에 변화가 반영**됩니다. 다시 말해, 유지보수하기에 매우 편리해졌다고 할 수 있습니다. 그리고 3.html의 <script> 부분과 2.html의 <script> 부분이 똑같이 colors.js를 포함시킨다면 완전히 같은 로직을 갖고 있음을 확신할 수 있습니다. **가독성**이 좋아지고, **코드가 훨씬 명확**해지며, **코드의 의미**를 파일의 이름을 통해 확인할 수 있게 됩니다. 서로 연관된 코드들을 여러 개의 파일로 쪼개서 웹 페이지에 포함시키면 코드를 정리 정돈하는 효과 또한 얻을 수 있다는 것을 기억하면 좋겠습니다. 그리고 이렇게 하면 좋은 점이 또 하나 있습니다. 웹 페이지를 로드하면서 웹 페이지에 접속해서 자바스크립트 파일도 다운로드해야 하므로 2번 접속해야 합니다. 그것은 웹 서버 입장에서 좋은 일일까요, 아닐까요? 나쁜 일입니다. 접속은 적을수록 좋습니다. 그럼에도 이렇게 하는 편이 훨씬 더 효율적입니다. 왜냐하면 **캐시** 때문입니다. 캐시는 '저장한다'라는 의미인데, 한 번 웹 페이지에서 다운로드된 파일은 웹 브라우저가 보통 컴퓨터에 저장해 놓습니다. 따라서 다음에 접속할 때 저장된 파일을 읽어서 네트워크를 통하지 않게 합니다. 서버 입장에서 훨씬 더 비용을 절감할 수 있고, 사용자 입장에서도 네트워크 트래픽을 절감할 수 있으며, 훨씬 더 빠르게 웹 페이지를 화면에 표시할 수 있다는 효과가 생기기 때문에 이렇게 파일로 쪼개는 것이 훨씬 더 효율적이고 돈도, 시간도 적게 드는 방법입니다. 이렇게 해서 여러 가지 코드를 정리 정돈하는 방법을 배웠는데, 그 끝판왕인 파일로 쪼개서 정리 정돈하는 것까지 살펴봤습니다.

그럼 마지막 수업을 시작하겠습니다. 오늘날 우리가 소프트웨어를 만든다고 하면 혼자서 만드는 경우는 없습니다. 그 이유는 누군가가 만든 소프트웨어 위에서 동작하는 소프트웨어를 만들고 있는 것이기 때문입니다. 그뿐만 아니라 우리가 소프트웨어를 만들 때 혼자 만드는 것보다는 **다른 사람이 이미 잘 만든 것을 부품으로 삼아 내가 만들고자 하는 것을 빠르게 조립해서 만드는 것**이 오늘날 소프트웨어를 만드는 아주 중요한 기본 중의 기본이라 할 수 있습니다. 지금까지는 생산자가 되는 방법을 살펴봤고, 이제부터는 다른 사람이 만든 소프트웨어를 부품으로 삼아 내가 만들고 있는 소프트웨어의 생산자가 되는 방법을 살펴보겠습니다. 소프트웨어의 사회성이라고 볼 수 있겠죠.

## library VS framework

이때 알아두면 좋은 키워드는 **라이브러리**와 **프레임워크**입니다. 이 두 가지는 비슷합니다. 다른 사람의 도움을 받아 소프트웨어를 만든다는 점에서 비슷합니다. 제가 느끼기에 **라이브러리**는 무엇인가 **정리 정돈돼 있는 곳**입니다. 내가 만들고자 하는 프로그램에 필요한 부품들이 되는 소프트웨어들을 잘 정리 정돈해 놓은, 재사용하기 쉽게 돼 있는 소프트웨어를 라이브러리라 합니다. 그리고 프레임워크라는 것이 있습니다. 라이브러리와 프레임워크는 약간의 뉘앙스가 다릅니다.

**프레임워크**의 경우 우리가 만들고자 하는 것이 있을 때 그것이 무엇이냐에 따라(예를 들어, 게임이냐 웹 사이트냐 채팅 프로그램이냐에 따라) **언제나 필요한 공통적인 것**이 있고, **기획 의도에 따라 달라지는 부분**이 있습니다. 그중에서 공통적인 부분은 프레임워크라는 것으로 만들어 놓고, 만들고자 하는 기능이나 특성에 따라 달라지는 부분만 살짝살짝 수정하는 방법으로 우리가 만들고자 하는 것을 처음부터 끝까지 만들지 않게 해주는 거의 **반제품과 같은 것**이라고 할 수 있습니다.

라이브러리는 소프트웨어를 만드는 내가 라이브러리를 가져와서 쓰는 것이라면 프레임워크란 것은 프레임워크 안에 우리가 들어가서 작업한다는 느낌이 있습니다. 이 이야기가 뉘앙스로는 잘 전달되지 않을 거라 생각하기 때문에 어쨌든 라이브러리가 됐든 프레임워크가 됐든 다른 사람과 협력하는 모델이라는 것을 기억하면 됩니다.

jQuery

그중에서 저는 라이브러리를 먼저 살펴볼 텐데, 자바스크립트 **라이브러리 중에서 가장 유명한 것**은 **jQuery**라는 라이브러리입니다. jQuery는 상당히 오래됐고, 아주 안정적인 라이브러리입니다. 그리고 이 라이브러리를 이용하면 이것을 사용하지 않고 직접 코드를 작성하는 것보다 생산성이 훨씬 더 높아집니다. 그렇다고 우리가 지금까지 배운 것이 쓸모없는 것은 아니고, 우리의 지식이 있어야 jQuery를 잘 다룰 수 있고, 지금까지 다뤘던 지식만 가지고 우리가 느꼈던 절망감이 있어야 jQuery를 만나면 즐거워집니다.

먼저 검색 엔진에서 'jQuery'를 검색해 보겠습니다.

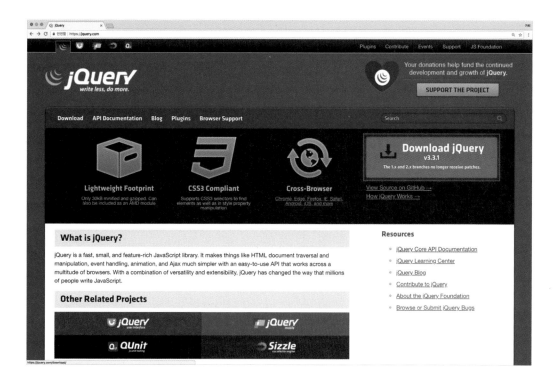

위 페이지에서 [Download] 버튼을 누르고 링크를 누르면 jQuery 라이브러리를 내려받을 수 있고, 내려받은 파일을 프로젝트 디렉터리로 옮깁니다.

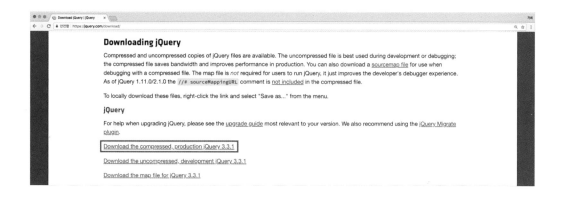

또 다른 편리한 방법은 'CDN'이라고 찾아보는 것입니다. CDN은 'Content Delivery Network'의 약자입니다. 여러분이 직접 라이브러리를 내려받아 프로젝트에 포함시키고 업로드해서 서비스하면 돈이 들기 때문에 많은 라이브러리들이 CDN을 통해 자신들의 서버에 파일을 보관해 놓고, 사용자는 〈script〉 태그의 src 속성을 통해 가져가는 방식을 취하고 있습니다.

CDN 서비스 가운데 Google CDN이 있습니다. Google CDN을 클릭해 이동합니다.

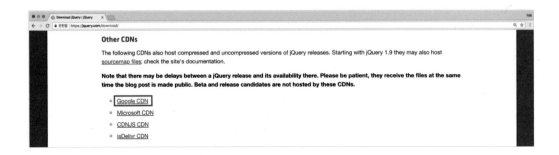

이곳에서 구글에서 제공하는 jQuery의 최신 버전을 이용할 수 있습니다. 3.x snippet 아래에 있는 코드를 복사합니다.

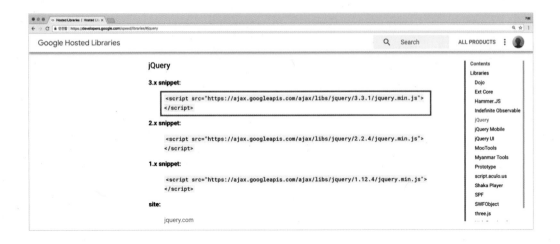

3.html로 돌아가서 colors.js 앞에 붙여넣습니다. 코드를 잘 보면 〈script〉 태그입니다. 그리고 src를 통해 구글에서 제공하는 jQuery 라이브러리의 주소가 적혀 있습니다. 이것으로 끝입니다.

【예제 3-35-1】 jQuery 라이브러리 불러오기                                3.html

```
    ... 생략 ...
<head>
    <title>WEB1 - JavaScript</title>
```

```
    <meta charset="utf-8">
    <script src="https://ajax.googleapis.com/ajax/libs/jquery/3.3.1/jquery.min.js"></script>
    <script src="colors.js"></script>
  </head>
  ... 생략 ...
```

그럼 이 상태에서 jQuery를 이용해 무엇인가를 해보겠습니다. jQuery를 이용해 colors.js 파일을 수정해 보겠습니다. jQuery를 이용했을 때 가장 놀랐던 점은 처리해야 할 태그가 여러 가지 있을 때 반복문을 통해 처리해야 하는데 jQuery를 이용하면 반복문을 쓰지 않아도 된다는 것입니다. 반복문을 jQuery가 우리 대신 처리해주니 다음과 같은 한 줄짜리 코드로 같은 일을 할 수 있습니다.

【예제 3-35-2】 jQuery를 이용해 기존 코드 수정                                       color.js

```
  ... 생략 ...
var Links = {
    setColor: function(color) {
        $('a').css('color', color);
    }
}
  ... 생략 ...
```

다음은 기존 코드입니다. 많은 에디터들이 **Ctrl + /**를 입력하면 **주석**을 만들어 줍니다. 주석으로 만들면 해당 코드는 실행되지 않고 무시됩니다.

```
        ... 생략 ...
        // var alist = document.querySelectorAll('a');
        // var i = 0;
        // while(i < alist.length) {
        //     alist[i].style.color = color;
        //     i = i + 1;
        // }
        ... 생략 ...
```

**$('a')**는 이 웹 페이지에 있는 모든 **<a> 태그를 jQuery로 제어하겠다**는 뜻입니다. 검색 엔진에서 'jQuery css'를 검색해 보면 다음과 같은 페이지가 나오고 css()를 쓰면 된다고 나옵니다.

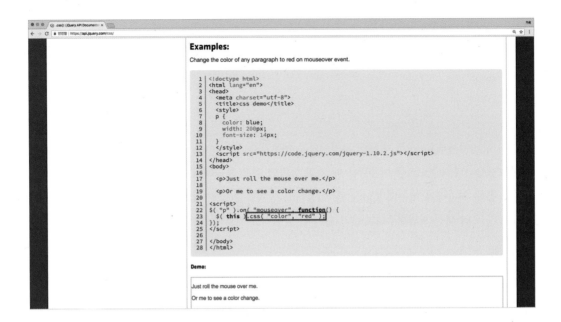

페이지 하단의 예제를 보면 css("color", "red");와 같은 식으로 지정하면 되는 것을 확인할 수 있습니다.

```
$('a').css('color', color);
```

그럼 페이지를 새로고침해서 night 버튼을 클릭하면 같은 결과가 나오는 것을 알 수 있습니다.

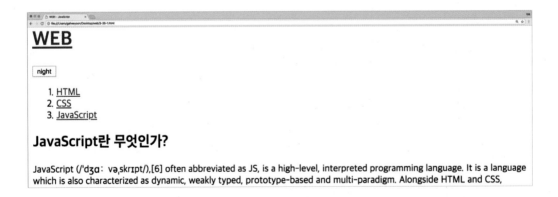

자바스크립트 코드와 jQuery 코드 중 **어느 게 더 직관적이며 쉽겠**습니까? jQuery가 훨씬 더 직관적입니다. 한 가지 여러분들이 기억해야 할 것은 jQuery는 새로운 언어가 아니고, 자바스크립트를 통해 우리 대신 css()라는 함수를 jQuery가 만들어 둔 것입니다. css() 함수를 이용하면 주석으로 처리한 작업을 jQuery가 대신 처리해 준다는 것을 여러분이 음미하면 좋겠습니다.

그럼 아래 코드도 수정해 보겠습니다.

【예제 3-35-3】 jQuery를 이용해 기존 코드 수정 2                                    color.js

```javascript
var Body = {
    setColor: function(color) {
        $('body').css('color', color);
        // document.querySelector('body').style.color = color;
    },
    setBackgroundColor: function(color) {
        $('body').css('backgroundColor', color);
        // document.querySelector('body').style.backgroundColor = color;
    }
}
... 생략 ...
```

결과는 같지만 이제 jQuery를 통해 구현한 것이 됩니다. 환상적이지 않나요?

오늘날 자바스크립트는 가장 빠른 속도로 성장하는 언어 중 하나이며, 웹이 워낙 중요한 시스템이므로 수많은 라이브러리들이 쏟아져 나오고 있습니다. 문법을 잘 아는 것도 중요하지만 세상에 어떤 라이브러리가 새로 생겼는지 많이 알수록 여러분은 많은 일들을 할 수 있습니다.

지금까지 작업한 내용을 완성하겠습니다. CDN을 삽입한 코드를 모든 웹 페이지에 붙여넣습니다. 그러면 페이지마다 잘 동작하는 모습을 볼 수 있습니다.

【예제 3-35-4】 jQuery 라이브러리 불러오기                              1.html, 2.html, index.html

```html
    ... 생략 ...
<head>
    ... 생략 ...
    <meta charset="utf-8">
    <script src="https://ajax.googleapis.com/ajax/libs/jquery/3.3.1/jquery.min.js"></script>
    <script src="colors.js"></script>
```

```
      </head>
     ... 생략 ...
```

이렇게 해서 파일로 로직을 쪼갰을 때 자기가 프로그램을 짤 때도 도움이 되지만 다른 사람이 정리 정돈한 것을 나의 프로젝트로 가져오는 것에도 굉장히 중요한 역할을 한다는 것을 확인했습니다. 아울러 자바스크립트 커뮤니티에서 가장 중요한 라이브러리 중 하나인 jQuery를 사용하는 방법도 살펴봤습니다.

# UI vs API

지금까지 자바스크립트의 핵심적인 문법을 살펴봤습니다. 그리고 자바스크립트를 통해 웹 애플리케이션이 개선되는 과정도 체험해 봤습니다. 이번 시간에는 지금까지 여러분에게 숨겨뒀던 정말 중요한 개념을 소개해드리고 물러나려 합니다. 바로 UI와 API라는 겁니다.

# User Interface

## Application Programming Interface

UI는 User Interface의 약자이며, API는 Application Programming Interface의 약자입니다. 다른 듯 비슷하고, 비슷한 듯 다른 이 말의 의미를 따져가며 우리가 하는 일이 무엇인가에 대해 음미해 보겠습니다.

다음 버튼을 누르면 어떤 일이 생길까요? 보다시피 경고창이 나타납니다.

【예제 3-36-1】 버튼을 누르면 나오면 경고창                               ex11.html

```
<input type="button" value="Click me" onclick="alert('Hello world')" />
```

이 버튼은 누가 사용하고 있나요? 웹앱을 이용하는 사용자가 이런 버튼과 같은 조작장치를 이용해 웹 애플리케이션을 사용하고 있는 것입니다. **사용자가 시스템을 제어하기 위해 사용하는 조작장치를 UI** 라고 합니다. 이번에 우리가 만든 웹 애플리케이션 코드를 생각해 봅시다. 여기에 있는 경고창은 우리가 만든 것일까요? 우리가 만들기도 했고, 우리가 만들지 않기도 했습니다. 생각해 보면 경고창이 실행되는 타이밍과 텍스트는 우리의 의도가 반영되기 때문에 우리가 만든 것이라고도 볼 수 있습니다. 하지만 한 줄짜리 코드에는 경고창의 모양이나 기능이 일절 설명돼 있지 않습니다. 그럼 이 경고창은 어떻게 만들어진 것일까요? 이것은 웹 브라우저를 만든 사람들이 우리 대신 경고창의 기능을 미리 만들어 놓았다가 우리가 alert()를 실행하면 경고창을 띄워주겠다고 자바스크립트의 사용 설명서를 통해 약속한 것입니다. 그 약속을 믿고 alert()는 함수를 호출해서 경고창을 띄울 수 있게 되는 것입니다. **alert() 함수는 경고창을 실행하는 조작장치인 것입니다.**

그런데 이 조작장치를 일반인이 사용하지는 않습니다. 일반인은 코딩을 하지 못한다고 가정하면 말이죠. 우리가 만든 버튼을 클릭하면 경고창이 뜨는 애플리케이션이 웹 브라우저가 이미 가지고 있는 경고창 기능을 alert()라는 자바스크립트 문법에 따라 사용하고 있는 것입니다. 이처럼 우리가 **애플리케이션을 만들기 위해 프로그래밍할 때 사용하는 조작장치를 애플리케이션 프로그래밍 인터페이스라고 합니다.** alert()라는 것이 바로 애플리케이션 프로그래밍 인터페이스(API)인 것입니다. 이것은 자바스크립트에 국한된 이야기가 아니라 모든 프로그래밍 언어에 공통적으로 적용되는 이야기입니다. 모든 애플리케이션은 API를 프로그래밍적으로, 다시 말해 순서대로 실행하는 방식으로 만들어집니다. API가 없다면 순서가 무슨 소용 있을까요? 순서가 없다면 API가 무슨 소용이 있을까요? API와 순서는 단어와 문법처럼, 부품과 그 부품의 결합 방법처럼 서로 떼려야 뗄 수 없는 관계에 있습니다.

프로그래머가 되기 전까지 여러분은 UI만 사용했습니다. 우리는 API도 사용하는 프로그래머가 된 것입니다. 여러분은 자바스크립트라는 접착제로 API를 결합해서, 다시 말해 API를 응용해서 세상에 누구도 만들어본 적이 없는 응용프로그램을 만들 수 있게 된 것입니다.

다음 시간에는 웹 브라우저는 어떤 API를 감추고 있는지 소개해 드리며 우리 수업의 대단원의 막을 내리겠습니다.

이제 마지막 수업입니다. 담백하게 끝내야 하는데 헤어지려 하니 자꾸 잔소리가 머릿속에 맴돌아서 큰 일입니다. 몇 가지만 말씀드리고 물러나겠습니다. 여러분에게 필요한 것은 이제 **공부보다는 실습**입니다. **실습보다는 자신의 프로젝트**를 시작하는 것입니다. 공부에는 때가 없지만 프로젝트를 시작하는 것에는 때가 있습니다. 지금 이 순간이 여러분의 프로젝트를 시작할 때입니다. 시작이 늦어질수록, 공부를 많이 할수록 자기가 짠 코드를 긍정하기 어렵습니다. 머릿속이 복잡해집니다. 그래서 프로젝트를 시작하려는 여러분께 드리고 싶은 이야기가 몇 가지 있어서 간단하게 말씀드리겠습니다.

자신의 프로젝트를 시작할 때 모든 개념을 총동원하려 하지 마세요. 필수불가결한 최소한의 도구만으로 문제를 해결하려는 시도를 하셨으면 좋겠습니다. 최소한의 도구는 무엇일까요? 프로그래밍이라는 말에 이미 함유돼 있는 것 같습니다. 순서에 따라 실행돼야 하는 명령들이 실행되게 하는 것입니다. 이것이 처음 시작한 우리에게 필요한 유일한 도구입니다. 객체는 말할 것도 없고, 함수도 조건문도 반복문도 필요하지 않습니다. 순서대로 실행된다는 것만으로도 프로그래밍은 충분히 혁명적입니다. 머리가 너무 복잡해지면 아무것도 할 수 없습니다. 최소한의 지식으로 현실의 문제를 해결해 보는 것은 어떨까요? 그러다 보면 그것만으로는 도저히 해결할 수 없는 순간이 오는데, 그때 주의깊게 반복문, 조건문, 함수, 객체를 신중하게 도입하면서 각 개념에 익숙해지다 보면 마침내 유창하게 이런 개념들을 활용할 수 있게 될 것입니다. 그렇게 즐거운 시간을 보내다 보면 또다시 한계가 찾아오겠죠. 바로 그때가 실습을 멈추고 공부를 다시 시작해야 할 때라고 생각합니다. 그때가 언제가 될지 모르겠지만 앞으로 여러분이 부딪치게 될 몇 가지 한계들과 그 한계를 극복할 만한 검색어를 추천드리고 저는 물러나겠습니다.

여러분이 어떤 웹 페이지의 태그를 삭제하고 싶거나 어떤 태그의 자식 태그를 추가하고 싶다면 'document' 객체를 살펴보세요. 이 객체에 필요한 메서드가 포함돼 있을 겁니다. 만약 document 객체로도 찾을 수 없다면 DOM 객체로 수색 범위를 넓혀보세요. document 객체는 DOM의 일부이기 때문입니다. 또 웹 페이지가 아니라 웹 브라우저 자체를 제어해야 한다면 'window' 객체를 살펴보세요. 현재 열려있는 웹 페이지의 주소가 무엇인지 알아내야 할 수도 있고, 새 창을 열어야 할 수도 있고, 웹 브라우저의 화면 크기를 자바스크립트를 통해 알아야 한다면 window 객체에 속한 프로퍼티나 메서드가 여러분을 도울 수 있을 겁니다. 그리고 웹 페이지를 리로드하지 않고도 정보를 변경하고 싶다면 'Ajax'가 필요할 겁니다. Ajax는 현대적인 웹 앱을 만드는 데 필수적인 테크닉입니다. 그리고 웹 페이지가 리로드돼도 현재 상태를 유지하고 싶다면 'cookie'를 배우세요. cookie와 함께라면 사용자를 위한 개인화된 서비스를 제공할 수 있습니다. 인터넷이 끊겨도 동작하는 웹 페이지를 만들고 싶다면 'offline web application'을 찾아보세요. 화상 통신 웹 앱을 만들고 싶다고요? webRTC라고 있습니다. 사용자의 음성을 인식하고 음성으로 정보를 전달하고 싶다면 'speech'로 시작하는 API를 살펴보세요. 또 3차원 그래픽으로 게임을 만들고 싶다면 'WebGL'을 살펴보세요. 가상현실에 관심이 많다면 'WebVR'이 있습니다. 이런 식으로 하면 끝이 없겠네요. 우리 수업은 여기까지입니다. 이제부터는 여러분이 혼자 가셔야 합니다. 행운을 빕니다.

# 찾아보기